novum pro

AF115135

DR. FUAT SANAÇ

Muslime und Islamgesetz in Österreich

BAND I – DER ISLAM GEHÖRT ZU ÖSTERREICH

novum pro

www.novumverlag.com

Bibliografische Information
der Deutschen Nationalbibliothek:

Die Deutsche Nationalbibliothek
verzeichnet diese Publikation in
der Deutschen Nationalbibliografie.
Detaillierte bibliografische Daten
sind im Internet über
http://www.d-nb.de abrufbar.

Alle Rechte der Verbreitung,
auch durch Film, Funk und Fernsehen,
fotomechanische Wiedergabe,
Tonträger, elektronische Datenträger
und auszugsweisen Nachdruck,
sind vorbehalten

Gedruckt in der Europäischen Union
auf umweltfreundlichem, chlor- und
säurefrei gebleichtem Papier.

© 2023 novum Verlag

ISBN 978-3-99131-709-8
Lektorat: Hermann Rechberger
Umschlagfotos: Ig0rzh,
Tomas1111 | Dreamstime.com
Umschlaggestaltung, Layout & Satz:
novum Verlag
Innenabbildungen, Autorenfoto:
Dr. Fuat Sanaç

Trotz aller Bemühungen ist es
dem Autor nicht gelungen, alle
Rechteinhaber der Bilder ausfindig zu
machen. Setzen Sie sich daher bitte
mit dem Verlag in Verbindung,
falls Vergütungen anliegen.

Die vom Autor zur Verfügung ge-
stellten Abbildungen wurden in der
bestmöglichen Qualität gedruckt.

www.novumverlag.com

I. INHALTSVERZEICHNIS

II. **ABKÜRZUNGEN** 11

III. **TECHNISCHE HINWEISE** 13

IV. **VORWORT** 15

V. **DANKSAGUNG** 19

KAPITEL I 22
I.1 DIE GESCHICHTE DES ISLAMS IN EUROPA
VOR DER AUFKLÄRUNG 22
I.2 DIE GESCHICHTE DES ISLAMS IN EUROPA
NACH DER AUFKLÄRUNG 29

KAPITEL II 48
II ISLAM UND MUSLIME
IN ÖSTERREICH 48
II.1 VORGESCHICHTE 48
II.1.1 ISLAMGESETZ 1912 – EINFÜHRUNG 54
II.1.a Islamgesetz 1912 57
II.1.b Isamverordnung 1988 61
II.2 GESETZLICH ANERKANNTE KIRCHEN UND
RELIGIONSGESELLSCHAFTEN IN ÖSTERREICH 62
II.2.a STATISTIK ÜBER RELIGIONSZUGEHÖRIGKEIT
IN ÖSTERREICH 64
II.2.b FORSCHUNGSBERICHT
„Muslimische Gruppen in Österreich" (2017) 67
II.3 DIE GRÜNDUNG DER ISLAMISCHEN
GLAUBENSGEMEINSCHAFT IN ÖSTERREICH (1979) 70
II.3.a EINFÜHRUNG 70

II.3.b VORGESCHICHTE 73
II.3.c 1. WAHL der IGGÖ 76
II.3.d BESCHEID VOM KULTUSAMT 1985 83
II.3.e 2. WAHL der IGGÖ 84
II.3.f Wir haben nicht nur Freunde gehabt 87
II.3.g Eine zusammenfassende Chronologie
der Geschichte des Islam in Österreich: 94
II.4 PIONIERE DER MUSLIME IN DER IGGÖ UND
MEINE BEOBACHTUNGEN 96
II.4.1 Eine Klarstellung über meinen Nachfolger: 104

KAPITEL III 107
III INSTITUTIONEN, ABTEILUNGEN
UND VEREINE DER IGGÖ 107
III.1 DIE KONFESSIONELLEN ISLAMISCHEN PRIVATSCHULEN
IN ÖSTERREICH 107
III.1.1 IRPA – HOCHSCHULE DER IGGÖ 110
III.1.1.a Qualifikationsprofil für das Curriculum
des Studiengangs für das Lehramt für
Islamische Religion an Pflichtschulen 111
III.1.1.b Präsident Heinz Fischer zu Besuch in der
Ausbildungsstätte für islamische Religionslehrer 113
III.1.1.c KOOPERATION KPH-IRPA 115
III.1.1.d BERUFSBEGLEITENDE STUDIUM AN DER IRPA 118
III.1.1.e KPH bildet ab 2016 islamische Religionslehrer aus 120
III.2 IHL – PRIVATER HOCHSCHULLEHRGANG 123
III.3 ISLAMISCHE FACHSCHULE FÜR SOZIALE BILDUNG (IFSB) 125
III.3.A Geschichte und Struktur der Schule 125
III.3.B Exklusives Interview: Sanac:
Wir brauchen mehr islamische Schulen 128
III.4 DIE ISLAMISCHEN FRIEDHÖFE 131
III.4.a ISLAMISCHER FRIEDHOF IN WIEN 133
III.4.b ISLAMISCHER FRIEDHOF IN GRAZ 135
III.4.c ISLAMISCHER FRIEDHOF IN VORARLBERG 136
III.5. SCHULAMT DER IGGÖ 138
III.5.1 ERLÄUTERUNG 138

III.5.a Die Richtlinien für den islamischen
Religionsunterricht (IRU) 142
III.5.b IRL: Vorbild, Brückenbauer, Multiplikatoren 146
III.5.c Mein Appell an unsere LehrerInnen war und ist: 149
III.5.d DIE LEHRPLÄNE UND ALLGEMEINE BESTIMMUNGEN
FÜR DEN ISLAMISCHEN RELIGIONSUNTERRICHT 150
III.5.e Statistik über islamischen Religionsunterricht (IRU) 152
III.5.2.A DIE FACHINSPEKTOREN/INNEN (FI) DER IGGÖ 155
III.5.2.B Anstellungsdatum der FachinspektorInnen 155
III.5.2.C Ausgeschiedene Fachinspektoren 157
III.5.2.D Die Rechtsgrundlagen für
Fachinspektoren/innen (FI): 158
III.6 JUGENDRAT DER IGGÖ (JIGGiÖ) 162
III.6.1 Medienbericht: Islamische Glaubensgemeinschaft:
Neuer „Jugendrat" gegründet 163
III.7 FRAUENABTEILUNG DER IGGÖ 165
III.7.1 Medienbericht: Neuer Muslime-Präsident will
mehr Frauenbeteiligung 168
III.7.2 DIALOGLOTSEN-
SCHULUNG/FRAUENBEAUFTRAGTEN-AUSBILGUNG 169
III.9 MOSCHEEFÜHRER/INNEN 173
III.10 DOKUSTELLE DER IGGÖ 178
III.11 MUSLIMISCHER AKADEMIKERBUND (MUSAK) 180
III.12 MUSLIMISCHE Künstler/innen in Österreich 181
III.13 HILAL – Hilfsverein der IGGÖ 182

KAPITEL IV 186
IV.1 DAS NEUE ISLAMGESETZ IN ÖSTERREICH 186
IV.1.A Wie hat sich alles entwickelt? 186
IV.1.B Warum ein neues Islamgesetz? 187
IV.1.C Der zweite Versuch zur Novellierung
des Islamgesetzes 09. 11.2011 191
IV.1.C.1 Ziel des neuen Islamgesetzes 197
IV.1.D DIE ERSTEN SCHRITTE ÜBER DIE NOVELLIERUNG
DES „ISLAMGESETZES" 199

IV.1.D.1 Medienberichte:
Junge Türken fühlen sich nicht zu Hause 199
IV.1.D.2 Neuer Muslime-Präsident bei Fischer:
„Sehr glücklich" 205
IV.1.D.3 Spindelegger trifft Fuat Sanac 207
IV.1.D.4 Präsident Sanac beim Bundeskanzler
Werner FAYMANN 210
IV.1.D.5 Iftar-Einladungen und Ramadanfest-Feiern
in Österreich haben eine lange Tradition und die
Novellierung des Islamgesetztes war bei jedem
Treffen das Hauptthema 213
IV.1.D.6 Marek: Kontakt und Dialog mit muslimischen
Verbänden ein großes Anliegen 214
IV.1.D.7 Iftar mit Vertretern der
Österreichischen Gesellschaft 216
IV.1.D.8 Präsident Sanac wurde von der
Nationalratspräsidentin empfangen 18.06.2012 220
IV.1.D.8 Wir pflegten auch sehr gute Kontakte mit
vielen Botschaften, die ich hier leider
nicht alle erwähnen kann: 221
IV.2 DIALOG.FORUM.ISLAM 230
IV.2.1 Der Prozess des „Dialog-Forum-Islam" 230
IV.2.2 Arbeitsgruppen des Dialog.Forum und deren Leiter 232
IV.2.3 Teilnehmer Dialog.Forum.Islam – Namenliste 233
IV.2.4 Ergebnisse aus dem ersten Jahr 30.11.2012 234
IV.3 DIALOG.FORUM.ISLAM – Endbericht 236
IV.4 ISLAMGESETZ – Entwurf der IGGiÖ – Nov. 2011 239
IV.6 ISLAMGESETZ – Regierungsentwurf im Parlament 256
IV.7 STELLUNGNAHMEN UND REAKTIONEN 258
IV.7.1 ISLAMGESETZ laut Sanac verfassungswidrig
(10.10.2014) 258
IV.7.2 Erneut Kritik an Islamgesetz 261
IV.7.3 Gutachten über den ersten Regierungsentwurf
von Stefan Hammer im Auftrag der IGGÖ – 268
IV.7.4 Islamgesetz: „Heute ist für mich
ein schwarzer Tag" – 05.11.2014 275

IV.7.5　Gemeinsame Stellungnahme der islamischen
　　　　 Vereine in Österreich – 16.12.2014 280
IV.7.6　Stellungnahme der Islamischen
　　　　 Glaubensgemeinschaft in Österreich 284
IV.7.7　Der Schurarat der IGGiÖ bekräftigt die Stellungnahme
　　　　 des Obersten Rates zum Islamgesetz an
　　　　 die Regierung (22.12.2014) 290
IV.7.8　Stellungnahme zum Entwurf eines Bundesgesetzes,
　　　　 mit dem das Gesetz betreffend die Anerkennung der
　　　　 Anhänger des Islam als Religionsgesellschaft geändert
　　　　 wird (69/ME XXV. GP) 294
IV.5.9　FINALE FORDERUNG DER IGGIÖ 296
IV.5.10　Briefe an Ministerien und an das Parlament 10.2.2015 299
IV.5.11　Stellungnahme des Schurarates der IGGiÖ
　　　　 zum Bundesgesetz über die äußeren 300

KAPITEL V 303
V.1　ISLAMGESETZ 2015 – ENDVERFASSUNG 303
V.2　ERLÄUTERUNGEN FÜR DAS ISLAMGESETZ 2015 320
V.3　ISLAMGESETZ 2015 – ZUSAMMENFASSUNG 343
V.4　EINE BEWERTUNG ÜBER DAS ISLAMGESETZ 2015 347
V.4-1　ISLAMGESETZ IM JAHR 2020/21 356
V.4.2　Medien: IGGÖ – Maßnahmenpaket gegen Terror:
　　　 Keine Einbindung, keine Details bekannt 358
V.4.3　Medien: Neues Islamgesetz:
　　　 Mehr Kontrolle und harte Strafen 360
V.4.4　MINISTERIALENTWURFGESETZ ÜBER ISLAMGESETZ 366
V.4.5　STELLUNGNAHME DER IGGÖ ÜBER
　　　 DIE VERSCHÄRFUNG 367
V.4.6　Medien: Novelle des Islamgesetzes angenommen 371
V.4.7　ÖSTERREICH HAT ISLAM-LANDKARTE 372
V.4.9　STELLUNGNAHME DER IGGÖ 374
V.4.10　Medien: Kirche kritisiert Landkarte 375

KAPITEL VI 380
VI EREIGNISSE ZWISCHEN 26.6.2011–19.6.2016 380
VI.1 ERKLÄRUNG 380
VI.2 SCHURARATS- UND
OBERSTENRATSMITGLIEDER der IGGÖ 381
VI.3 DIE WAHLEN DER IGGiÖ FÜR 2011 382
VI.3.1 DIE WAHLERGEBNISSE DER RELIGIONSGEMEINDEN 385
VI.3.2 DIE OBERSTENRATSMITGLIEDER
der IGGÖ 26.06.2011–19.06.2016 391
VI.3.3 DIE SCHURARATSMITGLIEDER
DER IGGÖ 26.06.2011–19.06.2016 393
VI.4 EINIGE MEDIENBERICHTE NACH DER WAHL – 26.06.2011 396

II. ABKÜRZUNGEN

Allah (t)	Allah (Te'ala) (Gott der Erhabene)
Anm.	Anmerkung
arab.	arabisch
Art.	Artikel
a.s.	alayhis-selam (Friede sei mit ihm/Friede auf ihn)
Aufl.	Auflage
Ausg.	Ausgabe
bzw.	beziehungsweise
B.Ed.	Bachelor of Education
d. h.	Das heißt
Diss.	Dissertation
etc.	et cetera (und so weiter; „und die übrigen [Dinge]")
EI 1	Enzyklopädie des Islam (in Deutsch)
GAL	Geschichte Arabische Literatur
GAS	Geschichte des arabischen Schrifttums
geb.	geboren
gest.	gestorben
griech.	griechisch
Hrsg.	Herausgeber
IGGiÖ/IGGÖ	Islamische Glaubensgemeinschaft in Österreich
IRG	Islamische Religionsgemeinde
IRL	islamische/r Religionslehrer/in
IRU	islamischer Religionsunterricht
iS	im Sinne
Jhdt.	Jahrhundert (e)
Jhdts.	Jahrhunderts
lat.	Latein
LSI	Landesschul Inspektor/in (neu: SQM= Schulqualitätsmanagerin/Schulqualitätsmanagers)
öarr	österreichisches Archiv für Recht & Religion

PS:	Anmerkung
Q:	Qur'an/Koran
r.a.	radi allahu anhu/anha (Allahs Wohlgefallen auf ihn/sie)
(s.a.w.)	sal-l-allahu alayhi ve sallam (Allahs Segen und Frieden seien mit ihm)
SSR-W	Stadtschulrat Wien; ab 2018, Die Wiener Bildungsdirektion
SQM	Schulqualitätsmanagerin/Schulqualitätsmanagers
u. ä.	und ähnliches
usw.	und so weiter
Übers.	Übersetzung
Vgl.	vergleiche
z. B.	Zum Beispiel

III. TECHNISCHE HINWEISE

In der Umschrift/Transkription arabischer Wörter und Namen wurde auf meistens das gewöhnliche Umschriftsystem (Deutsch-Morgenländische Gesellschaft) umgeschrieben. Die Wörter wurden auch so umgeschrieben, wie sie in Deutsch ausgesprochen werden, und zwar aus dem praktischen Grund, weil viele Jugendliche „das deutsch-morgenländische Transkriptionssystem" nicht kennen. Dasselbe gilt für eingedeutschte Begriffe wie Schari'a, jedoch ist es nützlich, folgendes zu beachten:

1. ḏ oder dh: weicher Interdental, wie th in engl. „this" türk. z.
2. dj: dsch (türk. c)
3. kh/ch/ḥ: „h" hartes ch aus der Kehle, wie in: Bu**ch**, **Kh**artum; **Ch**aridschiten/a**ch**!
4. th/t: wie das englische th in: **th**ree. (z. B. Hadith, Kawṯar).
5. ġ/gh: Gaumenzäpfchen (z. B. **Gh**azali).
6. Q/q: kehliges (velares) k oder g
7. S: scharfes s (arabisch: „Sad")
8. š: sch
9. y: j
10. z: steht in allen Fällen für „stimmhaftes **S**" wie in Deutsch „Rose" und verwandte Laute (**s**ehen oder franz. „Zero"), und ein ganz tief in der Kehle angesetzter, mit zusammengepresster Stimmritze gebildeter Reibelaut (z. B. Ka'aba) aber manchmal auch wie ein normales a, um nebeneinander stehenden a Vokale zu trennen z. B. sa'at. oder für die Trennung der Silbe z. B. Qur'an)
11. Den Buchstaben „**I**" gibt es nicht im deutschen Alphabet. Er sollte wie der zweite Vokal im englischen Wort „mirror" ausgesprochen werden.
12. Das Wort „Qur'an" wurde auch so geschrieben, wie die Muslime es aussprechen; **Qur'an.**
13. Q: Qur'an/Koran

14. Es ist zu empfehlen, bei islamischen Bezeichnungen den Buchstaben **S** als stimmloses „s" (z. B. **Souvenir; Salah,** die Doppelkonsonanten einzeln (z. B. **Muhammed: Muhammed**), den Buchstaben „h" in der Wortmitte und am Ende (z. B. **„Allah"**) so wie am Wortanfang auszusprechen.
15. Für Qur'an-Verse zB. (Q: 5/11) oder Q: 5:11= d. h. die Übertragung von Sura 5 und Ayah 11 (Kapitel 5, Vers 11 aus dem Qur'an).
16. Einige Personennamen wurden teilweise fett geschrieben, weil die betreffenden Personen unter den fett geschriebenen Namen berühmt sind.
17. Auf die Angabe von Längen und Betonungen wurde weitgehend verzichtet. Die islamischen Bezeichnungen, wofür es keine deutschen Ausdrücke gibt, sind im Original verwendet.
18. Die **Koranverse** und **Überlieferungen** wurden teilweise auf Arabisch und Deutsch wiedergegeben, mit der Absicht, dass die Leser/innen sich dadurch mit Koran beschäftigen würden.

Die Briefe, Berichte oder ähnliche Schriftstücke wurden meistens aus technischen Gründen nicht in Originalform wiedergegeben und teilweise abgekürzt.

Aus juristischen (Datenschutz) sowie moralischen Gründen wurden manche **Personennamen** nicht erwähnt; wichtig sind für mich die historischen Entwicklungen, Ereignisse und Resultate.

Anm. 1. Mein Familienname ist offiziell SANA**Ç** jedoch schreibt man ihn meistens als SANA**C**,
2. Die Abkürzung der Islamischen Glaubensgemeinschaft lautete von 1979 bis 2016 „IGGiÖ ", ab 2016 „IGGÖ".

IV. VORWORT

بسم الله الرحمن الرحيم

bismi 'llāhi 'r-raḥmāni 'r-raḥīmi – BISMILLAHIR-RAHMANIR-RAHIM
(Im Namen Allahs des Gnädigen des Erbarmenden)

Allah, dem Erhabenen sei Dank! Der Friede und Segen Allahs, des Erhabenen, sei mit Seinem vorzüglichsten Gesandten Muhammed (a.s.) und mit seiner reinen Familie und all seinen gerechten und treuen Gefährten.

Die islamische Geschichte umfasst 14 Jahrhunderte der Weltgeschichte. Seit dem 7. Jhdt. bekennen sich immer mehr Menschen zum Islam. Heute bezeichnet sich ein Fünftel der Menschheit als Muslime.

Die islamische Geschichte lernen wir aus verschiedenen Quellen. Sie ist untrennbar mit dem Gottesgesandten **Muhammed** (a.s.) verknüpft. Muhammed (a.s.), der letzte Gesandte „Ḥatamu lAnbiya" (Siegel der Propheten/Gesandten), ist am Montag, dem 12. Rabi' al-Awwal „fi Sanat al-Fil" (im Jahr des Elefanten)[1] in Mekka zur Welt gekommen. (52 vor der Hidjra, am 25. Apr. 571). Wobei die meisten Schiiten vom 17. Rabi' al-Awwal 52 vor der Hidjra ausgehen. Demnach wäre er am 30. April 571 n. Chr. geboren. – Die Antwort auf das Geburtsdatum des Gesandten Muhammed (a.s.) ist bis heute umstritten. Die ältesten Quellen für

---

1 **Anm. Sanat al-Fil** (das Jahr des Elefanten) = Der Versuch von Abraha (أبرهة) – Er war zuerst der Staathalter dann der König, der um die Mitte des 6. Jhdts. über das südarabische Reich Himyar in jetzigen Jemen herrschte, die Ka'aba zu zerstören. Es geschah nach manchem Historiker im Jahr 570 und nach anderen 571. Der arabische Kalender hatte damals kein Jahresdatum.

sogenannte **Sīra** – und alMaghāzī (die Feldzüge) – Literatur[2] **über das Leben des Gesandten Muhammed (a.s.) sind muslimische Quellen.**

Aus dem Qur'an lernen wir ein humanistisches Bild über den Gesandten Muhammed (a.s.). Eine ganze Reihe qur'anische Lehrsätze zeugen davon und bei Heranziehung der Überlieferung verdichten diese Lehrsätze zu einem beeindruckenden humanistischen Menschenbild, wie es im Qur'an geschrieben steht:

يَا أَيُّهَا الَّذِينَ آمَنُوا ادْخُلُوا فِي السِّلْمِ كَافَّةً وَلَا تَتَّبِعُوا خُطُوَاتِ الشَّيْطَانِ ۚ إِنَّهُ لَكُمْ عَدُوٌّ مُبِينٌ

„O die ihr glaubt, tretet alle ein in den Frieden und folgt nicht den Fußstapfen Satans; wahrlich, er ist euch ein offenkundiger Feind." (Q: 2/208)

Der Gesandte Allahs sagt:

„Der beste Mensch ist derjenige, der anderen Menschen nützlich ist." (Buchārī, Maghāzī, 35)

خَيْرُ النَّاسِ مَنْ يَنْفَعُ النَّاسَ

oder

خيرُ الناسِ أنفعُهم للناسِ

Wichtig ist aber, dass die muslimischen Jugendlichen den Islam aus den Quellen und in den Schulen lernen. Besonders der islamische Religionsunterricht in den öffentlichen Schulen in Europa ist sehr wichtig, und wird eine Schlüsselrolle spielen.

Es muss an dieser Stelle erwähnt werden, dass die Probleme vieler Länder das Produkt einer völlig verfehlten Entwicklung sind, die sich allmählich dem Humanismus und der Menschheit gegenüber feindlich

---

2 **Anm.** Sira steht für: as-Sīra an-Nabawīya (Verhaltens- und Lebensweise des Propheten); al-Maghāzī: die Feldzüge.

verhält und der zerstörerischen Phantasterei einer „Patriotischen Gesellschaft" verpflichtet fühlt.

Die **Integration** der Muslime in Europa ist sehr wichtig, darf aber nicht nur Aufgabe von politischen Institutionen sein. Wichtig ist auch, dass Muslime innerhalb des europäischen Einigungsprozesses ihren Beitrag zu leisten:
Integration wird nicht in Sitzungszimmern gelebt, sondern in der Nachbarschaft, am Arbeitsplatz, in den Schulen, Quartieren oder auf den Marktplätzen. Die Vorurteile abzubauen und sie durch Respekt und Verständnis zu ersetzen, sollen die wichtigsten Ziele alle BürgerInnen sein.

Die Muslime auf der ganzen Welt, müssen für **Bildung** mehr investieren. An dieser Stelle kann ich wieder mit Freude sagen, wie in allen Publikationen von mir, dass Österreich und österreichische Muslime in diesem Bereich, nicht nur mit dem Religionsunterricht, sondern auch mit ihren Ausbildungsstätten eine Vorreiterrolle in ganz Europa spielten und ich hoffe, dass diese Vorreiterrolle durch Populismus oder Extremismus nicht gestört wird.

Wir als zivilisierte Menschen dürfen nicht mit der Geschichte der Vergangenheit leben, sondern die Geschichte der Zukunft selber neugestalten.

Dieses Buch ist deswegen als ein **Wegweiser** für die Leser/innen gedacht, die wenig Kenntnis über die Muslime und ihre Intuitionen in Österreich besitzen und für Angehörige anderer Religionen, welche die kurze Geschichte des Islams, insbesondere in Österreich kennen lernen wollen, was für Vorurteile abzubauen nützlich sein kann. Noch wichtiger ist es für die nachkommende muslimische Generation, die Ereignisse aus erster **Hand** zu bekommen, um die damaligen Ereignisse mit ihrer Zeit zu vergleichen, aus den Geschehnissen lernen und sich danach orientieren. Dieses Buch ist in diesem Sinne eine Art Archiv der IGGÖ, zumindest für eine bestimmte Zeitspanne. Im Sinne dieses Wortes danke ich allen, die mich immer unterstützt haben.

Ich bitte Allah (t.) um Verzeihung für unbeabsichtigte Fehler. Wie der vierte Khalif 'Ali (r.a.) sagte:

من علمني حرفاً صرت له عبد

„man 'allamani harfan Ṣirtu lahu 'abdan" (**Wer mir ein Wort beibringt, dessen Diener bin ich**).

Ich habe mich bemüht ein gutes und nützliches Werk zu hinterlassen, „wa min Allāhi t-tawfiq" (und von Gott kommt der Erfolg).

Meine Überzeugung ist, wie es im Qur'ān steht:

﴿يَوْمَ تَجِدُ كُلُّ نَفْسٍ مَّا عَمِلَتْ مِنْ خَيْرٍ مُّحْضَرًا﴾

„An dem Tage, da jede Seele finden wird, was sie Gutes getan hat." (Q: 3/30)

Dr. Fuat SANAÇ

01. 03. 2022

V. DANKSAGUNG

Muhammed (a.s.), der Gesandte Allahs sagt:

مَنْ لَمْ يَشْكُرِ النَّاسَ لمَ يَشْكُرِ اللهَ

„man lam yaškurun-nasa, lam yaškuru l-lallāha" (Tirmizî, Birr, 35)[3]

„Wer den Menschen nicht dankbar ist, der ist auch Gott nicht dankbar."

Ich danke zuerst Allah, dem Barmherzigen, dass wir in Österreich die Möglichkeit gehabt haben, eine Gemeinde zu gründen und unter der Leitung der Islamischen Glaubensgemeinschaft in Österreich (IGGÖ) mit allen muslimischen Verbänden und Vereinen zusammenarbeiten zu können.

Ich danke dem österreichischen Staat, zuerst dem Kaiserreich und dann der Republik, dass sie den Islam anerkannt und bei der Gründung der islamischen Institutionen geholfen haben.

Ich danke allen Muslim/innen, die von Anfang an, während der Gründung der IGGÖ mitgeholfen und ehrenamtlich gearbeitet haben. Ich danke meinen Vorgängern, den ersten beiden Präsidenten, sowie den Mitgliedern des Schura- und Obersten Rates, die alle ehrenamtlich gearbeitet haben.

Ich danke allen österreichischen Politiker/innen, den Kirchen und Religionsgesellschaften, Intellektuellen, Medien, Bürokraten, Arbeiter/innen, einfach allen andersglaubenden Menschen, die uns trotz Kritik aus eigenen Reihen immer unterstützt haben. Ich hätte hier gerne ihre Namen erwähnt, aber sie sind so zahlreich, dass ich darüber ein eigenes Buch schreiben könnte. Ich fühle mich eigentlich verpflichtet, hier mindestens einige Namen zu erwähnen, die den österreichischen Muslimen/innen jahrelang und nur aus religiöser Überzeugung oder aus moralischen, sowie humanistischen Gründen geholfen haben:

---

3 Andere Variante:

من لا يشكر الناس لا يشكر اللهِ – لا يشكر الله من لا يشكر الناس

Ich danke all meinen engen Mitarbeiter/innen im Präsidialbüro:
Hülya POLAT-PINARBAŞI, Salime COŞKUN, Ashraf ABDELSAMAD, Meryem AYDOĞAN, Yılmaz PEÇE, Sabri KAJA, Ayşe Gülsüm YOKUŞ, Kübra YOKUŞ, Keziban KARADAL und Şerife HÖKE-ARSLANER.

Ich danke meinen Persönlichen Referenten:
Dr. Jur. Michael LUGGER für juristische Angelegenheiten (verstorben), Mag. Avni ÖZALP für kulturelle Angelegenheiten, Mag. Ramazan DEMIR für Gefängnisse und Moscheen, Mag. Fahad Al RAWI für diplomatische Angelegenheiten, Ahmet OVACIN für allgemeine Angelegenheiten und Mag. DDr. Ahmet Murat DOYMAZ.

Ich danke den Mitgliedern der juristischen Abteilung und Juristischen Beratern:
Dr. Jur. Metin AKYÜREK, Mag. Jur. Ümit VURAL, Dr. Jur. Michael LUGGER (verstorben), Mag. Jur. Hassan MOUSA, Dr. Jur. Mehmet Saim AKAGÜNDÜZ, Mag. Jur. M. Numan GENC, und Mag. Jur. Mahmut SAHINOL.

Ich danke unseren beiden Direktorinnen der Sozialen Fachschule **IFS**: „Islamische Fachschule für soziale Bildung – Dr. Abdullah-Karl Hammerschmidt – Schule der IGGÖ" Mag. Zeynep ELIBOL und der **IRPA**: „Privater Studiengang für das Lehramt für islamische Religion an Pflichtschulen in Wien" Mag. Amene SHAKIR.

Ich danke allen Mitgliedern unserer Organisationen, wie Mitglieder des Oberstenrates, Schurarates, Jugend- Frauen- und Hilfsorganisationen. Seelsorger/innen, Moscheeführer/innen und Leiter/innen den islamischen Friedhöfen, sowie Fachinspektoren/innen und allen Mitgliedern der „Islamischen Religionsgemeinden", den Mitgliedern des Beratungsrates für religiöse Angelegenheiten der IGGÖ.

Ich danke den Obfrauen, Obmännern und Lehrer/innen, sowie einfachen Mitgliedern der IGGÖ, die ehrenamtlich im Hintergrund mit Leib und Seele nur um Allahs Willen gearbeitet haben. Sie waren die wahren Helden; sie haben österreichweit in jedem Ort und bei jedem

Verein physisch und finanziell die große Last getragen; möge Allah der Allbarmherzige sie alle belohnen.

Ich danke den Uni. Professoren und meinen geschätzten Kollegen/innen in Wien, KREMS; Innsbruck und St. Pölten, mit denen ich jahrelang zusammengearbeitet habe.

Ich danke allen ehrenwerten Vertretern der Kirchen und Religionsgesellschaften.

Ich danke ehrenwerten Bundespräsidenten, Bundeskanzler, Vizekanzler, Bundesministerin für Unterricht, Kunst und Kultur und anderen Minister/innen, Innen- und Außenminister/innen, die alle mit der IGGÖ in meiner Amtszeit gut zusammengearbeitet und in vielen Bereichen uns sehr kräftig unterstützt haben.

Wenn jemand etwas Gutes tut und sich ihnen gegenüber den Lebewesen barmherzig zeigt, so erhält er einen guten Lohn im Maße dessen, was er an Gutem tat, denn Allah (t.) sagt:

فَمَن يَعْمَلْ مِثْقَالَ ذَرَّةٍ خَيْرًا يَرَهُ (٧) وَمَن يَعْمَلْ مِثْقَالَ ذَرَّةٍ شَرًّا يَرَهُ (٨)

„Wer auch nur eines Stäubchens Gewicht Gutes tut, der wird es dann sehen. Und wer auch nur eines Stäubchens Gewicht Böses tut, der wird es dann sehen" (Q: 99/7-8)

Dr. Fuat SANAÇ

01. 05. 2022

KAPITEL I

I.1 DIE GESCHICHTE DES ISLAMS IN EUROPA VOR DER AUFKLÄRUNG

Die Geschichte der Beziehungen Europas zum Islam ist auch die Geschichte der intellektuellen, künstlerischen und politischen Wahrnehmung des Orients, in der sich eher europäisches Denken als die orientalische Realität zeigt. Darum scheint es an der Zeit, auch von einer Geschichte zu sprechen, die tief in den Gang des Weltgeschehens eingegriffen hat und der besonders das Abendland, grundsätzlich aber die gesamte Menschheit, unendlich viel zu verdanken hat.[4]

Bereits im 7. Jhdt. drängten Muslime mit aller Macht nach Europa. Die Rückeroberung (sog. Reconquista) der besetzten spanischen sowie portugiesischen Gebiete endete im Jahr 1492 mit der vollständigen Beseitigung des letzten muslimischen Machtbereiches. Dieser Zeitraum wird auch als die erste islamische Expansionswelle bezeichnet.

Die zweite islamische Expansion führte die **Osmanen** (1299–1922)[5] bis nach Wien (1529), die damalige Hauptstadt des Heiligen Römischen Reichs. Das Osmanische Reich geriet aufgrund der Niederlage (im Zuge des Großen Türkenkrieges 1683–1699) in die Defensive und wurde in zahlreichen Kriegen bis 1913 auf die heutigen türkischen Grenzen zurückgedrängt.

Der Islam gehört heute zu Europa, aber was und wie viel wissen die Europäer, noch wichtiger, die Muslime in Europa über die Geschichte des Islam? Wie viele Muslime, die aus verschiedenen muslimischen

---

4 **Vgl.** Hunke, Sigrid, Allahs Sonne über dem Abendland, Frankfurt am Main und Hamburg, Fischer Bücherei 1965, S. 9.
5 Anm. Das Osmanische Reich: Osmanisch: دولت عليه: Devlet-i ʿAlīye, der erhabene Staat und ab 1876 amtlich دولت عثمانيه: Devlet-i ʿOs̱mānīye/der osmanische Staat, türk. Osmanlı İmparatorluğu).

Ländern nach Europa gekommen sind, sind im Stande, über islamische Geschichte zu referieren?

Christliche Chroniken führen im Einzelnen auch aus, dass es **Muhammed** (a.s.)[6] war, der „den Arabern den Gott Abrahams vorstellte – und ihnen neue Gesetze gab." – so der in der zweiten Hälfte des 7. Jahrhunderts lebende armenische Bischof **Sebeos** „Das Buch über Heraklios".[7]

Johannes bar Penkaye, ein Mönch der ostsyrischen Kirche in Nordmesopotamien (gest. 686/87),[8] dessen Schriften liefern einen Augenzeu-

---

6 **Anm.** „Die Prophetenbiographie" des **Ibn Ishaq** (gest. 767/68), die uns in der Bearbeitung und mit den Ergänzungen bzw. Erläuterungen von **Ibn Hischam** (gest. 833) vorliegt, ist eine historische Quelle im profanen Überlieferungswesen. Viele Berichte führt der Verfasser auf ältere Quellen zurück, die auf das erste muslimische Jahrhundert zu datieren sind. Spätere Historiographen, wie **at-Tabari** (gest. 922) in seiner analytischen Weltgeschichte. Auf das erste muslimische Jahrhundert gehen einige Berichte des **Urwa bin az-Zubayr bin al-Awwam** (gest. gegen 712) zurück, welche in Form von Briefen abgefasst und wichtige historische Details über die Frühzeit der Prophetie enthalten. Neben der „Prophetenbiographie" beschäftigt sich eine weitere historiographische Gattung mit dem Leben und Wirken des Gesandten: Die so genannte **„maghazi-Literatur"**, die ausschließlich in die medinensischen Periode seines Wirkens fallen. Das wichtigste Werk in dieser Gattung geht auf **al-Waqidi** zurück, der bis 823 in Bagdad wirkte. Ein weiteres bedeutendes Werk in dieser Gattung geht auf **Musa bin 'Uqba** (gest. 758) aus Medina zurück. Eine andere historiographische Gattung stellen die so genannte „Klassenbücher" (**Kutub al-Tabaqat**) dar. Die Einführung dieser Werke ist der Abstammung, dem Leben und Wirken des Gesandten gewidmet. Das bekannteste Werk auf diesem Gebiet schuf ein Schüler des oben genannten al-Waqidi, **Muhammed bin Sa'd** aus Basra, der 845 in Bagdad starb.

7 Vgl. Hoyland, Robert G.: The Earliest Christian Writings on Muhammad: An Appraisal in: Harald Motzki (Hrsg.): The Biography of Muḥammad. The Issue of the Sources. Brill. Leiden 2000, S. 276 ff, hier S. 278.

8 **Vgl.** Bruns, Peter: Von Adam und Eva bis Mohammed – Beobachtungen zur syrischen Chronik des Johannes bar Penkaye. In: Oriens Christianus 87 (2003) ISSN 0340-6407, S. 47-64; Kaufhold, Hubert: Anmerkungen zur Textüberlieferung der Chronik des Johannes bar Penkaye. In: Oriens Christianus 87 (2003) ISSN 0340-6407, S. 65–79; Pinggéra, Karl: Nestorianische Weltchronistik: Johannes Bar Penkaye und Elias von Nisibis. In: Martin Wallraff (Hg.): Julius Africanus und die christliche Weltchronistik. Berlin; New York: de Gruyter 2006 ISBN 3-11-019105-9.

genbericht über die arabischen Eroberungen seiner Zeit, deuten aber nicht auf die Existenz eines heiligen arabischen Buches (Qur'an) zum Ende des siebten Jhdts. hin.⁹

Einer der ältesten Streiter gegen den Gesandten Muhammed (a.s.) war der orthodoxe Theologe Yaḥyā **ibn Manṣūr**, bekannt unter dem Namen **Johannes von Damaskus** (650–754)¹⁰ Er schreibt in seinem Buch: „Sie waren bis zur Zeit des **Herakleios** Götzendiener. Da aber trat unter ihnen ein Pseudoprophet auf, ‚**Mamed**' genannt, der eine eigene Irrlehre ins Leben rief, nachdem er flüchtig Kenntnis vom Alten und Neuen Testament gewonnen hatte und zugleich offenbar mit einem arianeschen Mönch zusammengetroffen war. Später ließ er durch Täuschungen das Volk glauben, er sei ein gottesfürchtiger Mann, und streute Gerüchte aus, dass ihm eine Schrift vom Himmel herabgesandt sei. Nachdem er einige Lehren in diesem seinem Buch aufgestellt hatte, über die man nur lachen kann, lehrte er sie auf diese Weise, Gott zu verehren."¹¹

---

9 **Vgl.** Hoyland, Robert G.: Eben da.
10 **Johannes von Damaskus** (Johannes Damescenus; geb. 650; gest. 754) mit dem Beinamen „Chrysorrhoas" (der Gold Verströmende), arabisch Yaḥyā ibn Manṣūr, lateinisch Ioannes Damascenus, war ein berühmter Theologe und Kirchenvater. In der katholischen Kirche gilt er als letzter der Kirchenväter und wird seit 1890 auch als Kirchenlehrer verehrt. Die zweite Hälfte seines Lebens verbrachte er als Mönch im Kloster Mar Saba südöstlich von Jerusalem. 726 begann im Oströmischen Reich der sogenannte byzantinische Bilderstreit. Die gegen die Verehrung von Ikonen gerichtete Politik der ikonoklastischen Kaiser Leo III. (717–741) und Konstantin V. (741–775) unterwarf die Reichskirche einer Zerreißprobe. Die bilderfreundliche Opposition wurde vor allem von Mönchen getragen, besonders solchen, die wie Johannes außerhalb des byzantinischen Machtbereichs in islamischem Gebiet lebten. Johannes wurde zu einem der prominentesten Verfechter der Bilderverehrung. **Vgl.** Glei, Reinhold (Hrsg.): Schriften zum Islam von Johannes Damaskenos und Theodor Abu Qurra, Kommentierte griech.-dt. Textausgabe (Corpus Islamo-Christianum, Series Graeca 3), Würzburg: (Echter); Altenberge: Oros Verlag 1995, ISBN 3-429-01511-1.
11 **Vgl.** St. John of Damascuss Critique of Islam; deutsche Übersetzung: Kritik von St. Johannes von Damaskus am Islam.

Diese Behauptungen von Johannes von Damaskus wie z. B. „Pseudoprophet" wurden das Prädikat in unzähligen Werken christlicher Polemik gegen den Islam, gleichsam zur Standartbezeichnung Muhammeds (a.s.). Dem Mittelalter galt der Islam als Prototyp des Fremden und des Feindes, in der er als Häresie, Heidentum oder Teufelswerk verstanden wurde.

Es war die **Kreuzzugsbewegung** (1095–1492), die die Aufmerksamkeit der Christen auf die Islamische Religion lenkte (der Begriff bezeichnet die Orientkreuzzüge, die sich gegen die muslimischen Staaten im Nahen Osten richteten). Aber auch schon vor den Kreuzzügen war einiges über den Islam bekannt. Dieses Wissen stammte zum Teil aus byzantinischen Quellen, zum anderen Teil auch aus christlich-muslimischen Kontakten in Spanien (Muslime in Spanien 711–1492). Das Bild, welches sich daraus entwickelte, war durchwegs sehr verworren. Arabische Muslime wurden als **Sarazenen**[12] bezeichnet und galten als Götzenanbeter, die den Gesandten Muhammed (a.s.) verehrten, dass er ein Zauberer sei usw.

Der Islam stellte für die Christen im Mittelalter in erster Linie eine „Bedrohung ihrer Selbstzufriedenheit" dar. Besonders die Menschen im Norden Frankreichs, in Flandern und in Deutschland, also gerade in den Ländern, die in keinem direkten Kontakt zu den Muslimen standen, entwickelten einen gewaltigen Hass (Diese Realität, dass die Menschen Islam oder Muslime hassen, oder ihnen gegenüber feindselig sind, ist immer noch aktuell). Vor diesem Hintergrund muss man das Islambild

---

12 **Sarazenen:** Die islamischen Völkerschaften schlechthin. Der Gebrauch im christlichen Schrifttum war hierbei geprägt von einer die bezeichneten Völker abwertenden, gelehrten Volksetymologie. Bereits in vorislamischer Zeit, erscheint die Worterklärung, dass die Agarener (oder Hagarener), die Nachfahren von **Hagar** (r.a.), der verstoßenen Sklavin und Nebenfrau Abrahams (a.s.), sich fälschlich als „Sarazenen" bezeichnet hätten, um sich als Abkömmlinge der Sarah (r.a.), der Freien und Ehefrau Abrahams (a.s) auszugeben und sich dadurch aufzuwerten. **Vgl.** Southern, R.: Das Islambild des Mittelalters. Stuttgart 1981. Thorau, P.: Sarazenen. In: Lexikon des Mittelalters Bd. 7. München, Zürich 1995, Sp. 1376 f.

des Mittelalters betrachten.[13] Um dieses unbehagliche Gefühl der Minderwertigkeit kompensieren zu können, mussten die Europäer ihr Islambild „entstellen".

Der Abt **Petrus Venerabilis** (gest. 1156) war einer der wichtigsten Personen dieser Zeit, die dazu beitrugen, das Islambild zu entzerren: Er ließ den Qur'an übersetzen und verfasste dann selbst eine Darstellung der islamischen Lehre, die *„Summa totius haeresis saracenorum"*, sowie eine Widerlegung, *„Liber contra sectem sive haeresim saracenorum."* **Petrus** sah in der Übersetzung des Qur'an einen Baustein seines *„Projekt zur Widerlegung des Islam"*. Es war ihm ein dringendes Anliegen, der Ausbreitung des Islam Einhalt zu gebieten. Diese neue Herangehensweise trug viel dazu bei, dass sich ein neues Islambild einstellte. Es bleibt anzumerken, dass auch der Abt höchstwahrscheinlich von der Fortschrittlichkeit der Muslime, besonders in den Naturwissenschaften, wusste, und deshalb auch ein gewisses Minderwertigkeitsgefühl ihnen gegenüber empfand.

Petrus sagt, dass die Muslime eigentlich besser als die **Juden** seien, das begründet er: „… dass Christus von einer Jungfrau geboren sei, und sie stimmen mit uns in vielen Dingen über ihn überein." Er sah aber im Islam eine **Häresie** (abweichende Lehre) **des Christentums**, er betrachtete ihn als die wichtigste und die einzige Häresie, auf die die Christenheit noch keine adäquate Lösung gefunden hatte (z. B. Dreifaltigkeit). Denn für ihn lag das eigentliche Ziel, das zentrale christliche Interesse in der Bekehrung der Muslime.[14]

---

13 Mehr darüber **in:** Watt, William Montgomery: Der Einfluss des Islam auf das europäische Mittelalter, Berlin 2001; Fletcher, Richard: Ein Elefant für Karl den Großen: Christen und Muslime im Mittelalter, Darmstadt 2005.
14 **Vgl.** Bulst, N: Petrus Venerabils. In: Lexikon des Mittelalters, Bd. 8. München 1980–1999. Sp. 1985–1987; Glei, Reinhold (Hrsg.): Schriften zum Islam/Petrus Venerabilis (Corpus Islamo-Christianum, Series Latina, 1), Altenberge 1985.

Diese Islamfeindlichkeit schon damals, wie heute verbreite/te einseitig negative Sichtweisen über Islam und Muslime/innen und diskriminier(t)e Letztere gegenüber anderen Menschen.

Darüber sagt Chris **Allen**, dass Islamfeindlichkeit nicht immer explizit zum Ausdruck gebracht werde. Vielmehr sei sie auch in alltäglichen Praktiken und Diskursen vorhanden, ohne dass sich die darin Involvierten notwendigerweise als islamfeindlich verstehen müssen. Die Diskriminierung von Muslimen äußere sich folglich auch in Handlungen und Äußerungen, die von allen Beteiligten als selbstverständlich wahrgenommen werden. Islamfeindlichkeit ziele darauf ab, negative Wahrnehmungen von Muslimen und Islam als „Wissen" zu etablieren, also als für objektiv wahr gehaltene Aussagen. Gleichzeitig strebe sie auch eine politische und soziale Benachteiligung von Muslimen in der Gesellschaft an.

Laut **Allen** seien konkrete Inhalte deshalb auch von geringerer Bedeutung, da sie über die Zeit durch andere ersetzt werden könnten und Islamfeindlichkeit wandelbar sei – abgesehen von der negativen Bewertung des Islams und der Muslime an sich. Dennoch seien historische Kontinuitäten empirisch beobachtbar.[15]

Um die Ängste zu verstehen, muss die Vergangenheit der Muslime auf europäischem Boden betrachtet werden. Besonders die kriegerischen Auseinandersetzungen während der osmanischen Zeit dienen als Vorwand, um alte Ressentiments zu bedienen. Nicht umsonst erinnern unzählige Sagen, Volksbräuche, Straßennamen, Gedenkstätten und Relikte der türkischen Heeresmacht an die Gefahr des Islams und deren Überwindung. Selbst der Tag der Befreiung Wiens (1683) am 12. September

---

15 **Vgl**. Chris, Allen: Islamophobia. Ashgate Publishing, London 2010. ISBN 978-0-7546-5139-0. S. 187–190. **Anm.** Die englischen bzw. französischen Ausdrücke „Islamophobia"/„Islamophobie" lehnen sich an das dem Griechischen entlehnte Wort „Xenophobia" (Fremdenfeindlichkeit) an. Diese Bezeichnung gilt als problematisch, weil der Wortbestandteil der Phobie auf eine krankhafte beziehungsweise psychische Ursache des Phänomens hindeutet und es damit pathologisiert. Der richtige Begriff dafür ist daher „Islamfeindlichkeit".

wird seither im römisch-katholischen Kalender mit dem **Fest Mariä Namen** gefeiert.[16] – Papst Pius X. (1835–1914) verlegte das Fest auf den Siegestag, den 12. September. Nachdem das Fest im Allgemeinen Römischen Kalender gestrichen war, da es eine Doppelung zum Fest Mariä Geburt ist, wurde es im Jahr 2002 wieder für die ganze Kirche eingeführt. Im Regionalkalender für das deutsche Sprachgebiet blieb das Fest *„wegen des historischen Bezuges zum Sprachgebiet und der Verwurzelung im Volk"* immer erhalten. Eng mit dem Fest verbunden ist auch die Verbreitung der Anrufung Mariens als Hilfe der Christen („Maria Hilf!").[17]

---

16 **Vgl**. Heine, Lohlker, Potz, Muslime in Österreich, 2012, S. 40.
17 Mehr darüber **in**: Wiener Kirchenblatt, Wochenschrift für die Katholiken, 27. Jg., Nr. 36, 1–2.

I.2 DIE GESCHICHTE DES ISLAMS IN EUROPA NACH DER AUFKLÄRUNG

Eine weitere Wende in der christlichen Welt entstand durch die **Aufklärung** (1650–1800), die zuerst in den evangelischen Kirchen Fuß fasste, und gegen die sich die römisch-katholische Kirche lange zur Wehr setzte.

Das Islambild des bedeutenden Dichters der deutschen Aufklärers **Gotthold Ephraim Lessing** (1729–1781) ist für uns von Bedeutung, denn dass der Islam in der Toleranzdebatte des 18. Jhdts. überhaupt eine Rolle gespielt hat, ist vor allem Lessings Verdienst; vor Lessing hatte man entweder gar nicht oder nur die Absicht verfolgt, die Gründe für die Toleranz problematisch zu machen. Die Toleranzthematik gehört zu den meistbehandelten Aspekten des lessingschen Werks, seine Auseinandersetzung mit dem Islam blieb allerdings weitgehend unberücksichtigt.

Der Begriff „**Aufklärung**" wird auch häufig benutzt, um einen Gegensatz zwischen „dem Westen" und „dem Islam" zu betonen. Dabei ist die Begriffsverwendung oft sehr mangelhaft. Selten wird reflektiert, dass „Aufklärung" eine Epoche der europäischen Geistesgeschichte bezeichnet, deren spezifische historische Bedingungen und Folgen sich nicht einfach auf die Verhältnisse anderer Kulturen übertragen lassen. Sie wird meistens gegen die Muslime verwendet; diejenigen, die es verwenden, meinen, dass der Westen wegen der Aufklärung im Licht steht und andere Kulturen, besonders die Muslime, in der Finsternis. Dabei wird nicht daran gedacht, dass die christlichen Philosophen auf der Basis von Aristoteles durch **Averroes** (ﺍﺑﻦ ﺭﺷﺪ/Ibn Rušd/**Ibn Ruschd,** 1059–1126), dem spanisch-islamischen Rechtsgelehrten und Philosophen, eine eigene Religionsphilosophie entwickelten – etwa **Eckhart von Hochheim**, bekannt als **Meister Eckhart** (1260–1328), ein bedeutender Theologe und Philosoph des christlichen Mittelalters.

Sie vergessen auch, dass das Mittelalter die Zeit der Universitätsgründungen, der internationalen Vernetzungen der Wissenschaften besonders mit der islamischen Welt, der Entdeckung griechisch-arabischer

Textkonvolute, der Expansion der Städte mit einer zunehmend gebildeten Bürgerschaft war.[18]

Die bis ins 20. Jhdt. **traditionelle römisch-katholische Position** ist allgemein bekannt: „Extra Ecclesiam nulla salus!" – **Außerhalb der Kirche kein Heil! Außerhalb der Kirche kein Prophet!** Jedenfalls ist die traditionelle Position heute nicht mehr die offizielle römisch-katholische Position. Denn das **Zweite Vatikanische Konzil** (1962–1965)[19] erklärte in seiner Konstitution über die Kirche ganz unzweideutig: „Diejenigen

---

18 **Vgl**. Flasch, Kurt: Meister Eckhart, 2006; Raif Georges Khoury, Averroes (1126–1198) oder der Triumph des Rationalismus, 2002.

19 **Anm. Das Zweite Vatikanische Konzil** war das bisher letzte und wichtigste der 21 ökumenischen Konzilen der römisch-katholischen Kirche, fand vom 11. Oktober 1962 bis zum 8. Dezember 1965 statt. Es wurde von Papst Johannes XXIII. und nach seinem Tod im Jahr 1963 wurde es durch Papst Paul VI. fortgesetzt. Es war der Öffnung der Kirche hin zur Welt, leitete es umfangreiche Reformen der katholischen Kirche ein: Mmuttersprachliche Gottesdienste, die Anerkennung der Religionsfreiheit, die Forcierung des ökumenischen Dialogs sowie des Dialogs mit den nichtchristlichen Religionen. Das Konzil betont in der Erklärung „Nostra aetate" im Blick auf den Dialog das Gemeinsame, ohne die Unterschiede zu verschweigen: „Mit Hochachtung betrachtet die Kirche auch die **Muslimen**, die den alleinigen Gott anbeten, den lebendigen und in sich seienden, barmherzigen und allmächtigen, den Schöpfer Himmels und der Erde, der zu den Menschen gesprochen hat. Sie mühen sich, auch seinen verborgenen Ratschlüssen sich mit ganzer Seele zu unterwerfen, so wie Abraham sich Gott unterworfen hat, auf den der islamische Glaube sich gerne beruft. Jesus, den sie allerdings nicht als Gott anerkennen, verehren sie doch als Propheten, und sie ehren seine jungfräuliche Mutter Maria, die sie bisweilen auch in Frömmigkeit anrufen. Überdies erwarten sie den Tag des Gerichtes, an dem Gott alle Menschen auferweckt und ihnen vergilt. Deshalb legen sie Wert auf sittliche Lebenshaltung und verehren Gott besonders durch Gebet, Almosen und Fasten. Da es jedoch im Lauf der Jahrhunderte zu manchen Zwistigkeiten und Feindschaften zwischen Christen und Muslim kam, ermahnt die Heilige Synode alle, das Vergangene beiseitezulassen, sich aufrichtig um gegenseitiges Verstehen zu bemühen und gemeinsam einzutreten für Schutz und Förderung der sozialen Gerechtigkeit, der sittlichen Güter und nicht zuletzt des Friedens und der Freiheit für alle Menschen." Mehr darüber **in**: Hofmann, Norbert J.: Worte und Taten. Das Konzilsdokument Nostra Aetate und seine Wirkungsgeschichte. DIALOG (Zeitschrift) 60/2005, S. 9–15.

Menschen, die das Evangelium Christi und seiner Kirche ohne ihre Schuld nicht kennen, Gott jedoch aufrichtigen Herzens suchen und seinen im Gewissensgebot erkannten Willen in Taten unter dem Wirken seiner Gnade zu erfüllen trachten, können das ewige Heil erlangen."[20]

Das **Zweite Vatikanische Konzil** brachte zweifelsohne einen Durchbruch in der Entwicklung der Beziehungen zwischen Christentum, **Judentum** und **Islam**. Die Erklärung „**Nostra aetate**" (lat. für „in unserer Zeit") gibt Antwort auf die Frage vieler gläubigen Christen. Das war nur möglich, weil weitblickende Menschen schon vor dem Konzil Wege zum Dialog gesucht und so die Erklärungen der Konzilsväter vorbereitet hatten.

Der Artikel 3 beschäftigt sich ausschließlich mit dem Islam; die Gemeinsamkeiten werden betont. Ein Unterschied im Glauben beider Religionen wird klar und deutlich: Die Muslime anerkennen Jesus (a.s.) nicht als Sohn Gottes; sie verehren ihn jedoch als Propheten.

Es mag dahingestellt sein, ob die Hervorhebung des Islams in diesem Artikel mehr aus gesellschaftspolitischen als aus theologischen Überlegungen erfolgte oder ob sie ein Gegengewicht zu der Erklärung über das **Judentum** in Artikel 4 sein sollte; auf alle Fälle markieren diese wesentlichen Aussagen über den Islam eine neue Haltung der römisch-katholischen Kirche.

Die politische Geschichte der islamisch-christlichen Beziehungen in Europa wird dominiert von der Bewegung der **Kreuzzüge** (1095–1492). Im Rahmen der politisch-militärischen Konfrontationen jener Zeit diente gerade auf Seiten des Christentums die Religion als ideologisches Werkzeug zur Verteidigung der Interessen der europäischen Herrscher, inklusive des Inhabers des Vatikans. Das erklärt die „Geschichte der vorsätzlichen und unbeabsichtigten Missverständnisse", welche die islamisch-christliche Begegnung in Europa über die Jahrhunderte hinweg

---

20 **Vgl**. Küng, Hans: Erkämpfte Freiheit. Erinnerungen, München 2003, Kap. IX.

charakterisierte. Dieser frühe „Kampf der Kulturen" hat ein Vermächtnis der Konfrontation, des Misstrauens und der Missverständnisse geschaffen, das bis in die Gegenwart wirkt.

Vom 19. Jhdt. an wurde der sogenannte Orient vom Westen durch den Kolonialismus, Kapitalismus, die industrielle Revolution und die Aufklärung in seiner Entwicklung überholt. Der symbolische Zeitpunkt für die spätere offensichtliche Übernahme der Führung durch den Westen war **Napoleons** (Napoleon Bonaparte, als Kaiser Napoleon I. 1769–1821) Expansion in Ägypten im Jahre 1798; von da an fielen westliche Armeen und westliches Kapital über die Länder der Muslime her.

Mit dem Auftreten des europäischen **Kolonialismus** wendeten sich die Beziehungen zum Islam von europäischer Seite abermals hin zu politischer Beherrschung und „kultureller Bevormundung".

Die europäische Machtpolitik hat die politische Landkarte des Nahen Ostens bis zum heutigen Tage geformt. Man suchte die politische und militärische Vorherrschaft durch den ideologischen Anspruch einer Überlegenheit des christlichen Europas über die arabisch-islamische Kultur zu legitimieren.

Eines der Vorurteile, welche die Beziehungen zwischen **Islam** und **Christentum** seit der Zeit der **Kreuzzüge** und den Kriegen mit dem **Osmanischen Reich** (1299–1922) beeinträchtigen, ist im Umfeld der christlichen Interpretation des koranischen Begriffs des *„Jihâd"* angesiedelt und mag als Beispiel dafür dienen, wie viel Arbeit noch zu erledigen ist, wenn man eine faire und ausgewogene Vermittlung der islamischen Botschaft in Europa anstrebt.

Die Christlichen Gelehrten dozierten über Jahrhunderte hinweg, dass der Islam allgemein und vorbehaltlos den Krieg gegen Nichtgläubige, das heißt die Christen selbst, rechtfertige. Bestimmte Ausschnitte des **Qur'an/Korans** wurden und werden vorsätzlich aus dem Zusammenhang gerissen – mit der Absicht, eine aggressive Natur des Islam zu „beweisen".

Die Fehlinterpretation der Lehre des Qur'an (Korans) hinsichtlich der Anwendung von Gewalt ist das Beispiel für das verzerrte Bild des Islam in der christlichen Dogmatik. Die dadurch erzeugte Atmosphäre tiefen Misstrauens hat ihrerseits wiederum die falsche Wahrnehmung des Islam als eine Bedrohung für die christliche Zivilisation in Europa gesehen.

Sogar heutzutage werden solche Vorurteile immer noch in akademischen Vorträgen propagiert. Bewusste Verzerrung, das Weglassen von zusätzlichen erläuternden Textstellen und das Herausreißen bestimmter Formulierungen aus dem Gesamtzusammenhang im Koran usw.

Seit dem Ende des **Kommunismus** (1991) bzw. nach dem Zerfall der Sowjetunion und dem Verschwinden des damit einhergehenden (ideologischen) Freund-Feind-Schemas dient der Islam in vielfacher Hinsicht als Ersatz für das frühere **Feindbild**, durch welches der Westen seine weltweite Vorherrschaft ideologisch durchzusetzen versuchte. Diese neue internationale Konstellation, in welcher der Islam als Bedrohung für die europäische Identität und Sicherheit dargestellt wird, wirkt sich direkt auf die islamisch-abendländischen (christlichen?) Beziehungen in Europa aus.

Das Verhältnis zum Islam ist in Europa auf verschiedene Weise, insbesondere nach dem 11. Sept. 2001, belastet und bietet so den Nährboden für einen oft spannungsgeladenen und durch Emotionen aufgeheizten Umgang mit der muslimischen Bevölkerung. In diesem Zusammenhang wird immer wieder die gerade für den Großraum **Wien** bis heute als traumatisch empfundene Zeit der **Türkenkriege** genannt. Im historischen Kontext verdienen auch die schon seit den **Kreuzzügen** tradierten Bilder vom „grausamen heimtückischen gotteslästerlichen Heiden" Erwähnung. Auf der anderen Seite wuchs durch die Migration die Zahl der Muslime und viele Befürchtungen, die Neubürger könnten den Alteingesessenen Ressourcen streitig machen, konzentrieren sich auf die muslimische Bevölkerung, die häufig unter Zuhilfenahme des alten Feindbildes als bedrohliche Invasion in modernem Gewand wahrgenommen wird. Früher hat dabei die Konkurrenz am Arbeitsmarkt die Hauptrolle gespielt. Jetzt werden kulturelle Auseinandersetzungen thematisiert,

die oft religiös verbrämt sind. Und das macht das Ganze sehr gefährlich. Es ist leider möglich, dass das angebliche Gegensatzpaar Abendland gegen Islam für viele Jahre die Politik in Österreich beschäftigen würde.

Eine sehr negative, oftmals geradezu obstruktive Rolle spielt auch diesbezüglich die **Medien**, die in einem beträchtlichen Ausmaß unter dem Einfluss von Partikularinteressen und populistische oder radikalen Politiker/innen stehen. Nachrichten aus der islamischen Welt liefern der viel diskutierten Theorie eines „**Clash of Civilisation**" (nach Samuel P. **Huntington**) fast täglich scheinbar neuer Nahrung, weil Krisensituationen medial ungleich mehr Beachtung finden als positive Beispiele des friedlichen Zusammenlebens.

Die Medien als meinungsbildende Organe haben durch ihre oft von Einseitigkeit, mangelndem Verständnis und schlichtem Informationsmangel geprägte Berichterstattung einen nicht unerheblichen Anteil an dem Zerrbild, das sich in den Köpfen vieler Menschen bildet. Muslime sehen sich in einem permanenten Rechtfertigungseck, aus dem heraus es sich schwer agieren lässt.

Eigenes wird oft auf das „Fremde" übertragen; hausgemachte, unangenehme Themen sind, z. B. vor dem Hintergrund einiger spektakulärer Fälle von sexuellem **Missbrauch** in der römisch-katholischen Kirche, leichter abzuhandeln oder lassen sich umgehen über die scheinbare Verlagerung auf eine andere Gruppe, am leichtesten auf die Muslime.[21]

In Medien weiß man öfter nicht, wer für wen und für was spricht? Bestimmte Personen mit einer bestimmten Sicht werden favorisiert, Role Models sollen geprägt werden, Schubladisierungen unter „liberal" oder „aufgeklärt" wirken eindimensional, drängen praktizierende Muslime rasch ins „fundamentalistische" Eck.

---

21 **Anm.** In dieser globalen Welt werden von negativen Ereignissen wie Kindesmissbrauch oder Terrorismus, die im Namen der Religion verübt werden, alle Religionsgemeinschaften betroffen. Es wird von Menschen, insbesondere von den drei Monotheistischen Glauben, ein Religionsbegriff verwendet, der erkennbar an ihren Traditionen geformt worden ist, da die betrachteten Texte dem Christentum, dem Judentum und dem Islam zugeordnet werden können: Judentum, Christentum und Islam sind Offenbarungsreligionen, d. h sie beruhen auf göttlich „geoffenbarten" heiligen Botschaften, die die Anhänger auf eine bestimmte ethische Lebensführung verpflichten wollen. Die ernste Art des Umgangs mit diesen göttlichen Botschaften wird durch die Wahrnehmung der Krise bestimmt, aus der sie herausführen sollen; wenn jemand Katastrophen auf Erden verhindern will, darf mit der Offenbarung (Gottes Wort) nicht spielen. Die Gottesbotschaften müssen korrekt rezitiert und ehrfurchtsvoll behandelt werden, weil andernfalls Zweifel an der Ernsthaftigkeit der Offenbarung begünstigt werden könnten.

Inner- und außermuslimischer Diskurs sind nicht mehr voneinander zu trennen:
Weltpolitik, Terrorismus, Sicherheitsfrage, politischer Islam (z. B. nach einem Anschlag), Frauenrechte, Integration in Europa, Moscheebaudebatte usw. All diese Dinge können miteinander verschränkt sein; je nachdem in welchem Feld man sich gerade bewegt, obwohl die nicht zu verallgemeinern sind.

Die Kulturkreise der Welt nach Samuel P. Huntington mit einer klaren Unterscheidung zwischen westlicher (dunkelblau) und islamischer Welt (grau) schraffiert.

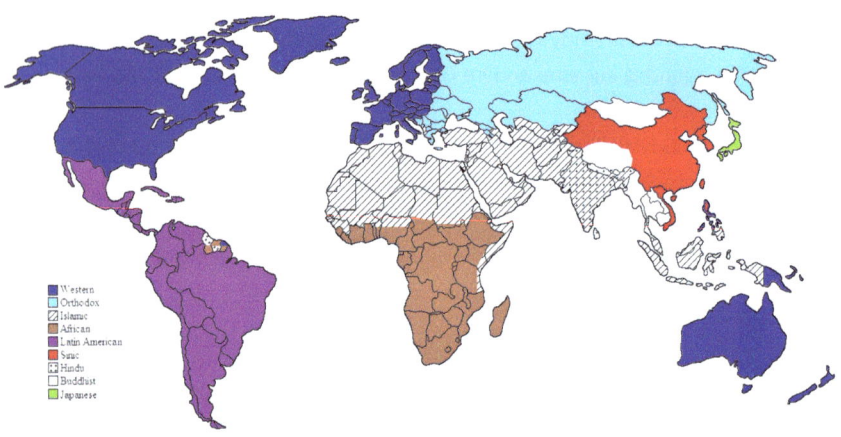

Diese Theorie „Kampf der Kulturen" stellt den Islam als inkompatibel mit westlicher Kultur dar und trug gegen Ende des 20. Jhdts. entscheidend zum Bild von Muslime/innen bei.

Journalisten haben sich vielerorts einen Ethikkodex gegeben. Damit soll die **Meinungs- und Pressefreiheit** nicht mit Selbstzensur belegt werden, sehr wohl aber an eine Selbstkontrolle im Sinne eines ausgewogenen und fairen Journalismus erinnert werden. **Verantwortung** ist somit ein Schlüsselbegriff in der Ausübung der **Redefreiheit/Meinungsfreiheit**.

Redefreiheit historisch gesehen von unten nach oben in Europa erkämpft wurde, daher kann sie als Instrument zur offenen Kritik an den Mächtigen mitunter zur Polemik greifen. Wenn eine Minderheit von der herrschenden Mehrheit bewusst durch Blasphemie provoziert werden soll, ist dies als Handlung von oben nach unten alles andere als ein emanzipatorischer Akt, sondern diskriminierend. Daher dürfen Redefreiheit und **Religionsfreiheit** nicht gegeneinander ausgespielt werden. Sie sind als Säulen des Menschenrechtsverständnisses eng miteinander verknüpft.

Manche der neueren Produktionen der amerikanischen **Filmindustrie** haben nicht unwesentlich zur Verfestigung eines **Feindbildes** auf Kosten des Islam und zum Schaden der muslimischen Gemeinschaften auf unserem Kontinent beigetragen. Auch die Unterhaltungsindustrie legt einem sachlichen Zugang zum Thema durch **die Publikation von Büchern** wie „Nicht ohne meine Tochter" immer wieder Steine in den Weg. Wenn sich Konsumenten solcher Werke hinterher als Islamexperten fühlen, wird ein realitätsbezogener Zugang, der sich an der tatsächlichen Situation der Muslime in Österreich oder an der hier so gut wie unbekannten eigentlichen Glaubenslehre des Islam orientiert, wesentlich erschwert.

Ein anderer wichtiger Faktor der muslimisch-westlichen Beziehungen im Europa der Gegenwart ist zweifelsohne der **arabisch-israelische** Konflikt in Palästina – und insbesondere die Auseinandersetzung um den Status von **Jerusalem**. Die Lage wird noch komplizierte und die Lösungen noch schwieriger, wenn dieser Konflikt von einigen Gruppierungen von beiden Seiten als einen religiösen Konflikt betrachtet wird.

Wie schon oben erwähnt wurde, wenn wir von den Begegnungen der Muslime mit **Westeuropa** im Mittelalter sprechen, in Spanien und Sizilien abgesehen, so ist das Zusammenleben von Muslimen und Westeuropäern ein Phänomen des 20. Jhdts. Die Gesellschaften Westeuropas waren fast bis Ende des 20. Jhdts. in religiöser Hinsicht mehr oder weniger homogen und sehr oft monolithisch. Österreich hat hingegen bereits in den letzten Dekaden des neunzehnten Jhdts. eine bedeutende muslimische Bevölkerung gehabt, nämlich die Mehrheit der Bevölkerung der von der k. u. k. Monarchie annektierten Bosnien und Herzegowina.

Mit Beschluss des **Berliner Kongresses 1878** haben die damaligen Großmächte die Herrschaft über Bosnien an das mächtige österreichisch-ungarische Reich übergeben. Bei diesem Kongress erhielt Bosnien seine neue offizielle Bezeichnung: „Bosnien-Herzegowina". Im Okkupationsfeldzug von **Bosnien** und **Herzegowina 1878** besetzte Österreich-Ungarn die ihm im Berliner Kongress zur Verwaltung zugesprochenen osmanischen Provinzen Bosnien und Herzegowina. Dabei kam es zum bewaffneten Widerstand vor allem durch die muslimische Bevölkerung.

Mit der **Okkupation** hatte sich die Habsburger Monarchie der Herausforderung zu stellen, erstmals eine islamische Bevölkerung in ihren Herrschaftsbereich aufzunehmen. Damit begann die Zeit einer expliziten, den Islam betreffenden Religionspolitik, die zunächst durch die besonderen Bedingungen in Bosnien-Herzegowina bestimmt war und nach der **Annexion** der beiden Länder im Jahr **1908** mit dem **Islamgesetz 1912** auch in der österreichischen Rechtsordnung ihren Niederschlag fand. **Kaiser Franz Josef** (1848–1916)[22] proklamierte 1878 „dass alle Söhne Bosnien-Herzegowinas gleiches Recht nach dem Gesetze genießen, dass sie alle geschützt werden in ihrem Leben, in ihrem Glauben, in ihrem Hab und Gut."

Vorerst erfolgte eine Neuorganisation der Islamischen Gemeinschaft in Bosnien Herzegowina. Diese institutionelle Europäisierung der Organisation der Islamischen Glaubensgemeinschaft in Österreich brachte einen Modernisierungsschub für den Islam in Bosnien, der seine Geschichte im 20. Jhdt. beeinflussen sollt. Es war nämlich auf europäischem Boden erstmals zu einer Begegnung einer autochthonen muslimischen Bevölkerung mit einem westlichen Staatssystem, welches Religionsfreiheit gewährte, gekommen.[23]

Wenige Wochen nach der Annexion Bosniens und Herzegowinas 1908 durch Österreich-Ungarn sondierten Vertreter der in Wien lebenden Muslime, „ob die Geneigtheit bestehe, dem Islam die gesetzliche Anerkennung zu gewähren". Kurz darauf kam es zu einer Eingabe gleichen Inhalts seitens eines **„Aktionskomitees des Österreichischen Orientvereins zur Erbauung einer Moschee in Wien"**, datiert mit **22. Jänner 1909**. In dieser Eingabe wurde ausdrücklich auf die Absicht von Bürgermeister **Karl Lueger** (von 1897 bis 1910) verwiesen, für die in Wien

---

22 **Franz Joseph I.**, gebürtig Erzherzog Franz Joseph Karl von Österreich (18.8.1830 auf Schloss Schönbrunn, in Wien; gest. 21.11.1916 ebenda), aus dem Haus Habsburg-Lothringen war von 1848 bis zu seinem Tod im Jahr 1916 Kaiser von Österreich. Mit einer Regierungszeit von nahezu 68 Jahren übertraf er jeden anderen Regenten seiner Dynastie. Gleichzeitig war er König von Böhmen und Apostolischer König von Ungarn; mehr darüber **in**: Bossi-Fedrigotti, Anton Graf: Kaiser Franz Joseph I. und seine Zeit. Ringier, Zürich 1978, ISBN 3-85859-087-8.
23 **Vgl**. Potz, Richard: „100 Jahre österreichisches Islamgesetz", PDF. hgg. von BMEiA, S.13

lebenden Muslime – es handelte sich lt. statistischen Angaben um insgesamt 889 Personen – eine Moschee zu bauen.[24]

Man beschloss, mit dem für Bosnien-Herzegowina zuständigen gemeinsamen Finanzministerium der Doppelmonarchie Kontakt in dieser Sache aufzunehmen, das dem Ziel einer solchen Aktion sympathisch gegenüberstand. In beachtlicher Schnelligkeit wurden drei Entwürfe ausgearbeitet, die als Grundlage für die weiteren Verhandlungen dienen sollten. In der gebildeten Arbeitsgruppe waren drei österreichische Ministerien: 1) das Ministerium für Kultus und Unterricht, 2) das Justizministerium und 3) das Ministerium des Inneren vertreten. Es wurden darüber hinaus auch Vertreter des für die beiden Reichshälften zuständigen Ministers eingebunden. Im Einzelnen sollen drei Bestimmungen hervorgehoben werden, die dann auch in den letztendlich in 2 Artikel einschließlich 7 Paragraphen gegliederten Gesetzestext Eingang finden sollten. (s. Islamgesetz 1912)

Im Ministerratsvortrag an Kaiser Franz Josef am 5. Juni 1909 führte Kultusminister **Karl Graf Stürghk** (30.10.1859 in Graz; gest. 21.10.1916 in Wien), auf die Bedenken wegen der Andersartigkeit des Islam eingehend, aus: „Andererseits kann wohl, wenn auch Manches an der Religion Muhammads dem abendländischen Kulturbewusstsein fremd gegenübersteht, wohl mit Recht behauptet werden, dass die die sittlichen Grundgedanken des Islam sich keineswegs in einem ausschließlichen Gegensatz zu den moralischen und ethischen Anschauungen des Okzidents befinden, da ja auch der Islam in seiner Weise Wahrhaftigkeit, Redlichkeit, Pflichttreue und Gesetzmäßigkeit als unverbrüchliche Norm menschlichen Denkens und Handelns aufstellt." Und weiter (…) „kann ebenso wohl mit Sicherheit behauptet werden, dass weder die Kultusübung noch die sonstige Betätigung religiösen Lebens seitens der Bekenner des Islam in Österreich irgendwie Anstoß erregen oder sich in Widerspruch mit den

---

24 Mehr darüber **in**: Heine, Susanne, Rüdiger Lohlker, Richard Potz: Muslime in Österreich. Geschichte – Lebenswelt – Religion, Tyrolia Verlag, Innsbruck 2012, ISBN 3702230254, unter 4.4.

hier herrschenden kulturellen Anschauungen setzen wird."[25] Soweit der damalige Kultusminister Graf **Stürghk**. Seinen Worten ist nichts hinzuzufügen; sie haben auch heute ihre volle Gültigkeit.

Eine **Spezialkommission des Herrenhauses** führt im **Herbst 1909** zwar einige Vorbehalte gegenüber dem Islam aus, hält aber in weiterer Folge die positiven Aspekte des Islam hervor:
„Es ist zu erwähnen, dass der Islam eine monotheistische Religion ist; nach den Lehren desselben ist Gott einig, geistig und ewig, Weisheit, Allmacht und Barmherzigkeit sind die Eigenschaften Gottes. Der Islam lehrt die Unsterblichkeit der Seele, künftige Belohnung und Bestrafung und auch sonst finden sich im Koran Stellen von hohem ethischem Wert."[26]

Das Gesetz trat am 15. Juli 1912 in Geltung und es wurde nach Zusammenbruch der Monarchie als Folge des 1. Weltkrieges Bestandteil der Rechtsordnung der 1. Republik und in weiterer Folge auch der 2. Republik.

Seine aktuelle Bedeutung erhielt das Islamgesetz 1912 jedoch erst zu Beginn der 70er-Jahre des vorigen Jhdts. **(am 02.05.1979)**, als man daran gehen konnte, die in Art. I des Islamgesetzes in Aussicht genommene Religionsgesellschaft im Sinne des Art. 15 StGG ins Leben zu rufen.

Die Islamische Glaubensgemeinschaft in Österreich (IGGiÖ/IGGÖ) genießt seit 1979 als anerkannte Religionsgesellschaft die Stellung einer Körperschaft öffentlichen Rechts.

Religionsfreiheit nach Art. 15 StGG 1867 und Art. 9 EMRK – „innerer Bereich" Art. XV StGG 1867 schützt in besonderer Weise den sogenannten „inneren Bereich" der anerkannten Kirchen und Religionsgesellschaften und entzieht ihn so dem Zugriff des Staates. Diese Regelung bildet eine geeignete Schranke für das Tätig sein des Staates und schützt die

---

25 **Vgl**. Potz, Richard: „100 Jahre österreichisches Islamgesetz", S. 19 f.
26 **Vgl**. Potz, Richard: „100 Jahre österreichisches Islamgesetz", S. 27ff.

anerkannten Kirchen und Religionsgesellschaften in Ausübung ihrer ihnen ursprünglichen Tätigkeit.

Österreich bekennt sich seit 1867 mit dem Staatsgrundgesetz über die allgemeinen Rechte der Staatsbürger zu einer pluralistischen Religionslandschaft. Die Achtung der Glaubens-, Gewissens- und Religionsfreiheit gehört in Österreich seit **1867 gemäß Art. 9 EMRK** – von kurzen historischen Unterbrechungen abgesehen – zum Selbstverständnis österreichischer Religionspolitik.

Der Großteil der von der Bundesverfassung eingeräumten Grundrechte, die vor dem Verfassungsgerichtshof und dem OGH geltend gemacht werden können – in unserem Fall insbesondere die Religionsfreiheit in ihrer zweifachen Ausformung –, schützt die Freiheit, Gleichheit und Würde der Rechtsunterworfenen. Ein Element des rechtsstaatlichen Grundprinzips der österreichischen Bundesverfassung ist daher die Ausformung als **Grundrechtsstaat.** Soweit die Grundrechte den Rechtsunterworfenen Schutz in Bereichen einräumen, in die der Staat nicht oder nur unter bestimmten Voraussetzungen eingreifen darf, werden der staatlichen Regelungsmacht Grenzen gesetzt und den Rechtsunterworfenen und letztlich der Gesellschaft ein staatsfreier Entfaltungsbereich gewährt. Man kann auch davon sprechen, dass die Freiheitsrechte die Trennung von Staat und Gesellschaft erzwingen und damit ein eigenständiges „**liberales Grundrecht verwirklichen.**"[27]

Die Frage, ob der Islam mit der österreichischen Verfassungsordnung vereinbar sei und ob Muslime den Staat in seinem Selbstverständnis bejahende Bürger sein könnten, wurde schon mit dem Islamgesetz 1912 klar mit JA beantwortet und mit dem Islamgesetz 2015 vom österreichischen Parlament nochmals bestätigt.

---

27 **Vgl**. Grabenwarter/Holoubek: Verfassungsrecht und Allgemeines Verwaltungsrecht, facultas wuv 2009, RZ 94, S. 63.

Probleme, wie sie in anderen Staaten Europas heftig diskutiert werden, sind in Österreich gelöst; dies dank einer Religionsverfassung, die Pluralität voraussetzt und sichert und gleichermaßen durch die zur Verfügung stehenden Regelungsmechanismen die Schaffung repräsentativer Vertretungskörper ermöglicht, mit denen Vereinbarungen mit beidseitiger Bindungswirkung abgeschlossen werden können. Wir alle stehen auf den Schultern unserer Vorfahren. Es gilt der Spruch das Goethe-Zitat: „Was Du ererbt von Deinen Vätern, erwirb es, um es zu besitzen." (Goethe, Faust. Der Tragödie erster Teil, 1808)

Der Umstand, dass wir in einem freiheitlich-demokratisch säkularen Gesellschaftssystem leben, einem System, welches Freiräume für alle eröffnet und Religion und ihre freie, auch öffentliche Ausübung als integralen Bestandteil unserer Rechtskultur begreift, ist leider nicht überall eine Selbstverständlichkeit.

Ich bin überzeugt davon, dass Menschen muslimischen Glaubens in unserem Lande, von denen manche nicht selten aus Gebieten kommen, in denen freie Religionsausübung als tiefster Ausdruck persönlicher Identität ein Fremdwort ist, ein besonderes Gespür für das hohe Gut der Religionsfreiheit, im Besonderen einer freien, menschenwürdigen Entfaltung im Allgemeinen haben.

Diese pluralistische Rechtskultur hochzuhalten und zu schützen, ist im wohl verstandenen Interesse von uns allen. Wenn wir von den **Begegnungen der Muslime mit Westeuropa** im Mittelalter sprechen, von Spanien und Sizilien abgesehen, so ist das Zusammenleben von Muslimen und Westeuropäern ein Phänomen des 20. Jhdts. Die Gesellschaften Westeuropas waren fast bis Ende des zwanzigsten Jhdts. in religiöser Hinsicht mehr oder weniger homogen und sehr oft monolithisch.

Österreich hat hingegen bereits in den letzten Dekaden des neunzehnten Jhdts. eine bedeutende muslimische Bevölkerung gehabt, nämlich die Mehrheit der Bevölkerung der von der k. u. k. Monarchie annektierten Bosnien und Herzegowina. Die Behörden der k. u. k. Monarchie waren plötzlich mit der Tatsache konfrontiert, dass diese Bevölkerungsgruppe eine andere Religion als die Mehrheitsbevölkerung hat und dass die religiösen Angelegenheiten dieser Bevölkerungsgruppe eine rechtliche Regelung bedürfen. Anfänglich versuchte man die neue Situation durch Verordnungen und Erlässe zu bewerkstelligen, später sah man sich doch veranlasst, ein eigenes Gesetz dafür zu beschließen. Und so wurde das „Islamgesetz" am **15. Juli 1912** von dem damaligen Reichsrat verabschiedet und von dem damaligen **Kaiser Franz Joseph** (1848–1916) unterzeichnet.

Als die Muslime ab den 60er-Jahren des 20. Jhdts. vermehrt als Gastarbeiter nach Österreich einwanderten, war es wiederum notwendig, eine rechtliche Regelung für ihre religiösen Angelegenheiten zu finden.

Die Verhandlungen zwischen den Vertretern der muslimischen Bevölkerungsgruppe und der zuständigen Behörde wurden im **Mai 1979** mit der staatlichen Anerkennung der **„Islamischen Glaubensgemeinschaft in Österreich"** (IGGiÖ/IGGÖ) auf der Grundlage des alten **Islamgesetzes von 1912** erfolgreich abgeschlossen. Der antiquierte Text des Islamgesetzes war seinerzeit sehr knapp und ziemlich vorsichtig formuliert. Eine genaue Überprüfung des Gesetzestextes zeigt ohne Mühe die äußerste Vorsicht und die große Verunsicherung des damaligen Gesetzgebers bei seiner Auseinandersetzung mit dieser ihm nicht ganz vertrauten Materie.

So heißt es unter anderem:
Den Anhängern des Islams nach hanafitischem Ritus (2009 geändert) wird in den im Reichsrat vertretenen Königreichen und Ländern die Anerkennung als Religionsgesellschaft im Sinne des Staatsgrundgesetzes vom 21. Dez. 1867, RGBl. 142, insbesondere Artikel XV desselben, nach Maßgabe der folgenden Bestimmungen gewährt.

§ 1. Die äußeren Rechtsverhältnisse der Anhänger des Islams sind auf Grundlage der Selbstverwaltung und Selbstbestimmung, jedoch unter Wahrung der Staatsaufsicht, im Verordnungsweg zu regeln, sobald die Errichtung und der Bestand wenigstens einer Kultusgemeinde gesichert ist. Auch der Staatsvertrag von **Saint Germain-en-Laye** [28] vom 10. Sept. 1919, dessen Abschnitt V mit Verfassungsrang ausgestattet wurde, bildet eine feste Grundlage für die Gleichstellung der staatlich anerkannten Religionen in Österreich.[29]

Als Bestandteil des österreichischen Rechtssystems verwaltet die Islamische Glaubensgemeinschaft in Österreich die religiösen Angelegenheiten der Muslime in der Republik Österreich im Rahmen der bestehenden rechtlichen und gesellschaftlich – politischen Bedingungen und Voraussetzungen.

Es ist aber auch eine Tatsache, dass es in den muslimischen Reihen eine kleine Minderheit gibt, die mit ihren radikalen Äußerungen und sogar Taten die harmonische Atmosphäre vergiften. Diese Haltung wird von uns Vertretern der breiten Masse der Muslime Europas ausdrücklich verurteilt und aufs Schärfste abgelehnt.

Probleme des Zusammenlebens der Menschen in Österreich, die es naturgemäß immer wieder geben wird, können nur durch den ehrlichen **Dialog** der Betroffenen miteinander gelöst und aus der Welt geschaffen werden. Jeder zukünftige Dialog muss jedoch offen und direkt sein und soll nicht durch geopolitische Interessen Außenstehender determiniert werden. Dialog soll nicht mehr bedeuten, über die Inhalte der Religionen zu diskutieren, sondern über die bestehenden Probleme und deren Lösungen zu diskutieren und diese Lösungen gemeinsam durchsetzen.

Nach meiner Meinung war Dialog zwischen Religionen am Anfang (von den 70er bis in die 90er-Jahre) eine Illusion, denn die beiden Seiten haben, anstatt über die Zusammenarbeit oder Lösung der Probleme in der Umgebung zu diskutieren, über Inhalte der Religionen, über

---

28 **Anm**. Eine französische Stadt im westlichen Einzugsbereich von Paris.
29 Mehr darüber **in**: Ackerl, Isabella/Rudolf Neck (Hrsg.): Saint-Germain 1919. Protokoll des Symposiums am 29. und 30. Mai 1979 in Wien. Verlag für Geschichte und Politik, Wien 1989, ISBN 3-7028-0276-2.

deren heilige Bücher oder Personen diskutiert. Aber zum Glück haben die Menschen aus der Geschichte gelernt und versuchen, immer mehr die Gesellschaftsprobleme zu erkennen; nur noch ein Kritikpunkt in dieser Sache: Menschen diskutieren jetzt mehr über anderen Staaten und Staatschefs als über eigene Probleme … Ich hoffe, dass die Menschheit auch das überwinden wird!

Ich persönlich sehe auch die Gefahr, als Muslime in eine Opferrolle zu geraten. Es soll vielmehr darauf geachtet werden, dass sich keine „**Verschwörungstheorien**" bilden, die ihrerseits wieder eine Emotionalisierung bewirken würde. Wir müssen als Betroffene eine sehr aktive Rolle spielen, da wir überzeugt sind, dass durch unsere Kompetenzen und die Innensicht des Konfliktfeldes auch wesentliche Impulse bei Aufarbeitung von „**Feindbildern**" ausgehen können.

Mehr Wissen um die **Vielfalt** innerhalb des Islam bei einer gleichzeitig sehr ausgeprägten gemeinsamen islamischen Ethik könnte diese ausgeglichene Haltung bestärken. So kann durch den offenen Zugang der Weg hin zu einem **Dialog** eröffnet werden, der Muslime als Partner in Betracht zieht und Kritik am jeweils anderen dabei nicht nur zulässt, sondern ernsthaft diskutiert, weil der Austausch als bereichernd bewertet wird. Die **Neugier** auf den anderen steht im Vordergrund. **Verständnis** als Basis gemeinsamen Handelns kann sich entwickeln, weil gegenseitig nicht die Vermutung im Raum steht, der eine wolle durch den Aufbau dieses Verständnisses letztlich doch nur die Abkehr des anderen von seinem Glaubenshintergrund und seiner Lebensweise erreichen.

Der von uns angestrebte offene Zugang zum Islam würde nicht nur ein sich gegenseitiges Tolerieren mit sich bringen, sondern auch ehrlichen Respekt füreinander bedeuten, der ein Leben **miteinander und nicht nur nebeneinander** begünstigt, in dem man sich nicht nur aushält, sondern das Andere als allgemeine **Bereicherung** zulässt; allgemein stärkere Sichtbarmachung von Muslimen durch Teilhabe in allen gesellschaftlichen Bereichen.

Präsident Dr. Fuat SANAC – Jubiläumsfeier des 100jährigen Islamgesetzes in Salzburg 09.06.2012

Das Jubiläum „100 Jahre österreichisches Islamgesetz" war Anlass dazu, innezuhalten, sich zu besinnen, im Blick auf die Geschichte sich der eigenen Grundlagen klar zu werden und zu versichern und einen Ausblick auf die Zukunft zu wagen. Dies gilt auch in Bezug auf unser Islamgesetz 1912. Dankbarkeit über Erreichtes und nüchterne Reflexion des Geschehenen sind gleichermaßen angesagt.

Jubiläumfeier des 100jährigen Islamgesetzes mit dem Kärntner LH Gerhard Dörfler 16.06.2012

KAPITEL II

II ISLAM UND MUSLIME IN ÖSTERREICH

II.1 VORGESCHICHTE

Der **Islam in Österreich** hat in Westeuropa eine einzigartige Position, weil er den Status einer Körperschaft öffentlichen Rechts *(als **Körperschaft öffentlichen Rechts** [KöR] bezeichnet man im Recht Österreichs eine Form der juristischen Person öffentlichen Rechts)* genießt und schon 1912 als Religionsgesellschaft anerkannt wurde. *(Eine **Glaubensgemeinschaft** ist eine Organisation, die die gemeinschaftliche Ausübung einer Religion bezweckt. Die Mitgliedschaft in einer Glaubensgemeinschaft wird als **Religionszugehörigkeit** bezeichnet).*

Erste Muslime erreichten Österreich ab 1473: Die fünf Kriegszüge der großen türkischen Horden in Kärnten, die der Chronist Jakob **Unrest** (1430–1500) als verlässlicher Zeitzeuge geschildert hat, fanden in den Jahren 1473, 1476, 1478, 1480 und 1483 statt.[30]

Die türkischen Reiterscharen (**Akıncı**)[31] waren äußerst beweglich und geländegängig, mit Speeren, Säbeln und Reflexbogen waren sie entsprechend leicht bewaffnet. Sie waren hierzulande nicht auf Eroberung

---

30 **Vgl.** Neumann, Wilhelm: Die Türkeneinfälle nach Kärnten, Südost-Forschungen, München 1955, bzw. in: Bausteine zur Geschichte Kärntens, 1. Bd., Klagenfurt 1985, S. 170–190.
31 **Anm.** Wenn die osmanische Armee einen großen Feldzug unternahm, bildeten die Akinci die Vorhut, ritten weit voraus und verwüsteten das Feindesland. Sie waren immer im Grenzgebiet stationiert und unternahmen Streifzüge, um die Bevölkerung zu verunsichern. Durch ihre Einfälle sollten die Akinci auch die Mobilität und Kampfbereitschaft des feindlichen Heeres prüfen. Die Reitertruppe der Akinci wurde im Jahre 1595, da sie ihre Funktion verloren hat, aufgelöst. Später bestand die leichte Kavallerie der Osmanen aus der wenig erfolgreichen Reitertruppe der Deli (der im Kampf tollkühn auf den Feind losging) und den (Krim) Tataren.

ausgelegt, sondern waren Raubzüge im Vorfeld des osmanischen Herrschaftsgebietes, um zu zerstören, Schrecken zu verbreiten und Beute zu machen.

Türkische und bosnische Vorreitertruppen (**Akıncı**) kamen damals ins Land als Vorhut der osmanischen Truppen, meistens unter dem Kommando von **Mihaloğlu**[32] und fast jährlich nach Ober- und Niederösterreich, die Steiermark, Kärnten und Krain. **Jakob Unrest** sagt zur Stärke dieser Reiterheere beim Kriegszug von 1476, dass diese „kleine" Streitmacht höchstens 8 000 Mann betragen habe. Beim Einfall von 1478 gibt er für einen Teil der Reiterhorde 5 000 Mann an.[33]

Mit der ersten osmanische Belagerung **1529**[34] und der Zweiten Belagerung Wiens **1683**[35] scheiterte die Eroberung Wiens. Nach dem Frieden von Belgrad mit dem Osmanischen Reich (**1739**) hatte Österreich ein Bündnis mit den Osmanen gegen Russland geschlossen (**1770**). Österreich hatte dann aber mit Russland den „**Griechischen Plan**"[36] zur Aufteilung des Osmanischen Reiches vereinbart und an einem erneuten

---

32 **Mihaloğlu** (auch Mihailoğlu) ist der Name einer turkisierten byzantinischen Familie, die im 15. und 16. Jhd. mehrere erfolgreiche Akıncı-Beys hervorgebracht hatte: Mehr darüber **in**: Nicolle, David: Die Osmanen – 600 Jahre islamisches Weltreich; Wien 2008; ISBN 3850032191.

33 **Vgl.** Unrest, Jakob: Österreichische Chronik, Weimar 1957, S. 41.

34 **Die Erste Wiener Türkenbelagerung**; mehr darüber **in**: Matschke, Klaus-Peter: Das Kreuz und der Halbmond. Die Geschichte der Türkenkriege, Artemis & Winkler, Düsseldorf–Zürich 2004, ISBN 3-538-07178-0, S. 243–249.

35 **Vgl**. Matschke, Klaus-Peter: Das Kreuz und der Halbmond, S. 358 f.

36 **Anm**. Als **Griechischer Plan** oder Griechisches Projekt wird ein Vorschlag zur Zerschlagung des Osmanischen Reiches bezeichnet, den Kaiserin Katharina II. Kaiser Joseph II. enthüllte, als dieser 1780 nach Russland reiste. Er erwies sich im Russisch-Österreichischen Türkenkrieg von 1787–1792 als Luftschloss. Hauptziel des Plans war die Restauration des 1453 untergegangenen Byzantinischen Reiches als ein selbständiges, aber mit Russland eng verbündetes Kaiserreich unter einem Enkel der Zarin (Konstantin) oder einem anderen Romanow-Prinzen bzw. einer Seitenlinie. Es sollte die europäische Türkei (Bulgarien, das Gebiet des heutigen Mazedonien, Thrakien und Griechenland, eventuell auch die Moldau und Walachei) und vor allem Konstantinopel umfassen.

Krieg teilgenommen, erst der Friede von Sistowa (**1791**) beendete den Krieg zwischen Österreich und der Türkei. Zudem hatten Österreich und das Osmanische Reich weiterhin eine gemeinsame Grenze, die auf österreichischer Seite durch ein ausgedehntes militärisches Sperrgebiet gesichert wurde, über die aber auch ein reger Grenzhandel erfolgte.

Ab 1878 stand das okkupierte Bosnien-Herzegowina drei Jahrzehnte faktisch unter österreichisch-ungarischer Herrschaft, ehe es **1908** annektiert und somit für die nächsten zehn Jahre auch formal ein Teil der Habsburgermonarchie wurde. In Bosnien waren rund 600.000 Muslime ansässig, im Kernland der Monarchie 1281 Muslime (davon 889 in Wien). Bereits vor 1878 waren auch einzelne Österreicher zum Islam konvertiert (z. B. **Franz von Werner**).[37]

Die Regelung der rechtlichen Verhältnisse der Muslime in Österreich wurde in der Folge der Annexion der Provinz Bosnien und Herzegowina durch die **k. u. k. Monarchie**[38] nach Abtretung derselben vom osmanischen Reich im Jahre 1878 dringend notwendig. Einige Versuche einer partiellen Regelung der rechtlichen Verhältnisse der Muslime wie z. B. die Regelung der familiären Angelegenheiten durch die Installierung von islamisch-kanonischen Gerichten oder eine Regelung des islamischen Unterrichts für muslimische Kinder in den öffentlichen Schulen haben sich für unzureichend erwiesen. Da hat sich die damalige k. u. k. Monarchie zum Handeln entschlossen und so hat der damalige Reichsrat

---

37 **Franz von Werner**/Murad Efendi, (geb. 30. Mai 1836 in Wien; gest. 12. September 1881 in Den Haag), war ein österreichischer Schriftsteller und Diplomat in osmanischen Diensten. **Vgl.** Ludwig Fränkel: Werner, Franz von. **In**: Allgemeine Deutsche Biographie (ADB). Band 42, Duncker & Humblot, Leipzig 1897, S. 44–48: Mehr darüber **in**: Hösch, Edgar: Das sogenannte „griechische Projekt" Katharinas II. Ideologie und Wirklichkeit der russischen Orientpolitik in der zweiten Hälfte des 18. Jahrhunderts. In: Jahrbücher für Geschichte Osteuropas, Neue Folge 12, 1964, S. 168–206.

38 **K. u. K.:** Die **Österreichisch-Ungarische Monarchie**, ungarisch Osztrák-Magyar Monarchia, kurz **Österreich-Ungarn**, informell auch k. u. k. Doppelmonarchie genannt, war eine Realunion in der letzten Phase des Habsburgerreiches in Mittel- und Südosteuropa für den Zeitraum zwischen 1867 und 1918.

das so genannte Islamgesetz am **15. Juli 1912** beschlossen, welches den Islam nach der hanafitischem Rechtsschule (2009 geändert) als Religionsgesellschaft anerkannte und den Muslimen Selbstbestimmung zusicherte. Das Islamgesetz sicherte den Muslimen der damaligen k. u. k. Monarchie die staatliche Anerkennung war aber durch seine knappe und sehr vorsichtige Formulierung gekennzeichnet. Eine genaue Überprüfung des Gesetzestextes zeigt am ersten Blick die Vorsicht und die große Verunsicherung des damaligen Gesetzgebers.

Dass der Islam bei uns nicht „daham" ist, bestritt das Justizministerium schon vor 100 Jahren. Im Vorfeld der Anerkennung des Islams hielt es fest: „Was heute als den kulturellen Anschauungen widersprechend gilt, das widerspricht ihnen nach einiger Zeit schon nicht mehr, weil man sich an das Neue und Fremdartige gewöhnt hat."

In einem zusammenfassenden Ministervortrag an Kaiser Franz Josef vom 5. Juni 1909 wurden Bedenken wegen der Andersartigkeit des Islam nochmals relativiert: „Wenn auch Manches an der Religion Mohammeds dem abendländischen Kulturbewusstsein fremd gegenübersteht, kann wohl mit Recht behauptet werden, dass die sittlichen Grundgedanken des Islams sich keineswegs in einem ausschließlichen Gegensatz zu den moralischen und ethischen Anschauungen des Okzidentes befinden." Man solle nicht „aufgrund der Einzelkritik dieser oder jener Glaubenssätze" entscheiden, denn die islamischen Schriften enthielten „Gedanken, denen auf vielen Gebieten Großartigkeit und Tiefe, Weisheit und Poesie nicht abgesprochen werden kann."[39]

Da nun auch bosniakische Einheiten für die Habsburgermonarchie fochten, waren innerhalb der k. u. k. Armee auch ein **Mufti** (ein Rechtsgelehrter) und einige Imame zur Betreuung muslimischer Soldaten tätig.

---

39 **Vgl**. Wiener Zeitung, 28.07.2012 – „An das Fremdartige gewöhnt"; https://www.wienerzeitung.at/nachrichten/politik/oesterreich/468507-An-das-Fremdartige-gewoehnt.html.

Während der Zeit der ersten Republik dürften nur einige hundert – kaum organisierte – Muslime in Österreich gelebt haben. Bis **1939** bestand in Wien der sogenannte „**Islamische Kulturbund**", während des Zweiten Weltkriegs eine im Vereinsregister eingetragene „**Islamische Gemeinschaft zu Wien**". 1951 entstand der „**Verein der Muslims Österreichs**", der sich ausschließlich religiösen, kulturellen, sozialen und karitativen Aufgaben widmete. In der Zeit vom Ende des Zweiten Weltkriegs bis 1960 kamen zahlreiche Muslime als Gastarbeiter und Flüchtlinge nach Österreich. 1964 hielten sich geschätzte **8 000** Personen islamischen Glaubens in Österreich auf.

Ab 1971 bemühte sich der **1963** gegründete Verein „**Moslemischer Sozialdienst**"[40] um die Reaktivierung des Gesetzes und dann **1979** wurde der Antrag auf Gründung der Islamischen Glaubensgemeinschaft in Österreich (IGGiÖ), der eine Verfassung einschloss, eingebracht und am 2. Mai 1979 bewilligt. (In der Fassung der Kundmachung BGBl. Nr. 164/1988 und der Verordnung BGBl. Nr. 166/1988.

Der damalige Bundeskanzler Dr. Bruno **KREISKY** und Kardinal Dr. Franz **KÖNIG** unterstützten das Ansuchen der Muslime für die Gründung der Islamischen Religionsgemeinde und Verfassung der Islamischen Glaubensgemeinschaft, die am **2. Mai 1979** gemäß dem Gesetz vom 15. Juli 1912, RGBl. Nr. 159 genehmigt wurde.

---

40 **Anm.** Ich war auch einige Jahre Mitglied des Ausschusses, unter dem Vorsitz von **Irfan BUZAR**.

1979 wurde auch die 1977 fertiggestellte erste repräsentative Moschee Österreichs „Islamisches Zentrum-Wien" eröffnet, die größtenteils vom saudi-arabischen König **Faisal ibn Abd al-Aziz** finanziert wurde.[41]

Das Islamische Zentrum-Wien ist im 21. Wiener Gemeindebezirk Floridsdorf in der Siedlung Bruckhaufen. Sie wurde von 1975 bis 1979 von Baumeister Richard **Lugner** im Auftrag des saudi-arabischen Königs Faisal ibn Abd alAziz gebaut. (Bild: © Bwag)

---

41 **Anm**. Die älteste Moschee mit Minarett in Österreich ist das **Islamische Zentrum** im 21.Wiener Gemeindebezirk Floridsdorf. Die Moschee wurde zwischen 1975 und 1979 errichtet und mit Geldmitteln des damaligen Königs von Saudi-Arabien, Faisal ibn Abd al-Aziz, finanziert. Das Grundstück war 1968 von Vertretern von acht islamischen Staaten angekauft worden. Die Kuppel der Moschee verfügt über einen Durchmesser von 20 Metern, das Minarett ist 32 Meter hoch. Der erste größere Neubau im übrigen Österreich war die Eyüp-Sultan-Moschee in Telfs, Tirol (1998). Eine weitere Moschee wurde am 24. Oktober 2009 in Bad Vöslau eröffnet, die Hacı Bayram Moschee. Eine vierte größere Moschee ist seit 2012 in Graz in Bau durch die bosnische Gemeinde.

Seit September **1982** wird in Österreich **Islamunterricht** für alle muslimischen Schüler/innen durch die IGGÖ abgehalten, in 90er Jahren entstanden auch Kindergärten, die von den Muslimen gegründet worden und „Private Konfessionelle Schulen", die nach dem österreichischen Lehrplan unterrichten und zusätzlichen Religionsunterricht auf freiwilliger Basis anbieten.[42]

II.1.1 ISLAMGESETZ 1912 – EINFÜHRUNG

1912 wurde der Islam als gleichberechtigte Religionsgemeinschaft in der österreichischen Reichshälfte staatlich anerkannt. In der christlichen Staatenwelt Europas nahm die Habsburgermonarchie in dieser Sache eine Vorreiterrolle ein. Das Gesetz gilt in Grundzügen bis heute. **Das Reichsgesetzblatt**[43] Nr. 159/1912 war das Ergebnis einer vorsichtigen Auseinandersetzung mit dem Islam und seinem weitreichenden Einfluss auf Gesellschaft und Recht der Muslime. Die staatliche Anerkennung des Islams als Religionsgemeinschaft war ein Versuch, die Muslime in der Habsburgermonarchie auch außerhalb Bosniens zu integrieren. Durch die Okkupation (1878) und Annexion (1908) Bosniens und der Herzegowina wurde ein Land mit muslimischer Bevölkerung Teil der

---

42 Mehr über Islam und Muslime in Österreich **in**: Susanne Heine, Rüdiger Lohlker, Richard Potz: Muslime in Österreich. Geschichte – Lebenswelt – Religion, Tyrolia Verlag, Innsbruck 2012, ISBN 3702230254.

43 **Anm.** Das **Reichsgesetzblatt** (juristische Abkürzung: **RGBl.**) war von 1849 bis 1918 das amtliche Publikationsorgan der Kaiserlichen Patente, Gesetze, Verordnungen und Staatsverträge der österreichischen Monarchie in ihrem jeweiligen Umfang. Von 1870 an galt es nur in den im Reichsrat vertretenen Königreichen und Ländern der nunmehrigen Realunion Österreich-Ungarn. Das Reichsgesetzblatt erschien von 1849 bis 1852 als Allgemeines Reichs-Gesetz- und Regierungsblatt für das Kaiserthum Österreich, das in dieser Zeitspanne auch Ungarn umfasste. Die letzte Ausgabe erschien am 12. November 1918, dem Tag, an dem sich Deutschösterreich zur Republik erklärte. Danach wurden die Gesetze in Österreich im Staatsgesetzblatt (StGBl.) und ab 10. November 1920 im Bundesgesetzblatt (BGBl.) verkündet. Mehr darüber **in**: Reichsgesetzblatt 1848–1918; im ALEX-Portal der Österreichischen Nationalbibliothek.

Habsburgermonarchie. Im Zuge der Integration Bosniens in die Gesamtmonarchie zogen Muslime auch in andere Reichsteile, sowohl im zivilen als auch im militärischen Bereich.

Das Ausmaß der Migration war allerdings relativ gering. Damals bekannten sich bei der Volkszählung von 1910 insgesamt 1 446 Personen zum Islam. Die meisten Muslime waren mit 699 Personen in Niederösterreich, zu dem damals auch Wien gezählt wurde, zu finden. Die Angaben sind jedoch ungenau, denn oft wurden Muslime in der Statistik auch unter „andere Konfessionen" geführt.

Das größte Hindernis für die Integration stellte aus dem Blickwinkel der kaiserlich-königlichen Administration die unterschiedliche organisatorische Struktur der muslimischen Glaubensgemeinschaft dar, denn diese war weit weniger hierarchisch gegliedert als christliche Konfessionen. Auch beziehen sich die Regeln des Islam in viel stärkerem Maße als bei anderen Konfessionen nicht nur auf die religiösen Praktiken der Gläubigen, sondern auch auf viele andere Bereiche des Alltaglebens, des Familien- und Strafrechts und der Gemeindeorganisation.

Deshalb wurden die bestehenden Gesetze über die freie Religionsausübung als unzureichend angesehen. Die neu geschaffenen gesetzlichen Rahmenbedingungen waren deshalb maßgeschneidert für die Verhältnisse unter den bosnischen Muslimen. Das Islamgesetz von **1912** bezog sich ausdrücklich auf die Anhänger des Islams des **hanafitischem** Ritus.[44] Die Hanafiten sind die bedeutendste Richtung des sunnitischen Islams, der fast 50 % der Muslime angehören, und die in der Türkei und im Nahen Osten sowie – in diesem Fall ausschlaggebend – in den europäischen Gebieten des osmanischen Reiches vorherrschend war.

Das neue Gesetz brachte auch Beschränkungen mit sich: So wurde z. B. im Familienrecht das **Verbot der Polygamie** ausgesprochen und der Abschluss einer Zivilehe vorgeschrieben.

---

44 **Anm.** Die Hanafiten sind eine der vier Rechtsschulen des Islams. Sie gehen zurück auf Abū Ḥanīfa an-Nuʿmān ibn Thābit (699 in Kufa; gest. 767) – Auch al-Imām al-Aʿẓām „der größte Imam" genannt. Im Regelfall sind sie im Theologiebereich Befolger der Strömung Maturidiyya (893 in Samarkand-941).

Das Islamgesetz, das auch in der Republik weiterhin in Kraft blieb, wurde erst 1988 erweitert, als die Beschränkung auf die **hanafitisch**-sunnitische Richtung aufgehoben und die Bestimmungen auf alle Varianten des Islam ausgedehnt wurden.[45]

Das Potenzial des Islamgesetzes wurde nie gänzlich ausgeschöpft, da die Habsburgermonarchie nur mehr wenige Jahre bestehen sollte. So gelang es nicht, für Muslime ähnliche Gemeindestrukturen zu entwickeln wie für christliche und jüdische Konfessionen. Daher kamen sie auch nicht in den Genuss der Privilegien, die laut Gesetz staatlich anerkannten Religionsgemeinschaften zustanden.

Auch der Bau einer Moschee in Wien wurde durch den Kriegsausbruch 1914 verhindert, obwohl Kaiser Franz Joseph eine Geldspende von stolzen 250 000 Gulden versprochen und die Gemeinde Wien den Baugrund am Laaer Berg zur Verfügung gestellt hatte.

Nach dem Zerfall der Monarchie lebten kaum noch Muslime in Österreich bzw. Wien. Die Frage stellte sich erst wieder angesichts der Zuwanderung von Gastarbeitern ab den 1960er-Jahren.

---

45 Mehr darüber **in**: Susanne Heine, Rüdiger Lohlker, Richard Potz: Muslime in Österreich. Geschichte – Lebenswelt – Religion, Tyrolia Verlag, Innsbruck 2012, ISBN 3702230254; Potz, Richard (2013): Das Islamgesetz 1912 – eine österreichische Besonderheit SIAK-Journal – Zeitschrift für Polizeiwissenschaft und polizeiliche Praxis (1), 45–54. doi: 10.7396/2013_1_D.

II.1.a Islamgesetz 1912

Reichsgesetzblatt für die im Reichsrate vertretenen Königreiche und Länder
LXVI. Stück – ausgegeben und versendet am 9. August 1912

159. Gesetz vom 15. Juli 1912,
betreffend die Anerkennung der Anhänger des Islam nach hanafitischem Ritus als Religionsgesellschaft

Mit Zustimmung der beiden Häuser des Reichsrates finde Ich anzuordnen, wie folgt:

Artikel I. Den Anhängern des Islam nach hanafitischem Ritus wird in den im Reichsrat vertretenen Königreichen und Ländern die Anerkennung als Religionsgesellschaft im Sinne des Staatsgrundgesetzes vom 1. Dezember 1867, R.G.Bl. Nr. 142, insbesondere des Artikels XV desselben, nach Maßgabe der folgenden Bestimmungen gewährt.

§ 1. Die äußeren Rechtsverhältnisse der Anhänger des Islam sind auf Grundlage der Selbstverwaltung und Selbstbestimmung, jedoch unter Wahrung der Staatsaufsicht, im Verordnungsweg zu regeln, sobald die Errichtung und der Bestand wenigstens einer Kultusgemeinde gesichert ist.

Hierbei ist insbesondere auf den Zusammenhang der Kultusorganisation der im Inland lebenden Anhängern des Islams mit jenen Bosniens und der Herzegowina Bedacht zu nehmen. Auch vor Konstituierung einer Kultusgemeinde können fromme Stiftungen für religiöse Zwecke des Islams errichtet werden.

§ 2. Für das Amt eines Religionsdieners können mit Genehmigung des Kultusministers auch Kultusfunktionäre aus Bosnien und der Herzegowina berufen werden.

§ 3. Findet die Regierung, dass einer den Gottesdienst betreffenden Anordnung der Veranstalter desselben öffentliche Rücksichten entgegenstehen, so kann sie dieselbe untersagen.

§ 4. Ein Religionsdiener, welcher verbrecherischer oder solcher strafbaren Handlungen schuldig erkannt worden ist, die aus Gewinnsucht entstehen, gegen die Sittlichkeit verstoßen oder zu öffentlichem Ärgernis gereichen, oder dessen Verhalten die öffentliche Ordnung zu gefährden droht, ist von seinem Amt zu entfernen.

§ 5. Die Staatsbehörde hat darüber zu wachen, dass die Religionsgesellschaft der Anhänger des Islams nach hanafitischem Ritus, deren Gemeinden und Organe ihren Wirkungskreis nicht überschreiten und den Bestimmungen der Gesetze sowie der Aussicht genommenen Verordnung über die äußeren Rechtsverhältnisse dieser Religionsgesellschaft und den auf diesen Grundlagen erlassenen Anordnungen der staatlichen Behörden nachkommen. Zu diesem Ende können die Behörden Geldbußen in einer den Vermögensverhältnissen angemessenen Höhe sowie sonst gesetzlich zulässige Zwangsmittel in Anwendung bringen.

§ 6. Die Religionsgesellschaft der Anhänger des Islams nach hanafitischem Ritus genießt als solche sowie hinsichtlich ihrer Religionsausübung und ihrer Religionsdiener denselben gesetzlichen Schutz wie andere gesetzlich anerkannte Religionsgesellschaften. Auch die Lehren des Islams, seine Einrichtungen und Gebräuche genießen diesen Schutz, insofern sie nicht mit den Staatsgesetzen im Widerspruch stehen.

§ 7. Rücksichtlich der Ehen der Anhänger des Islams und der Führung ihrer Geburts- Ehe- und Sterberegister bleiben die Bestimmungen des Gesetzes vom 9. April 1870, RGBl. Nr. 51, in Kraft. Die religiösen Verpflichtungen in Ansehung der Ehe werden durch diese Bestimmung nicht berührt.

§ 8. Durch Verordnung wird bestimmt, ob und in welcher Weise Religionsdiener des Islams zur Mitwirkung bei der Führung der Geburts-, Ehe- und Sterberegister herangezogen werden können.

Artikel II. Mit dem Vollzug dieses Gesetzes sind Mein Minister für Kultus und Unterricht, Mein Minister des Innern und Mein Justizminister beauftragt.
Bad Ischl, am 15. Juli 1912
Franz Joseph m.p.
Hochenburger m.p. Heinold m.p. Hussarek m.p.[46]

Jahrgang 1912.

Reichsgesetzblatt
für die
im Reichsrate vertretenen Königreiche und Länder.

LXVI. Stück. — Ausgegeben und versendet am 9. August 1912.

Inhalt: (№ 159–161.) 159. Gesetz, betreffend die Anerkennung der Anhänger des Islams nach hanefitischem Ritus als Religionsgesellschaft. — 160. Verordnung, womit der Betrag der sassionsmäßigen Ausgabepost für die Führung des Dekanats-(Vikariats-)Amtes in Ansehung des neuerrichteten Dekanats-(Vikariats-)Amtes Tetschen festgesetzt wird. — 161. Verordnung, betreffend die Zuweisung der Ortsgemeinden Strelitz und Kniebitz zum Sprengel der Bezirkshauptmannschaft in Littau.

159.
Gesetz vom 15. Juli 1912,
betreffend die Anerkennung der Anhänger des Islams nach hanefitischem Ritus als Religionsgesellschaft.

Mit Zustimmung der beiden Häuser des Reichsrates finde Ich anzuordnen, wie folgt:

Artikel I.

Den Anhängern des Islams nach hanefitischem Ritus wird in den im Reichsrat vertretenen Königreichen und Ländern die Anerkennung als Religionsgesellschaft im Sinne des Staatsgrundgesetzes vom 21. Dezember 1867, R. G. Bl. Nr. 142, insbesondere des Artikels XV desselben, nach Maßgabe der folgenden Bestimmungen gewährt.

§ 1.

Die äußeren Rechtsverhältnisse der Anhänger des Islams sind auf Grundlage der Selbstverwaltung und Selbstbestimmung, jedoch unter Wahrung der Staatsaufsicht, im Verordnungsweg zu regeln, sobald die Errichtung und der Bestand wenigstens einer Kultusgemeinde gesichert ist.

Hierbei ist insbesondere auf den Zusammenhang der Kultusorganisation der im Inland lebenden Anhänger des Islams mit jenen Bosniens und der Herzegovina Bedacht zu nehmen.

Auch vor Konstituierung einer Kultusgemeinde können fromme Stiftungen für religiöse Zwecke des Islams errichtet werden.

§ 2.

Für das Amt eines Religionsdieners können mit Genehmigung des Kultusministers auch Kultusfunktionäre aus Bosnien und der Herzegovina berufen werden.

§ 3.

Findet die Regierung, daß einer den Gottesdienst betreffenden Anordnung der Veranstalter desselben öffentliche Rücksichten entgegenstehen, so kann sie dieselbe untersagen.

§ 4.

Ein Religionsdiener, welcher verbrecherischer oder solcher strafbaren Handlungen schuldig erkannt worden ist, die aus Gewinnsucht entstehen, gegen die Sittlichkeit verstoßen oder zu öffentlichem Ärgernis gereichen, oder dessen Verhalten die öffentliche Ordnung zu gefährden droht, ist von seinem Amt zu entfernen.

§ 5.

Die Staatsbehörde hat darüber zu wachen, daß die Religionsgesellschaft der Anhänger des Islams nach hanefitischem Ritus, deren Gemeinden und Organe ihren Wirkungskreis nicht überschreiten und den Bestimmungen der Gesetze sowie der in Aussicht

---

46 **Anm.** Das Islamgesetz 1912 wurde mit dem neuen Islamgesetz 2015 ersetzt.

genommenen Verordnung über die äußeren Rechtsverhältnisse dieser Religionsgesellschaft und den auf diesen Grundlagen erlassenen Anordnungen der staatlichen Behörden nachkommen. Zu diesem Ende können die Behörden Geldbußen in einer dem Vermögensverhältnissen angemessenen Höhe sowie sonst gesetzlich zulässige Zwangsmittel in Anwendung bringen.

§ 6.

Die Religionsgesellschaft der Anhänger des Islams nach hanefitischem Ritus genießt als solche sowie hinsichtlich ihrer Religionsübung und ihrer Religionsdiener denselben gesetzlichen Schutz wie andere gesetzlich anerkannte Religionsgesellschaften.

Auch die Lehren des Islams, seine Einrichtungen und Gebräuche genießen diesen Schutz, insoweit sie nicht mit den Staatsgesetzen im Widerspruch stehen.

§ 7.

Rücksichtlich der Ehen der Anhänger des Islams und der Führung ihrer Geburts-, Ehe- und Sterberegister bleiben die Bestimmungen des Gesetzes vom 9. April 1870, R. G. Bl. Nr. 51, in Kraft.

Die religiösen Verpflichtungen in Ansehung der Ehe werden durch diese Bestimmung nicht berührt.

§ 8.

Durch Verordnung wird bestimmt, ob und in welcher Weise Religionsdiener des Islams zur Mitwirkung bei der Führung der Geburts-, Ehe- und Sterberegister ihrer Religionsgenossen herangezogen werden können.

Artikel II.

Mit dem Vollzug dieses Gesetzes sind Mein Minister für Kultus und Unterricht, Mein Minister des Innern und Mein Justizminister beauftragt.

Bad-Ischl, am 15. Juli 1912.

Franz Joseph m. p.

Hochenburger m. p.   **Hein0ld** m. p.
Hussarek m. p.

160.

Verordnung des Ministers für Kultus und Unterricht und des Finanzministers vom 23. Juli 1912,

womit der Betrag der fassionsmäßigen Ausgabepost für die Führung des Dekanats-(Vikariats-)Amtes in Ansehung des neuerrichteten Dekanats-(Vikariats-)Amtes Tetschen festgesetzt wird.

In Ergänzung der Ministerialverordnung vom 19. Juni 1886, R. G. Bl. Nr. 107, wird der Betrag der Dekanatsauslagen, welche in den nach dem Gesetze vom 19. September 1898, R. G. Bl. Nr. 176, einzubringenden Einkommensbekenntnissen als Ausgabepost anzuerkennen sind, unbeschadet der Prüfung der Frage, ob dem betreffenden, mit der Führung der Dekanats-(Vikariats-)Geschäfte betrauten Pfarrer eine Kongruaergänzung aus dem Religionsfonds, beziehungsweise aus der staatlichen Dotation desselben im Sinne des bezogenen Gesetzes überhaupt gebührt, für das neuerrichtete Dekanats-(Vikariats-)Amt Tetschen mit dreihundert (300) Kronen jährlich festgesetzt.

Die Bestimmungen dieser Verordnung treten mit 1. August 1912 in Kraft.

Zaleski m. p.   Hussarek m. p.

161.

Verordnung des Ministeriums des Innern vom 6. August 1912,

betreffend die Zuweisung der Ortsgemeinden Strelitz und Kniebitz zum Sprengel der Bezirkshauptmannschaft in Littau.

Auf Grund des § 10 des Gesetzes vom 19. Mai 1868, R. G. Bl. Nr. 44, und im Hinblicke auf die Verordnung des Justizministeriums vom 19. Juni 1912, R. G. Bl. Nr. 119, werden die Ortsgemeinden Strelitz und Kniebitz aus dem politischen Bezirke Sternberg ausgeschieden und dem Sprengel der Bezirkshauptmannschaft in Littau zugewiesen.

Diese Verordnung tritt mit 1. September 1912 in Wirksamkeit.

Heinold m. p.

Islamgesetz-Original[47]

---

[47] Mehr darüber **in**: https://www.bmeia.gv.at/fileadmin/user_upload/Zentrale/Kultur/Publikationen/Islamgesetz_DE.pdf

II.1.b Isamverordnung 1988

Verordnung des Bundesministers für Unterricht, Kunst und Sport vom 2. August 1988 betreffend die Islamische Glaubensgemeinschaft in Österreich StF: <u>BGBl. Nr. 466/1988</u>

Auf Grund des § 1 Abs. 1 des Gesetzes betreffend die Anerkennung der Anhänger des Islams als Religionsgesellschaft, <u>RGBl. Nr. 159/1912,</u> in der Fassung der Kundmachung BGBl. Nr. 164/1988 wird hinsichtlich der äußeren Rechtsverhältnisse der durch dieses Gesetz anerkannten Religionsgesellschaft verordnet: § **1. Die Anhänger des Islams führen als anerkannte Religionsgesellschaft die Bezeichnung „Islamische Glaubensgemeinschaft in Österreich."**

- § 2. (1) Die Verfassung der Islamischen Glaubensgemeinschaft in Österreich hat hinsichtlich der äußeren Rechtsverhältnisse insbesondere zu enthalten:
  1. Die Erfordernisse der Zugehörigkeit und die Art des Beitrittes;
  2. die Festlegung von Religionsgemeinden und Bezirken;
  3. die Organe der Islamischen Glaubensgemeinschaft in Österreich und der Religionsgemeinden, sowie deren Aufgaben, Bestellung und Funktionsdauer;
  4. die Rechte und Pflichten der Gemeindeangehörigen im Hinblick auf die Gemeindeverwaltung;
  5. die Art der Besorgung, Leitung und unmittelbaren Beaufsichtigung des Religionsunterrichtes;
  6. die Art der Aufbringung der finanziellen Mittel;
  7. das Verfahren bei Abänderung der Verfassung.
- (2) Die Verfassung und deren Änderungen bedürfen zu ihrer Wirksamkeit für den staatlichen Bereich der staatlichen Genehmigung.

§ 3. Diese Verordnung tritt mit 30. August 1988 in Kraft.

PS: Rechtliche Anerkennung ist jedoch nicht gleichbedeutend mit breiter gesellschaftlicher Akzeptanz!

Beispielsweise, wenn es um „**Integration**" geht, werden Muslime oder der Islam als Religion immer wieder zum Gegenstand einer mitunter sehr emotional geführten Debatte. Daraus ergibt sich ein neuer Schwerpunkt – die Aufarbeitung bestehender Vorurteile und Klischees gegen den Islam. Mehr Information und beiderseitige Begegnung zum Abbau von Hemmschwellen ist nötig. Ein entspanntes Miteinander in gegenseitigem Respekt und Anerkennung liegt uns als österreichische Muslime am Herzen.

II.2 GESETZLICH ANERKANNTE KIRCHEN UND RELIGIONSGESELLSCHAFTEN IN ÖSTERREICH

Historische Entwicklung

Österreich ist seit Jahrhunderten ein christlich geprägtes Land. Zurzeit **Kaiser Josephs II.** dominierte zwar weiterhin die römisch-katholische Konfession; die Evangelische Kirche Augsburgischen und Helvetischen Bekenntnisses sowie die **Orthodoxen** wurden ebenso wie die Angehörigen der **jüdischen** Glaubensgemeinschaft toleriert (Toleranzpatente Josephs II. 1781/82).

Der Gedanke der Gleichberechtigung begann sich im Wesentlichen im Laufe des 19. Jhdts. durchzusetzen und fand seinen Ausdruck im **Staatsgrundgesetz vom 21. Dezember 1867** über die allgemeinen Rechte der Staatsbürger. Das Staatsgrundgesetz enthält u. a. eine Bestimmung, durch welche jeder gesetzlich anerkannten Kirche und Religionsgesellschaft bestimmte fundamentale Rechte gewährt werden. Wie jedoch diese „gesetzliche Anerkennung" erreicht werden kann, fand erst in einem Gesetz aus dem Jahr **1874** seine Konkretisierung. Die erste Regelung aufgrund dieses Anerkennungsgesetzes wurde im Jahr **1877** für die **Altkatholische Kirche** getroffen.

Das **israelitische Kultusgemeindewesen** fußte vor dem Jahre **1890** auf unterschiedlichsten Rechtsgrundlagen, deren Inhomogenität durch eine für ganz Österreich geltende einheitliche Regelung im **Israelitengesetz** von 1890 behoben wurde. Als Folge der Okkupation und **Annexion**

von Bosnien und der Herzegowina (1908) lebte auf dem Staatsgebiet der Monarchie erstmals auch eine größere Anzahl von Angehörigen der islamischen Glaubensgemeinschaft, sodass es **1912** zur Anerkennung des Islam (nach hanafitischem Ritus) als Glaubensgemeinschaft kam. Durch den Zuzug von Gastarbeitern aus dem Gebiet des ehemaligen Jugoslawien und aus der Türkei stieg die Anzahl der Moslems während der letzten Jahrzehnte des 20. Jhdts. stark an, wodurch dieses Gesetz auch auf diese Anwendung finden sollte. Das Islamgesetz wurde daher **1988** auf andere Riten ausgedehnt (BGBl. Nr. 164/1988).

In Österreich sind derzeit (2018) folgende 16 Kirchen und Religionsgesellschaften (in alphabetischer Reihenfolge) gesetzlich anerkannt, die einen erhöhten Schutz genießen (§ 188 StGB):

1. Alevitische Glaubensgemeinschaft in Österreich (ALEVI)
2. Altkatholische Kirche Österreichs
3. Armenisch-apostolische Kirche in Österreich
4. Evangelische Kirche A.B. und H.B.
5. Evangelisch-methodistische Kirche in Österreich (EmK)
6. Freikirchen in Österreich (mit verschiedenen Kirchengemeinden)
7. Griechisch-orientalische Kirche in Österreich (mit verschiedenen Kirchengemeinden)
8. Islamische Glaubensgemeinschaft in Österreich (IGGÖ)
9. Israelitische Religionsgesellschaft (IKG)
10. Jehovas Zeugen in Österreich
11. Katholische Kirche
12. Kirche Jesu Christi der Heiligen der Letzten Tage (Mormonen) in Österreich
13. Koptisch-orthodoxe Kirche in Österreich
14. Neuapostolische Kirche in Österreich
15. Österreichische Buddhistische Religionsgesellschaft
16. Syrisch-orthodoxe Kirche in Österreich

II.2.a STATISTIK ÜBER RELIGIONSZUGEHÖRIGKEIT IN ÖSTERREICH

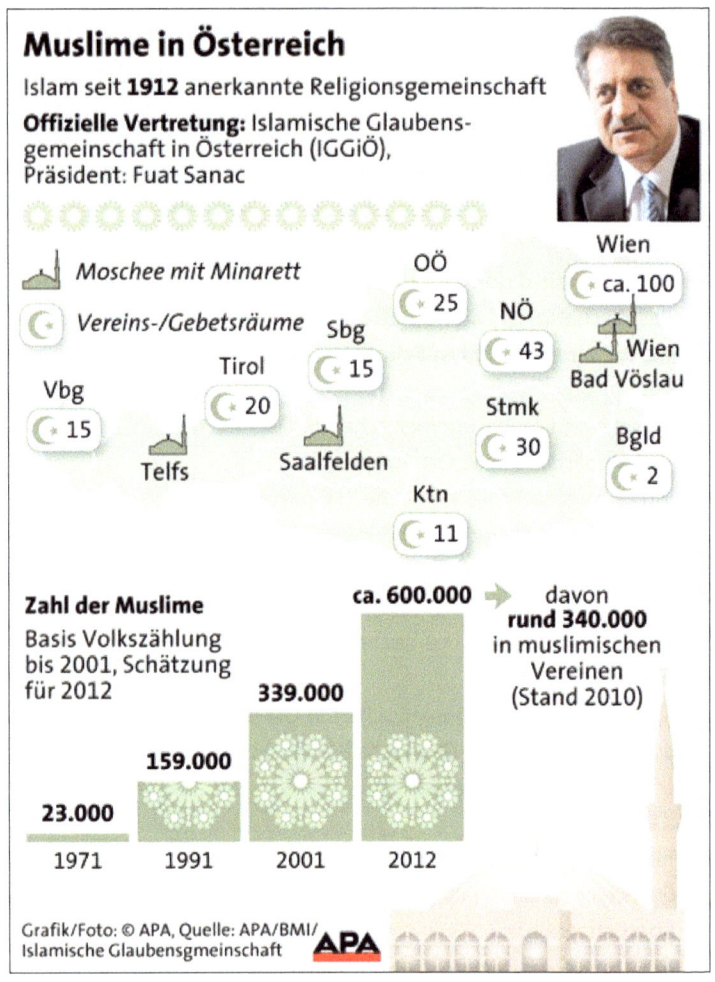

Die letzten amtlichen Zahlen zur tatsächlichen Religionszugehörigkeit in Österreich stammen aus der Volkszählung im Jahr 2001. In Bezug auf manch andere Religionen gibt es lediglich **Schätzungen** betreffend ihre Mitgliederzahl. So wird zum Beispiel in der Publikation „Islam in Österreich" des Österreichischen Integrationsfonds die Anzahl der Personen

islamischen Glaubens mit Stichtag 1. Jänner **2009** mit 515 914 angegeben. Ein Anstieg um fast 70 Prozent seit der letzten Volkszählung 2001 (man muss dazu sagen, dass dies eine Hochrechnung des Instituts für Islam-Studien an der Uni-Wien ist).

In **Wien** ist der prozentuelle Anteil noch höher: 12,5 Prozent oder rund 216 000 Personen. Wien hatte laut dem Projekt **WIREL** (Wien/Religion) der Akademie der Wissenschaften bis in die 70er-Jahre eine starke katholische Mehrheit (1971: 78,6 Prozent). 2015 sind es 44,4 Prozent. Die Zahl der **Konfessionslosen** stieg von 10,3 auf 29,7 Prozent an, jene der **Muslime** von 0,4 auf 10,7 Prozent.[48]

Darüber hinaus werden von manchen **Religionsgemeinschaften** regelmäßig **statistische Daten** zur Mitgliederzahl veröffentlicht, die auf eigener Zählung basieren. So gab es laut der Österreichischen Bischofskonferenz mit Stichtag 31. Dezember **2015** 5,21 Millionen **Katholiken** in Österreich. Die **Evangelische** Kirche zählte im Jahr 2015 laut eigenen Angaben insgesamt 306 183 Mitglieder.[49]

Religionszugehörigkeit Anzahl der Mitglieder – 2001
1. Bevölkerung insgesamt 8 032 926
2. Römisch-Katholisch: 5 915 421
3. Evangelisch (A.B. und H.B.): 376 150
4. Islamisch (aktive/angemeldete MitgliederInnen): 338 988
5. Orthodox (griechisch-orientalisch und altorientalisch): 179 472
6. Andere christliche/christlich orientierte Kirchen und Gemeinschaften: 69 227
7. Nicht-christliche, islamische und israelische Gemeinschaften: 19 750
8. Ohne religiöses Bekenntnis: 963 263
9. Ohne Angabe: 160 662

Quelle: Statistik Austria 2001

---

48 **Vgl.** Hans Rauscher, Rainer Schüller (derStandart.at 12. September 2014, 20:36).
49 Mehr darüber **in**: ÖIFFORSCHUNGSBERICHT MUSLIMISCHE GRUPPEN IN ÖSTERREICH – Einstellungen von Flüchtlingen, ZuwanderInnen und in Österreich geborenen MuslimInnen im Vergleich von Peter Filzmaier und Flooh Perlot – August 2017

Demografische Entwicklung von 1971 bis 2016:
Die Zahl der Muslime erhöhte sich stark zwischen **1971** (ca. 23 000 Personen, 0,3 % Bevölkerungsanteil, 16 423 türkische Staatsbürger) und **1981** (76 939 Muslime, ca. 1 % Bevölkerungsanteil, erste Muslime gesondert erfassende Volkszählung).

1991 hatte die Volkszählung 158 776 Muslime (2 % der Gesamtbevölkerung) ausgewiesen, bei der Volkszählung im Jahr 2001 wurden 338 998 Muslime in Österreich registriert.

2001 war die weiterhin größte Gruppe unter den in Österreich lebenden Muslime jene mit **türkischer** Staatsbürgerschaft (123 000), gefolgt von den Österreichern (96 000, 28 Prozent), Bosniern (64 628), Jugoslawen (exjugoslawische Serben, Kroaten und Slowenen 21 594), Mazedoniern (10 969) und Iranern (3 774). Die meisten arabischen Muslime kommen aus Ägypten (3 541) und Tunesien (1 065).

Nach Schätzung der Islamischen Glaubensgemeinschaft – nach 2001 wurde die Religionszugehörigkeit in Österreich nicht mehr amtlich-statistisch erfasst, und die islamischen Glaubensgemeinschaften haben keine exakten Daten aller Gruppen – leben **2006** zwischen 390 000 und 400 000 Muslime (Bevölkerungsanteil von 4,9 %) in Österreich. Nach übereinstimmenden Schätzungen von Innenministerium und Österreichischem Integrationsfonds lebten Anfang **2017** rund 700 000 Moslems in Österreich. Die Zahl stieg vor allem durch Migranten, Geburten sowie Flüchtlinge aus dem arabischen Raum stark.[50]

---

50 **Vgl.** Goujon, Anne, Sandra Jurasszovich, Michaela Potančoková: Demographie und Religion in Österreich, Szenarien 2016–2046, Volume: 2017, Pages 15–20.

Muslime in Österreich 1971–2016

Jahr	Ges.-Bev.	Muslime	Anteil
1971	7 491 526	22 267	0,3 %
1981	7 555 338	76 939	1,0 %
1991	7 795 786	158 776	2,0 %
2001	8 032 926	338 988	4,2 %
2009	8 355 260	515 914	6,2 %
2016	8 700 000	700 000	8,0 %

II.2.b FORSCHUNGSBERICHT „Muslimische Gruppen in Österreich" (2017)

Die vorliegende Publikation zu muslimischen Teilgruppen in Österreich analysiert Einstellungen von Flüchtlingen, Zuwanderern und bereits in Österreich geborenen Muslimen zu Themen wie Religionsverständnis, Gesellschaft, Politik, Familie und Antisemitismus.

Studie zu Einstellungen von Muslimen in Österreich zu Religion und Gesellschaft
TABELLE: GLAUBENSGEMEINSCHAFT

	SunnitInnen	SchiitInnen	AlevitInnen	keine Angabe
Bosnien und Herzegowina	74	4	2	17
davon in Österreich geboren	75	6	2	17
Türkei	59	2	34	5
davon in Österreich geboren	62	1	33	2
Afghanistan	48	43	–	9
Syrien	80	1	1	13
Irak	32	41	–	23
Iran	4	76	4	12
Somalia	93	–	–	7
Tschetschenien	84	5	–	8

Quelle: Peter Filzmaier, Mai 2017;
unter (http://www.integrationsfonds.at/publikationen)

Bevölkerung mit Migrationshintergrund aus Bosnien-Herzegowina

	Österr.	Bgld	Ktn	NÖ	OÖ	Salzb.	Stmk	Tirol	Vlb.	Wien
Insgesamt	206 500	(1 400)	16 000	27 600	43 000	23 200	21 100	14 800	7 700	52 300
Erste Generation	148 200	–	12 000	18 600	32 110	15 800	16 100	10 900	6 300	36 400
Zweite Generation	56 900	–	4 000	9 000	10 600	7 400	5 000	3 900	(1 400)	15 900

Quelle: STATISTIK AUSTRIA, Mikrozensus-Arbeitskräfteerhebung 2012
Es gibt andere Forschungen, Statistiken oder Schätzungen, wie beispielsweise Peter **Mayr**, Markus **Rohrhofer** in der Zeitung „DerStandard" berichten: **In Österreich leben mehr Orthodoxe als Muslime: Allerorts wird über die muslimische Bevölkerung debattiert. Dabei hat sich im Stillen die Orthodoxie zur zweitstärksten religiösen Gemeinschaft in Österreich entwickelt.** (…) Mit der großen Fluchtbewegung in den vergangenen Jahren ist insbesondere der Islam als Religion der Zuwanderer in den Fokus gerückt. Doch das in der breiten Öffentlichkeit bestehende Bild trügt. In Österreich leben zwar rund 700 000 **Muslime** (Stand 2017), doch die Zahl der Angehörigen der **Ostkirche** ist deutlich höher. Die letzten offiziellen Zahlen stammen aus dem Jahr 2014, damals war von etwa 500 000 **Orthodoxen** in Österreich die Rede.

Das Problem: Nachdem weder durch die Volkszählung die genauen Daten erhoben werden können noch die **orthodoxen und orientalischen Kirchen** einem Mitgliedsbeitrag einheben, sind präzise Aussagen schwer. Nach Rücksprache mit dem Sekretariat des **griechisch-orthodoxen Metropoliten** kann die Zahl der **Orthodoxen in Österreich** aber mit mindestens 750 000 bis 800 000 angenommen werden. (…) „Die größte Gruppe der Zuwanderer waren mit 50 Prozent in den letzten Jahren **Rumänen**. Die werden aber oft nicht als klassische Migranten wahrgenommen, da sie sich im EU-Binnenraum bewegen." (…) „Es sind keine Islamisten, die da kommen", sagt der Experte (**Ernst Fürlinger**). Aber man höre leider mehr jene, die die Islam-Panik verbreiten, „die heute wahlentscheidend politisch instrumentalisiert wird, sei es in den USA, Ungarn oder Österreich."[51]

---

51 **Vgl.** derstandard.at/In-Oesterreich-leben-mehr-Orthodoxe-als-Muslime; Peter Mayr, Markus Rohrhofer 13. September 2018 – https://www.derstandard.at/story/2000087224491/in-oesterreich-leben-mehr-orthodoxe-als-muslime

II.3 DIE GRÜNDUNG DER ISLAMISCHEN GLAUBENSGEMEINSCHAFT IN ÖSTERREICH (1979)

II.3.a EINFÜHRUNG

Die Islamische Glaubensgemeinschaft in Österreich (IGGiÖ, ab 31.03.2016: **IGGÖ**) und ihre regionalen Vertretungen, die Religionsgemeinden (IRG), möchten als offizielle Vertretung der Muslime in Österreich wesentlich zur Lebensqualität der Muslime im Sinne der Sicherung religiöser Bedürfnisse beitragen. Über die sich unmittelbar ergebende Aufgabe der Pflege und Wahrung der Religion innerhalb der muslimischen Gemeinschaft hinaus, sieht sich die IGGÖ als Bindeglied zu staatlichen Institutionen und zivilen Einrichtungen in Österreich.

Die IGGÖ ist mit etwa 550 000 (2016) Anhängern die zweitgrößte (bzw. drittgrößte, nach allen Orthodoxen) Religionsgemeinde nach der katholischen Kirche. Der Islam wurde bereits seit 1912 staatlich anerkannt. Die IGGÖ wurde 1979 gegründet und als staatlich anerkannte **Glaubensgemeinschaft der Muslime in der Republik Österreich konstituiert.** Sie ist ein Bestandteil des österreichischen Rechtssystems und bekennt sich ohne Vorbehalt zur demokratischen Ordnung und Rechtsstaatlichkeit in diesem Land. Sie bemüht sich redlich um die Integration der Muslime in der österreichischen Gesellschaft, ohne aber auf die eigene religiöse und kulturelle Identität zu verzichten. Sie befürwortet den konstruktiven Dialog mit den anderen Kirchen und Religionsgesellschaften, auf der Grundlage der gegenseitigen Achtung und Wertschätzung.

Die IGGÖ hat seit 2011 eine **Plattform der Kirchen** und Religionsgesellschaften, die gemeinsam mit den anderen Kirchen-und Religionsgesellschaften gemeinsam gegründet wurde.

Die IGGÖ betrachtet es als ihre zentrale Aufgabe, Muslimen in Österreich ein wertvoller Partner darin zu sein, die islamische Identität in der Minderheitensituation zu bewahren und sich gleichzeitig positiv in der österreichischen demokratischen pluralistischen Gesellschaft verankert zu sehen.

Wichtig ist jedoch, dass die muslimischen Jugendlichen den Islam aus den Quellen und in den Schulen lernen. Wichtig ist da, dass der Islamische Religionsunterricht in den öffentlichen Schulen unterrichtet wird. Es muss an dieser Stelle erwähnt werden, dass die Probleme vieler europäischer Staaten das Produkt einer völlig verfehlten Integrationspolitik sind. Teile der Gesellschaften verhalten sich allmählich dem Humanismus und der Menschheit gegenüber feindselig. Andere wiederum fühlen sich einer „Patriotischen Gesellschaft" verpflichtet, indem sie populistische Politik verfolgen, was für die Zukunft Europas eine gefährliche Entwicklung darstellt.

Die Integration der Muslime in Europa kann natürlich nicht nur Aufgabe von politischen Institutionen sein. Wichtig ist auch, dass Muslime innerhalb des europäischen Einigungsprozesses ihren Beitrag leisten: Integration wird nicht in Sitzungszimmern gelebt, sondern in der Nachbarschaft, am Arbeitsplatz, in den Schulen und allen öffentlichen Bereichen.

Die Muslime in Europa, wie auf der ganzen Welt, müssen für **Bildung** mehr investieren. An dieser Stelle kann ich wieder mit Freude sagen, dass Österreich und österreichische Muslime in diesem Bereich nicht nur mit Religionsunterricht, sondern auch mit ihren Privatschulen, eine Vorreiterrolle in ganz Europa spielen.

Tatsache ist: Der Islam gehört heutzutage zu Österreich. Mehr als sieben Prozent der Bevölkerung nicht als Teil der Republik Österreich anzuerkennen wäre Realitätsverweigerung. Klar ist aber auch, dass wir als Muslime in Österreich die Rechtsstaatlichkeit und Pluralität nicht nur respektieren und akzeptieren, sondern auch praktizieren. – Deswegen war das Motto der IGGÖ immer **"Integration durch Partizipation"**. Nur dann ist ein fruchtbarer Dialog möglich, von dem das ganze Land profitieren kann. Gleichzeitig müssen wir darauf achten, einzelne Probleme nicht zu verallgemeinern, sondern versuchen, gemeinsam diese Probleme zu lösen.

In diesem Zusammenhang waren folgende Punkte von Anfang an als Ziele seitens der IGGÖ formuliert:

1. Standortsbestimmung der Muslime in Europa und Hervorhebung der eigenen, selbständigen Identität als europäische Muslime.
2. Theologische weitere Ausführung des muslimischen Gedankens der Vereinbarkeit von Islam mit Demokratie, Rechtsstaatlichkeit und Pluralismus.
3. Gestaltung der Beziehungen der in Europa lebenden Muslime zu den anderen Religionsgemeinschaften und zu den Bürgern anderer Weltanschauung im Sinne des Dialogs und des friedlichen Zusammenlebens.
4. Beginn der Formulierung einer kanonisch rechtlichen Ordnung für Muslime in Europa auf der Basis der islamischen Disziplinen „fiqh al aqaliat" (Rechtsauslegung in der Minderheitensituation) und „fiqh al Aulawiat" (Rechtsauslegung unter Berücksichtigung der Prioritäten).
5. Theologische Formulierung eines vom Islam prinzipiell postulierten mittleren Weges (wasatiya) und einer gemäßigten Religiosität (i'tidal) unter Distanzierung von jeglichem Extremismus.

Innerhalb Europas stellt die Behandlung des Islam in Österreich eine Besonderheit dar, denn bereits seit 1912 geht ein eigenes Islamgesetz auf die rechtliche Stellung der in Österreich lebenden Muslime ein: Die Donaumonarchie hatte 1908 den Großteil des muslimischen Bosnien und Herzegowina annektiert. Dass nun rund 600 000 Muslime im Reichsgebiet lebten, fand seinen Niederschlag in diesem Gesetz, das über das eher auf die christliche Organisationsstruktur zugeschnittene

Anerkennungsgesetz von 1874 hinaus in § 6 ausdrücklich den gesetzlichen Schutz von Religionsausübung und Religionsdienern des Islam aussprach. Bosniaken dienten in der Leibgarde des Kaisers, Imame taten als Militärseelsorger Dienst, und es gab Pläne für den Bau einer großen Moschee in Wien, die durch den 1. Weltkrieg nicht mehr möglich wurde.[52]

II.3.b VORGESCHICHTE

Nach dem Ende der Monarchie kamen dem österreichischen Staat die allermeisten Angehörigen der islamischen Religionsgesellschaft zwar abhanden, das Gesetz blieb aber weiterhin in Geltung, wurde 1924 mittels Verordnung auf das Burgenland erstreckt und somit implizit als in Kraft stehend anerkannt. Während der Ersten Republik dürften nur einige hundert Muslime in Österreich gelebt haben. Bis 1939 bestand in Wien ein sogenannter „**Islamischer Kulturbund**", seit 1943 eine im Vereinsregister eingetragene „**Islamische Gemeinschaft zu Wien**". Da sich leitende Mitglieder dieses Vereins im Nationalsozialismus politisch kompromittiert hätten, wurde 1948 die Auflösung dieses Vereins veranlasst. 1951 wurde der „**Verein der Muslims Österreichs**" gegründet, der sich religiösen, kulturellen, sozialen und karitativen Aufgaben widmete. Zu Beginn der **1960er**-Jahre hielten sich geschätzte 8 000 Personen islamischen Glaubens in Österreich auf. Kurzfristig übernahm die österreichische Zweigstelle der internationalen Organisation „**Jami'at al Islam**" die Betreuung der Muslime in Österreich. – „**Jami'at al Islam**" wurde 1960 in Wien zur religiösen, sozialen und politischen Betreuung der in europäischen Ländern lebenden Muslime gegründet. Ein Jahr später wurde ihre Zentrale nach München verlegt. Gleichzeitig gibt sie in München ein Informationsblatt „**al-Islam**", „Eine Schrift von Muslimen in Deutschland", heraus, das in sieben Sprachen erscheint.[53]

---

52 **Vgl.** auch: https://www.bmeia.gv.at/fileadmin/user_upload/Zentrale/Kultur/Publikationen/Islamgesetz_DE.pdf
53 **Vgl.** Schmidt, Walter: Die Fremdreligionen in Deutschland. Hinduismus-Buddhismus-Islam, Evangelische Zentralstelle für Weltanschauungsfragen (1965), S. 15.

In dieser Zeit wurde in Wien der **„Moslemische Sozialdienst"** (in der Werdertorgasse in Wien, 1. Bezirk) als Verein mit eigenen Statuten und Sitz gegründet. Diese Vereinigung hatte es sich neben sozialen, karitativen und kulturellen Anliegen zum Ziel gesetzt, die formellen und materiellen Grundlagen zur Gründung einer islamischen Kultusgemeinde vorzubereiten. Es dauerte allerdings noch mehrere Jahre und zahlreiche Verhandlungen und „Formulierungsversuche", bis der Antrag auf Gründung der Islamischen Glaubensgemeinschaft in Österreich (IGGiÖ) im Jahr 1979 beim Bundesministerium für Unterricht und Kunst eingebracht werden konnte.[54]

Auf Grund eines Gutachtens der Präsidialdienststelle des türkischen Staates und der Argumentation der Antragswerber wurden die Unterscheidungen in Sunniten und Schiiten sowie in Anhänger verschiedener Rechtsschulen als **„innerreligionsgesellschaftliche Angelegenheit"** qualifiziert. Im Unterrichtsministerium kam man daher zu dem Schluss, dass es sich bei allen Personen um Muslime handle, deren Glauben auf dem Koran und den Lehren Mohammeds fuße.[55]

Der Anspruch des ersten Präsidenten der Islamischen Glaubensgemeinschaft in Österreich, DDr. Ahmad **Abdelrahimsai**, wonach ihr **„alle Anhänger des Islam"** angehören, die „in der Republik Österreich ihren

---

54 **Anm.** Eine wichtige Persönlichkeit des Vereins war der bosnische islamische Theologe und Wissenschaftler Dr. **Smail Balić** (1920–2002). Nach der Gründung der IGGiÖ trennte er sich vom **DDr. Ahmed A. Abdelrahimsai**; mehr darüber in: Gehler, Michael (Hrsg.): Tirol. „Land im Gebirge". Zwischen Tradition und Moderne (Geschichte der österreichischen Bundesländer seit 1945 = Schriftenreihe des Forschungsinstitutes für Politisch-Historische Studien der Dr. Wilfried-Haslauer-Bibliothek, Dr. Wilfried-Haslauer-Bibliothek (Salzburg), Böhlau Verlag, Wien 1999; ISBN 9783205987895, Online-Auszug), S. 448; HADZIC Halima, Der Moslemische Sozialdienst. Die kommunikativen Leistungen des Trägers des religiösen und sozialkulturellen Lebens der Muslime in Österreich 1962–1979, Safinah, 01.10.2013 (sie war die Tochter (gest.) von Dr. Salim **HADZIC**, ehemaliger Imam des Moslemischen Sozialdienst und islamischer Religionslehrer).
55 **Vgl.** http://www.politikberatung.or.at/fileadmin/_migrated/media/Der_Islam_in_OEsterreich_01.pdf, S. 16.

Aufenthalt haben", wurde vom Gesetzgeber akzeptiert. Die ursprünglich auf Grund faktischer Gegebenheiten vorgenommene Beschränkung auf die hanafitische Rechtsschule wurde **1987** auf Grund eines Erkenntnisses des Verfassungsgerichtshofes (VfGH) aufgehoben, sodass fortan alle in Österreich lebenden Anhänger des Islam als der Islamischen Glaubensgemeinschaft in Österreich zugehörig angesehen wurden.

Vervollständigt wurde der rechtliche Rahmen mit der **1988** erlassenen Islam-Verordnung,[56] die u. a. die offizielle Bezeichnung der Islamischen Glaubensgemeinschaft in Österreich und bestimmte Mindesterfordernisse für deren Verfassung festlegt. Die IGGiÖ bildet damit die offizielle rechtliche Repräsentantin des Islam in Österreich, was sich u. a. auch in Art. 1 Abs. 1 ihrer Verfassung zeigt.

Am **26. Jänner 1971** hatten Vertreter des „**Moslemischen Sozialdienstes**" in Wien ein erstes diesbezügliches Ansuchen gestellt. Nach langen Verhandlungen mit den staatlichen Kultusbehörden war schließlich am **2. Mai. 1979** ein modifizierter Antrag erfolgreich. Am **2. Mai 1979** erging seitens des Ministers die bescheidmäßige Genehmigung zur Errichtung der ersten Wiener Islamischen Religionsgemeinde auf Grundlage des Islamgesetzes von 1912 und des Anerkennungsgesetzes von 1874 und die vorgelegte Verfassung der Islamischen Glaubensgemeinschaft in Österreich.[57]

---

56 Verordnung des Bundesministers für Unterricht, Kunst und Sport vom 2. August 1988 betreffend die Islamische Glaubensgemeinschaft in Österreich, BGBl. Nr. 466/1988. (http://www.ris.bka.gv.at/Dokumente/BgblPdf/1988_466_0/1988_466_0.pdf).

57 **Anm.** Der Vorsitzende des Obersten Rates und gleichzeitig Präsident der IGGiÖ war in dieser Zeit DDr. Ahmed A. **ABDELRAHIMSAI** aus Afghanistan (bis 1987). Ab 1.7.1983 war er der einzige Fachinspektor für islam. Rel. Unterricht für ganz Österr. Sein Stellvertreter war Anas **SCHAKFEH**, Vorsitzenden des Schurarates war Abdullatif **ELKOBANI** aus Sudan (gleichzeitig Naibu lMufti „Stellvertreter des Muftis") – später war Dr. Abdul Rahman **ZAKERI** als Vorsitzender des Schurarates. Hauptimam der Religionsgemeinde und Mufti der IGGiÖ war Mahsum **AYDIN** aus der Türkei. Meine Wenigkeit war in jedem Gremium von 1982 bis 2018 mit verschiedenen Positionen vertreten; bis 31. Aug. 2020 war ich als Fachinspektor und Lehrer tätig. Am 1. Sept. 2020 ging ich in Pension.

Die Religionsgesellschaft der Anhänger des Islams ist somit eine Rechtsperson im Sinne der Art. 15 des StGG, RGBl. Nr. 142/1867. Ihr gehören grundsätzlich alle Anhänger des Islam an, welche in der Republik Österreich ihren Aufenthalt haben (V 2.8.1988, BGBl. 466).

II.3.c 1. WAHL der IGGÖ

Genehmigung der Verfassung der IGGÖ und Errichtung der ersten Wiener Islamischen Religionsgemeinde mit Bescheid des BMUK vom 02.05.1979 (Zl. 9076/7-9c/79).

Wahl der Mitglieder des Gemeindeausschusses laut Meldung der IGGÖ: 01.06. und 21.09.1980 Bestätigung der Ausschussmitglieder mit Datum: 11.12.1980 BMUK (Zl.: 9076/10-9c/80, Signatur: für den Bundesminister Dr. März)

Präsident: Herr Dr. A. Ahmad Abdelrahimsai, Bankangestellter, Wien
Stv. Präsident: Herr Hussein Salah, Kaufmann, Wien
Generalsekretär: Herr Ali Tacettin (Soğukoğlu), Student, Wien
Stv. Generalsekretär: Herr Ludwig Eminger, Fliesenleger, Wien
Kassier: Herr Ahmet Cerit, Kontrolleur, Arbeiter, Wien
Stv. Kassier: Herr Ing. Sead Spahi, Bautechniker, Wien
Ausschussmitglied: Herr Teufik Velagic, Angestellter, Wien
Ausschussmitglied: Herr Najmuddin Chamdawala, Student, Wien

Auf Grund dieser Verfassung wurden die ersten Organe der Islamischen Glaubensgemeinschaft gewählt.
Diese Verfassung umfasst die Sprengel:
- der Islamischen Religionsgemeinde in Wien (Wien, Niederösterreich und Burgenland,

- der Islamischen Religionsgemeinde Graz (Steiermark und Kärnten),
- der Islamischen Religionsgemeinde Linz (Oberösterreich und Salzburg),
- der Islamischen Religionsgemeinde Bregenz (Vorarlberg und Tirol).

In den achtjährigen Verhandlungen waren einige die bereits aus 1912 bekannten Probleme aufgetreten: Überraschenderweise war in den Vorverhandlungen auch die Frage der **Polygamie** nochmals ins Spiel gekommen. Durch die zweite Erkenntnis kam es zur Aufhebung der Wendung „nach **hanafitischem Ritus**" im Islamgesetz als verfassungswidrig. Der VfGH begründete dies damit, dass eine solche Einschränkung eine für den religiösneutralen Staat unzulässige Differenzierung und damit ein Eingriff in das Selbstbestimmungsrecht der islamischen Glaubensgemeinschaft erfolgt seien. Diese Entscheidung brachte eine Zäsur für die Glaubensgemeinschaft, weil sie die Anerkennung in relativ unbestimmter Weise ausdehnte.

Die IGGiÖ änderte in der Folge des VfGHErkenntnisses dann auch ihre Verfassung. Seit damals gehören ihr „alle Anhänger des Islams an, welche in der Republik Österreich ihren Aufenthalt haben." (1. Verfassung der IGGiÖ Art. 1).[58]

Verfassungsgerichtshof (VfGH) – Entscheidungstext G146/87 G147/87

---

58 **Anm.** Dieser Artikel wurde mit der Änderung der Verfassung der IGGÖ am 27.2.2016 geändert: **Artikel 3.** (1) Bei allen Muslimen in Österreich, welche im Melderegister bei den Angaben zum Religionsbekenntnis „Islam" angegeben haben und nicht bereits einer anderen in der Republik Österreich gesetzlich anerkannten Religionsgesellschaft oder einer eingetragenen Bekenntnisgemeinschaft angehören, wird die Mitgliedschaft bei der Islamischen Glaubensgemeinschaft vermutet. Bei dieser Angabe handelt es sich um eine deklaratorische Erklärung, welche jederzeit durch einen formlosen Widerspruch gegenüber der Islamischen Glaubensgemeinschaft entkräftet werden kann. Darüber hinaus können auch Muslime, welche nicht bereits einer anderen in der Republik Österreich gesetzlich anerkannten Religionsgesellschaft oder einer eingetragenen Bekenntnisgemeinschaft angehören, auf Antrag als Mitglieder der Islamischen Glaubensgemeinschaft in Österreich aufgenommen werden. Die Mitglieder sind über die jeweiligen Religionsgemeinden in das bei der Islamischen Glaubensgemeinschaft in Österreich geführte Mitgliederverzeichnis aufzunehmen.

Entscheidungsart: Erkenntnis
Sammlungsnummer: 11574
Geschäftszahl: G146/87; G147/87
Entscheidungsdatum: 10.12.1987
Index: 74 Kirchen, Religionsgemeinschaften; 74/01 Gesetzliche Anerkennung, äußere Rechtsverhältnisse
Norm: B-VG Art140 Abs1/Präjudizialität – B-VG Art140 Abs3 erster Satz – StGG Art15.

AnerkennungsG 1874: Verordnung der Bundesregierung vom 30.5.1924, BGBl 176, womit die Geltung von Vorschriften, betreffend die gesetzliche Anerkennung von Religionsgesellschaften, die Regelung der interkonfessionellen Verhältnisse und die Regelung der Verhältnisse der katholischen Kirche, auf das Burgenland erstreckt wird – IslamG, RGBl 159/1912 Art.

Leitsatz: Das Gesetz ist Bestandteil der geltenden Rechtsordnung; zu prüfende Bestimmungen nicht in so offenkundigem und kontradiktorischem Widerspruch zu Art15 StGG; daß auf inhaltliche Derogation zu schließen ist; besondere historische Situation von 1912 nicht mehr gegeben; nach Wortlaut und Absicht des historischen Gesetzgebers; keine Auslegung des Islam einer anderen (nicht-hanefitischen) religiösen Richtung möglich sei; durch das IslamG bewirkte Beschränkung der Anerkennung auf die **Anhänger des Islam nach hanefitischem Ritus** greift in das durch Art15 StGG garantierte Selbstbestimmungsrecht der gesetzlich anerkannten Religionsgesellschaft des Islam eine; zum Begriff der „**inneren Angelegenheiten**" iSd Art15 StGG; Ausschluss eines Teiles der religiösen Gemeinschaft von der Anerkennung als Religionsgesellschaft ohne Rücksicht darauf, dass es sich nach dem Selbstverständnis der gesamten Religionsgemeinschaft um den Teil eines gemeinsamen Bekenntnisses handelt verfassungswidrig – Aufhebung einiger Worte in Art. 140 erster Absatz und dessen §§ 5 und 6.

Spruch: Die Wortfolgen „nach hanefitischem Ritus" in ArtI erster Absatz sowie jeweils in den §§ 5 und 6 desselben Artikels des Gesetzes vom 15. Juli 1912, betreffend die Anerkennung der Anhänger des Islams nach hanefitischem Ritus als Religionsgesellschaft, RGBl. Nr. 159/1912, werden als verfassungswidrig aufgehoben.

Frühere gesetzliche Bestimmungen treten nicht wieder in Wirksamkeit. Der Bundeskanzler ist zur unverzüglichen Kundmachung dieses Ausspruchs im Bundesgesetzblatt verpflichtet.

Entscheidungsgründe:
I. 1.a) Der Bundesminister für Unterricht und Kunst erließ am 2. Mai 1979, Zl. 9076/7-7-9c/79, die folgende Erledigung:
„**Vertreter des ‚Moslemischen Sozialdienstes'** in Wien stellten am **26. Jänner 1971** das Ansuchen, die Genehmigung der Errichtung sowie der Statuten der Religions (Kultus-)gemeinde für Österreich mit dem Sitz in Wien unter der Benennung ‚Islamische Gemeinde zu Wien' der gesetzlich anerkannten Religionsgesellschaft der Anhänger des Islam nach hanefitischem Ritus auszusprechen und die Genehmigungsurkunde zuzustellen. Auf Grund vielfacher Umarbeiten stellte derselbe Moslemische Sozialdienst am **20. April 1979** den Antrag, der Endfassung der Verfassung der Islamischen Glaubensgemeinschaft in Österreich gemäß dem Gesetz vom 15. Juli 1912, RGBl. Nr. 159, betreffend die Anerkennung der Anhänger des Islams **nach hanefitischem Ritus** als Religionsgesellschaft die Genehmigung zu erteilen.

Auf Grund dieses Antrages ergeht nachstehender Bescheid:
Auf Grund der Bestimmungen von Artikel I § 1 des Gesetzes vom 15. Juli 1912, RGBl. Nr. 159, betreffend die Anerkennung der Anhänger des Islams nach hanefitischem Ritus als Religionsgesellschaft, und unter Anwendung der §§ 4 und 5 und des § 6 letzter Absatz des Gesetzes vom 20. Mai 1874, RGBl. Nr. 68, betreffend die gesetzliche Anerkennung von Religionsgesellschaften, wird

1. zur Errichtung der ersten Wiener Islamischen Religionsgemeinde und

2. der Verfassung der Islamischen Glaubensgemeinschaft in Österreich gemäß dem Gesetz vom 15. Juli 1912, RGBl. Nr. 159, betreffend die Anerkennung der Anhänger des Islams nach hanefitischem Ritus als Religionsgsellschaft die Genehmigung erteilt.

Die Konstituierung der Wiener Religionsgemeinde kann stattfinden."
Diese Erledigung erging an den „Moslemischen Sozialdienst, zu Händen des 1. Vorsitzenden Dr. A. A, …"
b) Diese „Verfassung der Islamischen Glaubensgemeinschaft in Österreich" lautet in den hier maßgebenden Teilen:
„**Artikel 1**: Der Islamischen Glaubensgemeinschaft gehören **alle Anhänger des Islams** an, welche in der Republik Österreich ihren Aufenthalt haben. Hierbei sind Anhänger des Islams, die dem hanefitischen Ritus nicht angehören – also andere Sunniten (Schafiiten, Malikiten, Hanbaliten) und Schiiten (Zwölfer Schiiten, Zaiditen, Ibaditen) – den Anhängern des hanefitischen Ritus gleichgestellt."

„**Artikel 4**: Die Religionsgesellschaft der Anhänger des Islams nach hanefitischem Ritus ist Rechtsperson im Sinne von Art15 des Staatsgrundgesetzes über die allgemeinen Rechte der Staatsbürger, RGBl. Nr. 142/1867 …"

„**Artikel 6**: Neben der Religionsgesellschaft der Anhänger des Islams nach hanefitischem Ritus haben die Islamischen Religionsgemeinden Rechtspersönlichkeit. …"

„**Artikel 15**: Organe der islamischen Glaubensgemeinschaft sind:
A) Für die Religionsgemeinde:
1. Die Gemeindeversammlung;
2. der Gemeindeausschuß;
3. der Imam.

B) Für die Glaubensgemeinschaft des Islams in Österreich:
4. Die Landesversammlung;
5. das Oberseniorat; (später: Obersterrat)
6. der Mufti. ..."

Dies konnte vom VfGH gemäß § 19 Abs4 VerfGG 1953 ohne mündliche Verhandlung beschlossen werden.[59]

Durch diese Entscheidung wurde die Frage der Zuordnung jener Gruppen virulent, die sich zwar auf eine islamische Tradition berufen, aber vom islamischen „Mainstream" (Hauptströmung) nicht als rechtgläubig angesehen werden, wie etwa einige Gruppen von **Aleviten**. Damit sind wir bei einer weiteren Erkenntnis des VfGH vom 1. Dezember 2010 (B1214/09), das von grundlegender Bedeutung für das Islamgesetz ist.

Aus Anlass einer Beschwerde der **„Islamisch Alevitischen Glaubensgemeinschaft in Österreich"** (IAGÖ)[60] erklärte der VfGH die religionsrechtliche Statuierung einer weiteren sich als „islamisch" verstehenden Religionsgemeinschaft neben der nach dem Islamgesetz konstituierten IGGiÖ für zulässig. Es verstieße, so der VfGH, gegen die Garantien der Religionsfreiheit, wollte der Gesetzgeber einer Personengruppe, für deren religiöse Überzeugung es essentiell ist, sich zu einem bestimmten Glauben zu bekennen, die Möglichkeit verwehren, neben der auf einem bestimmten Gebiet einzig bestehenden gesetzlich anerkannten Religionsgesellschaft – im konkreten Fall deutet, dass die Religionsgemeinschaften bereit sein müssen, die mit der Anerkennung implizit

---

59 **Vgl.** (https://www.ris.bka.gv.at/Dokument.wxe?Abfrage=Vfgh&Dokumentnummer=JFT_10128790_87G00146_00; Zuletzt aktualisiert am 10.01.2011 – Dokumentnummer: JFT_10128790_87G00146_00).

60 **Anm.** Das Wort „Islam" wurde 2016 gestrichen. Aleviten wehren sich gegen „Zwangsislamisierung". Die Diskussion über das Islamgesetz ist um eine Facette reicher geworden: Das Gesetz soll auch auf die Föderation der Aleviten Gemeinden in Österreich (AABF) angewendet werden. Diese Aleviten, die sich nicht als Muslime sehen, beklagen eine „Zwangsislamisierung". (**Vgl.** Clara Akinyosoye, religion.ORF.at – 25.02.2016).

verbundenen Verfassungserwartungen des Staates zu erfüllen. Sie setzt also seitens der betreffenden Religionsgemeinschaft voraus, dass sie den demokratischen Rechtsstaat akzeptiert und mit dem gesellschaftlichen Grundkonsens übereinstimmt.

Der Staat darf von den Religionsgemeinschaften auch Beiträge zur Bewältigung der in der Gesellschaft aufbrechenden ethischen Probleme erwarten, sowie Kooperation im Bildung und Erziehungsbereich, bei der Erfüllung der vielfältigen karitativen Aufgaben und bei der Betreuung von Menschen in spezifischen existenziellen Situationen, wie durch Übernahme der Kranken und Gefangenenseelsorge.[61]

PS: Die Verfassung (Statuten/Satzung) der IGGÖ wurde von 1979 bis Juni 2018 vier Male geändert, sehe dafür Kapitel IX.

---

61 **Vgl**. Potz, Richard (2013): Das Islamgesetz 1912 – eine österreichische Besonderheit SIAK-Journal – Zeitschrift für Polizeiwissenschaft und polizeiliche Praxis (1), 45–54. doi: 10.7396/2013-1-D.

II.3.d BESCHEID VOM KULTUSAMT 1985

Erste Änderung und die Genehmigung der Änderung der Verfassung der IGGiÖ und eines Mindestbeitrages (1985) GZ. 9076/8–9c/86

Die Landesversammlung der Islamischen Glaubensgemeinschaft in Österreich hat in ihren Sitzungen am **31. März und 30. Juni 1985** mit der vorgeschriebenen Zweidrittelmehrheit gemäß Artikel 32 Z.1 der Verfassung der Islamischen Glaubensgemeinschaft in Österreich folgende Bestimmungen geändert:

Der Endvers wurde zum Eingangsvers; die Landesversammlung der Islamischen Glaubensgemeinschaft wurde in Schurarat der Islamischen Glaubensgemeinschaft, das Oberseniorat der Islamischen Glaubensgemeinschaft wurde in Oberster Rat der Islamischen Glaubensgemeinschaft – jeweils mit Artikel- und Pronomensänderung umbenannt; die Artikel 7 Abs.1 und 2, 16 Abs.1 Z. 2 bis 14, 17, 20 Abs.1, 22 Abs. 3 und 4, 23 Abs. 1 und 3, 25 Abs.1, 26 Abs. 1, 28 Abs. 2, 3 und 5, 29 Abs.1, 4 und 5, 30 Abs. 3, 32 Abs. 2, 33 Abs. 2 und 6, 34 Z.3, 35 Abs.1, 37 Z.1, 2 und 4, 38 Abs.1 und 41 dieser Verfassung wurden geändert oder ergänzt. Diese Änderungen wurden von der Landesversammlung mit Schreiben vom 12. April und 1. Juli 1985 dem Bundesministerium für Unterricht, Kunst und Sport zur Genehmigung angezeigt.

Die Landesversammlung der Islamischen Glaubensgemeinschaft in Österreich zeigte weiteres mit Eingabe vom 12. März 1985 die ordnungsgemäße Beschlussfassung eines Jahresmitgliedsbeitrages von 600 Schilling gemäß Artikel 13 der genannten Verfassung zur Genehmigung an.

Auf Grund dieses Antrages ergeht nachstehender Bescheid:
Auf Grund der Bestimmungen von Artikel 1 § 1 des Gesetzes vom 15. Juli 1912, RGBl. Nr. 159, betreffend die Anerkennung der Anhänger des Islams nach hanafitischem Ritus als Religionsgesellschaft, und unter Anwendung des § 6 letzter Absatz des Gesetzes vom 20. Mai 1874, RGBl. Nr. 68, betreffend die gesetzliche Anerkennung von Religionsgesellschaften, wird 1. den eingangs aufgezählten Änderungen der Verfassung der

Islamischen Glaubensgemeinschaft in Österreich, soweit diese den äußeren Bereich betreffen, und

2. Der Festsetzung des Jahresmindestbeitrages in Höhe von S 600,- im Sinne von Artikel 13 der Verfassung die Genehmigung erteilt.

Der neue Wortlaut der von den Änderungen betroffenen Bestimmungen der Verfassung der Islamischen Glaubensgemeinschaft in Österreich ist in der Anlage, die einen Bestandteil dieses Bescheides bildet, festgehalten.

Ergeht an:
1. Herrn Vorsitzenden des Schurarates Abdullatif **ELKOBANI** -1190 Wien, Krottenbachstraße 58/5;
2. Herrn Vorsitzenden des Obersten Rates, DDr. Ahmed A. **ABDELRAHIMSAI** -1190 Wien, Raffelspergergasse 50.

Wien, 2. Mai 1986 – Für den Bundesminister: **Dr JONAK**

II.3.e 2. WAHL der IGGÖ

Es wurde am 26.08.1988 folgende Wahl des Obersten Rates an das Kultusamt gemeldet (Aktenzahl: 9076/10-9c/88):

Dr. Abdul Rahman ZAKERI als Vorsitzender des Schurarates
Dr. Ahmet HAMIDI als Stellvertr. Vorsitzender des Schurarates
Prof. Mag. Günther Luksch (Jamal Abdul Rahman) als Generalsekretär des Schurarates

Die übrigen Mitglieder des Schurarates:

Hr. Dr. Ahmad ABDELRAHIMSAI
Hr. Alic Ziya
Hr. Dr. Al Samman Tarif
Hr. Buzar Irfan
Hr. Cesur Abdullah
Hr. Elkobani Abdellatif
Hr. Eser Zekeriya
Hr. Gaye Kenan
Hr. Hanel Michael Muhammed
Hr. Holzinger Alfred
Hr. Kuru Ismail
Hr. Morad Mohamed Jamal
Hr. Sahin Mehmet Cemil
Hr. Schakfeh Anas
Hr. Dipl. Ing. Salem Ahmed
Hr. Sanac Fuat
Hr. Savaş Ali Ibrahim
Hr. Uyar Yurdakul
Hr. Yetis Ismail

Und Herr Dr. Gowayed Mohammed aus Graz (bleibt bis zur Konstituierung der Religionsgemeinde für Steiermark und Kärnten).

Unter den oben genannten Mitgliedern des Schurarates hat der Schurarat in seiner Sitzung vom 25.08.1988 gem. Art. 32 u. 33 der Verfassung der IGGÖ folgende Personen zum Obersten Rat gewählt:

Hr. Dr. Ahmad ABDELRAHIMSAI als Vorsitzenden
Hr. Eser Zekeriya
Hr. Dr. Ahmet HAMIDI
Hr. Hanel Michael Muhammed
Prof. Mag. Günther Luksch (Jamal Abdul Rahman)
Hr. **Sanac** Fuat
Hr. Schakfeh Anas
Hr. Yetis Ismail
Dr. Abdul Rahman ZAKERI

Mit Bestätigung (Aktenzahl 9076/10-9c/88) wurden am 16.09.1988 folgende Funktionen bestätigt:

Herr Dr. Ahmad ABDELRAHIMSAI zum Vorsitzenden und Präsidenten der IGGÖ
Herr Dr. Abdul Rahman ZAKERI zum Vorsitzenden des Schurarates
Herr Dr. Ahmet HAMIDI zum Stellv. Vorsitzenden des Schurarates
Herr Prof. Mag. Günther Luksch (Jamal Abdul Rahman) zum Generalsekretär des Schurarates

Die Mitglieder des Ausschusses der Religionsgemeinde W-NÖ u. BGLD – 2. Wahl 26.08.1988:

DDr. Ahmed A. ABDELRAHIMSAI
Anas SCHAKFEH
Fuat SANAC
Mehmet Cemil SAHIN
Irfan BUZAR

Necaattin GENC
Kenan GAYE
Yurdakul UYAR

II.3.f Wir haben nicht nur Freunde gehabt

Da Herr Dr. **Jonak**[62] die Genehmigung des Kultusamtes (s. oben) bezüglich Anerkennung der IGGiÖ ohne Unterschrift geschickt hatte, kam es zu Angriffen über Jahre hinweg von einigen Personen, die die Auflösung der IGGIÖ verlangten. Diese Personen sind mehrmals bis zum Obersten Gerichtshof gegangen. Jedes Mal haben sie den Prozess verloren. 2015 wurde mit der Novellierung des Islamgesetztes dieses Problem endgültig gelöst.

Eine Klage von diesen Behauptungen lautete wie folgt:
Die rechtliche Existenz der IGGiÖ ist seit dreißig Jahren mit der ordnungsgemäßen Genehmigung der ersten Islamischen Religionsgemeinde Wien (IRGW) untrennbar verbunden. Gibt es keine gesetzmäßige Genehmigung der IRGW gemäß Islamgesetz 1912 und dem Anerkennungsgesetz 1874 kann die IGGiÖ auf Grund des Stufenbaues der österreichischen Rechtsordnung rechtlich nicht existieren ...

Der nachfolgende Bescheid vom 30.8.1988, Zahl 9076/11-9c/88 des Kultusamtes auf Genehmigung der ersten Islamischen Religionsgemeinde Wien hat aber noch zusätzliche gesetzwidrige Mängel und ist ein sogenannter Nichtbescheid.

---

62 **Anm.** Dr. Felix **Jonak** war als Sektionschef im Bundesministerium für Unterricht und kulturelle Angelegenheiten, Leiter des Kultusamtes und der Gruppe Legistik, Referent für Angelegenheiten der Kirchen- und Religionsgesellschaften, sowie Lehrer für Schulrecht an der Pädagogischen Akademie Krems. Er ist Autor und Herausgeber einer Reihe schulrechtlicher und lehrerdienstrechtlicher Werke.

Gemäß § 58 Absatz 1, Absatz 2 und Absatz 3 AVG (Allgemeines Verwaltungsverfahrengesetz) in Verbindung mit § 18 Absatz 4 AVG (gültige Rechtslage zum Zeitpunkt 30.8.1988) hat jeder Bescheid zu enthalten:

1. den Spruch (dieser Punkt muss mit einer eigenen Überschrift angegeben sein),
2. die Begründung (dieser Punkt muss mit einer eigenen Überschrift angegeben sein),
3. die Rechtsmittelbelehrung (dieser Punkt muss mit einer eigenen Überschrift angegeben sein),
4. die Unterschrift des genehmigenden zuständigen Beamten oder die Beglaubigung der Kanzlei,
5. Auf Grund der ständigen Rechtsprechung des Verwaltungsgerichtshofes muss im Akt noch die handschriftliche Rohfassung des Bescheides mit der Unterschrift des zuständigen Beamten vorhanden sein.

Alle diese 5 Punkte wurden im „Bescheid" vom 30.8.1988 gesetzwidrig nicht erfüllt, sodass es sich um einen <u>Nichtbescheid</u> handelt und der Akt der Islamischen Glaubensgemeinschaft in Österreich (IGGiÖ) ein sogenannter „Nichtakt" ist, der „nicht im Rechtsbestand" ist.

Darüber hinaus verlangt die österreichische Rechtordnung und das AVG die Zustellung eines Bescheides an eine rechtlich existente juristische Person.

Der Bescheid vom 30.8.1988 konnte der IGGiÖ jedoch <u>nicht zugestellt</u> werden, da die Islamische Glaubensgemeinschaft in Österreich und deren Organe und alle Religionsgemeinden zum Zeitpunkt 2. Mai 1979 und 30. August 1988 sowie auch zu einem späteren Zeitpunkt bis zum heutigen Tage „ex tunc" (von Anfang an) rechtlich nicht existieren.

Abgesehen davon, dass es keine Islamverordnung gibt, mit der die erste islamische Religionsgemeinde Wien genehmigt wird, wurde auch dieser „Bescheid vom 30.8.88", selbst wenn man diesen als Verordnung werten würde, gemäß § 2 Abs 1 lit f des Bundesgesetzes über das Bundesgesetzblatt im Bundesgesetzblatt <u>nicht veröffentlicht (nicht kundgemacht),</u> was auf Grund des Stufenbaues der Rechtsordnung in Folge bedeutet, dass dieser „Bescheid" und die IGGiÖ sowie deren Organe „ex tunc" seit dreißig Jahren rechtlich nicht existieren.

Es waren auch andere Beschwerden (fast immer von gleichen Personen) z. B. gegen den islamischen Religionsunterricht, Schulen und Kindergärten, Helal-Zertifikate, Vertretung der Sunnitischen- und schiitischen Muslime usw., jedes Mal haben diese Kläger, Dank der österreichischen Justiz, den Prozess verloren.

Was die Muslime betrifft:
Es gab auch einige Personen, die sich **Muslim** nannten (meistens scheinheilige Typen) und mit ihren Verleumdungen gegenüber der IGGÖ Unruhe stifteten; ihr Hauptziel war meistens die Verfolgung eigener Interessen, sowie Neid oder Hassgefühl gegenüber dem Präsidenten oder der Führung der IGGÖ. – Einige von denen wollten dadurch bekannt werden. Das Absurde daran ist, dass die feindseligen Äußerungen dieser Personen durch Muslime bekannt wurden; ihre hasserfüllten Artikel und Äußerungen wurden durch unkritische Muslime medial weitergeleitet.

Ein Großteil der Muslime kam aus der Türkei und Rest anderen muslimischen Ländern und hat von Anfang an daran gearbeitet, gut in der neuen Heimat zu leben. Sie lernten schnell die neue Sprache, arbeiteten oder studierten fleißig. Das erwirtschaftete Geld investierten sie vorwiegend im neuen Land. Sie anerkannten die neue Kultur und wurden im Gegenzug von der Mehrheitsgesellschaft respektiert. Genau diese Gruppe dürfen/müssen wir als Brückenbauer zwischen Muslime/innen und Andersglaubenden, zwischen alter und neuer Heimat, zwischen zwei Kulturen bezeichnen.

Ein orientierungsloser Teil, der zwischen zwei Stühlen sitzt:
Diese Menschen werden weder in dem Land, wo sie leben, akzeptiert, noch im Ursprungland. Diese Gruppe bringt auch die politischen und gesellschaftlichen Probleme aus dem ersten Heimatland mit und verursacht immer wieder Diskussionen in der Gesellschaft. Das bringt in erster Linie Unruhe in der muslimischen/türkischen/arabischen Community. Das hat wiederum eine Auswirkung auf die Mehrheitsgesellschaft. Akzeptanz und Toleranz in einer interkulturellen und interreligiösen

Gesellschaft bedarf zuallererst des **Dialogs**. Er entsteht vielmehr durch Zuhören und miteinander reden, als „übereinander zu reden". Wenn sich Menschen und Institutionen für gute Bildung und Aufklärung einsetzen, ist das der Grundstein für gegenseitiges Verstehen.

Ein kleiner extremistischer Teil, bestehend aus einer geringen Anzahl von Personen, geprägt durch Hass, macht leider in ganz Europa Stimmung. Wenn ein Mitglied Hass predigt oder eine terroristische Aktion verursacht, wird dies von einigen Medien, politisch oder religiös motivierten Gruppen sowie einzelnen Personen als Anlass genommen, um den Islam oder Muslime zu attackieren. Gegen diese Personen oder Gruppierungen sollte eigentlich die ganze Gesellschaft gemeinsam kämpfen, weil sie für alle ein Störfaktor sind. Solange die alten und neuen Bürger/innen oder Mitbürger/innen nicht gemeinsam arbeiten, werden beide Seiten nicht gerecht miteinander umgehen können.

Was die (sogenannten muslimischen) Terroristen betrifft sind sie Feinde der Menschheit und dagegen müssen in erster Linie die Muslime politisch, wirtschaftlich, wissenschaftlich, aber vor allem theologisch agieren. Wir dürfen als Muslime nicht empfindlich sein oder in die Opferrolle schlüpfen und die Schuld wo anders suchen. Wir erkennen, dass diese Probleme in erster Linie muslimische Probleme sind. Wir dürfen uns daher nicht davor scheuen zuzugeben, wenn wir irgendwo Fehler sehen. Wir als Muslime müssen gegen Terrorismus und mit gleichgesinnten Menschen gemeinsam kämpfen.

Wir alle, als das eine Volk der globalisierten Welt, haben leider sehr viele Katastrophen erlebt. Es ist aber wichtig, aus diesen Katastrophen zu lernen, damit sie sich nicht wiederholen. Wir haben in Österreich das Glück, in einem demokratischen Sozialstaat zu leben. Die Wichtigkeit der Gleichheit und der sozialen Gerechtigkeit, ist unumstritten. Für die Erreichung der sozialen Gerechtigkeit und somit des friedvollen Zusammenlebens ist Partizipation im Alltagsgeschehen und in allen gesellschaftlichen Bereichen zwingend erforderlich: Eine aktive Teilhabe an der Gesellschaft führt automatisch dazu, dass sich ein **Zugehörigkeitsgefühl** entwickelt; das Zugehörigkeitsgefühl führt wiederum zu der Wahrnehmung von gesellschaftlicher Verantwortung. Die Initiative zu ergreifen und für die gesamte Gesellschaft einen Beitrag zu leisten, ist sehr wichtig für das friedvolle Zusammenleben.

Der Schlimmste ist und wird, wenn die Muslime die parteipolitischen Auseinandersetzungen des Erstlandes nach Europa/Österreich bringen; das wird nicht nur der muslimischen Mitbürger/innen von der Mehrheitsgesellschaft trennen, vielmehr werden die muslimischen Gruppierungen unter sich politisch kämpfen und werden in der Gesellschaft immer schwächer.

Zusammenfassend kann man sagen, dass wir alle, ob muslimisch oder nichtmuslimisch, ab 2014 sehr schwierige Zeiten gehabt haben und leider wird das gesellschaftliche Leben noch schwieriger. Wir mussten als IGGÖ fast jede Woche eine Stellungnahme schreiben und (ohne Übertreibung) jeden Tag mehrere Veranstaltungen vorbereiten oder mitmachen. Ich zähle diese Beispiele auf, damit die kommende Generation eines Tages einen Vergleich machen kann, ob die Gesellschaft (insbesondere die muslimische) in Österreich in den vergangenen Jahren eine fort- oder rückschrittliche Gesellschaft geworden ist.

Menschenrechte spielen sowohl in der Innen- wie Außenpolitik, im nationalen und internationalen Recht, in der politischen Diskussion als auch bei den Aktivitäten von NGOs eine immer größere Rolle und tragen zur verstärkten Zusammenarbeit der Staatengemeinschaft bei.

Das Verhältnis von Islam und Menschenrechten wird seit Jahrzehnten intensiv und kontrovers diskutiert. Die Diskussion ist komplex, weil es bekanntlich weder „den Islam" als einheitlichen Block gibt noch das Verständnis der Menschenrechte immer dasselbe ist. Zwischen den inhaltlichen Schutzbereichen der Menschenrechte und gewissen Regeln der vielen muslimischen Staaten gibt es in verschiedenen Bereichen offensichtliche Konflikte, nämlich in:

- Religionsfreiheit/religiöse Minderheiten,
- Meinungsfreiheit,
- Gleichberechtigung von Mann und Frau,

- Kinderrechte,
- Körperstrafen,
- Homosexualität usw.

Die oben erwähnten Konflikte und weitere Problemfelder werden auch im Europa, sowie in Österreich unterschiedlich interpretiert und praktizier, besonders, wenn es um Muslime geht, obwohl die Menschen Rechte und Religionsfreiheit klar definiert sind.[63]

Der Diskurs über das Verhältnis von Menschenrechten und islamischem Recht wird aber auch in muslimischen Kreisen auf vielfältige Weise geführt. Die Meinungen dazu gehen weit auseinander:
Je nach Interpretation des Korans und der weiteren religiösen Quellen ergeben sich unterschiedliche Positionen. Nachfolgend werden die muslimischen Sichtweisen in konservative und in reformerische eingeteilt. Die Vertreter/innen des konservativen und des liberalen Islamverständnisses stellen jedoch keine homogenen Gruppen dar.

Viele öffentliche Debatten über die Begriffe, die in jüngster Zeit dominieren wie „politischer Islam", „Radikalismus", „Terrorgefahr", „Integrationsverweigerung" und „Flüchtlinge", wenn es um die islamische Community in Österreich geht, werden von politischen Akteuren mit viel Aufregung und eher auf Gefühlen als auf Fakten aufbaut geführt.

Was die österreichische Gesellschaft und wir als Muslime erwarten, ist ein differenzierter Blick auf die Rolle, die die österreichischen Muslime heute in der Republik spielen, nämlich von Erziehung und Bildung, der Rolle der Frau bis hin zu Politik und Wirtschaft. Erst dann werden wir bestimmte Erkenntnisse und Ergebnisse über die bunte Vielfalt der Einflüsse sehen und eine umfassende Analyse, wo es beim Zusammenleben

---

63 Siehe: Die „The Universal Declaration of Human Rights (UDHR)" (Allgemeine Erklärung der Menschenrechte, AEMR) vom 10. Dez. 1948 ist der Grundstein zum modernen Menschenrechtsschutz im Rahmen der UNO.

wichtige Rolle spielt, feststellen. Ein Artikel diesbezüglich thematisiert, wie Religion(en) in Österreich als Wahlkampfsache gemacht wird:
Hechelnd in die letzte Woche (Die Presse: Dietmar Neuwirth)
Noch eine Woche also (am 15.10.2018). Religion spielt oft eine Rolle in **Wahlkämpfen** – genauer: **der Islam**. Wie diesmal trotzdem Neuland betreten wurde.

Religion ist Privatsache. Falsch. Religion ist Wahlkampfsache. Jedenfalls ist sie nicht gerade unbedeutender Teil des Wahlkampfes, der hechelnd in die letzte Woche schrammt. Manche mögen aufatmen. In einer Woche ist alles vorbei. Gemeint ist nicht die Karriere irgendeines Politikers, gemeint ist der Wahlkampf. Dieser stellte mit all seinen Diskussionen, Deklarationen und Denunziationen besonders zuletzt einen Quell endlicher Begeisterung dar.

Religion ist also Teil des Wahlkampfes. Ja. Nur muss man exakt sein. Eigentlich ist es genau eine Religion, der Islam nämlich (an dieser Stelle ein, es sei erlaubt, dezenter Buchtipp: „Gehört der Islam zu Österreich?", erschienen im Molden Verlag). Dieses Faktum allein ist wirklich nicht neu. „Daham statt Islam" oder „Pummerin statt Muezzin" kalauerte die FPÖ ohne Rücksichtnahmen auf Wahlplakaten. Mehr als zehn Jahre sind vergangen. „Die Islamisierung gehört gestoppt", lautet heute der vorsichtigere, in der Sache eindeutige Slogan neben dem Bildnis des auf Spitzenkandidat dauerabonnierten Heinz-Christian **Strache**. Wir wurden aber in diesem Wahlkampf Zeugen eines neuen Phänomens. Erstmals hat auch eine andere Partei den Islam als Topos identifiziert – und als Möglichkeit, damit Stimmung und Stimmen zu machen: Die **ÖVP** hat sich des Themas bemächtigt. NeoStar Sebastian **Kurz** nützte zumindest in der PräSilberstein-Skandal-Phase des Wahlkampfes fast jede Wortmeldung, um Richtung islamische Kindergärten, Parallelgesellschaft, Burkaverbot, integrationsfeindliche Moscheenvereine etc. abzubiegen. (…) Für manch andere Christen, die sich beispielsweise in der Flüchtlingshilfe engagieren, mögen Aussagen über Ausländer generell und Flüchtlinge speziell schwer verdauliche Kost sein. Da kann Sebastian **Kurz** noch so oft bei Messen, Fronleichnamsumzug oder bei Kardinal Christoph **Schönborn** gesichtet werden.

Möglich also, dass manche Christen meinen, sie seien politisch heimatlos (geworden). Das wäre so unpassend nun auch wieder nicht. Sehen sich Christen nicht generell als heimatlos auf dieser Erde, theologisch betrachtet? Das zumindest müsste Professor **Zulehner** dann wirklich besser wissen.[64]

Ich sage jedoch, „Gott sei Dank" gibt es in Österreich eine vernünftige und kultivierte Gesellschaft, die uns Muslime immer unterstützt hat. Das dürfen wir nie vergessen. Wir sind allen dankbar. Und Allah (t.) liebt die Dankbaren. – In einem bekannten Hadith heißt es: „**Wer den Menschen nicht dankt, der dankt auch Allah nicht**." (Tirmizî, Birr, 35, Hadith Nr. 1955)

II.3.g Eine zusammenfassende Chronologie der Geschichte des Islam in Österreich:

1878 Okkupation von Bosnien & Herzegowina (ehemals osmanisch) durch Österreich-Ungarn
1879 Konvention mit den Osmanen sichert Religionsfreiheit in Bosnien & Herzegowina
1881 Veränderungen im Wehrgesetz: Muslime werden in die kaiserliche Armee eingezogen, unterstanden jedoch anderen Bestimmungen => Militärimame kamen zum Einsatz
1908 Endgültige Annexion von Bosnien & Herzegowina in das Habsburgerreich
1912 Islamgesetz: Der sunnitische Islam mit ḥānafītischer Lehrschule wird als Religionsgemeinschaft anerkannt
1932- 1939 Gründung des Vereins „Islamischer Kulturbund"
1943- 1948 Etablierung der Vereinigung „Islamische Gemeinschaft zu Wien"

---

64 **Vgl**. Die Presse: Dietmar Neuwirth: Glaubensfrage-Hechelnd in die letzte Woche – Printausgabe 07.10.2017 um 18:34; https://www.diepresse.com/5298786/hechelnd-in-die-letzte-woche.

1951 Gründung: „Verein der Muslime in Österreich", mit sozial-caritativen Aufgaben und Kurzfristige Betreuung der MuslimInnen durch „Jamiʿat-ul Islam"

1962 Gründung: Moslemischer Sozialdienst und zugleich Fundament für die Errichtung der IGGÖ

1979 Errichtung der IGGÖ als Repräsentationsorgan der MuslimInnen in Österreich

Präsidenten der IGGÖ:
1. DDr. Ahmed A. ABDELRAHIMSAI (20.04.1979-15.10.1999)
2. Anas SCHAKFEH (bis dahin als Stellvertreter, von 15.01.2000 bis 26.06. 2011)
3. Dr. Phil. Fuat SANAC (26.06.2011-19.06.2016)
4. Dip. Päd. Ibrahim OLGUN (19.06.2016-08.12.2018)
5. Mag. Jur. **Ümit VURAL** (08.12.2018- im Dez.2023 gibt es neue Wahlen)

Muftis der IGGÖ:

1. Mahsum AYDIN (1979-1983; dann Abdullatif ELKOBANI als Naib (Nāʾib, arab. نائب: Stellvertreter)
2. Mag. Dr. Ramazan YILDIZ (26.06.2011-19.06.2016)
3. Mag. Mustafa MULLAOGLU (ab 26.06.2011- im Dez.2023 gibt es neue Wahlen)

II.4 PIONIERE DER MUSLIME IN DER IGGÖ UND MEINE BEOBACHTUNGEN

Zwischen 1978 und 1982 studierte ich Betriebswirtschaft in Köln. Aus familiären Gründen kam ich im Oktober 1982 nach Wien. Nach einer schriftlichen und mündlichen Prüfung, persönlich beim **Präsidenten DDr. A. Ahmed Abdelrahimsai,**[65] fing ich am 11.10.1982 in der HSLeibniz Gasse in 1100 Wien als islamischer Religionslehrer an. Gleichzeitig studierte ich an der PÄDAK und UNIWIEN. Nach einigen Monaten wurde ich zum Ausschuss der IRG für WNÖ und BGLD als Mitglied und nachher zu anderen Gremien der IGGÖ als außerordentliches Mitglied (ohne Stimmrecht) herangezogen. Nach der Wahl 1987 wurde ich als ordentliches Mitglied gewählt und habe ich bis 01.09.2021 in verschiedenen Gremien, in unterschiedlichen Positionen gearbeitet.

---

65 **Anm.** DDr. Ahmed A. **ABDELRAHIMSAI**, geb. in Afghanistan, war Mitgründer und der erste Präsident der IGGiÖ sowie Vorsitzender der Islamischen Religionsgemeine für W, NÖ und Bgld. Gest. 15.10.1999. Ich habe mit ihm von 11.10.1982 bis zu seiner Krankheit (1999) zusammengearbeitet. Über seine Periode kann ich leider nicht viel berichten. Er hatte eine Angewohnheit, alle Unterlagen entweder bei sich zu tragen oder zuhause zu bewahren. Nach seinem Ableben hat seine (zweite) Frau alle Unterlagen in den Müll geworfen. Sie konnte mir nicht mal eine Seite geben. Trotzdem sind wir ihm sehr dankbar; ohne seine jahrelangen kämpferischen Bemühungen könnten wir diese Institutionen, das Haus, in dem seit 1979 das Zentrum der IGGÖ ist, vor allem den Religionsunterricht in den öffentlichen Schulen, nicht haben. Er hat den Grundstein gelegt und nach ihm hat jeder ein paar Steine daraufgelegt. Möge Allah (t.) ihm seine Sünden vergeben!

DDr. A. Ahmad **Abdelrahimsai**

In dieser Zeit habe ich einige sehr engagierte Persönlichkeiten wie, Dr. Smail **BALIĆ** (bosnisch, gest. 15.03.2002 in Wien), Anas **SCHAKFEH** (syrisch),[66] Dr. Abdarrahman **ZAKERI** (aus dem Irak, kuwaitischer Staatsbürger), Dr. Ali Tacettin **SOĞUKOĞLU** (türkisch), (später zurückgetreten; 11 Jahre lang war er Vorsitzender des Schurarates) Irfan **BUZAR** (bosnisch), DI. Teufik **VELAGIC** (bosnisch, gest. 09.11.2013), Ludwig **EMINGER** (österr., gest.), Hamid **FAROUGHI** (persisch), Khalid **KHALIL**

---

66 **Anm.** Anas **SCHAKFEH** wurde am 6. März 1943 in Hama in Syrien geboren. Nach der Reifeprüfung in Damaskus besuchte er das theologische Seminar in seiner Geburtsstadt. 1965 kam er nach Österreich. Er studierte vorerst Medizin und Arabistik (ohne Abschluss) und stieg später auf die Dolmetsch-Ausbildung um. Von 1977 bis 1984 war er in diesem Bereich tätig. 1984 wechselte er als Religionslehrer an eine Wiener AHS, im September 1998 wurde er Fachinspektor für den islamischen Religionsunterricht. Bereits 1987 wurde er zum Vorsitzenden der Religionsgemeinde Wien, Niederösterreich und Burgenland gewählt. 1997 wurde Schakfeh geschäftsführender Präsident der Islamischen Glaubensgemeinschaft, deren Führung er nach dem Tod seines Vorgängers DDr. Ahmad **Abdelrahimsai** 1999 auch offiziell übernahm und am 15.01.2000 wurde er als Präsident gewählt. Er blieb bis 26.07.2011 an diesem Amt.

Anas Schakfeh wurde zwar intern, insbesondere von seinen eigenen Geschwistern, aus verschiedenen Gründen kritisiert, z. B. warum er die Wahlen jahrelang verzögert hätte (von 15.01.2000 bis 26.06. 2011) oder warum er die Stiftung unter seinem Namen „Gemeinnützige Privatstiftung Anas Schakfeh" gegründet hätte. Warum er nur eine bestimmte Gruppe z. B. als Jugendorganisation bevorzug hätte usw. Aber wir verdanken ihm die IRPA, die IFS (Islamische Fachschule für Soziale Bildung der Islamischen Religionsgemeinde Wien), den IHL (Privater Hochschullehrgang für Islamische Religionspädagogische Weiterbildung) und den Islamischem Friedhof in Wien usw. Wer arbeitet, kann auch kritisiert werden! Ich persönlich hatte mit ihm eine harmonische und gute Beziehung, obwohl wir manchesmal unterschiedliche Meinungen hatten. Resümee: Er war auf jeden Fall ein guter Mensch und ein verständnisvoller sowie angenehmer Chef. Möge Allah (t.) ihn segnen!

(ägyptisch), Ibrahim **USTAALIOGLU** (türkisch), Mahsum **AYDIN** (türkisch), Abdullatif **ELKOBANI** (aus Sudan), Hofrat Liz. Mohammad Yusuf **MATUSKA**, (Österr.) und viele Muslime, die in jedem Bereich mit Leib und Seele die neu gegründete Gemeinde unterstützt haben, obwohl einige von ihnen nicht in Wien wohnten und fast jede Woche zwischen Wien und dem Wohnort in eine andere Stadt pendelten, beispielsweise Dr. Med. Mohammed Ezzat **GOWAYED** und Dr. techn. Kamel G. **MAHMOUD** (beide in Graz). Die wertvollste Arbeit wurde jedoch von einfachen Arbeiter/innen geleistet. Ihr Engagement war einzigartig. Wir sind ihnen allen dankbar. Viele von ihnen haben die Welt verlassen; möge Gott, der Barmherzige sie alle im Jenseits belohnen!

Anas **SCHAKFEH**

Neben diesen aufgeklärten Muslimen gab es noch viele andere Personen, die in einem oder dem anderen Gremium der IGGÖ tätig waren. Das Interesse der eigenen Organisation stand leider meistens im Vordergrund, nicht die Anliegen der IGGÖ; da die IGGÖ eine vom Staat anerkannte Religionsgesellschaft und für alle islamischen Angelegenheiten einzige Vertreterin war, war die Mitgliedschaft bei der IGGÖ für sie sehr wichtig. Die Wichtigkeit der IGGÖ war leider nicht für alle Mitglieder zu erkennen; ihre Bedeutung für die Zukunft in der österreichischen Gesellschaft; für die muslimische Gesellschaft generell und für alle muslimischen Organisationen.

Ein Brunnen wurde im Hof der IGGÖ in der Bernardgasse 5, 1070 Wien aus Anlass Abdelrahimsai's Geburtstages von IRL am 27.5.1997 fertiggestellt.

Der Islam ist eine Religion der Einheit; in der IGGÖ müssen alle Muslime mit ihren unterschiedlichen Ethnien, Rechtsschulen und Gebräuchen unter einem Dach harmonisch, geschwisterlich und solidarisch zusammenarbeiten.

Prä. Dr. Fuat SANAC 26.6.2011–19.6.2016

Sanac In Ankara mit Diyanet İşleri Başkanı Mehmet **Görmez** – 26.03.2012

Sanac bei der Sitzung Beim türkischen Diyanet in Ankara – 26.03.2012

Die österreichischen Muslime sollen alles unternehmen, um finanziell (wie bis jetzt) unabhängig zu bleiben. Die Verbindung mit der alten Heimat oder mit dem Ursprungsland muss eine herzliche, aber nicht eine finanzielle sein. Diese Art von Verbindung ist notwendig und für beide Länder eine brückenbauende, nützliche Vorgangsweise.

Besuch des Stellvertretenden Ministerpräsidenten (Bundespräsidenten) der Republik Türkei Numan **Kurtulmuş** in der IGGÖ – 7.11.2012

Zwei Gruppen der Muslime in Österreich, nämlich die türkische und die arabische, hatten bei der Gründung der IGGÖ die größte Rolle gespielt. Aber in der weiteren Entwicklung, ab 2016, übernahmen türkische und bosnische Organisationen die Trägerrolle. In den ersten Jahren bis 2011 war ATIB kein Mitglied der IGGÖ, ist aber seit 26.06.2011 (gleichzeitig mit dem Beginn meiner Präsidentschaft) ein Teil der IGGÖ. Diesen Zustand wünschte ich mir schon lange; denn unsere Religion verlangt Einigkeit und Solidarität.[67]

---

67 **Anm**. Die Türkisch Islamische Union für kulturelle und soziale Zusammenarbeit in Österreich (ATIB) wurde 1990 gegründet, wobei einige Niederlassungen schon vorher in Österreich operativ wurden (wie z. B. ATIB Landeck 1987 oder Haci Bayram Moschee in der Keinergasse 18, 1030 Wien).

Allerdings sehe ich es als einen großen Fehler, dass eine große türkische Organisation mit fünf **Kultusgemeinden**[68] von UIKZ und zwei arabische Kultusgemeinden bei der Wahl der IGGÖ am 19.06.2016 vom Obersten Rat ausgeschlossen wurden.[69] Der Scheingrund war der Artikel 9 der Verfassung der IGGÖ; die Anzahl der Mitglieder des Obersten Rates, nämlich 15.

Der Vorschlag von mir, die Mitgliederzahl zu erhöhen bzw. die Vertreter der Organisationen von 2 auf 1 zu reduzieren, wurde von ATIB, Islamische Föderation-Wien (IFW) und Islamska zajednica Bosnjaka u Austriji nicht angenommen; praktisch wurden alle Araber und Pakistani vom Oberstenrat und anderen Gremien ausgeschlossen.

Nach der Wahl haben IFW und IZBA verstanden, wie falsch diese Entscheidung war; bei der 3. Schuraratssitzung am 10.06.2017 haben sie versucht, diesen Fehler zu korrigieren, indem die beiden arabischen Kultusgemeinden zum Oberstenrat herangezogen wurden, jedoch ohne Änderung des Artikels 9 Absatz 3 in der Verfassung der IGGÖ, was sie nach drei Jahren auch ändern mussten.

---

68 **Kultusgemeinden** sind Teile einer islamischen Religionsgesellschaft, die zugleich selbstständige Körperschaften öffentlichen Rechts sind. Sie haben für die Befriedigung der religiösen Bedürfnisse ihrer Mitglieder und für die Bereitstellung der dafür erforderlichen Einrichtungen zu sorgen. (Mehr darüber in: Verfassung der IGGÖ: VII. Innere Organisation der Islamischen Glaubensgemeinschaft in Österreich, Artikel 18. (1) Teile der Islamischen Glaubensgemeinschaft in Österreich sind: 1. die Kultusgemeinden; Islamgesetz: Artikel 19. (1) Die Kultusgemeinden.

69 **Anm.** Im Laufe der Zeit wurden all die genannten Kultusgemeinden anerkannt, zuletzt AKG: Das Landesverwaltungsgericht erklärte die im vorigen Juni verkündete Auflösung der Arabischen Kultusgemeinde nämlich für rechtswidrig. Das bedeutet, dass die nunmehr zehn Moscheen in Wien, St. Pölten, Leoben, Villach und Klagenfurt ohne Gefahr einer Schließung weiterexistieren dürfen. Die Regierung kündigt Berufung an. (vgl. Kurier.at 14.02.2019 – Höchstgericht soll über Arabische Kultusgemeinde entscheiden; Kleine Zeitung, 15.2.2019: Moscheen in Österreich –Auflösung der Arabischen Kultusgemeinde war rechtswidrig.

Nachdem der junge und unerfahrene Präsident der IGGÖ, Ibrahim **OL-GUN**, diesbezüglich an das Kultusamt eine Anfrage geschickt hat, wurde diese Abstimmung des Schurarates mit einer Stellungnahme des Kultusamtes vom 5.12.2017 wegen des Artikels 9 Absatz 3 in der Verfassung der IGGÖ ungültig erklärt:

„**Dem Obersten Rat der IGGÖ gehörten gemäß Art. 9 Abs. 3 Verf.-IGGÖ 15 Mitglieder an. Eine Aufnahme von Mitgliedern über diese Zahl hinaus steht somit im Widerspruch zur Verfassung der Islamischen Glaubensgemeinschaft in Österreich. Eine Änderung der Zahl der Mitglieder erforderte eine Änderung der Verf.-IGGÖ auf die in Art. 29 Verf.-IGGÖ festgelegte Weise. Antrag 6 der Sitzung des Schurarates vom 10. Juni 2017 ist somit verfassungswidrig**" – Mag. Oliver HENHAPEL.

Daraufhin wurde beschlossen, durch einen Beschluss bei der 4. Schuraratssitzung am 16.12.2017 eine Änderung des Artikels 9 Absatz 3 der Verfassung der IGGÖ zu erreichen. Aber da die Antragsteller (IFW, IZBA und zwei arab. KG) 2/3Mehrheit mit zwei Stimmen verloren haben, wurde dieser Änderung nicht stattgegeben. Der Antrag lautete so:

„*Der Oberste Rat besteht aus 15 Mitgliedern, welche vom Schurarat gewählt werden. Bei der Wahl ist darauf zu achten, dass jede Kultusgemeinde zumindest mit einem Mitglied im Obersten Rat vertreten ist. Die Mitglieder müssen dem Schurarat angehören. Scheidet ein MItglied aus dem Obersten Rat aus, ist nach Einberufung des Schurarates auf Antrag des Obersten Rates einzuladen.*"[70]

---

70 **Anm.** Präsident **Olgun** versuchte, die Kultusgemeineden schließen lassen, die er als Opposition betrachtete, weswegen eine außerordentliche Sitzung des Schurarates am 30.06.2018 gegen Olgun berufen wurde. (**Vgl.** Innerislamischer Machtkampf spitzt sich zu: Rücktrittsforderung gegen Olgun. Der Chef der Islamischen Glaubensgemeinschaft soll die Regierung beim Abdrehen von Moscheen unterstützt haben. (von Katharina Mittelstaedt am 11. Juni 2018) -derstandard.at/ Innerislamischer-Machtkampf spitzt sich zu-Ruecktrittsforderung gegen Olgun; https://www.derstandard.at/story/2000081380514/innerislamischer-machtkampf-spitzt-sich-zu-ruecktrittsforderung-gegen-olgun.

II.4.1 Eine Klarstellung über meinen Nachfolger:

Ich habe meinen Nachfolger, nämlich Herrn Ibrahim **Olgun,** bei einer Einladung von „Diyanet" (oberste religiöse Behörde in der Türkei) in Ankara kennengelernt. Bei dieser Einladung machte ich ihm das Angebot, sich nach abgeschlossenem Studium bei mir zu melden, was er auch getan hat. Ich stellte ihn zuerst als Islamischen Religionslehrer und später als Fachinspektor an. In der Zeit, als er gleichzeitig mein persönlicher Referent war, erfüllte er seine Aufgabe zufriedenstellend.

Mit seiner Wahl zum Präsidenten musste ich mit Bedauern feststellen, dass er dieser Aufgabe nicht gewachsen war und über keine Kompetenzen verfügte. Zusätzlich zeigten sich nun deutlich einige andere Schwächen, wie z. B. Überheblichkeit und fehlende Entscheidungsfähigkeit, abgesehen davon, dass er von der IGGÖ keine Ahnung hatte und seinen letzten vier Jahren in der Türkei verbracht hatte. Da kann man ihn aber nicht beschuldigen, warum er ohne jede Erfahrung so eine wichtige Aufgabe übernommen hat; es waren nur einige machtgierige Personen, die ihm so eine wichtige und schwierige Ausgabe anvertraut haben; die Wahl war dann nur eine Formalität.

Pressemeldung:
Der Präsident Olgun versuchte, die Kultusgemeinden schließen lassen, die er als Opposition betrachtete, weswegen eine außerordentliche Sitzung des Schurarates am 30.06.2018 gegen Olgun berufen wurde:
Wie berichtet, war **Olgun** zuletzt intern unter Druck geraten, nachdem die Bundesregierung am 8. Juni (2018) die Schließung von sieben Moscheen und die Auflösung der Arabischen Kultusgemeinde Österreichs (AKÖ) angekündigt hatte. Kritiker des Präsidenten warfen ihm daraufhin vor, dies selbst verursacht oder die Handlung dahin zumindest vereinfacht zu haben, weil er dem Kultusamt formelle Mängel bei der AKÖ sowie bei einer türkischen Moschee auf dem Antonsplatz in Wien-Favoriten gemeldet hatte.

Zur Erinnerung: Sämtliche Moscheen sind mittlerweile wieder geöffnet. Nach einer Entscheidung des Verwaltungsgerichts Wien ist seit Freitag auch die Rechtspersönlichkeit der AKÖ wieder hergestellt. **Olgun** argumentiert, dass er nach dem Islamgesetz zu der Meldung verpflichtet gewesen sei. Seine Gegner mutmaßen aber, dass der Kandidat der Türkisch-Islamischen Union (Atib) mit dieser Aktion die Kräfteverhältnisse im Schurarat zugunsten der türkischen Verbände beeinflussen wollte. Denn durch die Auflösung der Arabischen Kultusgemeinde Österreichs wären deren vier Delegierte aus dem IGGÖ-Parlament ausgeschlossen worden.

Zugeständnisse: Nach einer Vorbesprechung am Freitagabend, bei der Atib den Gegnern des Präsidenten viele Zugeständnisse gemacht haben soll, sieht nun aber alles anders aus. Unter anderem wird die Handlungsbefugnis des Präsidenten der Glaubensgemeinschaft eingeschränkt. Korrespondenzen mit dem Kultusamt oder die Gründung von Kultusgemeinden sollen etwa nur noch mit Wissen der beiden Vizepräsidenten möglich sein.

Oberster Rat: Weiters soll sich auch im Obersten Rat einiges ändern. So wurde vereinbart, dass große Verbände wie Atib Delegierte abgeben, damit die Arabische Kultusgemeinde, die multikulturellen Moschee-Einrichtungen sowie die türkische Union der islamischen Kulturzentren (UIKZ) in das oberste Gremium der IGGÖ einziehen können. Außerdem streben maßgebliche Teile der IGGÖ eine Strukturreform an, in der die Kultusgemeinden künftig nicht mehr nach Ethnien, sondern regional, also zum Beispiel nach Bundesländern, unterteilt werden.

In einer außerordentlichen Obersten-Rat-Sitzung vor der außerordentlichen Schuraratssitzung wurden die Zugeständnisse am Samstagnachmittag abgesichert.[71]

---

71 **Vgl.** Neuwahlen in der Islamischen Glaubensgemeinschaft abgeblasen – KURIER.AT – 30. 06. 2018; https://kurier.at/politik/inland/islamische-glaubensgemeinschaft-neuwahlen-vermutlich-abgeblasen/400059329.

IGGÖ will vorgezogene Neuwahlen abhalten: In der Islamischen Glaubensgemeinschaft (IGGÖ) zeichnet sich eine überraschende Entwicklung ab. Der Schurarat hat Samstagabend beschlossen, alle Führungspositionen neu zu wählen, auch die des Präsidenten.

Der im Zuge der Moscheenschließungen intern unter Beschuss geratene Präsident Ibrahim Olgun hatte im Sommer Neuwahlen noch abwenden können. Jetzt werden die Karten doch neu gemischt.[72]

Der Schurarat hat am Samstag, den 10.11.2018 beschlossen, alle Führungspositionen neu zu wählen, auch die des Präsidenten, insbesondere des Präsidenten, wegen seiner **eigenmächtigen** und erfolglosen Führung. Am 8. Dezember (2018) wurden alle Funktionen neu gewählt. Als neuer Präsident wurde mit Zweidrittelmehrheit Herr Mag. Jur. Ümit **VURAL** gewählt.[73]

---

72 **Vgl.** https://www.sn.at/politik/innenpolitik/islamische-glaubensgemeinschaft-waehlt-neuen-praesidenten-60675553 – 11.11.2018
73 Mehr darüber **in:** https://www.diepresse.com/5528209/islam-das-ende-der-kurzen-aera-olgun – 11.11.2018.

KAPITEL III

III INSTITUTIONEN, ABTEILUNGEN UND VEREINE DER IGGÖ

III.1 DIE KONFESSIONELLEN ISLAMISCHEN PRIVATSCHULEN IN ÖSTERREICH

Privatschulen sind in Österreich nach dem Privatschulgesetz (PrivSchG) BGBl. Nr. 244 (1962) geregelt. „Privatschulen sind Schulen, die von anderen als dem gesetzlichen Schulerhalter errichtet und erhalten werden" –(§ 2 PrivSchG, nach Art. 14 Abs. 6 und 7 des Bundes-Verfassungsgesetzes).

Aus ihrem Namen muss der Schulerhalter erkennbar sein, und der Name darf nicht zur Verwechslung mit der Schulart einer öffentlichen Schule führen.

Privatschulen gehören einem der folgenden Typen an:
1. Privatschule ohne Öffentlichkeitsrecht, dies erfordert eine Externisten-Prüfung, um ein anerkanntes Zeugnis zu erhalten.
2. Privatschule mit Öffentlichkeitsrecht, welches erteilt werden kann, wenn sie in Typus und Erfolg einer öffentlich-rechtlichen Schule entsprechen.

Privatschulen können von der öffentlichen Hand subventioniert werden – **Privatschulen von gesetzlich anerkannten Kirchen und Religionsgesellschaften** im Allgemeinen immer (§ 17 PrivSchG Subventionierung konfessioneller Privatschulen–Anspruchsberechtigung), was nicht dem Konkordat in Bezug auf Religionsunterricht widerspricht, andere Schultypen unter anderem aber unter der Voraussetzung, dass sie im Sprengel einem Bedarf der Bevölkerung entspricht, also nicht einer öffentlichen Schule den Einzug mindert (§ 21 PrivSchG Subventionierung von Privatschulen–Voraussetzungen).

Der Sektor der Privatschulen ist in Österreich groß, fast jeder zehnte Schüler besucht eine Schule nicht öffentlich-rechtlicher Schulträger.

Verbreitet ist aber Schulgeld für diese Schulen, sie gelten daher als Bildungsweg der höheren Schichten. Weitaus größter Träger von Privatschulen ist die römisch-katholische Kirche.

Statut Schulen:
Diese Kategorie sammelt die Privatschulen Österreichs (Privatschulgesetz PrivSchG), das sind hauptsächlich **Konfessionelle Schulen** sowie *Statut Schulen* (wie Waldorfschulen und andere Alternativschulen), durchwegs mit Öffentlichkeitsrecht.[74] – In Österreich gibt es derzeit 13 Waldorfschulen. (Es sind Privatschulen mit Öffentlichkeitsrecht). In der Waldorfpädagogik gibt es keine Noten, nur verbale Beurteilungen und kein Sitzenbleiben. Künstlerische und kreative Fächer werden mit der gleichen Intensität unterrichtet wie Mathematik oder Deutsch.

In Wien gibt es insgesamt knapp 200 Privatschulen, wobei die römisch-katholische Kirche mit mehr als der Hälfte der Wiener Privatschulstandorte und die evangelische Kirche die häufigsten Schulerhalter sind. Daneben gibt es auch noch acht muslimische Privatschulen der islamischen Glaubensgemeinschaft (IRPA, Islamisches Realgymnasium und IFS gehören dazu; mit diesen Schulen wurde Österreich ein Vorbild für die Muslime in Europa), vier jüdische Privatschulen und diverse Schulen von religiösen Kleingruppen. Ob das Glaubensbekenntnis ein Ausschlusskriterium für die Aufnahme darstellt, ob also auch Schüler mit anderen Glaubensrichtungen zugelassen sind, ist von Schule zu Schule verschieden. Insgesamt machen konfessionelle Schulen den überwiegenden Teil der Privatschulen aus. Gemeinsam sind diesen Schulen ein oft starker Hang zur moralischen Erziehung im Gegensatz zur bloßen Bildung und ein religiös geprägter Schulstoff, der Fächer wie Biologie oder Philosophie deutlich beeinflusst. Oft spielen auch religiöse Rituale wie Gebete eine tägliche Rolle im Schulleben.

---

74 **Rechtsquellen**: Schulunterrichtsgesetz 1986 (SchUG), Volltext, bmukk.gv.at; Schulorganisationsgesetz 1962 (SchOG), Volltext, ris.bka; Unterrichtsministerium: Lehrpläne und Unterrichtsprinzipien; Unterrichtsministerium: Schulrecht.

PS: Um eine islamisch-private Konfessionelle Schule zu gründen, muss man zuerst einen Trägerverein (Schulerhalter) gründen. Nachdem dem neuem Islam-Gesetz 2015 wurde die Prozedur/Verfahrensweise erleichtert: Zuständig dafür ist in erster Linie die IGGÖ. Nach der Genehmigung der Schule von der IGGÖ wird der Lehrerschaft der Schule vom Stadtschulrat/Bildungsdirektion-Wien (in den anderen Bundesländern „Landesschulrat" – ab 2019 Bildungsdirektion) subventioniert. Die Schule jedoch, wie Gebäude, anderes Personal wie Sekretariat, Schulwart, Putzpersonal, Essen und Nachhilfe für die Schülerinnen, müssen vom Schulträger finanziert werden, wofür auch Jahresschülerbeiträge von den Eltern verlangt wird. Die IGGÖ ist berechtigt, die Missio zurückzunehmen, wenn die Schule nicht ordnungsgemäß geführt wird.

Die islamisch-private Konfessionellen Schulen – Schuljahr 2019/20

Name der PS	Adresse	Schulerhalter
VS – PHÖNIX	Gudrunstr. 11, 1100 Wien	Verein-PHÖNIX
pRG – PHÖNIX	Knöllgasse20–24, 1100 Wien	Verein-PHÖNIX
VS – AISV	Weisel Gasse 28, 1210 Wien	Verein-AISV
NMS – AISV	Weisel Gasse 28, 1210 Wien	Verein-AISV
ORG – AISV	Weisel Gasse 28, 1210 Wien	Verein-AISV
pRG – AVICENNA	Pragerstr. 124, 1210 Wien	Verein-HAGOE
VS – AVICENNA	Pragerstr. 124, 1210 Wien	Verein-HAGOE
VS-NMS – ISMA	Reschgasse 20–22, 1120 Wien	Verein-ISMA
BAFEP – ISMA	Reschgasse 20–22, 1120 Wien	Verein f. interk. KIP
IFS – IGGiÖ	Neustiftgasse 117, 1070 Wien	IGGÖ
IRGW – SOLMIT	Rauchfangkehrer Gasse 34, 1150 Wien	Verein-SOLMIT
VS – SOLMIT	Florian Hedorferstr. 21, 1110 Wien	Verein-SOLMIT
NMS – SOLMIT	Florian Hedorferstr. 21, 1110 Wien	Verein-SOLMIT

III.1.1 IRPA – HOCHSCHULE DER IGGÖ

IRPA: „Privater Studiengang für das Lehramt für islamische Religion an Pflichtschulen in Wien" ist die erste und eine einzigartige Hochschule in ganz Europa. Die IGGÖ hat im Jahr 1998 die Islamische Religionspädagogische Akademie (IRPA)[75] gegründet, um sowohl religiös als auch pädagogisch qualifizierte LehrerInnen für die Erteilung des islamischen Religionsunterrichts in öffentlichen Schulen auszubilden. Diese Lehranstalt hat seit ihrer Gründung eine ziemlich bewegte Entwicklung durchgemacht. Wir haben im Obersten Rat der IGGÖ zur Kenntnis nehmen müssen, dass wir nicht immer die richtige Entscheidung bei der Besetzung von führenden Posten an der IRPA getroffen haben. Wir waren trotzdem lernfähig und experimentierfreudig, so dass wir heute mit Befriedigung feststellen können, dass die IRPA auf dem richtigen Weg ist. Mit den AbsolventInnen der IRPA konnte eine deutliche Qualitätssteigerung des Unterrichts erreicht werden.
Seit dem Unterrichtsjahr 2016/17 bildet die IRPA ein Institut der **KPHWien-Krems**. Denn die Lehrerausbildung unterliegt neuen gesetzlichen Grundlagen, so dass es keine reine Ausbildung im Gegenstand Religion mehr gibt. Künftige Unterrichtende an Volksschulen und Neuen Mittelschulen durchlaufen ein allgemeines achtsemestriges Studium, in dem sie einen viersemestrigen Schwerpunkt setzen können, etwa in Religion. So war die Kooperation mit der KPH naheliegend, da die IRPA sich unter

---

75 **Anm.** Die Abkürzung „IRPA" (Islamisch Religionspädagogische Akademie) wurde beibehalten, obwohl der Name der Schule wegen der Strukturänderung des Hochschulgesetzes geändert wurde. Erste Adresse: 1070 Wien, Neustiftgasse 111 und derzeit in: 1230 Wien, Eitnergasse 6.

den neuen Herausforderungen nicht allein hätte tragen können. Interreligiöse Zusammenarbeit rückt damit noch mehr in den Fokus. Vor allem werden wir durch diesen neuen Studienplan in Zukunft wesentlich mehr muslimische Lehrer/innen erleben, die z. B. einerseits Klassenvorstand einer Volksschulklasse sind, andererseits IRU unterrichten.

PS: 1) Ansuchen um das Öffentlichkeitsrecht der IRPA wurde von dem em. Präsidenten Schakfeh am 02.06.2005 an den Stadtschulrat für Wien-Amtsdirektion in der Wipplingerstraße 28, 1010 Wien mit dem Betrifft: **Ansuchen um das Öffentlichkeitsrecht für das Islamische Religionspädagogische Institut der Islamischen Glaubensgemeinschaft in Österreich**, gesendet. Der Standort war damals 1070 Wien, Neustiftgasse 117, wo wir jetzt das IFS und das Schulamt der IGGÖ haben.

2) Da der damalige Leiter der IRPA Herr Dr. Yasar **Sarikaya** mit Ende Juni 2009 Wien verlassen hat, so wurde ich am 14.7.2009 mit einem Beschluss vom Oberstenrat der IGGÖ mit der provisorischen Leitung des Privaten Studienganges bis 31.08.2009 betraut. – An der IRPA habe ich auch neun Jahre islamische Geschichte unterrichtet.

III.1.1.a Qualifikationsprofil für das Curriculum des Studiengangs für das Lehramt für Islamische Religion an Pflichtschulen

1.1 Bezeichnung des Studiengangs „Privater Studiengang für das Lehramt für Islamische Religion an Pflichtschulen" gemäß Hochschulgesetz 2005. Das Studium am „Privaten Studiengang für das Lehramt für Islamische Religion an Pflichtschulen" führt nach erfolgreichem Abschluss zur Erlangung des akademischen Bachelor-Grades (BEd/Bachelor of Education) im Sinne des Hochschulgesetzes 2005.

1.2 Art und Dauer des Studiums:
1. Das Studienjahr beginnt am 1. Oktober und endet am 30. September des Folgejahres. Es besteht aus dem Wintersemester, dem Sommersemester und der lehrveranstaltungsfreien Zeit.

2. Das Bachelorstudium für das Lehramt für Islamische Religion an Pflichtschulen dauert insgesamt sechs Semester und gliedert sich gemäß § 40 Abs. 3 Hochschulgesetz 2005 in zwei Studienabschnitte. Der erste Studienabschnitt umfasst zwei Phasen: Eine Einführungsphase bzw. Studieneingangsphase gemäß § 41 Abs. 1 HG von vier Wochen; sie dient als eine Einführung in die Hauptlehrveranstaltungen und die Rahmenbedingungen der Berufsbildung. Die zweite Studienphase bildet den Anfang der regulären Studienphase und besteht aus dem Rest des ersten sowie dem zweiten Semester. Ein Anfängertutorium wird die Studierenden durch diese Phase beratend begleiten (§ 41 Abs. 2 HG).
3. Der zweite Studienabschnitt besteht aus vier Semestern und wird mit einer Bachelorarbeit absolviert.
4. Die maximale Studiendauer eines Bachelorstudiums beträgt 12 Semester für die Absolvierung des regulären Studiums.
5. Die reguläre Studiendauer kann gemäß § 56 HG auf Grund der Anrechnung von auswärtig erfolgreich abgeschlossenen vergleichbaren Studienfächern verringert werden. Dabei muss ein anzurechnendes Studienjahr ein Arbeitspensum von 60 ECTS-Credits mit 1500 Echtstunden betragen.
6. Zur Vervollständigung des Studiums an diesem Studiengang und der Berechtigung zur Ausübung der Lehrtätigkeit an den o. g. Schulen müssen die Studierenden eine fachrelevante Bachelorarbeit unter Betreuung von Lehrenden des Studiengangs ab dem Eintritt in den 2. Abschnitt verfassen und vor einer Fachkommission erfolgreich verteidigen.
7. Die Bewertung der erbrachten Leistungen erfolgt nach dem im Hochschulgesetz 2005 vorgegebenen ECTS-Creditssystem. Der Studierende muss im Laufe seiner gesamten Studienzeit 180 ECTS-Credits erreichen, wobei die für ein Semester vorgesehenen Credits die Zahl von 30 Punkten nicht überschreiten darf.
8. Das gesamte Studium umfasst sechs Komponenten: Humanwissenschaften, Islamische Fachwissenschaften, Fachdidaktik, Schulpraktische Studien, Ergänzende Studien und die Bachelorarbeit.

III.1.1.b Präsident Heinz Fischer zu Besuch in der Ausbildungsstätte für islamische Religionslehrer

Artischocke, Safran, Matratze. Im Stiegenhaus des „Privaten Studiengangs für das Lehramt für Islamische Religion an Pflichtschulen" (IRPA) sind auf einem Plakat deutsche Wörter mit arabischen und türkischen Wurzeln abgebildet.

Um die Gemeinsamkeiten von Österreich und dem Islam geht es auch bei dem hohen Besuch, der sich an der Hochschule am Freitag angekündigt hat: Bundespräsident Heinz Fischer will sich ein Bild von der Ausbildung für islamische Religionslehrer machen. „Einmal sehen ist besser als hundertmal hören", zitiert Fischer ein chinesisches Sprichwort.

Bundespräsident Heinz Fischer mit
IGGi**Ö-Präsident Fuat Sanaç** an der IRPA – 16.5.2014

Am IRPA im 23. Wiener Gemeindebezirk werden 300 Studentinnen und Studentinnen zu islamischen Religionslehrern für Pflichtschulen ausgebildet. Die private Institution wurde 1998 von der Islamischen Glaubensgemeinschaft in Österreich (**IGGiÖ**) gegründet. Die Lehrenden werden – wie etwa auch bei den katholischen Pädagogischen Hochschulen – vom Bund bezahlt. Die Ausbildung umfasst islamisch-theologisches Wissen, pädagogisches Fachwissen und Schulrecht. Ab dem nächsten Jahr können die Studierenden auch Mathematik, Englisch und

Deutsch studieren, ermöglicht wird das durch eine Zusammenarbeit mit der Kirchlichen Pädagogischen Hochschule (KPH). Islamische Religionspädagogen werden sonst nur an der Universität Wien und der Universität Innsbruck ausgebildet, allerdings für höhere Schulen.

70 bis 80 Prozent Frauen
Bundespräsident Fischer steht in einem der kleinen Seminarräume des Instituts und will wissen, wie viele der rund 30 Studenten im Raum die österreichische Staatsbürgerschaft nicht besitzen. Drei Frauen zeigen auf. 70 bis 80 Prozent der Studierenden sind Frauen, alle tragen ein Kopftuch. „Unterrichtssprache ist Deutsch?", fragt der Präsident den Dozenten. Der bestätigt das, für einige Fachbegriffe gebe es aber nur arabische Wörter. Die Studenten müssen eine Aufnahmeprüfung bestehen, bei der sie Deutschkenntnisse auf Maturaniveau nachweisen. Da es für islamische Religionslehrer nur wenige Ausbildungsstätten gibt, kommen viele der Studenten aus den Bundesländern. „Ist jemand aus Vorarlberg hier?", fragt **Fischer**. Ein Student zeigt auf. „Und können Sie auch Vorarlbergisch?" Die Studenten lachen, und ein anderer Student meldet sich, um seinen breiten Salzburger Dialekt unter Beweis zu stellen: „I bin aus Soizburg", meldet er sich und bekommt prompt ein Lob vom Präsidenten.

Um Gesamtwohl bemühen
Die Integration von Muslimen ist beim Besuch Fischers eines der Hauptthemen. Bei der späteren Diskussion mit Studenten fragt eine junge Frau, was sich der Staat Österreich denn von den Muslimen erwarte. Fischer – ganz Rechtswissenschaftler – zitiert aus der Verfassung: „Alle Menschen sind gleich, sie haben die gleichen Rechte und als Persönlichkeit den gleichen Wert." Er erwarte sich von allen Menschen denselben Zugang, wie er hier in der Verfassung beschriebene werde. Integration sei für ihn, wenn man die Verfassung respektiere und sich als Bürger bemühe, zum Gesamtwohl beizutragen. „Das heißt aber nicht, dass man die eigene Identität und Meinung über Bord werfen muss."

Die Stimmung im Festsaal ist gut – viele Studenten lächeln, jeder will ein Bild vom Präsidenten machen. Auch die Reporter der Studentenzeitung des Instituts bitten den Präsidenten der IGGIÖ, Fuat **Sanaç**, und Bundepräsident Fischer für ein Foto aufs Sofa zum Eistee. Mindestens fünf Mal an diesem Tag bedankt sich jemand bei Fischer dafür, dass er das Institut besucht. „Sie sind nicht der Herr Bundespräsident, Sie sind unser Bundespräsident", sagt **Sanaç**. Alle klatschen. Heinz Fischer habe die Islamische Glaubensgemeinschaft schon sehr oft eingeladen und sei wie ein Freund.

Aufeinander zugehen
Besonders viel applaudieren die Studenten und Dozenten, als **Fischer** sagt, dass sich vielleicht auch „die Österreicher" ändern müssen. Es gebe manche Menschen, die nationalistische und rassistische Einstellungen hätten: „Sie sollen sich auf jeden Fall ändern." Es stimme aber auch nicht, dass sich „99,99 Prozent der Muslime" nie falsch verhalten würden. „Beide Seiten müssen aufeinander zugehen." (…)[76]

III.1.1.c KOOPERATION KPH-IRPA

Seit einigen Jahren wurde in Österreich der Prozess der PädagogInnenbildung NEU angestoßen, welcher eine Reform der PädagogInnenbildung, besonders der gemeinsamen akademischen Ausbildung der LehrerInnen an Hochschulen und Universitäten, zum Ziel hat. Unter anderem wird angestrebt, dass jede/r Lehrer/in mehr als eine Qualifikation erwerben soll und auf diese Weise besser in den schulischen Lehr-/Lernbetrieb eingebunden werden kann – und dementsprechend dort auch besser wirken kann.

Diese Veränderungen haben sich im Hochschulgesetzes 2005 niedergeschlagen, welches unter anderem aus diesem Grund in den Jahren 2008, 2010, 2011, 2013 und 2015 novelliert wurde.

---

76 **Vgl**. derstandard.at/Reportage | Lisa Aigner – 17. Mai 2014; https://www.derstandard.at/story/1399507780197/auf-einen-eistee-zum-islam-lehrgang.

Für die IRPA bedeutete es, dass sie mit einer anderen Pädagogischen Hochschule kooperiert, um ihren Studierenden zu ermöglichen, ein umfassendes Lehramtsstudium zu erwerben. Da entsprechend der religionsrechtlichen Grundsätze im Verfassungsrang die Organisation des Religionsunterrichtes wie auch die Ausbildung der ReligionslehrerInnen im Pflichtschulbereich zum Aufgabenfeld der jeweiligen Glaubensgemeinschaften gehört, war es zielführend, eine Kooperation mit der KPH Wien einzugehen, um dem Auftrag, die PädagogInnenbildung auch zukünftig im eigenen Hause umzusetzen, zu entsprechen.

Kooperation zwischen der IRPA und der KPH basiert auf:
Schon seit der Gründung der IPRA bestand zwischen der Glaubensgemeinschaft und den anderen Kirchen und Religionsgesellschaften ein guter Kontakt.

Im Rahmen der Lehrerausbildung tauschten sich damals die religionspädagogischen Akademien miteinander aus, was dann im Zuge der Hochschulwerdung im Jahre 2007 intensiviert wurde. Seitdem findet ein institutionalisierter Austausch zwischen der KPH und der IRPA statt:

1. Auf Studierendenebene: Alle zukünftigen ReligionslehrerInnen von IRPA und KPH begegnen einander schon im Studium im Rahmen eines **Austauschprogramms**. Sie besuchen sich gegenseitig und diskutieren sowohl schulische als auch religiöse Themen. Auf diese Weise werden Barrieren abgebaut und Brücken gebaut, denn sie werden in Zukunft Lehrer an den gleichen Schulen sein und das Ziel haben, Kindern eine fundierte religiöse Grundbildung zu vermitteln, welche sie dazu befähigt, den jeweils anderen in seiner/ihrer Andersartigkeit zu akzeptieren.

2. Auf Lehrendenebene: Lehrende der KPH vermitteln den Studierenden der IPRA das Christentum „aus erster Hand", im Gegensatz dazu vermitteln Lehrende der IRPA den Studierenden der KPH, wie sie den Herausforderungen in einer multireligiösen Schulklasse unter Würdigung der religiösen Bedürfnisse und Vorstellung begegnen können.

3. Auf Leitungsebene:

a. Die Leitung der KPH und der IPRA plant gemeinsame Aktivitäten, wie etwa das „Interreligiöse und Interkulturelle Beratungszentrum", welches an IPRA und KPH gegründet wurde und Schulen und Lehrer berät. (21.11.2013)

BeSt Stand der IRPA – in der Stadthalle-Wien 06.03.2015

b. **Konferenzen**: Die Leitung der KPH und der IRPA bemühen sich darum, gemeinsame Konferenzen zu versch. Themen zu gestalten, so nahm der Vizerektor der KPH an der Konferenz in Eskişehir teil, weiterhin fand in diesem Jahr eine gemeinsame Tagung im Gedenken an **Martin Buber** statt.

c. **Gemeinsames Nachdenken und Planen** für eine bessere Lehrer (Aus-) Bildung – so entstand die Möglichkeit für IRPA Absolventen, unter Anerkennung ihrer humanwissenschaftlichen Studien ein weiteres Lehramt zu erwerben.

d. **Gemeinsames Studienangebot ab dem WS 15/16:** Im Zuge der PädagogInnenbildung NEU müssen zukünftige Lehrkräfte mehr als nur ein Fach unterrichten – KPH und IRPA erarbeiten hier gemeinsame Curricula, um ein gemeinsames Studium anzubieten.

e. **Planung einer gemeinsamen Organisationsstruktur**: IRPA als Institut an der KPH sichert der IGGIÖ die eigenständige Lehrerausbildung in ihrer Verantwortung und ermöglicht es gleichzeitig, dass islamische ReligionslehrerInnen der Zukunft z. B. auch Mathematik und Englisch unterrichten.

Aus diesen Gründen wird **an** der KPH ein Institut für die Ausbildung Islamischer Religionslehrerinnen (IRL) eingerichtet, welches in der inhaltlichen Verantwortung der IGGÖ bleibt, da die Lehrenden weiterhin von der IGGÖ bestellt werden. Gleichzeitig erwerben die muslimischen Studierenden ein Lehramt im Bereich der Primarstufe.

Damit wird ihnen mit dem Abschluss des akademischen Studiums sowohl die Lehrerlaubnis für Volksschulen wie auch im Fach Religion verliehen, d. h. die IRL haben die Möglichkeit, alle Fächer der Volksschule und ergänzend Religion zu unterrichten. Darauf aufbauend kann ein **Masterstudium** im Bereich der Religionspädagogik absolviert werden, welches dazu befähigt, bis zur 8. Schulstufe zu lehren.

Wir freuen uns sehr, unseren Studierenden ein vollakademisches Studium mit diesen erweiterten Möglichkeiten anbieten zu können.

Ich freue mich, euch mitteilen zu können, dass unser Lehrgang für die Qualifizierung der Betreuungslehrer/innen in Kooperation mit der KPH im Februar 2016 gestartet hat. Der Lehrgang ist berufsbegleitend angelegt und dauert zwei Semester.

III.1.1.d BERUFSBEGLEITENDE STUDIUM AN DER IRPA

Im Hochschulstudiengang für das Lehramt für islamische Religion an Pflichtschulen in Wien (früher IRPA) wird die zukünftige Generation von islamischen Religionslehrerinnen und Religionslehrern ausgebildet. Interessierte Bewerberinnen und Bewerber werden dazu eingeladen, sich ab sofort für das Studium zu bewerben. Der Studiengang bietet eine wissenschaftlich fundierte und praxisorientierte LehrerInnenausbildung auf Hochschulniveau, in der sie einen international anerkannten Bachelorabschluss erwerben können. Ab dem kommenden Sommersemester **2010** wird das Studium nun in einer neuen Organisationsform angeboten, die es auch berufstätigen Religionslehrerinnen und -lehrern ermöglicht, das reguläre Studium zu absolvieren. In dem im Regelfall sechssemestrigen Studium (bei veränderter Organisationsform neunsemestrig) werden sie auf akademischem Niveau zum „Bachelor of Education" ausgebildet und sind damit:

Unter anderem zur Ausübung des Lehramtes als islamische/r Religionslehrer/in an Österreichischen Pflichtschulen qualifiziert. Es ist dies das einzige staatlich anerkannte Studium für islamische Religion an Pflichtschulen in Österreich und Europa insgesamt. Die Studieninhalte umfassen.

IRPA–Eröffnung des Schuljahres mit den neu angemeldeten StudentInnen mit Präsidenten Sanac – 08.03.2013

- Islamisch-theologische Studien
- Pädagogische und didaktische Studien in Abstimmung mit dem aktuellen Lehrplan und den Unterrichtsvoraussetzungen der Republik Österreich und der Islamischen Glaubensgemeinschaft in Österreich
- Juristische Grundlagen
- mehrere Praxissemester an allgemeinbildenden öffentlichen Schulen (Schulpraktische Studien).

Zum Abschluss des Studiums muss eine wissenschaftliche Bachelor-Arbeit selbständig verfasst werden. AbsolventInnen des Studienganges können sich anschließend in **Magisterstudiengängen** z. B. auch an der **Universität Wien** weiterbilden.

III.1.1.e KPH bildet ab 2016 islamische Religionslehrer aus

An der Kirchlichen Pädagogischen Hochschule (KPH) Wien/Krems wird es ab Herbst 2016 im Zuge der Volksschullehrer-Ausbildung auch das Angebot geben, die Qualifikation für die Erteilung von islamischem Religionsunterricht zu erwerben.
Möglich wird das durch die Integration des „Privaten Studiengangs für die Ausbildung islamischer ReligionslehrerInnen an Pflichtschulen" (IRPA) in die KPH. Dass der in Wien ansässige IRPA „unter das Dach der KPH kommt", sei „europaweit einzigartig", hieß es auf Anfrage an der KPH. Bisher konnten dort nur die Zusatzqualifikation für katholischen, evangelischen, orthodoxen und altkatholischen Religionsunterricht erworben werden.

Wie viele Studenten das neue Angebot wahrnehmen werden, könne man noch nicht genau abschätzen. Man rechne aber mit einer größeren Anzahl an Interessenten. Basis für die neue Kooperation ist eine Willenserklärung zwischen den christlichen Trägerkirchen der KPH Wien/Krems und der Islamischen Glaubensgemeinschaft in Österreich (IGGiÖ). Das IRPA wird ein Institut der KPH.

Dialog der Religionen fördern:
„Diese Zusammenarbeit von Christen und Muslimen fördert den Dialog der Religionen, der die eigene Identität wahrt, die Unterschiede ernst nimmt und das Gemeinsame in den Mittelpunkt stellt", wird die Hochschulratsvorsitzende der KPH, Andrea Pinz, in einer Aussendung zitiert. Man sei sich der „Verantwortung und der großen Chance bewusst, die dieser Schritt mit sich bringt", so Rektor Christoph Berger. „Die Kooperation soll Modellcharakter für ganz Europa haben und zu mehr Verständnis füreinander und einem respektvollen Miteinander beitragen."

Unterzeichnung: Unterrichtsministerin Gabriele Heinisch-Hosek, Kardinal Christoph Schönborn, Prä. Fuat Sanac, Prä. Oskar Deutsch, Rektor Christoph Berger, Mag. Andrea Pinz – 01.03.2016

Der Präsident der Islamischen Glaubensgemeinschaft Fuat **Sanac** sieht in der Vereinbarung einen Schritt zur Förderung des Zusammenhalts in der Gesellschaft. Man biete angehenden Lehrern „eine umfassende Qualifikationsperspektive von hohem integrativem Wert."

Die KPH Wien/Krems zählt momentan etwa 2 500 Studierende in der Erstausbildung und ungefähr 1 000 Studierenden in Weiterbildungslehrgängen. (www.noen.at/nachrichten/noe/politik-bildung/KPH-bildet-ab-2016-islamische Religionslehrer)

Sideletter (Bedingungsbestandteil) zum Vertrag betreffend
Die Kooperation zwischen der Islamischen Glaubensgemeinschaft in Österreich als Trägerin der Ausbildung für Islamische ReligionslehrerInnen und der Hochschulstiftung der Erzdiözese Wien als Trägerin der Kirchlichen Pädagogischen Hochschule Wien/Krems

Entsprechend § 10 des Kooperationsvertrages wird hinsichtlich der Finanzierung vereinbart:

1. Die Infrastruktur am CAMPUS IRPA, Eitnergasse 6, 1230 Wien, sowie die Kosten für ein/e Verwaltungsmitarbeiter/in werden, wie in § 10 Abs 1 Kooperationsvertrag geregelt, von der IGGiÖ finanziert.
2. Die IGGiÖ beteiligt sich an den Kosten, die die Hochschulstiftung der Erzdiözese Wien trägt, im Studienjahr 2015/16 mit € 20 000.

3. In den Studienjahren 2016/17 und 2017/18 beträgt die Beteiligung jeweils € 12 000.
4. Die Höhe der Kostenbeteiligung steht unter dem Vorbehalt, dass die Kosten für das Verwaltungsprogramm Campus Online, die außerhalb des Einflussbereiches der Hochschulstiftung der Erzdiözese Wien liegen, gleich bleiben. Sollte es zu einer Erhöhung dieser Kosten kommen, wird diese gesondert verrechnet.
5. Im Studienjahr 2018/19 wird die Beteiligung im Vergleich zu den derzeit bestehenden Finanzierungsregelungen der Träger evaluiert und allenfalls für das Studienjahr 2019/20 neu festgelegt.

Mag. Andrea Pinz   Dr. Fuat Sanac
Vorsitzende des Stiftungsrates   Präsident der IGGiÖ

Mag. Katja Pistauer-Fischer   Satilmis YALCIN
Geschäftsführerin der Hochschulstiftung   Generalsekretär

Wien, am 7.4.2016

KpH-IRPA-BMBF- Bescheid
Privater Studiengang für das Lehramt für
Islamische Religion an Pflichtschulen
Eitnergasse 6, 1230 Wien

PPH Erzdiözese Wien/IRPA, trf. Hochschullehrgang mit Masterabschluss (QAR) „Interreligiöse Kompetenz und Mediation", WS 2015/16, SKZ 740137, 120 EC, 6 Sem., gemeinsam eingerichtetes Studium Anerkennung.

Zur Kenntnisnahme. – Wien, 1. Oktober 2015 – Für die Bundesministerin: Mag. Ursula **Zahalka**

PS: IRPA-Mietvertrag mit der „Gemeinnützige Privatstiftung Anas Schakfeh" in der Eitnergasse 6, 1230 Wien, war unbefristet und kündbar von beiden Seiten; IRPA wurde von übersiedelt.

III.2 IHL – PRIVATER HOCHSCHULLEHRGANG

IHL – **PRIVATER HOCHSCHULLEHRGANG für Islamische Religionspädagogische Weiterbildung (IHL)** (vorher IRPI) ist eine Fort- und Weiterbildung Institution für die islamische Religionslehrer/innen der IGGÖ und bietet ständig in ihrem Fortbildungsprogramm Lehrveranstaltungen an, welche Themen wie Menschenrechte, Pluralismus in der Gesellschaft und der Umgang damit, Religionen in multireligiösen und multikulturellen Gesellschaften und die Vermittlung universeller Werte betreffen.

AbsolventInnen der SPS und StudentInnen der IRPA wurden vom Präsidenten Sanac zum Essen eingeladen – 21.03.2013

Unser Augenmerk im **IHL** konzentriert sich darauf, wie eine kompetenzorientierte Werte Vermittlung dieser Werte und Themen im Religionsunterricht stattfinden kann, um im weiteren Sinn hier geborene bzw. aufwachsende Kinder islamischen Bekenntnisses mit den besten Voraussetzungen für ihr Leben, ihre Bildung und ihr zukünftiges Sozial- und Berufsleben auszustatten. Des Weiteren liegt uns sehr am Herzen, das friedliche und respektvolle Zusammenleben der verschiedenen konfessionellen, kulturellen, ethnischen und sozialen Gruppierungen in Österreich zu fördern.

HL wurde Mietglied der PILGRIM-Schulen – (von L). Dr. Johann Hisch, Dr. Christof Berger, Dr. Fuat Sanac – 05.06.2014

Der Antrag auf Anerkennung eines „privaten Hochschullehrgangs für Islamische Religionspädagogische Fortbildung" (IHL) in Wien gemäß dem Bundeshochschulgesetz 2005 § 4 Abs. 1 Z 2 und HCVO **wurde am 02. Juli 2007 angesucht.** Dieser Hochschullehrgang für Islamische Religionspädagogische Fortbildung wurde unter dem Namen „Privater Hochschullehrgang für Islamische Religionspädagogische Fortbildung" (Abk.: „IHL") anerkannt. Standort der Einrichtung war damals in 1070 Wien, Neustiftgasse 117

Das reguläre Studium in diesem Studiengang dauerte 2 Semester mit einer Gesamtleistung für Studierende im Ausmaß von 60 ECTS-Credits und wird gemäß § 38 Abs. 2 mit dem „Zeugnis für Islamische Religionspädagogische Fortbildung" absolviert.

III.3 ISLAMISCHE FACHSCHULE FÜR SOZIALE BILDUNG (IFSB)

III.3.A Geschichte und Struktur der Schule

IFS: „Islamische Fachschule für soziale Bildung – Dr. Abdullah-Karl Hammerschmidt – Schule der IGGÖ" ist eine erste und einzigartige islamische soziale Fachschule in ganz Europa. So wie oben heißt jetzt die Schule und wird allgemein als IFS gekannt. Die IFS als Schule bildet die Schüler/innen von morgen aus. Genau da liegt die Relevanz für die gesamte Gesellschaft, in der wir leben. Ein Miteinander, das nur in gegenseitigem Respekt, Toleranz und Wissen von einander funktionieren kann. Hier setzt die Ausbildung einen Fokus auf die Entwicklung künftiger Schüler/innen.

Logo der Schule

Die Schule befindet sich in der Neustiftgasse 117, A1070 Wien und hat ihren Namen von Dr. Karl Eduard **HAMMERSCHMIDT**:
Karl Eduard Hammerschmidt (später Abdullah Bey; geb. am 12. Juni 1801 in Wien; gest. am 30. Aug. 1874 in Kleinasien, begraben in Istanbul) war ein österreichischer Mineraloge und Entomologe, sowie Arzt. Er war Mitbegründer des Türkischen Roten Halbmondes. Außer zoologischen und geologischen Lehrbüchern in türkischer Sprache lieferte er auch wertvolle Beiträge zur geologischen und zoologischen Kenntnis der Bosporus Gegenden.[77]

---

[77] **Vgl.** Kernbauer, Alois, Werner F. List, Thomas Kenner: Karl E. Hammerschmidt. Humanist, Naturwissenschaftler und Narkosepionier. In: Der Anaesthesist. (1998) 1, S. 65–70.

Die Islamische Fachschule für Soziale Bildung (IFS) der Islamischen Glaubensgemeinschaft in Österreich ist eine dreijährige berufsbildende mittlere Privatschule mit Öffentlichkeitsrecht. (Bescheid vom Ministerium am 2. Juni 2009, Nr.: BMUKK 24.170/0001-III/3/2009) Die Ausbildung soll einen Einblick in die Möglichkeiten der unterschiedlichen sozialen Tätigkeiten und Berufsbilder geben und den SchülerInnen die Berufswahl erleichtern, indem sie das dafür notwendige Fachwissen vermittelt. Somit soll die Schule eine Orientierungshilfe sein und zur Klärung der persönlichen Begabungen und Eignungen beitragen. In diesem Sinne besuchen die SchülerInnen der dritten Schulstufe ein Sozialpraktikum im Ausmaß von 8 Wochenstunden. Die Unterrichtssprache ist Deutsch.

Dr. Abdullah-Karl Hammerschmidt

Die Änderung des Organisationsstatutes und des Lehrplanes: Ansuchen um Änderung des Organisationsstatutes und des Lehrplanes der „Berufsorientierten Islamischer Fachschule für Soziale Bildung der IRG-Wien" wurde von der islamischen Religionsgemeinde Wien, NÖ und Burgenland, als staatlich anerkannte Religionsgesellschaft der Muslime und Schulerhalterin der Schule „Berufsorientierte Islamische Fachschule für Soziale Bildung der IRG-Wien" am **29.09.2005** beantragt.

Ausbildungsschwerpunkte:

Allgemeinbildung wie z. B. Deutsch, Geschichte, Betriebswirtschaft und Rechnungswesen, Umweltbildung u. Ethik, Biologie, Chemie, Mathematik, Kommunikation und Präsentation, Radioarbeit, Poltische Bildung und Recht, Somatologie, Englisch, Arabisch, Wahlfach Türkisch, EDV; Psychologie und Pädagogik, Sozialberufskunde; Säuglingspflege, Krankenpflege, Gesunden-und Altenpflege, Hygiene und Ernährungslehre; Arabische Kaligraphie, Bildnerische Erziehung, Kreatives Gestalten und Musikalisch-rhythmische Erziehung; Religiöser Kern: Islamische Glaubenslehre und Ethik, Qur'änrezitation, Tafsir und Fiqh, Sozialpraktikum, Vorbereitung auf die Ordinationsgehilfenausbildung; Das erste Ausbildungsjahr entspricht der 9. Schulstufe.

Für leistungsschwache Schülerinnen und Schüler, die für die erste Schulstufe der IFS nicht geeignet sind, gibt es die Möglichkeit, sich im Vorbereitungsjahr (Übergangsstufe) auf die IFS vorzubereiten.

IFS-Abschluss Feier in der Schule – 11.06.2014

Ausbildungsziele:
Im Anschluss an die Fachschule können folgende Schulen bzw. Lehranstalten (eigene Aufnahmeverfahren) besucht werden:

- Krankenpflegeschulen (ab 17 Jahren),
- Lehranstalten für Heilpädagogische Berufe (ab 18 Jahren),
- Berechtigung zum Antritt der Berufsreifeprüfung (ab 17 Jahren),
- Vorbereitung auf Berufe wie Kindergartenhelfer/in, Pädagoge/Pädagogin

PS: Für das Öffentlichkeitsrecht für IFS ist die islamische Religionsgemeinde Wien, NÖ und Burgenland, als staatlich anerkannte Religionsgesellschaft der Muslime und Schulerhalterin der Schule (jetzt: IRGW) zuständig.

III.3.B Exklusives Interview: Sanac: Wir brauchen mehr islamische Schulen

Fuat Sanac spricht über die Zukunft der Glaubensgemeinschaft und sagt, dass islamische Schulen die Integration fördern.

Fokus: Die Wahl der IGGIÖ ist vor kurzem in Wien zu Ende gegangen. Wie hoch war die Wahlbeteiligung österreichweit?
Fuat Sanac: Die Zahl der registrierten Mitglieder liegt bei ca. 100 000 Personen in ganz Österreich. Zur Wahl zugelassen ist, wer sich registriert hat und den Kultusbeitrag von 40 Euro bezahlt hat. Rund 30 000 Personen waren wahlberechtigt, knapp 11 000 davon allein in Wien.

Können Sie den Vorwurf, dass der IGGIÖ wegen der schwachen Wahlbeteiligung die demokratische Legitimation fehlt, nachvollziehen?
Die IGGIÖ ist überdemokratisch. In welcher Glaubensgemeinschaft kann man sonst die Vertreter auf regionaler Basis direkt wählen? Die niedrige Wahlbeteiligung ist aber natürlich ein Problem. Viele betrachten die Wahl als etwas aus der Politik, damit wollen sie nichts zu tun haben.

Besonders Alte haben kein Verständnis dafür, dass man sich als geborener Muslim noch einmal registrieren muss. Die Jungen denken da bereits anders: 70 Prozent unserer Registrierungen fallen auf Jugendliche. Sie sind hier aufgewachsen, verstehen besser, dass es in Österreich bürokratische Regeln gibt. (…)

Wie sieht es mit dem Frauenanteil in der IGGIÖ aus?
Es ist mein großer Wunsch, dass sich Frauen stärker in die Glaubensgemeinschaft einbringen. Bis jetzt gab es 14 weibliche Delegierte (von insgesamt 174). Wir wollen diese Zahl aber erhöhen. Generell muss die Erziehung und Bildung der Frauen gefördert werden.

Zum Religionsunterricht: Ist der islamische Religionsunterricht noch zeitgemäß?
Der alte Lehrplan war sehr klassisch, im neuen Entwurf wird auf Schulstufen und Schultypen Rücksicht genommen. Unsere älteren Lehrer haben viel aus der Praxis gelernt, weil eine Ausbildung früher noch fehlte, wir bieten für sie jetzt Fortbildungen und Schulungen an. Unsere jungen Lehrer werden in der IRPA (Privater Studiengang für das Lehramt für islamische Religionspädagogik an Pflichtschulen) nach den letzten pädagogischen Methoden ausgebildet. Ein Ziel ist es auch Imame und Seelsorgerinnen selbst auszubilden. Denn wenn ein Imam hier ausgebildet wird, spricht er die Sprache perfekt und ist voll in die Gesellschaft integriert. (…)

Die IGGIÖ betreibt eine eigene Fachschule für Soziale Bildung und betreut die islamischen Privatschulen. Sind weitere islamische Schulen geplant?
Ja, wir brauchen noch mehr Schulen. Das Angebot an höheren muslimischen Schulen kann Eltern dazu motivieren, ihre Kinder nicht nur in die Pflichtschule zu schicken, sondern sie höher auszubilden – bis hin zum Studium. Wir bieten auch spezielle Nachmittagsbetreuung – gemeinsames Essen, Hausübung machen. Die Eltern haben mehr Vertrauen in unsere Schulen, sie wissen, dass z. B. die Essensvorschriften eingehalten werden.

Der Besuch des türkischen Staatsministers (später Justizminister) Bekir Bozdağ in der IFS, Fuat Sanac –, 21.12.2012 (durch seine finanzielle Unterstützung haben wir damals die Schulmaterial der IFS erneuert, dafür bin ich ihm dankbar)

Behindern solche islamische Privatschulen nicht die erfolgreiche Integration?

Im Gegenteil – sie sind ein wichtiger Bestandteil der Integration. Dort erhalten muslimische Kinder, die an öffentlichen Schulen nicht erfolgreich sind oder sonst nur die Pflichtschule absolvieren würden, eine gute Ausbildung. Sie werden stärker motiviert, weil sie denken: „Aha, das ist unsere Schule."

Welche Initiativen wollen Sie als neuer Präsident setzen?

Wir müssen uns noch mehr öffnen. Wir suchen auch jetzt schon Kontakte zu anderen Religionen, sind auf Tagungen vertreten, führen einen aktiven Dialog. Kritik von außen müssen wir noch besser aufnehmen lernen. Aber auch intern müssen wir die Kommunikation verbessern und uns besser kennen lernen. Muslime kommunizieren oft nur über die Medien, statt miteinander zu sprechen.

Was raten Sie Muslimen, die nach Österreich zuwandern möchten?

Ich sage: „Als Erstes rette dich selbst." Man muss Deutsch lernen, eine Ausbildung machen, sich in die österreichische Gesellschaft integrieren. Dann soll man aber auch an andere denken, den Kontakt zu den Landsleuten nicht verlieren. Wenn man sich gut integriert hat, kann man für viele ein Vorbild sein. (VON FRANZISKA TROGER – 26.5.2011 – FOKUS)

Der Besuch des Doz. Dr. Kudret Bülbül, Präsident von „Präsidium für Auslandstürken und verwandte Gemeinschaften" – 15.5.2014 (durch seine finanzielle Unterstützung haben wir damals die Schule (IFS) renoviert, dafür bin ich ihm dankbar)

III.4 DIE ISLAMISCHEN FRIEDHÖFE

Muslimische Bestattungen haben ihren eigenen Charakter und laufen nicht wie traditionelle westliche Beisetzungen ab. Eine muslimische Bestattung läuft nach im Islam festgelegten Regeln ab. Oft werden Muslime im Heimatland ihrer Eltern beigesetzt, wofür der Leichnam zuerst überführt werden muss.

Dies kann sich allerdings als problematisch erweisen, da der Islam eine **Beisetzung** der/des Verstorbenen **innerhalb von 24 Stunden** fordert. Diese Regelung, die vor allem auf die heißeren Temperaturen in islamischen Ländern zurückzuführen ist, kann aufgrund der Überführung nicht immer eingehalten werden.

Aus diesem Grund und der Tatsache, dass inzwischen sehr viele Muslime in Österreich geboren sind und ihr ganzes Leben hier verbracht haben, lassen sich immer mehr Muslime in Österreich beisetzen. Die Möglichkeit dazu bietet der **islamische Friedhof in Wien** und mehrere kleine Friedhöfe in ganz Österreich, die Plätze für muslimische Gräber geschaffen haben. Eine muslimische Bestattung in Österreich ist somit jederzeit möglich.

Ablauf einer muslimischen Bestattung: Muslimische Bestattungen folgen einem strengen Ritual. Nach dem Tod wird die/der Verstorbene gewaschen. Männer werden dabei normalerweise von ihrem Imam, Frauen von anderen weiblichen Angehörigen gereinigt. Nach der Waschung wird die/der Verstorbene in ein schlichtes, weißes Leinentuch – den sogenannten Kefen – gehüllt, das aus demselben Stoff besteht, den auch die Pilger auf ihrer Wallfahrt nach Mekka tragen. Der Leichnam wird anschließend, auf der rechten Schulter liegend, beigesetzt, sodass das Gesicht in Richtung der heiligen Stadt ausgerichtet ist.

Die einzige Abweichung von den Regeln des Islam ist, dass hierzulande Bestattungen ohne Sarg oder Urne nicht zulässig sind und die/der Verstorbene somit in einem Weichholzsarg und nicht nur im Leinentuch beerdigt werden kann. Feuerbestattungen sind im Islam ebenfalls nicht erlaubt, wodurch auch eine Urnenbestattung keine Option darstellt.

Orte einer muslimischen Bestattung: Eine muslimische Bestattung ist in fast allen größeren Städten Österreichs wie Graz, Linz oder Innsbruck möglich. Auf den jeweiligen **städtischen Friedhöfen** gibt es islamische Gräberfelder für die Bewohner der Städte. Allerdings haben diese Friedhöfe keine islamische Bauart, sind also nicht schräg rechteckig angeordnet, um den Verstorbenen den Blick nach Mekka zu gewähren.

Bereits seit Ende des 19. Jhdts. wurden Muslime auf dem Wiener **Zentralfriedhof** beigesetzt, in den 70er-Jahren des 20. Jhdts. wurde die erste islamische Abteilung des Zentralfriedhofs eröffnet. Seit 2008 befindet sich in **Wien Simmering der erste islamische Friedhof Österreichs.**

2012 folgte in **Altach in Vorarlberg** der **zweite islamische Friedhof**, der nach jahrelanger Vorarbeit einer islamischen Interessensgemeinschaft feierlich eröffnet werden konnte. Anfangs ließen sich noch sehr wenige Muslime in Österreich beisetzen, doch in den letzten Jahren ist ein deutlicher Anstieg zu vermerken, was auch die islamische Gemeinde in Oberösterreich und der Steiermark dazu bewegt hat, für eigene islamische Friedhöfe in ihren Bundesländern einzutreten.

Inzwischen bieten einige österreichische Bestatter bereits muslimische Bestattungen an. Früher war es allgemein verbreitet, dass sich Muslime nach ihrem Tod in ihr Heimatland oder das ihrer Eltern überführen lassen. Zu diesem Zweck gibt es Vereine, für die man einen Mitgliedsbeitrag entrichtet und dieser wird nach Eintreten des Todes für die Überführung des Leichnams verwendet.

III.4.a ISLAMISCHER FRIEDHOF IN WIEN

Bereits seit 1876 werden Muslime auf dem **Wiener Zentralfriedhof** bestattet (Tor 3, Gruppen 25, 27). Seit 1970 gibt es die erste islamische Abteilung, die im Laufe der Zeit vergrößert und durch einen **Islamisch-ägyptischen Gräberhain** erweitert wurde. Die Toten werden nach österreichischer Vorschrift im Sarg bestattet, anders als im islamischen Ritus üblich, der die Beerdigung nur im Leichentuch vorsieht. Auf der rechten Seite liegend, weist das Gesicht der Verstorbenen nach Mekka. Eher unüblich ist eine prunkvolle Grabarchitektur, nur für Fürsten oder Heilige werden aufwendig gestaltete Gräber errichtet. Dem Wunsch nach dem ersten, eigenen islamischen Friedhof kam die Stadt Wien nach und am **3. Okt. 2008** fand die Eröffnung des neuen Friedhofes der islamischen Glaubensgemeinschaft in Liesing statt.

Fast 20 Jahre dauerte es, bis die Gespräche zwischen IGGÖ und Stadt Wien 2001 in konkrete Pläne mündeten, wobei die Eröffnung für Oktober 2003 in Aussicht gestellt wurde. Dann verzögerten archäologische Grabungen, die Insolvenz der Baufirma und Geldprobleme den Fortschritt, bis es 2006 auch noch zu einem Brandanschlag auf den Rohbau kam, dessen Wände später überdies mit 53 Kreuzen beschmiert wurden. Nach dem die Finanzierungsprobleme durch Großspenden des OPEC-Fonds und Katars behoben wurden, war die Eröffnung nun möglich.

Islam. Friedhof, 23. Wien, Großmarktstraße 2A

Beteiligt waren dabei viele Prominente, u. a: Herrn Dr. Michael **Häupl**, Bürgermeister und Landeshauptmann von Wien, Herrn Prinz Mansour Bin Khalid **AL SAUD**, Botschafter des Königreichs Saudi-Arabien, Vertreter des Staates Katar, Suleiman Jasir **Al-Herbish**, Generaldirektor des Opec Fund, Obmänner und Obfrauen.

Bis zu 4 000 Tote sollen hier ihre letzte Ruhe finden; die Toten werden nach österreichischer Vorschrift im Sarg bestattet – anders als nach islamischem Ritus üblich, der eine Beerdigung im Leintuch vorsieht. Das Gesicht wird dabei gegen Mekka gedreht. In der hohen Mauer wurde hier ein Gittertor eingelassen. Ansonsten hat man auf den Sichtschutz für die Anrainer mittels Wand und Bäumen Wert gelegt.

Die 3,4 Hektar (34 000 Quadratmeter) große Gräberstätte samt Einfriedung stellte die Gemeinde zur Verfügung, wobei das Areal mit dem Aushub des nahen Liesingbaches aufgeschüttet wurde, um eine Verunreinigung des Grundwassers zu vermeiden. Bereits seit November 2007 finden hier die rituellen Totenwaschungen statt. Auch ein Kühlhaus für die Leichen ist vorhanden. Die IGGÖ war für die Bauten verantwortlich. Der Komplex wird von einer hohen Aufbahrungshalle dominiert, in deren Innerem kalligraphische Schriftzeichen und ein gigantischer Kronleuchter Eleganz ausstrahlen.

Direkt daneben findet sich eine kleine Dienstwohnung. Diese wird einem Hausmeister zur Verfügung gestellt, der permanent am Gelände wohnen soll, nicht zuletzt, um dessen Sicherheit zu gewährleisten.

III.4.b ISLAMISCHER FRIEDHOF IN GRAZ

Islamischer Friedhof-Graz, Kapellenstrasse/Alte Poststraße – Sept. 2008

Mit einer sehr stimmungsvollen Zeremonie wurde die Fertigstellung des muslimischen Teils des Interkonfessionellen Friedhofs in der Alte Poststraße 343 in Graz im Jahre **2007** begangen.
In Anwesenheit hoher Vertreter der Stadt Graz – an der Spitze Bürgermeister Mag. Siegfried **Nagl** – und muslimischer Repräsentanten wurde die Einrichtung ihrer Bestimmung übergeben. Bürgermeister Mag. Nagl erinnerte daran, dass es allen drei monotheistischen Religionen zu Eigen sei, ihren Toten eine würdige letzte Ruhestätte zukommen zu lassen.

Der Präsident der IGGÖ Herr Anas **Schakfeh** bestätigte, welch große Symbolkraft in Richtung der Integration der Musliminnen und Muslime von dem muslimischen Gräberfeld ausgehe. Die muslimische Gemeinde fühlte sich in starkem Maße so verbunden mit Österreich, dass die Gläubigen auch hier begraben sein wollten, wo ihre Familien Zukunft und Heimat gefunden hätten.
Auf dem Gelände Kapellstraße/Alte Poststraße stehen als Teil des Interkonfessionellen Friedhofs rund 200 Gräber zur Verfügung, die von der Graz AG Bestattung betreut und verwaltet werden. Die Gräber sind gen Mekka ausgerichtet. Ein eigenes Verabschiedungsgebäude bietet jene

wichtige Infrastruktur, die für die rituelle islamische Bestattung erforderlich ist. Die Gestaltung der Gräber bleibt den Hinterbliebenen überlassen. Die Kosten des Begräbnisses sind verschieden. Für jeden Fall gibt es eigene Kosten, denn es kommt darauf an, ob der Tod im Krankenhaus, zu Hause, am Sonntag, in der Nacht ... usw. eingetreten ist.

III.4.c ISLAMISCHER FRIEDHOF IN VORARLBERG

In Altach im Bezirk Feldkirch (zwischen Götzis und Hohenems) ist am 2. Juni 2012 der erst zweite rein islamische Friedhof Österreichs eröffnet worden. Neun Jahre hatte die Realisierung des 2,3 Millionen Euro teuren Projektes in Anspruch genommen.
Ein kleiner jüdischer Friedhof erinnert am südlichen Rand der Stadt Hohenems an das historische interkonfessionelle Zusammenleben in Vorarlberg. Nur wenige hundert Meter entfernt wurde am Samstag auf Altacher Gemeindegrund der islamische Friedhof eröffnet. „Die erfolgreiche Verwirklichung des Projektes war nicht selbstverständlich, das muss man ehrlich bekennen", meinte Wallner bei der Eröffnungsfeier. Für die breite Akzeptanz, die dem Bau des islamischen Friedhofes entgegengebracht worden sei, sei auch die gute Zusammenarbeit der Vorarlberger Gemeinden verantwortlich gewesen.

Zweiter islamischen Friedhofs des Landes in Altach. SN/apa (stiplovsek)

Kurz lobte die unaufgeregte und sachliche Verwirklichung: „Ich habe schon erlebt, dass solche Vorhaben in anderen Regionen zu großer

Aufregung geführt haben." Vor allem auch deshalb, weil man glaubte, solche Projekte möglichst schnell und ohne viel Aufmerksamkeit durchziehen zu müssen, um Widerstand zu vermeiden. „In Vorarlberg wurde hingegen ruhig und besonnen agiert sowie eine gute Kommunikation mit allen Beteiligten gewählt", meinte Kurz.

Eröffnungsfeier des Islamischen Friedhofs in Altach
am 2. Juni 2012 mit Herrn S. Kurz und LH M. Wallner

Fuat **Sanac**, Präsident der islamischen Glaubensgemeinschaft in Österreich, betonte die Bedeutung des neuen Friedhofes für die Integration: „Früher sagte man immer, Heimat ist dort, wo man geboren ist. Dann meinte man, Heimat sei dort, wo man satt werde. Ich glaube aber, dass Heimat dort ist, wo man gerne begraben sein will, dort, wo man seinen letzten Frieden findet." Den größten Applaus erhielt der Altacher Bürgermeister Gottfried **Brändle**, der vom Landeshauptmann (Mag. Markus **Wallner**) gelobt wurde: „Ohne einen mutigen Bürgermeister wäre das alles nicht möglich gewesen." Und Brändle bekannte: „Ich war selbst überrascht, dass es so viele positive Reaktionen auf das Projekt gegeben hat."[78]

---

78 **Vgl**. Islam – Islamischer Friedhof in Vorarlberg eröffnet – Wiener Zeitung Online – 02.06.2012; https://volksgruppenv1.orf.at/diversitaet/aktuell/stories/59290.html?skin=

III.5. SCHULAMT DER IGGÖ

III.5.1 ERLÄUTERUNG

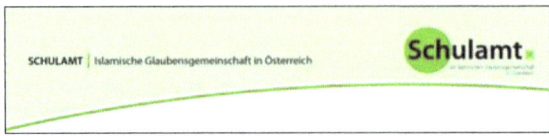

Die Linie der IGGÖ und des Schulamts als Organ der IGGÖ sind richtungsweisend in der Positionierung und Kommunikation zu aktuellen gesellschaftlichen Fragestellungen im Zusammenhang mit Islam und Muslimen im Kontext Schule.

Historische Entwicklung des Religionsunterrichtes in Österreich ist sehr alt (erstmalige Erwähnung einer Klosterschule 774 St. Peter Salzburg); ein konfessionelles Schulwesen.

Erst im Jahr 1774 erfolgte im Auftrag Kaiserin **Maria Theresias** (1717–1780) eine Schulreform.[79] Die Erteilung des Religionsunterrichtes blieb damals den Geistlichen vorbehalten und umfasste als Pflichtfach 7 Wochenstunden. Daneben blieben an den Schulen auch weiterhin die religiösen Übungen verankert (Gebet, Beichte, Kommunion).

Am 21. Dezember 1867 kam es zur Verlautbarung der Staatsgrundgesetze, die die Feststellung der Grundsätze des Unterrichtswesens dem Staat zuwies. Mit den Maigesetzen von 1868 und dem Gesetz über das Verhältnis der Schule zur Kirche wurde bestimmt, dass die Besorgung,

---

79 **Anm**. Mit der Allgemeinen Schulordnung 1774 wurde in der Habsburgermonarchie die Unterrichtspflicht auf alle Bevölkerungsschichten ausgeweitet. Zusätzlich wurde das Schulgeld 1783 für den Elementarunterricht komplett erlassen. Damit war erstmals ein egalitärer Zugang zum Unterricht für Jungen und Mädchen garantiert – Mädchen hatten bis dahin noch Schuldgeld zu bezahlen. Mehr darüber **in**: Weitlaner, Juliana: Maria Theresia. Eine Kaiserin in Wort und Bild. Vitalis, Prag 2017, ISBN 978-3-89919-456-2.

Leitung und unmittelbare Beaufsichtigung des Religionsunterrichtes und der Religionsübungen der betreffenden Kirche in den Volks- und Mittelschulen überlassen sind.

Der Religionsunterricht zählte bis zum Jahre 1938 zu den Pflichtgegenständen des schulischen Unterrichtes. Nach der Machtübernahme durch die Nationalsozialisten mit 13.3.1938 wurde zunächst die Abmeldung freigestellt und schließlich das Fach zum Freigegenstand mit Anmeldung degradiert. Das Erfordernis der Missio Canonica zur Erteilung des Religionsunterrichtes wurde aufgehoben. Nach Ende des 2. Weltkrieges 1945 wurden umgehend alle schulrechtlichen Verfügungen aus der nationalsozialistischen Zeit wieder aufgehoben. Die gesetzliche Grundlage für Religionsunterricht legt das seit 1949 bestehende Religionsunterrichtsgesetz. Darin ist in § 2 festgehalten:

„Der Religionsunterricht wird durch die betreffende gesetzlich anerkannte Kirche oder Religionsgemeinschaft besorgt, geleitet und unmittelbar beaufsichtigt."[80]

---

80 **Anm.** Die Art. 15 und 17 StGG enthalten die verfassungsmäßigen Grundlagen des konfessionellen Religionsunterrichts in den österreichischen Schulen. Art. 15 StGG gewährleistet den gesetzlich anerkannten Kirchen und Religionsgemeinschaften die autonome Verkündigung ihrer Lehre. Gemäß Art. 17 Abs. 4 StGG ist „für den Religionsunterricht in den Schulen … von der betreffenden Kirche oder Religionsgesellschaft Sorge zu tragen." Dem Staat steht rücksichtlich des gesamten Unterrichtswesens das Recht der obersten Leitung und Aufsicht zu (Art. 17 Abs. 5 StGG). Art. 15 StGG 1867: „Jede gesetzlich anerkannte Kirche und Religionsgesellschaft hat das Recht der gemeinsamen öffentlichen Religionsübung, ordnet und verwaltet ihre inneren Angelegenheiten selbständig, bleibt im Besitze und Genüsse ihrer für Kultus-, Unterrichts- und Wohlthätigkeitszwecke bestimmten Anstalten, Stiftungen und Fonds, ist aber, wie jede Gesellschaft, den allgemeinen Staatsgesetzen unterworfen." D. h. das Recht der Kirche, ihre inneren Angelegenheiten, dazu zählt der Religionsunterricht, selbständig zu verwalten. Weitere rechtliche Grundlagen des Religionsunterrichtes finden sich im Bundesgesetz vom 13. Juli 1949 betreffend den Religionsunterricht in der Schule („Religionsunterrichtsgesetz") und in den Verträgen zwischen dem Hl. Stuhl und der Republik Österreich vom 9. Juli 1962 und 1971 zur Regelung von mit dem Schulwesen zusammenhängenden Fragen „Schulvertrag".

Islamischer Religionsunterricht (IRU) wird in Österreich bereits seit dem Schuljahr 1982/83 als reguläres Unterrichtsfach an öffentlichen Schulen angeboten. Zunächst startete dieser mit wenigen Lehrkräften und an nur einigen Standorten, die oft als „Sammelschulen" fungierten, wohin auch muslimische Schüler/innen aus dem Umfeld extra zum Unterricht kamen. Dieser im europäischen Vergleich sehr frühe Zeitpunkt der Einführung steht unmittelbar mit dem staatlichen Anerkennungsstatus des Islams in Zusammenhang. Bereits seit 1912 gibt es ein Islamgesetz, das 2015 neu formuliert wurde. Hier gilt Österreich als modellhaft, da sich positive Effekte für die Integration ergeben. Der Unterricht wird in deutscher Sprache gehalten.

Inzwischen (2019/20) unterrichten an die 630 **Islamische Religionslehrer/innen (IRL)** über 80 703 **Schüler/innen** an rund 2 297 **Standorten** im gesamten Bundesgebiet (s. unten die Statistiken).

PS: Als ich am 11.10.1982 aus Deutschland als IRL nach Österreich kam, waren vor mir fünf Lehrer angestellt und wir hatten insgesamt 500 SchülerInnen, die wir betreuten.

IRL bilden einen Bestandteil des österreichischen Schulsystems, fungieren als Multiplikator/innen, erfüllen eine wichtige Vermittlerposition für Werte, eine erzieherische Funktion gegenüber den Schüler/innen und eine wertevermittelnde Funktion in die Familien.

Die **IRL** haben auch eine wichtige beratende Funktion auf Grund der Ganzheitlichkeit des religiösen Zuganges inne und sind Repräsentant/innen des Islams in die nicht-islamische Gesellschaft, die Vorbilder für eine österreichisch-islamische Identität und einen Islam verkörpern, der bessere Lebensbewältigung sowie Dienst an der Gemeinschaft aus religiös-spiritueller Lebensauffassung anstrebt, obwohl sie mehrere Herausforderungen haben, unter anderen: Standardprobleme im Zusammenhang mit Fragen zu Fasten, Schwimmteilnahme, Kopftuch oder die Frage des Anteils von Religion an bestimmten Phänomenen, Ängste in Bezug auf Radikalisierung von Schüler/innen, Fragen im Zusammenhang mit der Begehung von verschiedenen Festen wie Weihnachtsfeiern oder gemeinsamen Gebet usw.

IRL haben häufig verschiedene Schulstandorte, aber nur eine Stammschule und ungünstige Unterrichtszeiten, daher fühlen sich häufig unter Druck, ein perfektes Islambild zu zeigen. Sie binden sich zu wenig in den Lehrkörper ein, fächerübergreifend aktiv zu werden.

Aus diesen Gründen sind sie mit Vorurteilen, Ängsten und Verallgemeinerungen seitens der Schulpartner konfrontiert, sind aber trotz aller Schwierigkeiten ein Teil des Kollegiums. Sie sind auf Grund der zunehmenden islamischen Präsenz und Beheimatung des Islams in Österreich, aber auch auf Grund der bestehenden Konflikte rund um die Themen „Islam", „Migration", „Integration" usw. automatisch zu Repräsentant/innen und Expert/innen geworden. Sie versuchen auch, wie immer möglich, gemeinsame, interreligiöse Projekte und einen gegenseitigen Austausch anzuregen und in Gang zu setzen, um bewährte Kooperationen hervorzubringen. Ich hoffe, dass es noch weitere Aktivitäten und vertiefte Forschung in diese Richtung geben wird.

Seit 1998 besteht mit der Islamischen Religionspädagogischen Akademie (**IRPA**) eine eigene Institution für die Ausbildung der Fachkräfte. Diese wurde mit dem Hochschulgesetz 2005 zu einem privaten Studiengang für das Lehramt für islamische Religion umgewandelt (www.irpa.ac.at). Die Aufgabe der Lehrerfortbildung erfüllt der Private Hochschullehrgang für Islamische Religionspädagogische Weiterbildung.

Als Minderheit können Muslime in Österreich sehr zufrieden damit sein, dass die Gleichbehandlung mit anderen anerkannten Religionsgemeinschaften ihnen viele Möglichkeiten öffnet. Dabei kommt dem Islamunterricht eine entscheidende Rolle zu. Nicht zuletzt ergeben sich durch das kollegiale Verhältnis zu anderen LehrerInnen wertvolle Impulse für den Dialog.

Das Schulamt der IGGÖ leistet österreichweit im Schulbereich eine großartige Arbeit, es freut mich als ehemaligen Präsidenten der IGGÖ und Vorsitzenden des Schulamtes, davon ein Teil zu sein, ich bin noch als Fachinspektor (FI) ein Teil davon.

Einladung der IRL aus NÖ – 17.5.2013

III.5.a Die Richtlinien für den islamischen Religionsunterricht (IRU)

Religionsunterricht ist in Österreich ein Pflichtgegenstand. Innerhalb der ersten fünf Tage nach Beginn des Schuljahres ist allerdings eine Abmeldung möglich. Ab dem Alter von 14 Jahren (gesetzliches Erreichen der Religionsmündigkeit) können diese die Schüler/innen selbst vornehmen, zuvor ist es Sache der Eltern. Dieser Umstand führt dazu, dass Religionsunterricht attraktiv sein muss, um möglichst viele Schüler/innen anzuziehen.

Das Schulamt ist bemüht, auch Schulen in entlegenen ländlichen Gebieten zu erreichen, wenn dort Bedarf besteht. Ab drei Kindern kann eine Religionsstunde angesetzt werden. Ist eine Gruppe größer als zehn, findet der Unterricht mit zwei Wochenstunden statt.

Den **Schulbehörden** steht ein Aufsichtsrecht nur in organisatorischer und schuldisziplinärer Hinsicht zu. Diese klare gesetzliche Regelung legt somit die Auswahl der Religionslehrer/innen ebenso in die Hand der jeweiligen Kirche oder Religionsgesellschaft, wie auch die Formulierung des Lehrplanes und die Auswahl von Unterrichtsmaterialien. Zwischen 2011 und 2016 hat die IGGÖ acht neue **Schulbücher** herausgegeben, die im Rahmen der Schulbuchaktion gratis verteilt werden. Religionslehrer/innen erhalten mit ihrer „Missio" die Unterrichtsberechtigung. Die Bezahlung erfolgt durch den Staat. Würde die Religionsgemeinschaft die Missio entziehen, etwa bei Verstoß gegen die Lehre, so könnten sie nicht weiterbeschäftigt werden.

Einheitliche und gesicherte Inhalte: Der Islam bietet eine Fülle von Inhalten, die mit dem modernen Begriff „Friedenserziehung" zu beschreiben sind. Hier liegt ein Schwerpunkt der Arbeit der LehrerInnen.

Betonung des islamischen Weges der Mitte: Eine solide Ausbildung über islamische Inhalte, gepaart mit einer zu eigenem kritischen Denken anregenden Unterrichtsführung, erzieht zu einer Haltung der Mäßigung, der Bewusstheit der eigenen gesellschaftlichen Verantwortung im Sinne des Gemeinwohls und einem ethischen Handeln, das auf gegenseitigen Respekt und Verständnis ausgerichtet ist. Der Islam bietet eine Fülle von Inhalten, die mit dem modernen Begriff „Friedenserziehung" zu beschreiben sind. Hier liegt ein Schwerpunkt der Arbeit der LehrerInnen.

Förderung der eigenen Identität: Der Islamunterricht führt Kinder und Jugendliche zusammen, die aufgrund ihrer Herkunft einen unterschiedlichen Hintergrund haben. So wird eine lebendige Reflexion über die eigene Identität als Muslime gefördert. Das Verbindende steht im Vordergrund und jegliche chauvinistischen Nationalismen werden im Rahmen der antirassistischen Ausrichtung des Islam kritisch zurückgewiesen. Gerade für junge Menschen der zweiten und dritten Generation bietet der Religionsunterricht eine wichtige Orientierung und einen geschützten Raum, um über die eigene soziale Rolle nachzudenken.

Bewusstmachung der Kompatibilität einer islamischen Lebensweise mit dem Gefühl der Zugehörigkeit zu Österreich und Europa: Die Frage nach der Integration des Islam in Europa kann im Unterricht aufgegriffen werden und im Gespräch mit den SchülerInnen die Vereinbarkeit ihrer Identität als Muslime und Menschen, die den Lebensmittelpunkt Österreich teilen, herausgearbeitet werden.

Umgang mit Vielfalt: Indem der Reichtum innerhalb des Islam für die SchülerInnen durch die Berücksichtigung der unterschiedlichen kulturellen Hintergründe und islamischen Rechtsschulen erfahrbar wird, werden auch Ansätze für eine positive Bewertung vielfältiger Zugänge geliefert, die zugleich vielfältige Lösungsmodelle anbieten können. Dabei unterstützt die gemeinsame Basis der zentralen Kernaussagen des Islam den innermuslimischen Diskurs, der hier einen einigenden Rückhalt findet.

Ein Teil der IRL in meinem Inspektionsbereich – Wien-BMHS; im Hof des Schulamtes der IGGÖ, Neustiftgasse 117, 1070 Wien – 02.09.2012

Förderung des konstruktiven innermuslimischen Dialogs: Muslime in Europa sehen sich einer Vielzahl von Herausforderungen gegenüber. Die Schule als ein Ort der Bildung schafft Voraussetzungen dafür, dass Muslime in Österreich ihr eigenes Profil gewinnen können und im späteren Leben fähig sind, kritisch und eigenständig an aktuelle Fragen zu gehen. Schließlich regt der Islamunterricht auch zu einer Beschäftigung mit Unterschieden zwischen Tradition und islamischer Lehre an.

Eintreten für Chancengleichheit zwischen Männern und Frauen: Die kritische Auseinandersetzung mit Traditionen, die mit dem Islam scheinbar begründet werden, aber diesem mitunter zuwiderlaufen, ist gerade bei der Behandlung der Stellung der Frau wichtig und kann helfen, dem Islam widersprechende Rollenmuster zu revidieren.

Kompetenz im Umgang mit Vielfalt in der eigenen Gruppe als Schlüssel zu einer generellen Bejahung von Vielfalt: Unsere Gesellschaft ist pluralistisch und „Diversität" längst ein Fachwort, das Eingang in die Beschäftigung mit Wegen gefunden hat, die uns diese Vielfalt als gemeinsame Chance begreiflich und nutzbar machen. Wer sich mit Vielfalt innerhalb des eigenen Kontextes auseinandergesetzt hat, kann leichter die so gewonnen Erfahrungen gesamtgesellschaftlich übertragen.

Wissen als Prämisse für einen breiten Dialog: Erfreulicherweise gewinnt der Dialog immer größere Bedeutung. Ein breiter Dialog, an dem große Teile der Bevölkerung teilhaben, verlangt nach Dialogpartnern, die durch ihre Sachkenntnis die Qualität des Diskurses sichern. Wird die „Brückenbauerfunktion" der jungen muslimischen Generation oft angeführt, so gehört dazu auch eine Ausbildung über den eigenen religiösen Hintergrund, wie sie der Islamunterricht leistet.

Integration durch Partizipation: Das Motto der Islamischen Glaubensgemeinschaft seit der Gründung lässt sich ganz besonders auf den Islamunterricht umlegen. Ziel ist es schließlich, junge muslimische Menschen dazu heranzubilden, wertvolle Mitglieder in der Gesellschaft zu sein und sie zu ermutigen, durch Teilhabe an einem friedlichen und respektvollen Zusammenleben mitzuwirken. Zur Erfüllung der vielfältigen Aufgaben ist ein Erfahrungsaustausch unter den **Fachinspektoren**

unersetzlich. Dazu kommt die Verpflichtung zur persönlichen Fortbildung und zur Evaluation ihrer Tätigkeit.

Somit ergeben sich als Aufgaben:
- Mitarbeit und Teilnahme an den Arbeitsgemeinschaften für Fachinspektoren;
- Eigene Fortbildung in fachwissenschaftlicher, pädagogischer, religionspädagogischer und schulrechtlicher Hinsicht;
- Evaluation der eigenen Tätigkeit.

Das Ziel der islamischen LehrerInnen zusammenfassend ist:
- Bewusstmachung der Kompatibilität einer islamischen Lebensweise mit dem Gefühl der Zugehörigkeit zu Österreich,
- Eintreten für Chancengleichheit,
- Kompetenz im Umgang mit Vielfalt,
- Integration durch Partizipation. (derislam.at/schulamt der iggö)

III.5.b IRL: Vorbild, Brückenbauer, Multiplikatoren

Islamische Religionslehrer/innen (**IRL**) leisten über die religiöse Erziehung von Kindern und Jugendlichen an den öffentlichen Schulen in Österreich hinaus einen wesentlichen Beitrag zum gelingenden Zusammenleben in einem zunehmend von Pluralismus geprägten Land. Durch ihr Vorbild zeigen sie auf, dass es vereinbar ist, sich gleichzeitig als muslimisch zu begreifen und zum Lebensmittelpunkt Österreich und seiner demokratischen, rechtsstaatlichen Struktur zu stehen. Als Teil des Lehrerkollegiums setzen sie sich für ein funktionierendes und von gegenseitigem Respekt getragenes Miteinander an der Schule ein. Damit werden sie auch zu **Multiplikatoren/innen** der Linie der Islamischen Gemeinschaft. Sie werden daher als **Brückenbauer und Kulturdolmetscher** wahrgenommen. Sie wirken über den Schulbereich hinaus auch in den Moscheevereinen und erreichen so die muslimische Basis. Gemeinsam können wir als IRL nach Innen und Außen vorleben, dass der Islam eine Religion ist, die auf Frieden ausgerichtet ist.

Intoleranz, Engstirnigkeit und Gewalt können wir am besten bekämpfen, indem wir in unserem persönlichen Umfeld umgekehrt für Akzeptanz Andersgläubiger, Denkfreudigkeit und Kritikfähigkeit und Gewaltfreiheit eintreten. Entsprechend sollen sich Religionslehrer/innen mit der Linie der **IGGÖ** identifizieren können. Diese hat sich durch Verfassung und Lehre der IGGÖ herausgebildet, nachzulesen auf der Homepage der IGGÖ.

Absolventen/innen der **IRPA**, der eigenen Bildungseinrichtung der IGGÖ für die Ausbildung zukünftiger Religionslehrer/innen bringen jene Qualifikation mit, die sie für den Lehrberuf in Österreich im APS Bereich (an Pflichtschulen) am besten vorbereitet hat. Durch die erforderliche Schulpraxis haben sie auch die notwendige Unterrichtserfahrung. Deutsch ist Unterrichtssprache und soll daher möglichst perfekt beherrscht werden (**Mindestniveau von C1**).

Im Unterrichtsdienst wird die österreichische Staatsbürgerschaft oder eine EUStaatsbürgerschaft vorausgesetzt. Ist diese (noch) nicht vorhanden, so muss um die so genannte „Nachsicht" angesucht werden. Dazu sind eine Niederlassungsbewilligung und eine Arbeitsbewilligung erforderlich.

Im Falle eines positiven Abschlusses des Bewerbungsverfahrens wird mit dem zukünftigen Lehrer bzw. der Lehrerin ein Dienstvertrag abgeschlossen. In der **Präambel** wird Folgendes festgehalten:
„Der/die Unterfertigende bekennt sich zur Förderung der staatsbürgerlichen Ziele der Erziehung als einen Bestandteil des Religionsunterrichts. Die Ziele der staatsbürgerlichen Erziehung ergeben sich aus den Bauprinzipien der österreichischen Verfassung (demokratisches, republikanisches, bundesstaatliches, Gewalten trennendes, liberales, rechtsstaatliches Prinzip) und den Bestimmungen des Art. 14 Abs. 5a der Bundesverfassung, sowie dem § 2 des Schulorganisationsgesetzes, die einen integrierenden Bestandteil des Vertrages bilden."

FI-Tagung in Hartberg/Steiermark – Mai 2007: (von links) Tilmann, Podojak, Memic, Sejdini, Yildiz, Safour, Schakfeh, Sanac, Hamidi

In Zeiten, da **Gewalt im Namen des Islams** in verschiedenen Krisenregionen uns entsetzt und die Sorge vor **Radikalisierung** umgeht, ist unser Team von rund 600 Lehrkräften besonders herausgefordert.

Als islamische ReligionslehrerInnen geben sie nicht nur Wissen über unsere Religion weiter, sondern vermitteln sie Werte, die jungen Menschen Orientierung geben. Durch einen handlungs- und kompetenzorientierten Unterrichtsstil erleben die SchülerInnen den Islam so, dass sie daraus Lebensfreude und Selbstvertrauen gewinnen und sich gerne in der Gesellschaft einbringen. Islamischer Religionsunterricht wird so als wichtig für den sozialen Zusammenhalt in einer pluralistischen Gesellschaft erkannt.

FITagung in Bad Leonhard – Lavanttal-Kärnten – 03.12.2014 (von L) M. B. Kabbani, M. Rayachi, C. A. Baghajati, M. S. Safour, A. Türkmenoğlu, F. Sanac, I. Olgun, S. Podojak, K. Ergün

III.5.c Mein Appell an unsere LehrerInnen war und ist:

Mit großer Wertschätzung danke ich allen, die über das eigentliche Unterrichten hinaus an den Schulen als Ansprechpartner wirken – Ihr Unterricht trägt schon jetzt entscheidend dazu bei, dass junge Menschen gegen extremistisches und gewaltverherrlichendes Gedankengut immunisiert werden und darüber hinaus Argumente kennen, um dagegen aufzutreten, falls sie damit in ihrem Alltag konfrontiert werden.

Unser Ziel als IRL muss sein:
- **Weiterentwicklung** von Unterrichtsmaterial und Methoden im Themenbereich „Gegen Gewalt".
- **Lehrerfortbildungen**, die Zusatzqualifikationen im Bereich friedliche Konfliktlösung und Kommunikation ermöglichen.

- Ernennung von qualifizierten KollegInnen zu Kontaktpersonen, die bei Beobachtung von Auffälligkeiten direkt mit den Betroffenen ins Gespräch kommen, um sie vor „Gehirnwäsche" zu bewahren.

- **Bildung von Peergruppen** von Jugendlichen auf freiwilliger, ehrenamtlicher Basis, die auch als Multiplikatoren wirken können.

- Unsere **Aufklärungsarbeit** ist eine religiöse und keine politische. Wir erinnern noch einmal an das Rundschreiben vom 17.12.2013, mit dem wir mitteilten, dass es Ihnen als islamischen Religionslehrer/innen nicht erlaubt ist im Rahmen des Islamischen Religionsunterrichtes die eigenen politischen Überzeugungen in irgendeiner Form im Unterricht einfließen zu lassen.

Es versteht sich von selbst, dass wir als IGGÖ unsere gute Vernetzung nutzen, um möglichst **gemeinsam** mit anderen involvierten Stellen vorzugehen. Vor allem aber wollen wir unsere vorhandenen Kräfte bündeln und durch noch bessere Kommunikation untereinander noch effizienter arbeiten. Gemeinsam können wir nach Innen und Außen vorleben, dass der Islam eine Religion ist, die auf Frieden ausgerichtet ist. Intoleranz, Engstirnigkeit und Gewalt können wir am besten bekämpfen, indem wir in unserem persönlichen Umfeld umgekehrt für Akzeptanz Andersgläubiger, Denkfreudigkeit und Kritikfähigkeit und Gewaltfreiheit eintreten.

Ich schätze Ihre großartigen Leistungen, die Sie über 2 000 Schulen in Österreich täglich erbringen. Dafür bedanke ich mich bei Ihnen sehr herzlich und wünsche Ihnen weiterhin viel Erfolg bei Ihrer verantwortungsvollen Tätigkeit!

III.5.d DIE LEHRPLÄNE UND ALLGEMEINE BESTIMMUNGEN FÜR DEN ISLAMISCHEN RELIGIONSUNTERRICHT

Die **Lehrpläne für den islamischen Religionsunterricht an Pflichtschulen, mittleren und höheren Schulen wurden durch Kommissionen der IGGÖ vorbereitet und vom Unterrichtsministerium (damals BM:UKK) genehmigt (2009)** – Die Lehrpläne wurden neubearbeitet und am 15.12.2017 für Genehmigung zum Ministerium (BMBF) geschickt. Alle Lehrer/innen müssen nach diesem Lehrplan unterrichten.

Allgemeines Bildungsziel des islamischen Religionsunterrichtes:
Der Religionsunterricht als eigener Unterrichtsgegenstand betrachtet es als seine vornehmste Aufgabe, an der Entwicklung der Jugend nach sittlichen, religiösen und sozialen Werten sowie nach den Werten des Wahren, Guten und Schönen durch einen, ihrer Entwicklungsstufe entsprechenden, Unterricht – entsprechend dem § 2 (1) des Schulorganisationsgesetzes i.V.m. Art. 14 (2) 5 BVG – mitzuwirken.

Die konfessionelle Prägung des Religionsunterrichtes führt zu einer klaren Orientierung der Schülerinnen und Schüler und befähigt sie dazu, einen eigenen Standpunkt einzunehmen und gleichzeitig den Standpunkt von Mitschülerinnen und Mitschülern anderer Religionszugehörigkeit oder Weltanschauung zu respektieren und zu akzeptieren. In der Auseinandersetzung mit der eigenen Herkunft und der Zugehörigkeit zur Islamischen Glaubensgemeinschaft in Österreich soll ein Beitrag zur Bildung von Identität geleistet werden, der eine verantwortungsbewusste, unvoreingenommene, von Toleranz geprägte und selbstbestimmte Lebensführung in einer pluralistischen Gesellschaft ermöglicht. (…)

Die Inhalte des Lehrplans für islamische Religion in den unterschiedlichen Schularten und Schulstufen gründen sich auf die Interpretation der Islamischen Glaubensgemeinschaft in Österreich als **BGBl. II – Ausgegeben am 25. Juli 2011 – Nr. 234 4 von 4** – www.ris.bka.gv.at; Bundesrecht konsolidiert: Lehrpläne – islam. Religionsunterricht an Pflichtschulen, mittleren und höheren Schulen Anl. 6, Fassung vom 19.03.2021

III.5.e Statistik über islamischen Religionsunterricht (IRU)

GESAMTSTATISTIK – 2008/09

		Österreich
	4 324	AHS-alle
	4 924	BHMS
	40 803	APS-alle
	50 051	Summe

GESAMTSTATISTIK – 2015/16

Österreich				
	LehrerIn	Schulen	Wstd.	SchülerIn
APS	440	1 775	8 084	52 687
AHS	86	233	1 308	8 200
BMHS	66	182	1 294	10 430
Gesamt	592	2 190	10 686	71 317

GESAMTSTATISTIK – 2018/19

Österreich – 2018/19						
Bereich	LehrerIn		Schulen	Std	SchülerIn	
	m	w			m	w
APS	242	231	1 906	8 939	27 985	29 454
AHS	93	42	214	1 415	5 502	4 728
BMHS			177	1 155	6 433	6 068
Gesamt	608		2 297	11 509	80 703	

DETAILIERTE GESAMTSTATISTIK – 2018/19

LehrerInnen

Bereich	Österreich		Burgenland		Kärnten		Niederösterreich		Oberösterreich		Salzburg		Steiermark		Tirol		Vorarlberg		Wien	
	m	w	m	w	m	w	m	w	m	w	m	w	m	w	m	w	m	w	m	w
APS	473		5	2	10	6	56	25	27	25	16	11	23	20	13	15	12	13	80	114
AHS/BMHS	135		2	0	4	0	14	3	7	5	9	0	6	6	8	3	3	0	40	25
Gesamt	608		7	2	14	6	70	28	34	30	25	11	29	26	21	18	15	13	120	139

Schulen

Bereich	Österreich	Burgenland	Kärnten	Niederösterreich	Oberösterreich	Salzburg	Steiermark	Tirol	Vorarlberg	Wien
APS	1906	40	126	450	242	141	180	192	108	427
AHS	214	6	10	38	21	19	29	19	13	59
BMHS	177	9	8	39	20	18	18	21	9	35
Gesamt	2297	55	144	527	283	178	227	232	130	521

Wochenstunden

Bereich	Österreich	Burgenland	Kärnten	Niederösterreich	Oberösterreich	Salzburg	Steiermark	Tirol	Vorarlberg	Wien
APS	8939	120	422	1406	1089	570	874	580	551	3327
AHS	1415	13	12	100	114	95	176	64	44	797
BMHS	1155	30	30	169	138	83	111	103	48	443
Gesamt	11509	163	464	1675	1341	748	1161	747	643	4567

SchülerIn

Bereich	Österreich		Burgenland		Kärnten		Niederösterreich		Oberösterreich		Salzburg		Steiermark		Tirol		Vorarlberg		Wien	
	m	w	m	w	m	w	m	w	m	w	m	w	m	w	m	w	m	w	m	w
APS	57791		352	337	1314	1158	4458	4021	4418	3978	1888	1887	2789	3202	2090	1867	1989	1798	10508	9737
AHS	10267		37	45	43	52	363	401	329	566	318	292	790	635	273	313	107	226	2505	2972
BMHS	12645		144	112	34	15	859	630	476	592	382	250	422	490	456	545	207	291	3232	3508
Gesamt	80703		533	494	1391	1225	5680	5052	5223	5136	2588	2429	4001	4327	2819	2725	2303	2315	16245	16217

GESAMTSTATISTIK – 2019/20

Österreich – 2019/20						
Bereich	LehrerIn		Schulen	Std	SchülerIn	
	m	w			m	w
APS	224	251	1 879	9 255	28 255	31 279
AHS	99	44	224	1 484	5 760	4 635
BMHS			188	1 170	4 889	4 667
Gesamt	618		2 291	11 909	79 992	

Für das **Schuljahr 2019/20 lässt sich nach Vorliegen der Daten aus den einzelnen Inspektionsbereichen** bereits vor der Gesamtschau eine weitere Steigerung der Zahlen feststellen. Im kommenden Schuljahr wird sich – falls der Ethikunterricht beginnend mit den 5. Klassen AHS eingeführt wird – dieser Aufwärtstrend womöglich noch verstärken. Erfahrungsgemäß wählen MuslimInnen eher den Gegenstand Religion, wenn sie entweder Religion oder Ethik besuchen müssen.

13 FachinspektorInnen (FI) sind derzeit für die Aufsicht und die Qualitätssicherung verantwortlich und dabei gleichzeitig teilweise selbst als Lehrpersonen im Unterrichtsdienst. Bei der letzten Klausur der FIs (03.12.2019) wurde ein genaues Tätigkeitsprofil erarbeitet.

Islamischer Religionsunterricht hat sich sehr positiv entwickelt:
- Die Besuchszahlen steigen kontinuierlich
- Die eingesetzten Lehrer/innen sind besser ausgebildet und tragen zur Qualitätssteigerung bei
- Die Unterrichtsmaterialien sind nach Kriterien der Kompetenzorientierung gestaltet (neue Bücher)

III.5.2.A DIE FACHINSPEKTOREN/INNEN (FI) DER IGGÖ

Die IGGÖ hatte 25 Jahre lang den islamischen Religionsunterricht nur mit einem Fachinspektor organisiert; der erste FI war DDr. A. Ahmed **Abdelrahimsai** von Juli 1982 bis zu seinem Tod (15.10.1999), danach war der zweite Präsident Anas **Schakfeh** bis 26.07.2011. – Da die Präsidenten von 1982 bis 2016 ehrenamtlich arbeiteten, verdienten sie ihren Lebensunterhalt als Lehrer oder Fachinspektor. Beim 25. Jubiläum der Gründung der IGGÖ am 06.12.2004 hat die Bildungsministerin Frau Elisabeth **Gehrer** (mit ihren eigenen Worten) acht FIStellen als Jubiläumsgeschenk gegeben. Seit damals hat die IGGÖ acht FIStellen für ganz Österreich. – Diese acht Stellen wurden am 01.08.2005 genehmigt und im Laufe der Zeit unter 13 Fachinspektoren verteilt.

III.5.2.B Anstellungsdatum der FachinspektorInnen

Samir Safour, geb. 29.03.1957: Ab 2005 Fachinspektor, 100 % betraut: Wechselnde Tätigkeitsbereiche: Zunächst NÖ und Burgenland APS, ab 2012 APS 10., 11,12., 13. und 23. Bezirk in Wien, Burgenland alle Schultypen.

Senad Podojak, geb. 31.05.1966: Ab 2005 Fachinspektor in OÖ für alle Schularten, 100 % betraut

Esad Memic, geb. 23.10.1974: Ab 2005 Fachinspektor in Kärnten und Steiermark, ab Betrauung von FI Kurtgöz (September 2011) nur mehr AHS in Steiermark, Kärnten weiterhin alle Schultypen, 100 % betraut.

Samir Redzepovic, geb. 06.07.1973: Ab dem 01.09.2011 mit den Agenden der Fachinspektion für den IRU im Bundesland Tirol für alle Schultypen zu 70 % betraut.

Abdi Tasdögen, geb. 14.12.1980: Ab dem 01.09.2011 mit den Agenden der Fachinspektion für den IRU im Bundesland Vorarlberg für alle Schultypen zu 75 % betraut, mit Ausscheiden von FI Yildiz (2017) auf 100 % erhöht.

Ali Kurtgöz, 05.03.1965: Ab dem 01.09.2011 mit den Agenden der Fachinspektion für den IRU für den APS-Bereich im Bundesland Steiermark zu 55 % betraut.

Mabrouka Rayachi, geb. 09.01.1967: Ab dem 01.01.2012 Fachinspektion für den islamischen Religionsunterricht in öffentlichen Schulen in Niederösterreich für alle Schultypen (APS, AHS, BMHS, BS) zu 100 % betraut.

Adel Firdaous, geb. 10.02.1973: Im Bundesland Salzburg für alle Schultypen ab 2011 zu 70 % betraut.

Kenan Ergün, geb. 10.11.1960: Ab Oktober 2012 betraut mit konfessionellen Schulen und APS Wien 14, 15 und 16 mit zunächst 30 %, nach Ausscheiden von Mustafa Yilmaz mit dessen Aufgabenfeld und 100 % betraut.

Carla Amina Baghajati, geb. 29.06.1966: Ab März 2013 betraut mit AHS Wien (für den ausscheidenden Zekirija Sejdini), vom Ministerium erst Ende Dezember 2013 bestätigt. Zunächst 50 % beschäftigt, nach Ausscheiden von Mustafa Yildiz mit 55 % und ab Sept. 2021 100 %; gleichzeitig Leiterin des Schulamtes.

Ibrahim Olgun, geb. 11.09.1987: Ab März 2013 betraut mit 50 % für APS für den 14., 15., 16. und 17. Bezirk in Wien, erst Ende Dezember 2013 durch das Ministerium bestätigt.

Maida Čaušević: Ab Sept. 2021 betreut mit 50 % für BMHS in Wien

III.5.2.C Ausgeschiedene Fachinspektoren

DDr. Ahmed A. Abdelrahimsai war der erste Fachinspektor; er war für ganz Österreich zuständig. Er war gleichzeitig Präsident der IGGÖ, aber als Präsident arbeitete er, wie seine zwei Nachfolger, ehrenamtlich.

Anas Schakfeh ab 31.12.2011 in Pension, war zunächst der einzige FI und zuständig für ganz Österreich, wie **Abdelrahimsai**, zuletzt nur mehr für höhere BMHS Schulen in Wien.

Tilmann Schaible war ab 2005 zuständig für Salzburg und Tirol, alle Schularten, durch Beschluss des Obersten Rates 2011 abberufen, stattdessen Adel Firdaous bestellt.

Ahmet Hamidi war ab 2005 mit 30 % für konfessionelle Schulen betraut und stellvertretender Leiter des Schulamtes, löste das Dienstverhältnis zum 01.08.2012 einvernehmlich auf und ging in die Türkei zurück.

Zekirija Sejdini war ab 2006 für Ednan **Aslan** gekommen, zunächst APS Wien, nach Wahl von Präsident Sanac stellvertretender Leiter des Schulamtes, betraut mit AHS Wien.

Ednan Aslan war ab 2005 zuständig für APS Wien**,** ging 2006 an die Universität Wien, wodurch Zekirija Sejdini betraut wurde.

Mustafa Yildiz war ab 2005 zuständig für Wien AHS und BMHS, ab 2012 APS, mit Ausnahme der Bezirke 10, 11, 12, 13 und 23, ab Eintritt von **Olgun** auch ohne 14, 15, 16, 17, ging 2017 in die Türkei an eine Hochschule, Kenan Ergün übernimmt seine Arbeit.

Fuat Sanac, geb. 01.01.1954: Ab 01.08.2005 Fachinspektor, 100 % betraut wechselnde Tätigkeitsbereiche: Zunächst NÖ und Burgenland AHS und BMHS, Vorarlberg alle Schularten, ab September 2011 Leiter des Schulamtes der IGGÖ (bis Ende Präsidentschaft) und BMHS Wien bis 31.08.2020.

III.5.2.D Die Rechtsgrundlagen für Fachinspektoren/innen (FI):

Bundesrecht konsolidiert Gesamte Rechtsvorschrift für Religionsunterrichtsgesetz, Fassung vom 11.12.2019, § 7c. (Zusammenfassung):

(1) Für die unmittelbare Beaufsichtigung des Religionsunterrichtes (§ 2 Abs. 1) werden von den gesetzlich anerkannten Kirchen und Religionsgesellschaften Fachinspektoren für den Religionsunterricht bestellt.

(2) Durch die Bestellung zum Fachinspektor für den Religionsunterricht wird weder ein eigenes Dienstverhältnis zu den Gebietskörperschaften (Bund, Länder) begründet noch ein auf Grund der Anstellung als Religionslehrer (§ 3 Abs. 1 lit. a) bestehendes Dienstverhältnis zu einer Gebietskörperschaft (Bund, Länder) berührt.

(3) Religionslehrern (§ 3 Abs. 1), die zu Fachinspektoren für den Religionsunterricht bestellt werden, ist, soweit sie unter die nach Abs. 4 festzusetzende Zahl fallen, für ihre Tätigkeit als Religionsinspektoren die nötige Lehrpflichtermäßigung oder Lehrpflichtbefreiung unter Belassung ihrer vollen Bezüge beziehungsweise ihrer vollen Vergütung zu gewähren. Außerdem ist ihnen nach den Grundsätzen, die für die Dienstzulagen der Fachinspektoren für einzelne Gegenstände gelten (§ 71 Abs. 2 des Gehaltsgesetzes 1956, BGBl. Nr. 54), ein Verwendungszuschuss in gleicher Höhe und erforderlichenfalls ein Reisekostenpauschale nach den für die Fachinspektoren für einzelne Gegenstände geltenden Grundsätzen zu gewähren. Der Verwendungszuschuss ist bei den als Fachinspektoren für den Religionsunterricht verwendeten Religionslehrern, die als Religionslehrer im öffentlich-rechtlichen Dienstverhältnis zu einer Gebietskörperschaft (Bund, Länder) stehen, nach den für die Dienstzulagen der Fachinspektoren für einzelne Gegenstände geltenden Grundsätzen (§ 71 Abs. 3 des Gehaltsgesetzes 1956, BGBl. Nr. 54) für die Bemessung des Ruhegenusses anrechenbar. Der aus den Bestimmungen dieses Absatzes sich ergebende Aufwand einschließlich der Vertretungskosten für die zu Fachinspektoren für den Religionsunterricht

bestellten Religionslehrer ist entsprechend den Bestimmungen über den Personalaufwand für die Beamten des Schulaufsichtsdienstes vom Bund zu tragen.

(4) Die Zahl der Fachinspektoren für den Religionsunterricht, auf die die Bestimmungen des Abs. 3 Anwendung finden, wird auf Antrag der zuständigen kirchlichen (religionsgesellschaftlichen) Behörden – soweit es sich nicht um land- und forstwirtschaftliche Schulen handelt, nach Anhörung der zuständigen Bildungsdirektion – vom zuständigen Bundesminister im Einvernehmen mit dem Bundeskanzler – soweit § 7d nicht anderes bestimmt – festgesetzt.

Bundesrecht konsolidiert: Beamten-Dienstrechtsgesetz 1979 § 273, Fassung vom 12.02.2019

(8) Die Fachaufsicht über gemäß § 7c Religionsunterrichtsgesetz, BGBl. Nr. 190/1949, von den Kirchen und Religionsgesellschaften bestellten Fachinspektorinnen und Fachinspektoren richtet sich nach § 7c Religionsunterrichtsgesetz. Die Aufsicht in organisatorischer und schuldisziplinärer Hinsicht, sowie in dienstrechtlichen Angelegenheiten obliegt der Bildungsdirektion. Die Fachinspektorinnen und Fachinspektoren sind für die Beaufsichtigung des Religionsunterrichtes im Sinne des § 2 Abs. 1 des Religionsunterrichtsgesetzes zuständig und haben ihre Fachexpertise in das Schulqualitätsmanagement einzubringen. Abs. 4 zweiter Satz findet für diese Fachinspektorinnen und Fachinspektoren keine Anwendung.

Ergänzung: Dieser Satz aus Abs. 4 lautet: „Der Betrauung mit der Funktion Fachinspektion hat ein Ausschreibungs- und Besetzungsverfahren gemäß § 225 Abs. 3 voranzugehen." Dieses ist also für Fachinspektor/innen des Gegenstands Religion nicht vorgesehen, da Angelegenheit der Religionsgesellschaft.[81]

---

81 **Vgl.** Bundesrecht konsolidiert: Beamten-Dienstrechtsgesetz 1979 § 273, Fassung vom 12.02.2019 Gesetzesnummer: 10008470, Dokumentnummer: NOR40212029; Zuletzt aktualisiert am 05.02.2019.

Für die unmittelbare Beaufsichtigung des Religionsunterrichts wird den gesetzlich anerkannten Kirchen und Religionsgesellschaften das Recht eingeräumt, Fachinspektoren für den Religionsunterricht zu bestellen (RelUG § 7c, Abs. 1).

Zu Fachinspektoren können sowohl staatlich angestellte und kirchlich bestellte Religionslehrer/innen als auch Personen, die keine Religionslehrer/innen sind, bestellt werden. Die Bestellung zur Fachinspektoren für den Religionsunterricht begründet allerdings kein Dienstverhältnis zum Bund oder Land, berührt aber auch kein bereits derartig bestehendes Dienstverhältnis (RelUG § 7c, Abs. 2).

FITagung in Krainerhütte-Baden (L vorne) E. Memic, M. Rayachi, A. Tasdögen, C. A. Baghajati, (L hinten) M. S. Safour, K. Ergün, S. Redzepovic, F. Sanac, A. Firdaous, S. Podojak, A. Kurtgöz – 31.03.2017

Werden Religionslehrer/innen zu Fachinspektor/innen bestellt, so ist ihnen für diese Tätigkeit die nötige Lehrpflichtermäßigung oder Lehrpflichtbefreiung unter Belassung ihrer vollen Bezüge bzw. ihrer vollen Vergütung zu gewähren. Gleichfalls haben sie einen Anspruch auf die den anderen Fachinspektoren zustehenden Dienstzulagen (Verwendungszuschuss, Reisekostenpauschale). Bei einem bestehenden öffentlich-rechtlichen Dienstverhältnis ist der Verwendungszuschuss für die Berechnung des Ruhegenusses anrechenbar. Die Vertretungskosten für als Fachinspektor/innen tätige Religionslehrer/innen werden entsprechend den Bestimmungen über den Personalaufwand für die Beamten des Schulaufsichtsdienstes vom Bund getragen. (RelUG § 7c, Abs. 3). Die Zahl der aus den Religionslehrer/innen bestellbaren Fachinspektoren, für die der Staat die vorhin geschilderte Finanzierung übernimmt, wird auf Antrag der zuständigen kirchlichen bzw. religionsgesellschaftlichen Behörde nach Anhörung des zuständigen Landesschulratspräsidenten vom zuständigen Bundesminister im Einvernehmen mit dem Bundeskanzler festgesetzt.[82]

Der Fachinspektion kommt gemeinsam mit der Schulamtsleiterin bzw. dem Schulamtsleiter sowie anderen Verantwortlichen innerhalb der Religionsgesellschaftlichen und staatlichen Schulbehörden die Aufgabe eines umfassenden Personalmanagements inkl. entsprechender Personalentwicklung zu.
Die Fachinspektion trägt als Teil der allgemeinen Schulaufsicht zur Verwirklichung der Ziele der österreichischen Schule bei (Art. 14 Abs. 5a BVG und § 2 SchOG). Aufgrund ihrer Fach- und Leitungskompetenz leisten die FI einen Beitrag zum pädagogischen Qualitätsmanagement. Die FI für den Religionsunterricht gehören gemäß Bundes-Schulaufsichtsgesetz als Organe der Schulaufsicht den jeweiligen staatlichen Schulbehörden an. Die Fachinspektion hat die Aufgaben der Schulaufsicht sowohl im Sinne von § 18 Bundes-Schulaufsichtsgesetz (Qualitätsmanagement) als auch anderer schul- und dienstrechtlicher Vorschriften (z. B. Mitwirkung bei der schulbehördlichen Leistungsbeurteilung von Religionslehrerinnen und Religionslehrern, Mitwirkung bei der Beurteilung der Unterrichtspraktikantinnen und Unterrichtspraktikanten) der staatlichen Schulbehörden zu erfüllen.[83]

---

82 **Vgl**. RelUG § 7c, Abs. 4 i.V.m. BSchAufsG § 7, Abs. 1.
83 **Anm**. Für die Zusammenfassung des Tätigkeitsprofils der Fachinspektion bedanke ich mich bei meinen katholischen KollegInnen für die freundliche Hilfe und Zusammenarbeit.

III.6 JUGENDRAT DER IGGÖ (JIGGiÖ)

Das Ansuchen für die Gründung des offiziellen Jugendrates der IGGÖ (IGGiÖ) wurde am 20. Feb. 2012 von der IGGÖ mit einem Schreiben an den BM für „Das Bundesministerium für Wirtschaft, Familie und Jugend" Herrn Dr. Reinhold **Mitterlehner** geschehen.

Wie beiliegender Aussendung vom 16.02.2012 anlässlich der Gründung des Jugendrates zu entnehmen ist, haben sich maßgebliche und aktive Jugendorganisationen unter dem Dach der Islamischen Glaubensgemeinschaft zusammengefunden, um so den fruchtbaren Austausch und die effiziente Zusammenarbeit entscheidend steigern zu können und mit gemeinsamem Auftreten insgesamt ihre Anliegen besser zu vertreten. Viele dieser Organisationen haben ihre Wurzeln in den großen Dachverbänden, deren Wirken zum Teil bis zu dreißig Jahren zurückreicht.

Laut Bundes-Jugendvertretungsgesetz, 2. Abschnitt, § 5. 1. gehören je ein Vertreter, der beiden mitgliederstärksten verbandlich organisierten Jugendorganisationen, die einer **gesetzlich anerkannten Kirche und Religionsgesellschaft zuzurechnen sind**, dem Präsidium der Bundes-Jugendvertretung zu. Hiermit wird der Generalsekretär des Jugendrates der IGGiÖ Herr … dazu ermächtigt, die offizielle und einzige Jugendorganisation der staatlich anerkannten Religionsgesellschaft der Muslime in der Republik Österreich im Präsidium der Bundes-Jugendvertretung zu vertreten.

Herr … würde sich freuen, schon bald seine neue Aufgabe aufnehmen zu können, die er mit großem Engagement auszufüllen gedenkt. Es wird höflichst um Kenntnisnahme und Erledigung ersucht.

PS: Dieses Schreiben wurde an alle zuständigen Organe gesendet. Mit dieser Änderung wurden alle Vereine und Verbände bei dieser Organisation teilgenommen.

III.6.1 Medienbericht: Islamische Glaubensgemeinschaft: Neuer „Jugendrat" gegründet

Die Islamische Glaubensgemeinschaft in Österreich (IGGiÖ) hat einen „Jugendrat" gegründet, der in Zukunft zur Vernetzung aller muslimischen Jugendgruppen beitragen und gemeinsames Sprachrohr der Jugendlichen sein soll. Die große Vielfalt an muslimischen Jugendvereinen soll durch den Jugendrat der Glaubensgemeinschaft (JIGGiÖ) koordiniert werden. Ein weiteres Ziel sei der innerislamische sowie der interreligiöse Dialog.

Viele der großen muslimischen Jugendverbände waren bereits beim Gründungstreffen am Samstag anwesend, so etwa die „Muslimische Jugend Österreichs" – die größte Organisation im Land, der große, türkisch geprägte Verein „Jugend Föderation Österreich" und die Gruppe „Österreichische SchülerInnen und StudentInnen Union", eine muslimische Studentenorganisation. Weitere Organisationen seien eingeladen, sagte das Medienreferat der Islamischen Glaubensgemeinschaft, Zekirija **Sejdini**, gegenüber religion.ORF.at. Diese Einladung richte sich auch an kleinere, ethnisch oder konfessionell gebundene Jugendgruppen, unabhängig von deren politischen oder religiösen Einstellungen. „Es ist wichtig, dass alle eingebunden werden. Der Jugendrat wird sicher auch nach und nach erweitert. Uns war es wichtig einmal einen Anfang zu setzen", sagte **Sejdini** im Interview.

Bildung als zentrales Thema
Wichtig für muslimische Jugendliche seien Fragen zu sozialen Themen, Unterstützung am Bildungsweg und die Ermöglichung einer muslimisch-österreichischen Identität, so Sejdini. „Der Jugendrat will auch mit Lehrern und Eltern kooperieren und diese einbinden", erklärt **Muhammed Sanac** vom Jugendreferat der Glaubensgemeinschaft weitere Vorhaben des neu gegründeten Jugendrates. Auch **Sanac**, selbst muslimischer Religionslehrer, nennt Bildung als eines der zentralsten Themen für den JIGGiÖ. Auf Eltern solle im Rahmen von Informationsabenden, in denen die verschiedenen Bildungs- und Ausbildungswege vorgestellt werden, zugegangen werden. Lehrer sollen mit pädagogischen

Vorträgen angesprochen werden, aus denen diese „etwas zu den Kindern in den Unterricht mitnehmen sollen", so **Sanac**.

Vertreter von Jugendorganisationen als Referenten im Jugendrat
Der Jugendrat ist in mehreren Referaten, etwa „Organisation und Veranstaltungsmanagement" und „Sozialer Zusammenhalt", sowie einem Generalsekretariat und eigenen Beauftragten für die Bereiche Bildungsberatung, Medien, Sport, Kultur und Kunst, Soziales sowie die Anliegen von Schülern und Studenten organisiert. Diese Posten wurden mit Vertretern der großen Jugendorganisationen besetzt. Die Leitung hat der Jugendreferent der IGGiÖ, Abdi **Tasdögen**, inne.

Jugendrat will in Zukunft Sprachrohr für alle sein
Der Jugendrat möchte Vertretung und das Sprachrohr aller muslimischen Jugendlichen und Jugendorganisationen in Österreich in den Medien, gegenüber der Politik und den Behörden sein. Dass dies derzeit noch nicht vollständig der Fall ist, da es auch Jugendorganisationen außerhalb des neuen Rates gibt, sieht auch **Sanac** ein. Er betont gegenüber religion.ORF.at aber, dass man sich darum bemühe, jene anzusprechen die noch nicht dabei seien. Dies sei parallel dazu auch in der Glaubensgemeinschaft selbst der Fall. (religion.ORF.at – 14.02.2012)[84]

Blutspenden Aktion von JIGGiÖ im Heiligen Kreuz-Zentrum – 09.04.2014

---

84 **Vgl**. http://religionv1.orf.at/projekt03/news/1202/ne120214_jugend.html – 14.02.2012.

Rosenverteilung von muslimischer Jugend der IGGÖ (JIGGiÖ) vor dem Parlament der Rep. Österreich – 10.04.2014

III.7 FRAUENABTEILUNG DER IGGÖ

Wir beobachten mit zunehmender Sorge, wie in manchen europäischen Ländern eine verfehlte Integrationspolitik auf dem Rücken von Frauen ausgetragen wird. Die gesetzliche Anerkennung des Islam wirkt sich in Österreich positiv auf Partizipationsprozesse und somit auf eine konstruktive Art von Integration aus. Frauen, speziell wenn sie Musliminnen sind, stehen in Fragen der Gleichbehandlung häufig gesellschaftlichen Hürden und Diskriminierung gegenüber (z. B. bei der Arbeitssuche). Das äußere Erscheinungsbild kann in manchen Fällen zum gewichtigeren Kriterium als Persönlichkeit, Kompetenz und Ausbildung werden. So wollen wir für Frauenanliegen, die besonders (aber nicht nur) für Musliminnen von Wichtigkeit sind, sensibilisieren. Wir möchten uns an der Schaffung einer Begegnungskultur aktiv beteiligen und für die weibliche Entscheidungs- und Entfaltungsfreiheit sowie gegen jegliche Bevormundung und Diskriminierung eintreten.

Die Beziehung zwischen MuslimInnen und NichtmusliminInnen ist zwar auch hier teilweise durch Missverständnisse geprägt, doch ist der Umgang miteinander im Vergleich zu Ländern wie Deutschland oder Frankreich wesentlich weniger von Emotionen und Vorbehalten belastet, und auf Grund der gesetzlichen Lage auch von positivem politischem Willen gekennzeichnet.

Das Beispiel des Kopftuchverbotes für Schülerinnen in Frankreich zeigt, wie sehr durch populistisch genutzte, demagogisch hochgespielte Interpretationen um Eingliederungsprozesse und Rechte der Religionsausübung faktisch nur Frauen in diskriminierender Weise getroffen werden. Dies mit dem Resultat, dass zahllosen muslimischen Mädchen der Bildungsweg abgeschnitten wird, wenn sie sich für eine religiöse Lebensweise entschieden haben, die sich in ihrer Art der Bekleidung manifestiert. Frauen haben den Preis für eine misslungene Integrationspolitik zu bezahlen, die noch dazu die große Gefahr einer weiteren Polarisierung und der zunehmenden Ghettoisierung von Bevölkerungsteilen in sich birgt. Statt Entspannung und Verständigung folgen zunehmendes gegenseitiges Unverständnis und Groll.

Unser Anliegen ist es auch, die konstruktive Situation in Österreich hervorzuheben, die nicht zuletzt auf der Gesetzeslage beruht (durch die ein Kopftuchverbot erst gar nicht zur Disposition steht), aber auch auf umfassenden (auch politischen) Bemühungen zu einem fruchtbringenden, von gegenseitigem Respekt getragenen, Dialog.

In der medialen Berichterstattung kommen Frauen mit muslimischem Hintergrund vor allem als Opfer vor – von Zwangsheirat, Ehrenmord, generell von Gewalt. Sie erscheinen durch die eigene Gesellschaft benachteiligt. Vor allem in Bezug auf die Wahrnehmung muslimischer Frauen kommen jene beiden Tendenzen zum Tragen, die die deutsche Forscherin **Sabine Schiffer** in ihrer Arbeit als bestimmend für die Ausbildung feindseliger Haltungen beschreibt:
Das Festmachen einer Gruppe als defizitär gegenüber der Mehrheitsgesellschaft und die gleichzeitige Unterstellung, von dieser minderwertigen Minderheit „unterwandert" zu werden.[85]

---

85 **Vgl**. Schiffer, Sabine: Die Darstellung des Islams in der Presse. Sprache, Bilder, Suggestionen. Eine Auswahl von Techniken und Beispielen. Würzburg 2005.

Muslime können nicht ganz die Augen davor verschließen, dass die Konstruktion von Bedrohungsszenarien mehr als nur eine Wurzel hat. Zum einen mag zwar ausschlaggebend sein, dass über Feindbilder relativ einfach die eigene Identitätspflege betrieben werden kann.

Muslimischen Frauen kommt eine Schlüsselfunktion zu, all die pauschalierenden Bilder und Vorstellungen über sie aufzubrechen. Statt als „Opfer" eingeschätzt zu werden, das bestenfalls reagierend ins Geschehen eingreift, selbst aktiv handelnd in Erscheinung zu treten, erscheint dabei als wesentlich. Der Partizipationsgedanke ist somit gerade für muslimische Frauen von herausragender Bedeutung. Denn mit ihm ist die Hoffnung verbunden, das negative Image durch positive **„Role Models"** zumindest zu relativieren und eine differenziertere Sicht zu erreichen, wenn nicht gar Schritt für Schütt alte Klischees zu überwinden.

Frauenbeauftragtenausbildung unter der Leitung von Frauenreferentin Carla Amina Baghajati (in der Mitte mit grüner Jacke) mit Prä. Dr. F. Sanac und Mag. Christoph Matyssek, Leiter des Afro-Asiatischen Instituts – 28.09.2013

III.7.1 Medienbericht: Neuer Muslime-Präsident will mehr Frauenbeteiligung

Fuat Sanac, der neue Präsident der islamischen Glaubensgemeinschaft, will sich mehr um Begegnung und weniger um Politik kümmern.
Der neue Präsident der Islamischen Glaubensgemeinschaft in Österreich (IGGiÖ), Fuat **Sanac**, will eine höhere Frauenbeteiligung in seiner Organisation erreichen. Zudem würden weite Bereiche modernisiert, teilte er bei seiner Antritts-Pressekonferenz am Donnerstag mit. So sollen sich muslimische Vereine stärker ins kommunale Geschehen einbinden, um Ängste und Vorurteile der Bevölkerung abbauen zu helfen.

Von einem „Zukunftsprojekt" sprach **Sanac**, der am Sonntag zum Nachfolger von Anas Schakfeh als Präsident gewählt wurde: Österreichische Muslime sowie die Glaubensgemeinschaft würden große Verantwortung tragen. So solle in den kommenden Jahren etwa die Infrastruktur ausgebaut werden. Derzeit sei man auf der Suche nach einem neuen Gebäude. Und auch beim Personal will **Sanac** künftig auf „Professionalisierung" setzen, etwa indem man auf Fachleute anstelle von ehrenamtlichen Mitarbeitern baut.

Ex-Sprecherin übernimmt Frauenagenda
Ein weiterer Punkt auf der Agenda des neuen Präsidenten ist Aufklärungsarbeit – nach innen wie außen. „Statt uns in Verschwörungstheorien zu verlieren und uns zu beklagen, sollten wir uns dafür einsetzen, uns noch mehr zu beteiligen", kündigte er auch mehr Transparenz in der Medienarbeit an. So arbeite die IGGiÖ unter dem neuen Medienreferenten **Sejdini Zekirija** derzeit an einer neuen Homepage, die zeitgerechter aktualisiert werden soll.

Die ehemalige Sprecherin der IGGiÖ, **Carla Amina Baghajati**, ist nun Frauenreferentin und soll den Plan nach mehr weiblicher Beteiligung in die Tat umsetzen. Dialog, Partizipation und Vernetzung sind dabei die Schlagwörter, bereits jetzt würden ihr an die 50 Helferinnen zur Seite stehen. Durch solche Maßnahmen hofft **Sanac**, dass die heimischen Muslime in den kommenden Jahren als fixer Bestandteil der österreichischen Gesellschaft akzeptiert würden. „Wir wollen, dass unsere Jugendlichen mit Stolz sagen können, dass sie österreichische Muslime sind."

„Warnen unsere Leute vor Extremismus"
Zurückhalten will sich die Glaubensgemeinschaft künftig bei der Kommentierung außenpolitischer Ereignisse sowie der Parteipolitik. **Sanac** will sich laut eigener Aussage lieber „um das Leben in Österreich" kümmern. Bei radikalen Tendenzen sei allerdings der Handlungsspielraum beschränkt: „Wir sind keine Sicherheitsbehörde." Zudem würde die IGGiÖ alles Erdenkliche tun, um in den *Vereinen aufzuklären*. „Wir warnen unsere Leute vor Extremismus", so **Sanac**. (…)
(APA-30.06.2011 | 14:36 |DiePresse.com)

III.7.2 DIALOGLOTSEN-SCHULUNG/ FRAUENBEAUFTRAGTEN-AUSBILGUNG

Mutige Initiativen sind mir immer willkommen, besonders wenn sie das muslimische sowie gesellschaftliche Leben konstruktiv erneuern, durch neue, aber durchaus überlegte Ideen und Erfahrungen bereichern und in der Gesellschaft Frieden und Harmonie schaffen. Doch wenn die neuen Ideen und Initiativen von muslimischen Frauen kommen, dann sind sie mir noch angenehmer und erfreulicher. Denn die Klischees, mit denen das Bild der muslimischen Frau behaftet ist, sind nicht ganz aus der Luft ergriffen. Wir müssen zugeben, dass die vom Islam vorgesehene Rolle der Frau in der Gesellschaft eine Verdrängung und Verstellung bis zur vollständigen Deformation ausgesetzt war, bzw. in vielen Ländern noch ist.

Da wir als Muslime für unsere Umgebung zuständig und verantwortlich sind, müssen wir dagegen etwas tun, und zwar nicht nur polemisch, sondern durchgreifend und zum Besseren verändernd. Denn nicht der Islam hat die Frau zurückgedrängt, sondern rückständige Männergesellschaften.

In Anbetracht dieser Tatsache erscheint mir das Projekt „Ausbildung der Frauenbeauftragten" der IGG**Ö in Zusammenarbeit mit dem BM für europäische und internationale Angelegenheiten als der richtige Schritt in die richtige Richtung, wofür ich allen Beteiligten herzlich danken möchte.**

Das Projekt des Bundesministeriums für europäische und internationale Angelegenheiten (BMeiA) in Kooperation mit der Islamischen Glaubensgemeinschaft in Österreich (IGG**Ö), der Universität Wien** und des Österreichischen Integrationsfonds des Bundesministeriums für Inneres (ÖIF/BMI) mit Unterstützung des Europäischen Integrationsfonds (EIF) wurde im Juni 2011 begonnen.

Zielgruppen waren muslimische Frauen, die sich aktiv am muslimischen Gemeindeleben beteiligen und somit als MultiplikatorInnen wirkten – als Frauenbeauftragte in einer Moscheegemeinde oder in einem Verein, als Kindergärtnerin in einem muslimischen Privatkindergarten, als Lehrerin im muslimischen Umfeld oder in anderer Weise aktiv im direkten Kontakt mit Muslimen.

In dieser Funktion gaben sie wirkungsvoll Informationen weiter, die sonst vielleicht schwerer zugänglich wären. Sie berieten muslimische Frauen und waren für sie ein Vorbild. Das erfordert spezielles Wissen und Zugänge, die während der Fortbildung geboten wurden. Gleichzeitig wurden diese aktiven Musliminnen in ihrer Rolle als Impulsgeberin innerhalb ihres sozialen Umfeldes gestärkt, indem es während der Fortbildung Gelegenheit zur Reflexion und zur Vertiefung kommunikativer Techniken gab. Nicht zuletzt trug das Angebot, zugeschnitten speziell für engagierte muslimische Frauen verschiedenen Hintergrunds, zur innermuslimischen Vernetzung bei und konnte so eine effektivere Zusammenarbeit bewirken und den innermuslimischen Dialog befruchten.

Fortbildungsprogramm für die Dialoglotsen der IGGÖ im Integrationsministerium – 04.11.2013

Das Programm war interaktiv aufgebaut und setzte somit auf eine lebendige und diskussionsfreudige Teilnahme. Renommierte Vortragende aus wichtigen österreichischen Institutionen baten eine thematische Auseinandersetzung auf höchstem Niveau. Verschiedene Exkursionen (z. B. ins Parlament, zur Einrichtung „Habibi" des Österreichischen Integrationsfonds, zur Beratungsstelle Wiener Frauenhäuser) lockerten die Einheiten zusätzlich auf.

In der Außensicht hängt das Ansehen des Islams in starkem Maße damit zusammen, wie die Rolle der Frau in der Religion eingeschätzt wird. Die IGGÖ konnte eine gewisse Vorreiterrolle übernehmen, seit Frauen Mitglieder des Obersten Rates sind.

Viele Frauen, die sich nicht in islamischen Organisationen engagieren, sind höchst interessiert, die Situation von Musliminnen zu verbessern und suchen nach einem Ort muslimischer Begegnung. In beidem liegt eine große Chance, die Islamische Glaubensgemeinschaft ihrer eigentlichen Bestimmung, für alle MuslimInnen in Österreich da zu sein und so wahrgenommen zu werden, näher zu bringen. Denn die Islamische Glaubensgemeinschaft steht insgesamt vor der Herausforderung, berechtigte Erwartungen der Musliminnen und Muslime durch eine professionelle Arbeit zu erfüllen und sich so auch insgesamt als seriöser und ernst zu nehmender Akteur zu etablieren.

Unsere langfristigen Ziele:
- Institutionalisierung frauenspezifischer Angebote.
- Erhöhung der Partizipation von Frauen – jenseits der „Frauenabteilungen".
- Bewusstmachung für Geschlechtergerechtigkeit – das betrifft auch Männer!
- Abbau von Rollenklischees nach innen wie nach außen.
- Frauen als Motor für die innermuslimische Zusammenarbeit und die Identifikation mit der IGGÖ als gemeinsame Vertretung.

Zertifikate Verteilung für muslimischen Frauenbeauftragten im Außenministerium mit Gesandte Mag.a Aloisia WÖRGETTER und Frau Prof. Susanne HEINE – 05.12.2014

III.9 MOSCHEEFÜHRER/INNEN

Eine Moschee ist nicht nur Gebetsort, sondern häufig auch ein sozialer Treffpunkt, an dem auch andere Aktivitäten der Gemeindemitglieder stattfinden. Sie kann Teil eines größeren islamischen Kulturzentrums sein, das Veranstaltungsräume, Verwaltungsbüros und weitere Einrichtungen umfasst.

Die historische Entwicklung des Moscheebaus in Österreich reicht weit in die Zeit der Donau-Monarchie zurück. Aber die heutigen Moscheebauten gehen auf so genannte Gastarbeiter, vor allem auf Migranten aus der Türkei zurück. Anfang der 1960er-Jahre bestanden nur einige wenige kleine muslimische Gebetsräume in Österreich. So richtete der **„Moslemische Sozialdienst"**, der von einigen österreichischen Muslimen bosnischer Herkunft gegründet worden war, 1964 ein kleines Büro mit einem Gebetsraum in Wien ein, 1976 dann ein größeres Zentrum. Durch den Zuzug von Arbeitsmigranten aus der Türkei und ExJugoslawien nach Österreich ab Mitte der 1960er-Jahre, verstärkt zwischen 1969 und 1973, wuchs die Bevölkerung mit muslimischer Religionszugehörigkeit rasch an. Für die Gebete an den großen muslimischen Feiertagen mietete man in den 1970er-Jahren Säle und Hallen an, in Wien z. B. die Stadthalle.

1979 wurde die erste repräsentative Moschee Österreichs mit einem Minarett und einer Zentralkuppel eröffnet: das Islamische Zentrum Wien im 21. Bezirk, in der Nähe UNOCity.

In **Vorarlberg** entstand der erste Gebetsraum 1981 durch den „Türkisch-Islamischen Bund", in einem gemieteten Kellerraum in Hörbranz.

1984/85 wurde in der Neubaugasse in Wien das erste große türkisch-muslimische Zentrum eingerichtet, das sich nicht mehr in einem Keller befand, einen Gebetsraum für rund 150 Personen besaß, aber von außen nicht sichtbar war.

1987 wurden insgesamt 52 Moscheen türkisch-muslimischer Vereine in Österreich, davon 14 in Wien, gezählt. Im Zusammenhang mit dem Bosnienkrieg und der Flucht bosnischer Muslime nach Österreich entstanden dann ab Anfang der 1990er-Jahre die ersten kleinen Zentren bosnisch-muslimischer Gemeinschaften, zuerst in **Gmunden** im Jahr 1991 und in **Klagenfurt** 1993.

Die Mitglieder der Vereine, die in Österreich Moscheen errichten, haben in der Regel vorwiegend eine türkische oder bosnische Herkunft. Die beiden Gruppen repräsentieren einen Islam, der der hanafitischen islamischen Rechtsschule angehört.

Nach dem Wachsen der muslimischen Bevölkerung und der verbesserten sozialen und ökonomischen Situation der Mitglieder der Moscheevereine wurden Moscheen immer größer und schöner. Aber in den meisten Fällen erfolgt der Neubau einer Moschee aus verschiedenen Gründen ohne die Errichtung eines Minaretts:
In manchen Fällen ist es Teil der Moscheebaupolitik eines bestimmten Dachverbands, von vornherein keinen Bau eines Minaretts vorzusehen. In anderen Fällen verbinden Moscheevereine mit dem Neubau zwar auch den Wunsch, ein Minarett zu bauen, verzichten aber als Resultat von Vorverhandlungen mit der Gemeindeleitung auf die Einreichung eines Minarettbaus, um Schwierigkeiten und Verzögerungen bei der Realisierung des Projekts zu vermeiden.

Zertifikate Verteilung für die neuen MoscheeführerInnen 11.4.2015

Mit dem Sichtbarwerden des Islam in Österreich in Form muslimischer Bauten setzten auch Konflikte ein, die zum Teil intensiv verliefen:
Den ersten Moscheekonflikt bildet der Streit um den Umbau eines Lokals zu einem muslimischen Zentrum in der Stadt Traun (Oberösterreich) in den Jahren 1998 bis 2001, der mit dem Abriss des Gebäudes endete. Der Bau des ersten Minaretts in Tirol, in Telfs, löste 2005 eine öffentliche Diskussion über Islam und Moscheebau aus, die über die regionale Ebene hinausging und nun die bundesweite Politik und Öffentlichkeit erreichte. Der Konflikt ebbte erst ab, als sich der muslimische Verein ATIB in Telfs bereit erklärte, das Minarett statt der eingereichten Höhe von 20 Metern fünf Meter niedriger zu errichten.

Allein das Vorhaben der Errichtung einer Moschee mit einem 20 Meter hohen Minarett durch den Verein ATIB-Bludenz (Vorarlberg), das im Jänner 2008 bekannt wurde, löste eine massive öffentliche Debatte und heftige politische Reaktionen aus.

Die Konflikte wegen Moscheebauten waren nicht nur von der Außengestaltung des Baus abhängig, sondern auch von der Debatte um Religionsfreiheit im Kontext globaler Krisen:
Vor allem seit 2001 ist das globale politische Klima sehr belastet. In Europa haben Anschläge von radikalisierten jungen Muslimen seit 2004 in Madrid, London und Amsterdam Ängste vor dem radikalen Terror verstärkt und das verursacht eine negative Wahrnehmung des Islam in den einzelnen europäischen Ländern zwar unterschiedlich, aber insgesamt stark ausgeprägt.

Eröffnung der „Moschee NUR" in Linz Prä. Sanac mit Raisu-l-ulema Husein Kavazović – 22.6.2014

Dazu kommt auch ein Neidgefühl, dass die ehemaligen türkischen „Gastarbeiter" und ihre Familien keine Gäste mehr sind, sondern dass sie bleiben und zu neuen Bürger/innen geworden sind, die ihre Rechte in Anspruch nehmen. Zusammenfassend kann man sagen: All die beschriebenen Phänomene bilden Facetten der globalisierten Welt, in denen Konflikte zunehmen.

Wie dem auch sei: Es gilt, eine Politik des inklusiven Umgangs mit einer religiösen Minderheit zu realisieren und die durch die Verfassung garantierte Religionsfreiheit zu garantieren. Die Stärke der modernen Demokratie und des Rechtsstaats besteht in der Integration einer Gesellschaft über eine rechtliche Ordnung, die für alle gelten kann und für alle gleich gilt. Ihren normativen Kern bilden die Menschenrechte, einschließlich des fundamentalen Rechts auf Religions- und Kultusfreiheit.

Wichtig ist natürlich, was wir als Muslime machen: Das formale Recht ist noch zu wenig. Es bedarf auch des Dialogs auf allen Ebenen: Es kommt darauf an, abseits der massiven Medienbilder vom „Islam", von militantem Islamismus und Terror genau hinzusehen. Es ist wichtig, auf die konkreten, individuellen Menschen muslimischer Zugehörigkeit und ihre Gemeinschaften am Ort zuzugehen, sie kennenzulernen – und sich nachhaltig in gegenseitige neugierige und respektvolle Beziehungen verwickeln zu lassen.

Tag der offenen Moschee 13.2.2016

Gerade in Zeiten von Kriegen und globalen Krisen braucht es stabile und nachhaltige Bündnisse zwischen den Muslimen und Nichtmuslimen auf lokaler Ebene, die sich gegen das Wirken von Hass, Spaltung und Gewalt wappnen und gemeinsam eine Kultur der Toleranz und des gegenseitigen Respekts verteidigen. Deswegen haben wir als IGGÖ durch Unterstützung des Integrationsministeriums im März 2013 mit der Moscheeführung-Ausbildung angefangen und durch die Unterstützung von ÖIF haben wir Moscheeführungsprojektbeschreibungen oder Moscheen-Handbücher vorbereitet.

Die Moschee Führer/innen aus verschiedenen Moschee-Vereinen erklären den Besucher/innen, die gruppenweise die Moscheen besichtigen und sich über Islam, Muslime und Moscheen informieren wollen. Insbesondere am „Tag der offenen Moscheen" übernehmen sie die ganze Organisation.

Wir alle waren uns der Tatsache bewusst, dass der zwischenmenschliche Dialog in Zeiten wie diesen wichtiger denn je geworden ist. Durch den *Tag der offenen Moscheen* wollten wir alle Interessierten über ihre Religion aufklären und sich aktiv gegen den Missbrauch dieser stellen. Sie zeigten aber vor allem, warum sie den Islam gerne praktizieren und auf diese Weise zwischenmenschliches Vertrauen stärken. Sozialer Zusammenhalt in unserer pluralistischen Gesellschaft entsteht dadurch, dass Gemeinsamkeiten erkannt werden, anstatt das scheinbar „Andere" als unbekannt und damit als Bedrohung wahrzunehmen. So kommen wir von einem Nebeneinander zum Miteinander und schließlich zu einem Füreinander.

III.10 DOKUSTELLE DER IGGÖ

Dokustelle ist eine Dokumentationsstelle der IGGiÖ. Sie hat sich zur Aufgabe gemacht, beide Arten von gesellschaftlichen Geschehnissen zu dokumentieren.

Die Dokustelle hat mit ihrer Arbeit am **01.01.2015** begonnen. Sie bietet eine Anlaufmöglichkeit, Erlebnisse zu melden, bei deren Hintergrund Ressentiments gegen Muslime bis hin zu offener Islamfeindlichkeit auftreten. Auf seriöse Weise soll so einerseits Bewusstsein für die Problematik geschaffen werden. Gleichzeitig soll Betroffenen Hilfestellung geboten werden. Von ähnlichen Projekten in anderen Ländern unterscheidet sich die Dokustelle darin, dass auch Fälle von Zivilcourage im Alltag vermerkt werden. Denn so soll sich das Stimmungsbild runden, das damit nicht nur Aggression und Diskriminierung aufzeigt, sondern auch die Bereitschaft dagegen persönlich einzutreten. Es geht um das Klima des friedlichen und respektvollen Zusammenlebens, an denen allen gelegen sein muss.

In den letzten Wochen wurden etliche Fälle publik, in denen muslimische Frauen auf offener Straße drangsaliert und angegriffen wurden. Zuletzt beunruhigte eine offensichtlich islamfeindliche Provokation auf eine **ATIB**-Moschee im 20. Wiener Bezirk. An den Türklinken waren Teile von Schweinekadavern angebracht worden. Solche Vorfälle zeigen die Dringlichkeit, gezielt derartige Vorkommnisse zu dokumentieren. Nicht nur

Muslime fühlen sich hier betroffen. Es geht um das Klima des friedlichen und respektvollen Zusammenlebens, an denen allen gelegen sein muss. Daher beginnt die **Dokustelle** ihre Arbeit genau zur richtigen Zeit; sie bietet eine Anlaufmöglichkeit, Erlebnisse zu melden, bei deren Hintergrund Ressentiments gegen Muslime bis hin zu offener Islamfeindlichkeit auftreten. Auf seriöse Weise soll so einerseits Bewusstsein für die Problematik geschaffen werden.

Derzeit fehlen gesicherte Daten, auch weil Vorkommnisse bei der Polizei nicht unter diesem Gesichtspunkt abgelegt werden. Gleichzeitig soll Betroffenen Hilfestellung geboten werden.

Von ähnlichen Projekten in anderen Ländern unterscheidet sich die Dokustelle darin, dass auch Fälle von Zivilcourage im Alltag vermerkt werden. Denn so soll sich das Stimmungsbild runden, das damit nicht nur Aggression und Diskriminierung aufzeigt, sondern auch die Bereitschaft, dagegen persönlich einzutreten. (Die Kontaktdaten: Dokustelle@derislam.at – www.dokustelle.derislam.at)

Medienbericht: Fuat Sanac fordert Anti-Islamismus-Gesetz:

Der Präsident der Islamischen Glaubensgemeinschaft in Österreich fordert eine Anlaufstelle für Betroffene.

Der Präsident der Islamischen Glaubensgemeinschaft in Österreich (IGGiÖ), Fuat **Sanac**, fordert ein Anti-Islamismus-Gesetz. „Wenn jemand wegen seiner Religion angegriffen wird, muss das geahndet werden", sagte er im „Kurier". Zudem wünscht er sich eine Anlaufstelle für Betroffene. Generell findet Sanac, „dass es Muslime in Österreich besser haben als in vielen anderen Ländern"…[86]

---

86 **Vgl.** Die Presse.com – 14.07.2014 – Fuat Sanac/Bild: APA/HELMUT FOHRINGER; Fuat Sanac fordert Anti-Islamismus-Gesetz | DiePresse.com; https://www.diepresse.com/3838237/fuat-sanac-fordert-anti-islamismus-gesetz.

III.11 MUSLIMISCHER AKADEMIKERBUND (MUSAK)

ZIELE DES VEREINS

1. Verbesserung des Zusammenlebens von MuslimInnen und Menschen anderer Glaubensrichtungen in Österreich
2. Bewahrung und Entwicklung kultureller und geistiger Werte von MuslimInnen
3. **Lösung von Problemen im interkulturellen und interreligiösen Bereich**
4. Stärkung des Bewusstseins für die Gemeinsamkeiten aller Religionen und Kulturen
5. Zusammenbringung der AkademikerInnen auf einer Sachebene (…)

Logo des Vereins

Vereinsregisterauszug zum Stichtag 10.06.2012
Allgemeine Daten Zuständigkeit Bundespolizeidirektion Wien,
Büro für Vereins-, Versammlungs- und Medienrechtsangelegenheiten
ZVR-Zahl 953589886
Vereinsdaten Name Muslimischer Akademikerbund Sitz Wien c/o

Der Vorsitzende ist das höchste Leitungsorgan. Ihm obliegt die Vertretung des Institutes, insbesondere nach außen, gegenüber Behörden und dritten Person. Schriftliche Ausfertigungen und Bekanntmachungen der Organisation insbesondere den Bund verpflichtende Urkunden sind vom Vorsitzenden und vom Generalsekretär, sofern sie jedoch Geldangelegenheiten betreffen, vom Vorsitzenden und vom Kassier gemeinsam zu unterfertigen. Im Falle der Verhinderung treten an die Stelle des Vorsitzenden des Generalsekretärs und des Kassiers ihre Stellvertreter.

III.12 MUSLIMISCHE Künstler/innen in Österreich

Der Verein führt den Namen **„Muslimische Künstler/innen in Österreich"** Er hat seinen Sitz in Wien (in 1070 Wien, Bernardgasse 5) und erstreckt seine Tätigkeit in Wien.

Der Verein versteht sich als registrierter Hilfsverein der IGGiÖ, gem. Art. 20 Abs. 3 der Verfassung der IGGiÖ, verpflichtet sich, „die Verfassung der IGGiÖ zu achten, die Anweisungen der zuständigen Organe der IG-GiÖ und die vorgegebene Allgemeine Richtlinie, die in der Präambel der Verfassung der IGGiÖ klar definiert ist, zu befolgen".

Der Verein arbeitet in Absprache mit der IGGiÖ.
Der Verein, dessen Tätigkeit nicht auf Gewinn gerichtet ist, bezweckt die islamische Kunst und Kultur zu pflegen, wenn es erforderlich ist, die Künstler/innen finanziell zu unterstützen.

Dieser Verein ist die direkte Brückenbauer/Schnittstelle zwischen der Islamischen Glaubensgemeinschaft in Österreich (IGGiÖ) und den österreichischen, so wie ausländischen Künstler/innen. Eine weitere Aufgabe dieses Vereins ist die interreligiöse Zusammenarbeit mit Künstler/innen unterschiedlicher Religionen und Organisationen. – 21.05.2014

III.13 HILAL – Hilfsverein der IGGÖ

Der Verein führt den Namen **„HILAL"** (**„Hilfe für Alle"**)
Er hat seinen Sitz in Wien:

Logo des Vereins

1. und erstreckt seine Tätigkeit auf ganz Österreich und die Welt
2. Die Errichtung von Zweigvereinen ist beabsichtigt.
3. HILAL ist ein Unterstützerverein der Islamischen Glaubensgemeinschaft in Österreich (IGGiÖ):

a. Der Verein versteht sich als registrierter Unterstützerverein der IGGiÖ, gem. Art. 20 Abs. 3 der Verfassung der IGGiÖ,
b. verpflichtet sich die Verfassung der IGGiÖ zu achten, die Anweisungen der zuständigen Organe der IGGiÖ und
c. die vorgegebene Allgemeine Richtlinie, die in der Präambel der Verfassung der IGGiÖ klar definiert ist, zu befolgen.

Zweck
1. Die Tätigkeit des Vereins ist nicht auf Gewinn gerichtet.
2. Der Verein strebt ausschließlich gemeinnützige und mildtätige Zwecke im Sinne der Bundesabgabenordnung an.
3. Insbesondere bezweckt der Verein die Unterstützung von jungen, alten und hilfsbedürftigen Menschen, Flüchtlingen und Asylwerbern, Opfern von Katastrophen und privaten Tragödien.

4. Organisation von Veranstaltungen und Einrichtungen, um Punkt 3 zu erfüllen.
5. Spendensammlung und Verkauf von Gegenständen, um mit deren Erlös Punkt 3 zu unterstützen und möglich zu machen.
6. Altenhilfe, Flüchtlingshilfe, Katastrophenhilfe. Seelsorge und Telefonseelsorge, Jugendberatung, Familienberatung, Suchtmittelprävention, Extremismus- und Gewaltprävention
7. Der Verein beabsichtigt eine Vernetzung und Kooperation mit anderen Organisationen und Vereinen. (…)

Besuch des Caritas Präsidenten Franz Küberl – Frau Dr. Doris Appel-Gerhard Klein (wir arbeiteten mit anderen Hilfsorganisationen zusammen) – 20.02.2013

Vorstand
1. Der Vorstand besteht aus folgenden Mitgliedern, und zwar aus Obmann/Obfrau, seinem/seiner Stellvertreter/in, Schriftführer/in sowie Kassier/in.
2. Die Funktionsperiode des Vorstands beträgt fünf Jahre; Wiederwahl ist möglich. Jede Funktion im Vorstand ist persönlich auszuüben, darf aber auf ordentliche Mitglieder der Generalversammlung auf bestimmte Dauer übertragen werden. Die Entscheidung

darüber fällt der Vorstand. (…) – **Funktionsperiode: 09.02.2014 – 08.02.2019** – Mit diesem Verein „HILAL" haben wir vielen Flüchtlingen geholfen: z. B. Verstorbene im Islamischen Friedhof begraben. Die verantwortlichen Personen jedoch, die diese Verantwortung nach mir übernommen haben, haben nicht wirklich um den Verein gekümmert; anderenfalls könnten wir jetzt eine große Hilfsorganisation haben! Flüchtlingen bzw. Schutzsuchenden zu helfen ist ein Gebot der Menschlichkeit.

Seit einigen Jahren beschäftigt uns als IGGÖ die Situation der sogenannten „ArmutsmigrantInnen" bzw. „Notreisenden" aus asiatischen und afrikanischen **Ländern, die auf der Suche nach einer Perspektive oder Überlebensmöglichkeiten für sich und ihre Familien nach Österreich** kommen.

Mittlerweile engagieren sich in **Österreich** zahlreiche muslimischen Organisationen, Einrichtungen und Initiativen für ein Klima des Respekts, für einen würdevollen Umgang mit diesen Männern, Frauen und Familien oder beteiligen sich am Aufbau einer Basisversorgung in **Österreich**. Wir möchten dieses Engagement sichtbar machen, damit viele sich daran teilnehmen.

Der Caritas Präsident Michael LANDAU mit dem Präsidenten Sanac – 25.2.2014

Der Präsident des Samariter Bundes Herr Reinhard HUNDSMÜLLER besuchte die IGGÖ – 12.11.2015

Vorbereitung der Opferfestgeschenke für Flüchtlinge mit meinen Sekretärinnen in der IGGÖ (Hülya POLAT-PINARBAŞI und Meryem AYDOĞAN) – 24.9.2015

KAPITEL IV

IV.1 DAS NEUE ISLAMGESETZ IN ÖSTERREICH

IV.1.A Wie hat sich alles entwickelt?

Der erste Versuch zur Novellierung des Islamgesetzes 06.09.2005: Die Novellierung des Islamgesetzes 1912 war immer ein Anliegen der IGGÖ (damals IGGiÖ). Der Entwurf wurde von Prof. Dr. Richard **POTZ für die IGGiÖ vorbereitet und vom damaligen Präsidenten der IGGiÖ Herrn Anas SCHAKFEH** beim Ministerium für Kultur und Kunst (BM:UKK) vorgelegt (2005). Er wollte eine Gleichstellung mit den anderen gesetzlich anerkannten Kirchen und Religionsgesellschaften erreichen. Im Jahr 2008 regte das Kultusamt an, eine Novellierung sowohl des IsraelitenG118 als auch des IslamG 1912 vorzunehmen.[87] Aber nach dreijähriger Diskussion wurde die Novellierung des Islamgesetzes als „Nichtnotwendig" abgelehnt.

Das waren der erste Versuch und der erste Entwurf für die Änderung des Gesetzes:

BUNDESGESETZ VOM XX. XX. 200X MIT DEM DAS GESETZ BETREFFEND DIE ANERKENNUNG DER ANHÄNGER DES ISLAM ALS RELIGIONSGESELLSCHAFT GEÄNDERT WIRD (06.09.2005)

§ 1 (1) Die Islamische Glaubensgemeinschaft ist eine gesetzlich anerkannte Religionsgesellschaft im Sinne des Artikels 15 des

---

[87] Gesetz vom 21. März 1890, betreffend die Regelung der äußeren Rechtsverhältnisse der israelitischen Religionsgesellschaft, RGBl. 57/1890 idF BGBl. 505/1994.

Staatsgrundgesetzes vom 21. Dezember 1867, RGBl. Nr. 142, über die allgemeinen Rechte der Staatsbürger. (…)

§ 19. Wahrnehmung staatlicher Kompetenz in äußeren Angelegenheiten der Islamischen Glaubensgemeinschaft In den Angelegenheiten des Kultus, die die Islamische Glaubensgemeinschaft betreffen, ist soweit sie nicht in den Wirkungsbereich einer anderen Behörde fallen, das Bundesministerium für Bildung, Wissenschaft und Kultur zuständig. Soweit in diesen Angelegenheiten andere Bundesministerien zuständig sind, ist das Bundesministerium für Bildung, Wissenschaft und Kultur zu hören.

§ 20. Aufhebung von Rechtsvorschriften: Mit dem Wirksamkeitsbeginn dieses Bundesgesetzes treten Rechtsvorschriften, die sich auf äußere Rechtsverhältnisse der Islamischen Glaubensgemeinschaft beziehen, insofern außer Kraft, als ihr Gegenstand nunmehr durch dieses Bundesgesetz geregelt wird. Insbesondere tritt außer Kraft:

§ 21. Vollzugsklausel: Mit der Vollziehung dieses Bundesgesetzes sind das Bundesministerium für Bildung, Wissenschaft und Kultur sowie die sonst nach dem Gegenstand zuständigen Bundesministerien je nach ihrem Wirkungsbereich betraut. – Wien, 06.09.2005 – Unterschrieben von Herrn Anas **SCHAKFEH** (Präsident) und Dr. Fuat **SANAC** (Schuraratsvorsitzender)

IV.1.B Warum ein neues Islamgesetz?

Das Islamgesetz 1912 hat den Islam als einer anerkannten Religion in den Ländern der österreichisch-ungarischen Monarchie verankert und ihn unter den Schutz des Art. 15 StGG 1867 gestellt. Diese besondere Rechtsstellung des Islam und der Schutz seiner Anhänger (iSd Art. 14 und 15 StGG „im Sinne des Art. 14 und 15 des Staatsgrundgesetzes") ist über das Ende der österreichisch-ungarischen Monarchie bis in die Gegenwart (2012) herein erhalten geblieben; institutionell wurde mit Bescheid des Bundesministers für Unterricht vom 2. Mai 1979 die Genehmigung zur Errichtung der ersten Wiener Islamischen Religionsgemeinde erteilt und die Verfassung der IGGiÖ genehmigt. Damit trat die IGGiÖ als Religionsgesellschaft und Körperschaft öffentlichen Rechts (iSd Art. 15 StGG) ins Leben.

Dies wird besonders deutlich sichtbar mit der Verabschiedung der EMRK 1948 (Europäische Menschenrechtskonvention) samt Zusatzprotokollen in Religionsrechtsangelegenheiten, durch die eine Rechtsordnung entstanden ist, die unmittelbaren Einfluss auf die Ausgestaltung des österreichischen Religionsrechtes ausübt. Die insbesondere auf Art. 9 EMRK beruhende und sich weiter entwickelnde Judikatur des EGMR (Europäischer Gerichtshof für Menschenrechte) ist von unmittelbarer Bedeutung für die weitere Entwicklung des österreichischen nationalen Religionsrechtes. Ähnliches gilt für die Judikatur insb. des Verfassungsgerichtshofes zu Art. 14 und 15 StGG 1867.

- Artikel 14. Die volle Glaubens- und Gewissensfreiheit ist Jedermann gewährleistet.
  Der Genuss der bürgerlichen und politischen Rechte ist von dem Religionsbekenntnisse unabhängig; doch darf den staatsbürgerlichen Pflichten durch das Religionsbekenntnis kein Abbruch geschehen. Niemand kann zu einer kirchlichen Handlung oder zur Teilnahme an einer kirchlichen Feierlichkeit gezwungen werden, insofern er nicht der nach dem Gesetze hiezu berechtigten Gewalt eines anderen untersteht.

- Artikel 15. Jede gesetzlich anerkannte Kirche und Religionsgesellschaft hat das Recht der gemeinsamen öffentlichen Religionsübung, ordnet und verwaltet ihre inneren Angelegenheiten selbständig, bleibt im Besitze und Genüsse ihrer für Kultus-, Unterrichts- und Wohltätigkeitszwecke bestimmten Anstalten, Stiftungen und Fonds, ist aber, wie jede Gesellschaft, den allgemeinen Staatsgesetzen unterworfen.

Aber:
- Das Islamgesetz 1912 war im Laufe der zwischenzeitigen Entwicklung des Religionsrechts notwendigerweise rudimentär/unvollkommen.

Mit anderen Worten: Das Islamgesetz 1912 war 100 Jahre alt und nicht zeitgemäß.
- Zur Zeit der Anerkennung des Islamgesetz **1912 lebten etwa 1 500 MuslimInnen** auf dem Gebiet des heutigen Österreich. Nach dem Zweiten Weltkrieg wuchs wieder die Zahl heimischer Muslime, erst durch Studenten aus arabischen Staaten, später durch Gastarbeiter aus dem ehemaligen Jugoslawien und der Türkei; am 15. Mai 1964 wurde ein Anwerbeabkommen zwischen Österreich und der Türkei unterzeichnet, um den Arbeitskräftemangel in Österreich auszugleichen und den Wirtschaftsaufschwung in Gang zu halten. Nach Inkrafttreten des Abkommens stieg der Anteil der muslimischen Bevölkerung in Österreich kontinuierlich an.

1964 lebten etwa 8 000 MuslimInnen in Österreich. **Bis 1991 stieg die Anzahl auf über 150 000 an**. Mit dem kriegerischen Zerfall Jugoslawiens flohen auch zahlreiche MuslimInnen, vor allem aus Bosnien, nach Österreich. **Bis 2001 stieg die muslimische Bevölkerung in Österreich auf über 330 000 an**. Nach 2001 kamen muslimische Flüchtlinge aus Afghanistan, der Russischen Föderation, dem Irak, Pakistan und Syrien nach Österreich.

- Mit der Zunahme der Muslime in Österreich sind auch die Anforderungen an die IGGiÖ gewachsen.
- Vieles ist im alten Islamgesetz nicht enthalten, Religions- und Kulturrecht der Universität Wien, Krankenhaus-, Militär- und Universitätsseelsorge, Imame- und Islamlehrerausbildung.
- Jedes Mal, wenn man sich bisher diesbezüglich an die öffentliche Hand gewandt hat, ist die Antwort gewesen: „Das steht nicht im Gesetz", oder „es gibt keine gesetzliche Grundlage."

Aus diesen Gründen begannen Muslime, sich für eine zeitgemäße Neugestaltung des Islamgesetzes zu interessieren. Schon im Jahre 2005 hatte der damalige Präsident der IGGiÖ Anas **Schakfeh** bei der zuständigen

Ministerin Elisabeth Gehrer[88] (wie oben) einen Entwurf für eine Novellierung des Islamgesetzes vorgelegt, der sich eng am zuvor erwähnten Gesetz der Protestanten orientierte.

Herr Anas **SCHAKFEH** äußert sich zum neuen **Islamgesetz**, das er als Sicherheitsgesetz einstuft. Im Gespräch mit Nermin **Ismail** erklärt er, warum die Muslime bisher Rechtssicherheit genossen haben und warum die Novellierung eine Ungleichbehandlung bedeutet.

Sie waren 24 (12 Jahre!) Jahre im Amt des Präsidenten der Islamischen Glaubensgemeinschaft. War eine Novellierung des seit 1912 bestehenden Islamgesetzes auch zu Ihrer Zeit Thema?

2005 haben wir einen Entwurf der damaligen Regierung vorgelegt. Elisabeth **Gehrer** wollte das Gesetz als eine Regierungsinitiative beschließen lassen. Die ÖVP verlor 2006 die Wahlen und Frau **Gehrer** hat ihren Rücktritt erklärt. 2008 waren wir mit der Studie des Herrn **Khorchide** konfrontiert. Die Ergebnisse waren für die Muslime sehr negativ. Der Ruf des Islamunterrichts war ramponiert. Wir begannen dann die Schäden zu reparieren. Wir haben dann einen 5Punkte-Plan erarbeitet und waren mit der Reformierung des Lehrplans beschäftigt. Danach haben wir die Verfassung der IGGiÖ novelliert. Mitte 2011 habe ich meine Amtsperiode beendet.

Und die Novellierung des Islamgesetzes blieb auf der Strecke?

Der Entwurf lag im Ministerium vor, aber es gab keinen Willen mehr, etwas zu tun in dieser Richtung. Nach Abschluss meiner Amtsperiode habe ich den neu gewählten Präsidenten den Entwurf in die Hände gedruckt und habe gesagt er soll das verfolgen. Ich wusste nur, dass das Kultusamt nicht unseren Entwurf weiterbehandeln wollte, sondern etwas ganz Neues.[89]

---

88 Elisabeth **Gehrer**, geb.11.05.1942 in Wien; geb. Pokorny) ist eine Politikerin der ÖVP und war in den Bundesregierungen zwischen 1995 und 2007 österreichische Bundesministerin für Bildung, Wissenschaft und Kultur. In ihrer Amtszeit bekamen wir acht Fachinspektoren für islamischen Religionsunterricht.

89 **Vgl.** posted in Gesellschaft on 14. Februar, 2015 by Nermin Ismail – https://www.fischundfleisch.com/nermin/vor-den-kopf-gestossen-3322.

IV.1.C Der zweite Versuch zur Novellierung des Islamgesetzes 09. 11.2011

Unser Begehren nach einem neuen Islamgesetz hat sehr gut angefangen:
Wir haben zuerst einen Entwurf vorbereitet und mit einem Ansuchen am 09. Nov. 2011 bei Frau Bundesministerin für Unterricht, Kunst und Kultur Dr. Claudia **SCHMIED** persönlich vorgelegt. Diesen Entwurf haben wir mit Hilfe der anderen Novellierungen der Kirchen und Religionsgesellschaften, wie jüdisch, protestantisch und orthodox übernommen. Einige Paragraphen waren mit unseren Anliegen ident und wir sind davon ausgegangen, dass dieser Entwurf schnell und ohne Änderung vom Kultusamt angenommen und im Parlament bestätigt werden würde.

Nach einigen Treffen mit Frau Ministerin Dr. Claudia **SCHMIED** haben wir die Arbeit auf Verlangen von Frau Ministerin ein Jahr verschoben, denn es war das Wahljahr und wir wollten nicht, dass die Islamgesetznovellierung durch Politik thematisiert wird.

Nachdem wir 2014 erneut mit den Verhandlungen angefangen haben, wurde die gesellschaftliche und politische Situation in Österreich völlig geändert; wegen des Syrienkrieges und dessen Folgen, z. B. der Rekrutierung der muslimischen Jugendlichen von zwei unabhängigen kleinen Moscheen zur Terrororganisation **IS** (**DEASH**) wurden die Muslime von verschiedenen Seiten unter Generalverdacht gestellt. Dadurch wurde unser Entwurf vom Kultusamt völlig geändert, was auch den Widerstand der Muslime verursacht hat. Dieser Islamgesetzentwurf, der ohne unsere Zustimmung zum Parlament geschickt wurde, verursachte in Österreich große Unruhen. Dieses Ereignis wurde nicht nur bundesweit verbreitet, es ging in den ganzen europäischen Raum und wurde sogar auf der ganzen Welt thematisiert.

Erst ab Mitte 2011 wurde das Projekt „Islamgesetz" von der IGGÖ weiter initiiert. Die Ansprechpartner waren neue. Mit der Einrichtung eines Staatssekretariats für Integration im gleichen Jahr trat der junge Politiker Sebastian **Kurz** auf den Plan, der die Agenden nach den

Nationalratswahlen 2013 im Rahmen des Außenministeriums weiterführen sollte. Ein „**Dialogforum Islam**" wurde 2012 eingerichtet, das in verschiedenen Arbeitsgruppen Weichenstellungen, auch in Richtung Islamgesetzes traf. Denn hier wurden im Abschlussdokument Punkte wie die an der Universität Wien einzurichtende Ausbildung für Theologen/innen im Rahmen eines theologischen Studiums ebenso wie andere Anliegen thematisiert.

Eigentlich fing alles ganz gut an. Aber diese Vorgehensweise von einigen Bürokraten oder Politikern hat Österreichs Image unter den Muslimen in vielen islamischen Ländern rasant geändert, obwohl Österreich ein Vorreiter der Religionsfreiheit in ganz Europa war und immer noch ist und mit Muslimen eine sehr lange Tradition hatte.

Bundesministerin für BM:UKK Frau Dr. Claudia SCHMIED – 100jähriges Jubiläum – 29.06.2012

Von allem Anfang an stieß das Vorhaben der Republik, die Rechtsverhältnisse so unterschiedlicher gesetzlich anerkannter islamischer Religionsgesellschaften wie der IGGiÖ einerseits, der (Islamischen) **Aleviten** andererseits in ein und demselben Gesetz zu regeln, ebenso der gesetzliche Zwang, Deutschübersetzungen des **Korans** beizubringen, auf unseren Widerstand, was wir durch Dialog gelöst haben, ebenso die **Auslandsfinanzierung**. Nach Verhandlungen hieß es jetzt im Gesetz: verboten ist die „laufende Finanzierung" und erlaubt ist die „einmalige Schenkung".

Von Seiten der IGGiÖ war die Sache nicht „entscheidungsreif" für das nunmehr eingeleitete Begutachtungsverfahren. Gerade in den sensiblen Punkten wären aus Sicht der IGGiÖ weitere ernsthafte Gespräche angebracht gewesen. Es war die autonome Entscheidung der Politik, einen jedenfalls mit der IGGiÖ nicht abgestimmten Entwurf in die Begutachtung zum Parlament zu schicken; dies entgegen meines dringlichen Ersuchens, meine Rückkehr von der Pilgerfahrt abzuwarten.

Nach meiner Rückkehr von der Pilgerfahrt hat die IGGiÖ sich gegen 20 Punkte ausgesprochen und wurde in ihrer Stellungnahme von Kirchen und Religionsgesellschaften, sowie vielen prominenten Professoren und NGOs unterstützt. – Dafür bin ich ihnen allen dankbar. Nach diesem ersten Entwurf wurden dann durch Dialog zwischen der Regierung, insbesondere den zwei zuständigen Ministern, nämlich Außen- und Integrationsminister **Sebastian KURZ** und Bundesminister im Bundeskanzleramt **Dr. Josef OSTERMAYER** und der IGGÖ – mit Ausnahme von zwei Paragraphen – alle unerwünschten Paragraphen geändert. Geblieben ist in den Köpfen der Menschen jedoch der erste, nicht angenommene Entwurf.[90]

Diese zwei Paragraphen waren:
1. Zwei getrennte Gesetze; eines für die Mitglieder der IGGÖ und ein für die Mitglieder für **ALEVI** und
2. laufende Finanzierung (**Auslandsfinanzierung**): Voraussetzungen für den Erwerb der Rechtsstellung.

---

90 **Anm**. Beim Treffen im Außenministerium mit Sebastian Kurz und BM Dr. Josef OSTERMAYER waren auch ihre Berater, u. a.: Dr. Markus BENESCH, Dr. Stefan STEINER, Mag. Oliver HENHAPEL. Von unserer Seite waren: Dr. Fuat SANAC, Dr. Nihat KOCA, Dr. Metin AKYÜREK, Mag. Ümit Vural, DI. Jamal MORAD, Carla Amina BAGHAJATI, Esad MEMIC, Abdi TASDÖGEN.

Der Paragraph über die Auslandsfinanzierung lautet wie folgt:
Islamgesetz 2015 – 1. Abschnitt – Rechtsstellung – Körperschaft öffentlichen Rechts
§ **4.** (1) Eine Islamische Religionsgesellschaft bedarf für den Erwerb der Rechtspersönlichkeit nach diesem Bundesgesetz eines gesicherten dauerhaften Bestandes und der wirtschaftlichen Selbsterhaltungsfähigkeit. Der gesicherte dauerhafte Bestand ist gegeben, wenn der Antragsteller eine staatlich eingetragene religiöse Bekenntnisgemeinschaft ist und über eine Anzahl an Angehörigen von mindestens 2vT der Bevölkerung Österreichs nach der letzten Volkszählung verfügt. Den Nachweis hat der Antragsteller zu erbringen.

(2) Einnahmen und Vermögen dürfen ausschließlich für religiöse Zwecke verwendet werden, wozu auch in der Erläuterungen zu §§ 3 bis 5: Abs. 2 konkretisiert den Grundsatz der Selbsterhaltungsfähigkeit einer Religionsgesellschaft, wie in § 4 angeführt. Dieser Grundsatz ist dem österreichischen Religionsrecht schon seit 1874 innewohnend und zeigt sich unter anderem in der Regelung des § 5 AnerkennungsG oder § 2 OrthodoxenG. Der Begriff des Bestandes hat auch in das Bundesgesetz über die Rechtspersönlichkeit religiöser Bekenntnisgemeinschaften Eingang gefunden und soll zur Verbesserung der Rechtsklarheit durch diese Bestimmung ergänzt werden. **Zuwendungen aus dem Ausland sind dabei nicht grundsätzlich unzulässig, solange es sich um keine laufenden Finanzierungen, unabhängig davon, ob Geld oder Sachleistungen (einschließlich lebender Subventionen) vorliegen, handelt. Eine einmalige Schenkung wäre mit diesem Wortlaut vereinbar.** Wenn daraus ein laufender Ertrag, beispielsweise zu einer Finanzierung von bestehenden Personalkosten, erzielt werden soll, so wäre eine Schaffung einer inländischen Stiftung, entweder nach dem Privatstiftungsrecht oder allenfalls einer religiösen Stiftung auf der Grundlage der Verfassung der Religionsgesellschaft nach § 6 iVm § 23 Abs. 4 möglich. Entscheidend für die Frage, ob es sich um eine zulässige inländische Finanzierung handelt, wären dann der Sitz der Stiftung und der Wohnsitz der Stiftungsorgane. Der Einsatz öffentlicher Bediensteter in Ausübung eines Dienstverhältnisses, unabhängig davon in wessen Diensten sie stehen, als Mitarbeiter, Geistliche, Seelsorger, Funktionsträger u. ä. **wäre jedenfalls unzulässig.**

Zur Frage der Reichweite der inneren Angelegenheiten hat die Rechtsprechung festgehalten, dass diese naturgemäß nicht erschöpfend aufgezählt werden könnten und nur unter Bedachtnahme auf das Wesen der Religionsgesellschaft nach deren Selbstverständnis erfassbar wären (VfSlg. 11.574/1987; VfSlg. 16.395/2001). Dem folgend weist die Literatur darauf hin, dass eine taxative Aufzählung sämtlicher innerer Angelegenheiten nicht möglich ist und führt dabei die „Vermögensverwaltung und Sammlungen" sowie „Kirchenbeitrag und Abgaben", nicht aber die Mittelaufbringung an. Aufgrund der unterschiedlichen Sachlagen bei einzelnen Religionen, die schon grundsätzlich die Vergleichbarkeit einschränken, ergeben sich rechtspolitische Gestaltungsfreiräume. Diese Räume sind zu nutzen, um auf die Möglichkeiten und bestimmte Aspekte unterschiedlicher Religionen Bedacht zu nehmen. **Es soll daher die Finanzierung der gewöhnlichen Tätigkeiten, wie bei allen anderen Kirchen und Religionsgesellschaften, zur Wahrung der Selbstständigkeit und Unabhängigkeit von ausländischen Einrichtungen ausschließlich durch finanzielle Mittel aus dem Inland erfolgen.** Die Wahrung der Selbstständigkeit von Kirchen und Religionsgesellschaften ist nicht nur ein legitimes Ziel, sondern stellt darüber hinaus eine Aufgabe des Staates zur Wahrung der Unabhängigkeit der Religionen, z. B… von staatlichem Einfluss, dar. Die Notwendigkeit dazu ergibt sich einerseits aus Art. 15 StGG und andererseits daraus, dass die Kirchen und Religionsgesellschaften mit der Durchführung des Religionsunterrichts gemäß Art. 14 Abs. 5a BVG staatliche Zielsetzungen umsetzen.

Dieser Paragraph betraf damals die Angehörigen von vier Staaten in Österreich:
1. Saudiarabische Imame,
2. Ägyptische Imame,
3. die Russisch-orthodoxe Kirchengemeinde und
4. die Türkisch-Islamische Union für kulturelle und soziale Zusammenarbeit in Österreich (ATIB).

Die ersten drei Staaten haben das Gesetz über Auslandsfinanzierung akzeptiert und ihre Geistlichen (Priester oder Imame) wurden in Österreich bezahlt, ATIB jedoch wollte eine Übergangsfrist von 10 Jahren. Das wurde von beiden zuständigen Ministern (S. Kurz und J. Ostermayer) abgelehnt und nur eine Frist von zwei Jahren Frist, um die Imame in Österreich zu bezahlen. Dass manche Imame nur <u>in der Türkei</u> (von der Türkei über eine Stiftung ist kein Problem) bezahlt werden, d. h., dass sie als Beamte eines ausländischen Staates nicht unabhängig seien und jeder Zeit von ihrer Regierung gelenk werden können oder dass sie in Österreich keine Steuer und keine Sozialversicherung zahlen, störte den österreichischen Staat schon lange Zeit, war die Argumentation.

Daraufhin haben wir eine Delegation gebildet, um die zuständigen PolitikerInnen zu besuchen; der Vorsitzende dieser Delegation war Herr DI. Mouddar **KHOUJA**, u. a. auch Mag. Ümit **VURAL** und Dr. Metin **AKPINAR**. Diese Delegation hat mit verschiedenen PolitikerInnen mehere Sitzungen abhalten; ohne Resultat, ohne Änderung!

Ich persönlich habe von meiner Seite auch mit einer anderen Delegation mit verschiedenen Parteien Sitzungen gemacht u. a.: a) Vertretern der beiden Kabinetten b) der beiden Ministerien und c) den Parlamentsklubs von SPÖ und ÖVP (Bei der letzten Sitzung anwesend waren: Dr. Nihat **KOCA**, Dr. Metin **AKYÜREK**, Mag. Ümit **VURAL**, DI. Mouddar **KHOUJA**, Prof. Dr. Richard **POTZ**). Jedes Mal waren unsere GesprächspartnerInnen sehr höflich und freundlich, aber „Das Religionsgesetz verlang diese Bestimmungen und wir müssen das akzeptieren!" waren ihre Antworten.

PS: Es war in der damaligen weltpolitischen Atmosphäre nicht möglich, diese Paragraphen zu ändern, aber derzeit ist es möglich, weil sich die Situationen jetzt geändert haben; z. B. haben die Aleviten den Namen ihrer Religionsgesellschaft geändert, weil sie nur als ALEVITEN genannt werden wollen. Daher hat es keinen Sinn, sie im Islamgesetz zu halten. – Das ist auch ihr Wunsch, vom Islam-Gesetz getrennt zu werden.

Für die Lockerung der Auslandsfinanzierung gibt es auch Möglichkeiten; z. B. anstatt „einmaliger Schenkung nicht unzulässig" kann geändert werden, wie: „ausländische Schenkungen sind erlaubt, jedoch müssen sie über eine Stiftung überwiesen werden."

IV.1.C.1 Ziel des neuen Islamgesetzes

Ziel des neuen Islamgesetzes (nach offizieller Äußerung) war, moderne gesetzliche Grundlagen für islamische Religionsgesellschaften zu schaffen. So werden etwa der Erwerb der Rechtspersönlichkeit, der Aufbau und die Aufgaben islamischer Religionsgesellschaften sowie das Zusammenwirken von Staat und Religionsgesellschaften klar geregelt und die Rechte und Pflichten der Islamischen Glaubensgemeinschaft und der Islamischen Alevitischen Glaubensgemeinschaft festgelegt.

Als Voraussetzung für die Bildung einer islamischen Religionsgesellschaft nennt der Gesetzentwurf unter anderem einen gesicherten dauerhaften Bestand, die wirtschaftliche Selbsterhaltungsfähigkeit und eine positive Grundeinstellung gegenüber Gesellschaft und Staat. Zudem sollen die Religionsgemeinschaften verpflichtet werden, ihre Lehre und ihre wesentlichen Glaubensquellen, wie den Koran in deutscher Sprache – bzw. wie es wörtlich heißt „in der Amtssprache" – darzustellen und innerhalb der Religionsgesellschaft bestehende Traditionen angemessen zu berücksichtigen. Ebenso haben sie die Aufgabe, den Religionsunterricht zu organisieren und zu beaufsichtigen, sowie Streitigkeiten innerhalb der Religionsgesellschaft zu schlichten.

Muslimischen Gläubigen wird unter anderem ein Recht auf religiöse Betreuung beim Bundesheer, in Haftanstalten, in Krankenhäusern sowie in Pflegeeinrichtungen eingeräumt. Zudem werden islamische Speisevorschriften ausdrücklich anerkannt sowie bestimmten Feiertagen und dem Freitagsgebet besonderer staatlicher Schutz gewährt (vgl. Parlamentskorrespondenz Nr. 1215/2014).[91]

---

91 **Vgl**. https://www.parlament.gv.at/PAKT/PR/JAHR_2015/PK0105/- **Parlamentskorrespondenz Nr. 105 vom 12.02.2015.**

Der Bund verpflichtet sich mit dem Gesetz, an der Universität Wien ein islamisch-theologisches Studium einzurichten und dafür bis zu sechs Stellen für Lehrpersonal bereitzustellen. Für jede anerkannte islamische Religionsgesellschaft ist dabei ein eigener Studienzweig vorzusehen (vgl. Parlamentskorrespondenz Nr. 12 vom 13.01.2015). [92]

Nach der Veröffentlichung des ersten Entwurfes des Islamgesetzes haben viele Institutionen und einzelne Personen sowie alle Kirchen und Religionsgesellschaften, Universitätsprofessoren und NGOs gegen diesen veröffentlichten bzw. zum Parlament geschickten Entwurf Stellungnahmen verfasst, in Richtung der IGGÖ, veröffentlicht und an alle Parlamentarier geschickt. An dieser Stelle bedanke ich mich bei allen Menschen, die uns Muslime in dieser kritischen Zeit mit Leib und Seele unterstützt haben, während einige scheinheiligen Menschen unter den MuslimInnen mit Lügen und Intrigen, z. B. mit solchen Behauptungen wie, „Die Moscheen werden gesperrt, der Koran wird verboten", vorgegangen sind. Auch ohne sachliche Diskussion über Paragraphen des Islamgesetzes; ich stellte bei verschiedenen Diskutionen oder Gesprächen immer wieder fest, dass diese Personen den Entwurf nie gelesen hatten.

Ich war eigentlich der Erste, der gegen diesen ersten Regierungsentwurf in der Öffentlichkeit mit allen gesetzlichen Mitteln aufgetreten bin. Aber anstatt den Präsidenten der IGGÖ zu unterstützen und ihm den Rücken zu stärken, haben einige Muslime leider mit Islamgegnern gegen die Interessen der IGGÖ zusammengearbeitet.

---

92 **Vgl**. https://www.parlament.gv.at/PAKT/PR/JAHR_2015/PK0012/- **Parlamentskorrespondenz Nr. 12 vom 13.01.2015.**

IV.1.D DIE ERSTEN SCHRITTE ÜBER DIE NOVELLIERUNG DES „ISLAMGESETZES"

IV.1.D.1 Medienberichte:
Junge Türken fühlen sich nicht zu Hause

Staatssekretär Sebastian Kurz diskutiert mit Fuat **Sanaç**, dem Präsidenten der österreichischen Muslime. Ein Gespräch über unterdrückte Frauen, Moscheen in jeder Stadt und – ja, Integration (10.07.2011) Kurz, Sanac (c) Presse (Mirjam Reither)

Eine Umfrage, die dem neuen Integrationsbericht angefügt ist, besagt, dass sich 55 Prozent der Migranten nicht als Österreicher fühlen – obwohl die meisten schon Staatsbürger sind. Haben Sie eine Erklärung dafür?

Fuat **Sanaç**: Nehmen wir die türkischen Jugendlichen her: Man darf sie nicht ausgrenzen. Denn das passiert immer wieder. Man gibt ihnen nicht das Gefühl, dass sie hier zu Hause sind. Umgekehrt dürfen sich diese Jugendlichen allerdings auch nicht abgrenzen.

Sebastian **Kurz**: Wer Anerkennung will, muss sie sich durch Leistung erarbeiten. Jene, die Deutsch lernen, eine gute Ausbildung machen, etwas leisten und sich am gesellschaftlichen Leben beteiligen, sind angekommen. Das sind Menschen, die sich als selbstbewusste Muslime und Österreicher fühlen.

Liegt es also an jedem selbst, sich zu integrieren? Oder müssen die Österreicher einen Schritt auf die Migranten zugehen?
Kurz: Ich habe nicht gesagt, dass man nicht aufeinander zugehen muss – sondern nur, was Migranten aus ihrer Eigenverantwortung heraus tun können.

Sanaç: Wenn sich Menschen nicht wohl fühlen, integrieren sie sich nicht. Das hat mit dem Islam nichts zu tun, es ist generell so. Aber Integration kann nicht nur einseitig funktionieren. Die Mehrheitsgesellschaft muss sich öffnen, die Muslime müssen sich öffnen. Und der Staat muss fördern, nicht nur fordern.

Kurz: Ich glaube, es braucht beides. Die Migranten müssen die Angebote auch annehmen und Zeit investieren.

Sanaç: Natürlich braucht es Druck – aber auch Motivation. Ich sage meinen Leuten immer: Ihr müsst Deutsch lernen und auf die Ausbildung eurer Kinder achten. Und ihr müsst den Österreichern sagen, dass ihr im gleichen Boot sitzt und auch etwas leistet.

Woher kommen diese Vorbehalte zwischen Österreichern und Muslimen – oder Türken?
Kurz: Die Stimmung ist aufgeheizt, weil der Fokus auf die Probleme gerichtet ist, nicht auf die Chancen. Das ist zum Teil politisch geschürt und führt zu der Einschätzung, dass Migranten nicht willens sind, hier etwas zu leisten. Obwohl das mehrheitlich nicht stimmt.

Sanaç: Die letzten 30 Jahre wurde nur oberflächlich diskutiert. Wir müssen jetzt endlich über die Lösungen sprechen, nicht nur über die Probleme.

Das ist ein gutes Stichwort. In den Beratungsstellen für Migrantinnen herrscht im Sommer Hochbetrieb, weil viele muslimische Mädchen vor der Zwangsehe flüchten. Die Zahl der Betroffenen in Österreich wird auf jährlich 200 geschätzt. Doch politisch wird das Thema totgeschwiegen.
Kurz: Überhaupt nicht.

Und warum ist davon keine Rede im neuen Integrationsbericht?
Kurz: Wir haben vorgeschlagen, ein „Forum Islam" zu gründen, um gemeinsam heikle Themen anzugehen. Die Gesetze müssen eingehalten werden. Zwangsehen, Genitalverstümmelungen und andere Absurditäten werden in Österreich nicht geduldet. Andererseits ist auch die Glaubensgemeinschaft gefordert, auf ihre Leute einzuwirken.

Sanaç: Genitalverstümmelungen haben mit dem Islam nichts zu tun. Und auch die Zwangsehe ist bei uns verboten – sie ist eine ungültige Heirat.

Aber offenbar trotzdem gang und gäbe.
Sanaç: Leider. Deshalb müssen wir aufklären. Und dafür braucht es ausgebildete Imame und Seelsorger.

Das „Forum Islam" soll vor allem an Lösungen für die Ausbildung von Imamen und islamischen Religionslehrern arbeiten. Was halten Sie von diesem Plan?
Sanaç: Der Ansatz ist richtig, aber die Politik wird ihn noch genauer definieren müssen. Für diese Angelegenheit gibt es nur zwei Parteien: Die Glaubensgemeinschaft und die Behörden des Staates. Ein „Islam-Forum" wie in Deutschland brauchen wir nicht. Wir haben die Religionsgemeinschaften. Es wäre besser gewesen, gleich zu sagen: Wir organisieren die Ausbildung der Imame, Seelsorger und Prediger neu. Denn das ist die Mutter aller Probleme.

Weil die Geistlichen ein großes Publikum in der islamischen Gesellschaft haben?
Sanaç: So ist es. Sie erreichen zumindest 80 Prozent der Menschen.

Haben Sie einen Lösungsvorschlag?
Sanaç: Imame müssen in Österreich ausgebildet werden. Wir brauchen wie die Katholiken und die Protestanten eine theologische Fakultät. Das haben wir ja auch bei den islamischen Religionslehrern erlebt. Man hat uns – manchmal zu Recht – beschuldigt, dass die Lehrer aus dem Ausland kommen und die österreichischen Gesetze nicht kennen. Also haben wir gesagt: Dann lasst uns doch eine Hochschule gründen – und jetzt haben wir das Problem zu mindestens 95 Prozent gelöst. Für die 100 Prozent brauchen wir noch Zeit.

Um die radikalen Elemente zu beseitigen?
Sanaç: Die gibt es leider in jeder Religion und in jeder Gesellschaft. Diejenigen, die Muslime in den Medien beschimpfen, sind auch Radikale. Aber keine Frage: Wir müssen das verhindern.

Kurz: Wenn wir wollen, dass islamische Geistliche unsere Sprache können, unseren Rechtsstaat und unsere Wertvorstellungen akzeptieren, wird kein Weg an einer Ausbildung in Österreich vorbeiführen. Wir haben derzeit das Problem, dass Imame oft in der Türkei ausgebildet wurden und formal sogar dem türkischen Ministerpräsidenten unterstellt sind. Das ist ja eine Absurdität.

Absurd ist auch, dass die Regierung das Problem seit Langem kennt und trotzdem noch nicht gelöst hat.
Kurz: Bis jetzt hat das Thema niemand intensiv verfolgt.

Als Chef der Jungen ÖVP haben Sie sich einmal dafür ausgesprochen, dass in Moscheen Deutsch gesprochen und gepredigt wird.
Kurz: Dazu stehe ich nach wie vor.

Was spricht gegen Deutsch als Amtssprache in den muslimischen Gebetshäusern?
Sanaç: Überhaupt nichts. Das ist auch unser Wunsch. In allen Moscheen, die von der Glaubensgemeinschaft geleitet werden, wird seit 30 Jahren auf Deutsch gepredigt. Die Gläubigen kommen aus vielen Ländern

und haben unterschiedliche Muttersprachen. Daher brauchen wir eine gemeinsame Sprache. Aber wenn, dann muss man das von allen Religionsgemeinschaften verlangen.

Vor gar nicht allzu langer Zeit hat Herr Kurz kritisiert, dass sich einige Kräfte in der Glaubensgemeinschaft nicht ausreichend um das Erlernen der deutschen Sprache kümmern.
Kurz: Das war eine andere Konstellation mit dem alten Präsidenten (Anas Schakfeh). Damals hat man mir ausgerichtet, ich solle mich nicht in diese Dinge einmischen. Einige haben sogar versucht, mich ins rechte Eck zu drängen. Aber dort war ich nie.

Sanaç: Mit diesen Aussagen wollte Herr Kurz vielleicht politisches Kapital schlagen. Ich will mit der Politik kommunizieren, sie aber – so gut es geht – aus unseren Angelegenheiten heraushalten.

Braucht jede große Stadt eine Moschee?
Sanaç: Journalisten wollen immer über Moscheen, Minarette und Kopftücher sprechen – doch das sind Kleinigkeiten. Wenn es Ideen für Projekte gibt, werden wir den ganz normalen Behördenweg gehen. Wir sollten über die richtigen Probleme und deren Lösungen reden.

Dann reden wir über die Frauenbeschäftigung. Nur 41 Prozent der türkischen Frauen gingen 2010 einer Arbeit nach – bei den österreichischen waren es 68 Prozent. Man hat den Eindruck, dass den muslimischen Frauen die Hausfrauenrolle zugedacht ist. Wie wollen Sie da einen Umschwung bewirken?
Kurz: Herausfordernd ist das natürlich. Aber es ist wichtig für die Stellung der Frau, dass sie im Berufsleben steht: für die Gleichberechtigung und das Familieneinkommen. Daher bereiten wir gerade mit dem Frauenministerium und der Wirtschaftskammer Mentoring- und Förderprogramme vor.

Schön und gut, aber was nützt das den Frauen, wenn sie daheim unterdrückt werden?

Kurz: Es ist ja nicht nur so, dass die Frauen nicht arbeiten dürfen – viele sprechen kaum Deutsch, sind schlecht ausgebildet und bekommen deshalb keinen Job. Hier müssen wir ansetzen.

Sanaç: Man muss das auch historisch betrachten: Die Gastarbeitergeneration hat Jahrzehnte hier gearbeitet und es mit mäßigen Sprachkenntnissen irgendwie geschafft. Jetzt brauchen diese Menschen ihre Ruhe. Lassen wir sie in Ruhe und investieren in die Jungen. Nur so kann ein Umschwung gelingen. (…)

ZU DEN PERSONEN
Sebastian Kurz: wurde 1986 in Wien geboren. Er wuchs in Meidling auf und begann nach der Matura Jus zu studieren. Im Juni 2009 wurde er Bundesobmann der Jungen ÖVP. Weitere Karriereschritte folgten: Vize-Parteichef in Wien, Gemeinderat. Am 21. April 2011 wurde Kurz als Staatssekretär für Integration angelobt.

Fuat Sanaç: wurde 1954 in der Türkei geboren. 1978 zog er nach Deutschland, 1982 kam er als Religionslehrer nach Wien. Heute ist er Fachinspektor für islamischen Religionsunterricht. Im Juni wurde Sanaç vom Schurarat, dem legislativen Organ der Islamischen Glaubensgemeinschaft, mit 86,7 Prozent zum neuen Präsidenten gewählt. Er folgte Anas Schakfeh nach. Sanaç ist verheiratet und Vater von vier Kindern.[93]

---

93 **Vgl.** 09.07.2011 THOMAS PRIOR – Die Presse – Mirjam Reither, Print-Ausgabe, 10.07.2011; Diskussion: „Junge Türken fühlen sich nicht zu Hause" | DiePresse.com; https://www.diepresse.com/676587/diskussion-junge-tuerken-fuehlen-sich-nicht-zu-hause.

IV.1.D.2 Neuer Muslime-Präsident bei Fischer: „Sehr glücklich"

Bei seinem Antrittsbesuch bei Präsident Heinz Fischer hat Fuat Sanac über seinen Wunsch nach einer islamischen Fakultät gesprochen. Mit Fischers Umgang mit den Religionen sei er „sehr zufrieden".

Der neue Präsident der Islamischen Glaubensgemeinschaft in Österreich (IGGiÖ), Fuat **Sanac**, hat am Montag seinen Antrittsbesuch bei Bundespräsident Heinz Fischer absolviert. Sanac zeigte sich nach dem rund halbstündigen Gespräch in der Hofburg „sehr zufrieden". Man habe etwa über die Bildung einer islamischen-theologischen Fakultät sowie die Novellierung des Islam-Gesetzes gesprochen, sagte er.

Präsident Sanac bei Bundespräsidenten Dr. Heinz FISCHER – 18.07.2011

Fischer habe zuallererst zur Wahl gratuliert und Glück gewünscht, erzählte Sanac nach der Unterredung. Zudem sei er ausführlich zu Themen wie Imame, Schulen und Mitgliederstand befragt worden, so der neue IGGiÖ-Präsident. Auch er, Sanac, habe seine Anliegen vorgebracht.

So erwartet er sich nun von Fischer Unterstützung bei der Bildung einer islamischen-theologischen Fakultät in Österreich.

Prä. Dr. Fuat **SANAÇ** beim Bundespräsidenten Dr. Heinz FISCHER – 15.02.2016

Auch über die Novellierung des **Islam-Gesetzes** habe man gesprochen, so Sanac. Derzeit würden Juristen des Kultusamtes daran arbeiten. Hintergrund ist die 100jährige Anerkennung des Islam in Österreich im kommenden Jahr. Mehrere Feierlichkeiten würden dabei anstehen, zu denen Sanac Fischer beim Gespräch eingeladen habe. Der IGGiÖ-Präsident lobte den Bundespräsidenten nach dem Gespräch ausführlich: „Wir Muslime sind sehr zufrieden, sehr glücklich und er war immer sehr freundlich zu uns." Fischer habe die unterschiedlichen Religionen in Österreich immer gerecht behandelt. (APA-18.07.2011|Die Presse.com)

ANTRITTSBESUCH
Fischer empfängt neuen Muslime-Präsident

Sanac zeigte sich nach dem Gespräch in der Hofburg „sehr zufrieden"

Der neue Präsident der Islamischen Glaubensgemeinschaft in Österreich (IGGiÖ), Fuat Sanac, hat am Montag seinen Antrittsbesuch bei Bundespräsident Heinz Fischer absolviert. Sanac zeigte sich nach dem rund halbstündigen Gespräch in der Hofburg „sehr zufrieden". Man habe etwa über die Bildung einer islamischen-theologischen Fakultät sowie die **Novellierung des Islam-Gesetzes** gesprochen, sagte.

Imame und Schulen Fischer habe zuallererst zur Wahl gratuliert und Glück gewünscht, erzählte Sanac nach der Unterredung. Zudem sei er ausführlich zu Themen wie Imame, Schulen und Mitgliederstand befragt worden, so der neue IGGiÖ-Präsident. Auch er, Sanac, habe seine Anliegen vorgebracht. So erwartet er sich nun von Fischer Unterstützung bei der Bildung einer islamischen-theologischen Fakultät in Österreich.[94]

IV.1.D.3 Spindelegger trifft Fuat Sanac

Wien (OTS) – Vizekanzler und Außenminister Michael **Spindelegger** traf heute Nachmittag mit dem im Juni neu gewählten Präsident der Islamischen Glaubensgemeinschaft in Österreich (IGGiÖ), Fuat **Sanac**, im Außenministerium zusammen. Im Rahmen des Treffens bekräftige

---

94 **Vgl.** https://www.oe24.at/oesterreich/politik/fischer-empfaegt-neuen-muslime-praesident/34492480 – ©APA/Dragan TATIC/HBF.

Spindelegger einmal mehr die Bedeutung, die Österreich den gewachsenen Beziehungen zur Islamischen Glaubensgemeinschaft zumisst. Die Wahl Fuat **Sanac** an die Spitze der IGGiÖ sei mit großen Erwartungen verbunden, so **Spindelegger**, und nannte etwa die „konkrete Ausgestaltung des Islams in Europa und seiner Vereinbarkeit mit dem europäischen Lebensmodell." „Wir müssen das bevorstehende Jubiläumsjahr als Chance nutzen, den Dialog weiter zu intensivieren und uns mit den Gefahren des Populismus und der Ausgrenzung befassen, denen wir gemeinsam entschieden entgegentreten müssen", verwies das Außenminister auf das im Jahr 2012 bevorstehende 100jährige Jubiläum zur rechtlichen Anerkennung des Islams in Österreich. **Spindelegger** weiter: „Die Religionsfreiheit ist ein zentrales Gut, das nicht nur mit Rechten verbunden ist, für die wir uns weltweit einsetzen, sondern auch mit Verantwortung. Die Verantwortung aus der Religions- und Gewissensfreiheit heraus besteht im Einsatz für demokratische, pluralistische Gesellschaften, welche die Menschen- und Grundrechte sowie die Gleichberechtigung von Frauen und Männern wahren."

Österreichs Vizekanzler und Außenminister Michael Spindelegger und Dr. Fuat Sanac, Präsident der Islamischen Glaubensgemeinschaft in Österreich (24.08.2011)[95]

---

95 **Vgl.** Potz, R: „100 Jahre österreichisches Islamgesetz", PDF. hgg. von BMEiA, S. 7.

„Österreich kann auf eine lange und bewährte Tradition des Dialogs mit dem Islam aufbauen. Wir werden diese Tradition auch in Zukunft durch konkrete Kooperationen mit der Islamischen Glaubensgemeinschaft vorantreiben", verwies **Spindelegger** abschließend etwa auf vom Außenministerium initiierte bzw. unterstütze Projekte wie die Fortbildung der Imame und SeelsorgerInnen zu „Integrationslotsen", den Ausbau der universitären Aus- und Weiterbildung zu Fragen des Islams und der Muslime in Europa oder auch die Stärkung der Partizipation von islamischen Vereinen durch Dialog- und Frauenbeauftragte.[96]

Herr Dr. Spindelegger schrieb als Vorwort in einer Broschüre, die er als Außenminister veröffentlicht hat, u. a. **folgendes**: Der österreichische Staat darf von anerkannten Religionsgemeinschaften Mithilfe bei der Prävention interreligiöser und interethnischer Konflikte erwarten. Das Bundesministerium für europäische und internationale Angelegenheiten organisiert seit mehreren Jahren landeskundliche **Schulungen für Imame und Religions-beauftragte muslimischer Moscheevereine**. Diese werden, neben einer allgemeinen Einführung in die Grundwerte der österreichischen Gesellschaft, dazu befähigt, neue Perspektiven für die soziale Integration ihrer Gemeindemitglieder zu entwickeln. Die institutionalisierten Beziehungen zur Islamischen Glaubensgemeinschaft in Österreich tragen wesentlich dazu bei, dass dieses Projekt jedes Jahr wieder ein großer Erfolg ist.

Bundeskanzleramt: Kardinal Christof Schönborn, Frau Chr. Mann, Staatssekretär J. Ostermayer, Präsident F. Sanac – 25.06.2013

---

96 Vgl. http://www.aussenministerium.at, http://www.bmeia.gv.at

Der Beitrag eines intensiven und beständigen interreligiösen und interkulturellen Dialogs zur Friedenssicherung wird heute weltweit erkannt. Mit Genugtuung können wir feststellen, dass die lange Tradition, auf die Österreich auf diesem Gebiet zurückblicken kann, international Anerkennung und Wertschätzung erfährt. Mit der Gründung des Internationalen **König Abdullah Bin Abdulaziz Zentrums** für Interreligiösen und Interkulturellen Dialog in Wien leistet Österreich einen weiteren Beitrag zur weltweiten Durchsetzung der Menschenrechte und universellen Freiheiten, wie der Glaubens- und Gewissensfreiheit. Die vorliegende Broschüre zeigt nicht nur die Entstehung und Geschichte des Islamgesetzes von 1912, sondern auch seine besondere Bedeutung. Dabei dürfen wir jedoch nicht vergessen, den historisch gewachsenen Dialog der Kulturen und Religionen im Lichte der aktuellen Erfordernisse zu überprüfen, zeitgemäß zu adaptieren und weiterzuentwickeln. Es liegt an uns allen dafür zu sorgen, dass die positiven Entwicklungen ihre Fortsetzung finden und Dialog, Aufrichtigkeit und gegenseitiger Respekt die Kernelemente des Umgangs miteinander bleiben.

IV.1.D.4 Präsident Sanac beim Bundeskanzler Werner FAYMANN

Am 25. Juni 2012 stattet eine Delegation der IGGiÖ unter Führung von Präsident Dr. Fuat **Sanac** Herrn Bundeskanzler Werner **Faymann** einen offiziellen Besuch ab.

Der Präsident Herr Dr. **Sanac** wurde von Herrn Gemeinderat und Landtagsabgeordneten Dipl.-Ing. Omar **Al Rawi** und zweien seiner persönlichen Referenten, den Herren Avni **Özalp** und Dr. Michael **Lugger**, begleitet.

Gegenstand dieser in sehr angenehmer Atmosphäre stattgefundenen Aussprache waren einerseits eine umfassende Information des Herrn Bundeskanzlers über den derzeitigen Stand der Gespräche zwischen der IGGiÖ und dem Kultusamt hinsichtlich der in Aussicht genommenen umfassenden Novellierung des Islamgesetzes 1912, andererseits wurden Themen wie die angestrebte Imame Ausbildung in Österreich, die Errichtung einer Islamisch-Theologischen Fakultät und Fragen der Militär- und Gefangenenhausseelsorge vertieft zwischen BK **Faymann** und IGGiÖ-Präsident Dr. **Sanac** erörtert.

Der Bundeskanzler ersuchte nachdrücklich, ab sofort kontinuierlich über den Fortgang der Gespräche mit dem Kultusamt informiert zu werden. Ergänzend kann mitgeteilt werden, dass der vom Herrn Bundeskanzler genannte Mitarbeiter aus seinem Kabinett und der für die Gespräche mit dem Kultusamt nominierte IGGiÖ-Vertreter einen Termin zu einem ersten Gedankenaustausch bereits für die Woche ab 2. Juli 2012 vereinbart haben.

Präsident Sanac mit Bundeskanzler Faymann – 25. 07. 2012

Der Bundeskanzler ersuchte um Verständnis dafür, dass er aufgrund schon lange feststehender Auswärtstermine bedauerlicherweise nicht an den Feierlichkeiten vom 29. und 30. Juni 2012 aus Anlass des Jubiläums „100 Jahre Islamgesetz" teilnehmen könne; er werde sich jedoch in einer Grußbotschaft an die Teilnehmer dieser Festveranstaltungen wenden. (Bericht von Herrn Dr. Michael **Lugger**; Er war mein persönlicher Referent für juristische Angelegenheiten)

Brief an Herrn Bundeskanzler Faymann:

Sehr geehrter Herr Bundeskanzler!

Eingangs erlaube ich mir Ihnen alles Gute und die besten Wünsche zu übermitteln!

Ich möchte Sie auf die nötige **Novellierung des Islamgesetzes** ansprechen, ein Vorhaben, das einerseits schon so weit gereift ist, dass es der Umsetzung wartet, bei dem aber andererseits ein gewisses Zögern vorhanden scheint, um einen günstigen Zeitpunkt der Verlautbarung abzuwarten. Das Aufschieben führt inzwischen zu gewissen Behinderungen bei der Durchsetzung dringend anstehender Anliegen, etwa der Einführung einer muslimischen Militärseelsorge. Immer wieder müssen wir feststellen, dass eine eindeutigere gesetzliche Grundlage derartigen Projekten erst zum Durchbruch verhelfen könnte.
An dieser Stelle möchte ich mich bei Ihnen nochmals bedanken, dass Sie, Herr Bundeskanzler, diese Vorhaben in das **REGIERUNGSPROGRAMM** aufgenommen haben:

Das **Islamgesetz** aus dem Jahr 1912 wird aktualisiert und novelliert werden. Dabei ist nach den Grundsätzen der Parität, staatlicher Neutralität, der Selbstverwaltung und Selbstfinanzierung vorzugehen. Um auch **Imame** und islamische **Theologen** besser in den sprachlichen und gesellschaftlichen Kontext Österreichs einzubetten, sollen diese langfristig in Österreich ausgebildet werden. Das derzeit im Entstehen befindliche islamisch- theologische **Bachelorstudium** muss daher weiter unterstützt werden.

Ich rechne nach wie vor mit Ihrer wohlwollenden und freundlichen Unterstützung und verbleibe – mit vorzüglicher Hochachtung – Dr. Fuat Sanac – Präsident der IGGiÖ – Wien, am 13.03.2014

IV.1.D.5 Iftar-Einladungen und Ramadanfest-Feiern in Österreich haben eine lange Tradition und die Novellierung des Islamgesetztes war bei jedem Treffen das Hauptthema

Jedes Jahr werden die muslimischen Vertreter/innen von Politikern, wie Bundespräsidenten, Bundeskanzler, Parlament Präsidenten, Landeshauptmännern, Bürgermeister/innen usw. eingeladen und diese wiederum werden von den muslimischen Organisationen eingeladen. Weil wir jedes Jahr und in vielen Teilen des Landes solche Veranstaltungen haben, wollen wir hier, ohne ins Detail zu gehen, einige kurze Berichte wiedergeben:

Der Bürgermeister von Wien, **Dr. Michael** Häupl, sagte während eines Abendessens anlässlich des traditionellen Iftar Fastenbrechens im Fastenmonat Ramadan, das jährlich im Wiener Rathaus gehalten wird, dass es mit den Moslems in Wien eine *„sehr* gute Zusammenarbeit mit vielen materiellen Ergebnissen in der Verbesserung unseres Zusammenlebens" gegeben habe. Laut dem Bürgermeister „es gibt weltweit keine Stadt, in der die großen Religionsgemeinschaften so nah zusammenarbeiten, und dafür werden wir bewundert" …

Der Bürgermeister Dr. Michael HÄUPL pflegte jedes Jahr hunderte Vertreter/innen von Muslime/innen zum Iftar-Essen einzuladen – 01.07.2015

Dr. Fuat **Sanac**, der neue Präsident der IGGiÖ, hat sich bei Dr. **Häupl** für die Einladung bedankt. Er sagte:
„Es ist nicht zum ersten Mal, dass Sie uns einladen. Als Islamische Gemeinde haben wir immer Ihre Gastfreundschaft genossen. Besonders, was das Iftar-Mahl betrifft, haben Sie hier eine lange Tradition. Wir sind Ihnen auch dankbar, verehrter Herr Bürgermeister, weil Sie die Kulturstadt Wien zu einer der sichersten, saubersten und schönsten Städte der Welt gemacht haben."

IV.1.D.6 Marek: Kontakt und Dialog mit muslimischen Verbänden ein großes Anliegen

Bereits zum zweiten Mal lud gestern Abend die Landesparteiobfrau der ÖVP Wien, **Christine Marek**, gemeinsam mit Vizekanzler und Bundesparteiobmann **Dr. Michael Spindelegger**, Staatssekretär **Sebastian Kurz** und dem Direktor der Politischen Akademie Dr. Dietmar **Halper** zu einem Fastenbrechen in die Politische Akademie. „Der Kontakt und der Dialog mit den muslimischen Verbänden in Wien ist uns ein großes Anliegen", so Marek. Nur bei einem respektvollen Umgang mit den gegenseitigen Werten und Traditionen sei es möglich, die Vielfalt als eine Chance zu nützen. Marek kündigte auch an, die jährliche Iftar-Mahl-Einladung zu einer fixen Einrichtung der ÖVP Wien machen zu wollen.

Dr. Sanac und Dr. Spindelegger beim Iftar-Essen – 16.08.2011

Unter den rund 130 Gästen befand sich unter anderem der neue Präsident der Islamischen Glaubensgemeinschaft **Fuat Sanac**, der den Ramadan als „Monat des Gebens und der Vergebung, des Friedens und der Solidarität" bezeichnete. Als „Fest der Familie und Freunde" bezeichnete Staatsekretär **Sebastian Kurz** den islamischen Fastenmonat und bedankte sich für die gute Zusammenarbeit im Sinne der Integration mit vielen der eingeladenen Verbände.

Iftar der IGGiÖ mit Staatsekretär Sebastian Kurz – 17.08.2012

Vizekanzler Michael **Spindelegger** unterstrich in seinen Grußworten die Rolle der Religionsgemeinschaften für die Stärkung der gemäßigten Kräfte und der gesellschaftlichen „Mitte" und rief zum gemeinsamen Kampf gegen jede Form des Extremismus auf.[97]

---

97 **Vgl**. https://da-dk.facebook.com/pg/ChristineMarek/posts/; abgerufen am 30. 01. 2020

IV.1.D.7 Iftar mit Vertretern der Österreichischen Gesellschaft

Am zweiten Tag der Feierlichkeiten des IGGiÖ anlässlich des Iftar waren anwesend u. a.:

Die Amtsleiterin der Erzdiözese-Wien Frau Dr. Christine **Mann** in Vertretung für Kardinal Schönborn, der Obmann der Wiener ÖVP Herr Mag. Manfred **Juracka** und Ehefrau, die Bezirksvorsteherin von Wien-Meidling Frau Gabriele **Votava**, Herr Dr. Alexander **Wojda** vom Außenministerium, Herr. Max **Nemec**, Vizepräsident des Österreichischen Kirchenvorstands der Mormonenkirche, Magistratsdirektor-Stellvertreter Mag. Wolfgang **Müller**, für die Koptisch-Orthodoxe Kirche waren anwesend Herr Aziz **Rifat** und Herr Habib **Magdy**, für die Evangelisch-Theologische Fakultät an der Uni-Wien Herr Univ.-Prof. Dr. Wolfram **Reiss**, Senator h. c. Wolfgang **Steinhardt**, Großmeister der CSLI Ehrenritterschaft, Vertreter der Botschaften der USA, Aserbaidschan, Tunesien, Irak, Libyen, Frankreich, Malaysia, ein Team von Kathpress und zahlreiche Vertreter von religiösen Organisationen in Wien.

Auszüge aus der Rede von Präsident Sanac:
„Die Zusammenarbeit zwischen allen Religionsgemeinden und dem Staat ist enorm wichtig – Aufklärung, Akzeptanz und ein Aufeinander-Zugehen wie ebenso der Dialog zwischen Menschen aller Konfessionen und Abstammungen. Daher haben wir eine ‚Plattform der Kirchen und Religionsgesellschaften' gegründet."

„Wir in der IGGiÖ setzen auf ein friedliches und respektvolles Miteinander und auf eine gesunde Diskussionskultur. Der interkulturelle und interreligiöse Dialog hat Tradition und oberste Priorität in unserem Haus. Gemeinsam mit staatlichen, nicht-staatlichen und anderen kirchlichen Vertretern ist die IGGiÖ an zahlreichen Dialogprojekten engagiert."

Iftar der IGGÖ mit Max Nemec, Christine Mann, Manfred Juracka,
Wolfgang Steinhardt, Anas Schakfeh, Peter Schipka, M. Doymaz – 4.8.2013

Iftar Rede über Islamgesetz – 16.6.2014

Meine verehrten Damen und Herren!
Wie Sie wissen, vor über 100 Jahren wurde das Islamgesetz beschlossen. Seit seinem Inkrafttreten hat das Islamgesetz von 1912 seinen integrativen Einfluss auf die muslimische Gemeinschaft gezeigt. Sowohl damals als auch heute empfinden wir Muslime das Islamgesetz als eine hohe Form von Anerkennung und **Akzeptanz**.

Dieses Gesetz stellt einen Grundstein dar, auf dem wir bis heute versuchen, ein Haus zu bauen. Ein Haus des Friedens, des gegenseitigen Verständnisses, der Vielfalt auf Basis von Toleranz und Respekt.

Präsident Sanac mit Kardinal Christof Schönborn – 26.6.2014

Seit damals ist viel geschehen:
Das Islamgesetz bildet die Grundlage der Anerkennung der IGGiÖ im Jahr 1979, welche seit ihrer Gründung, sowohl als zentrale Instanz für die Regelung der innermuslimischen Angelegenheiten als auch als zuverlässiger Partner für den Staat und für andere Religionsgesellschaften fungiert. Seit ihrer Gründung hat sich die IGGiÖ stets weiterentwickelt und durch ihren Einsatz versucht, die Rolle als Bindeglied zwischen den Muslimen und den staatlichen Institutionen zu festigen und gleichzeitig die Beziehung zu den anderen Religionsgemeinschaften zu pflegen.

Politische Akademie – Gesprächsrunde mit Kardinal Christof Schönborn – 29.5.2012

Die Zusammenarbeit zwischen der IGGiÖ und den Behörden war nicht immer ohne Ecken und Kanten. Aber sie war – und das macht das österreichische Modell aus – immer getragen vom Geist des Respektes, der Bemühung, aufeinander zuzugehen, miteinander Lösungen zu finden. Man könnte es auch so ausdrücken:

Es besteht kein Zweifel daran, dass der Islam seinen Platz in der Lebenswirklichkeit Österreichs hat.

Durch diese österreichische Grundsatzentscheidung war die Frage, wie und in welcher Weise dieser Platz zu gestalten sei, nicht allzu schwer zu beantworten. Die Bereitschaft zum Dialog war es, die es uns ermöglicht hat, Fragen miteinander zu beantworten, die in vielen Ländern noch nicht einmal gestellt wurden. Von großer Bedeutung waren die von Integrationsstaatssekretär **Kurz** gemeinsam mit der IGGiÖ ins Leben gerufenen Beratungen im „Dialogform-Islam"; die in diesen Beratungen gewonnenen Erkenntnisse sind eine äußerst gute Hilfe bei den weiteren Gesprächen zwischen dem Kultusamt und der IGGiÖ. Es ist also das österreichische Modell, das hier im internationalen Spitzenfeld steht … und das so tiefe historische und geistige Wurzeln hat, an die wir uns heute erinnern.

Iftar-Essen der IGGiÖ mit Ehrengästen Sebastian Kurz und Michael Ludwig – 01.08.2013

Meine verehrten Damen und Herren!
Die Novellierung des **Islamgesetzes** von 1912 ist eine Notwendigkeit, um den veränderten Bedürfnissen der Muslime gerecht zu werden. Die zwei Punkte bei dieser Novellierung sind für uns sehr wichtig:

1. Wir können nur **durch jeweils eigene Gesetze** (als IGGiÖ und Islamische Alawitische Gemeinschaft) das Vertrauen der **muslimischen Community** und der in der IGGiÖ tätigen Muslime in die ehrlichen Absichten der Republik Österreich hinsichtlich des gegenständlichen Gesetzgebungsverfahrens kurz-, mittel- und langfristig sichern.
2. Mir geht es darum, dass auch nur jeder Anschein einer **Verschlechterung der Rechtsposition der IGGiÖ** vermieden werden muss. (…)

Diese, unsere pluralistische Rechtskultur hochzuhalten und zu schützen, ist im wohlverstandenen Interesse von uns allen. – Dr. Fuat SANAC – 16.06.2014

IV.1.D.8 Präsident Sanac wurde von der Nationalratspräsidentin empfangen 18.06.2012

Sanac bei Parlamentspräsidentin Frau Mag. Barbara **PRAMMER** (NEWS 18.06.2012 – http://religion.orf.at/projekt 03/news/_iggioe.html)

Barbara **Prammer**, eine der großen Frauenpersönlichkeiten im öffentlichen Leben unseres Landes, eine engagierte Präsidentin des österreichischen Nationalrats und eine engagierte Frauenpolitikerin, eine große Demokratin und vor allen ein liebenswerter Mensch, ist am 02.08.2014 von uns gegangen. – Ihr Eintreten für ein Miteinander in der Gesellschaft, gegen Verhetzung und Rassismus war ihr großes Anliegen, das wir nicht vergessen werden.

IV.1.D.8 Wir pflegten auch sehr gute Kontakte mit vielen Botschaften, die ich hier leider nicht alle erwähnen kann:

Besuch der österr. Botschafterin Frau Ulrike Tilly
(von Aug. 2017 bis 25. Juni 2019 in der Türkei) – 3.2.2014

Besuch des Österr. Botschafters in Ankara
Mr. Klaus Wölfer bei Prä. F. Sanac – 7.3.2012

Einladung des Botschafters des Königreich
Saudi-Arabien Mr. Mohammed AL SALLOUM in trad. Tracht – 24.09.2013

der französische Botschafter Mr. Stephan GOMPERTZ
besuchte den Prä. Sanac – 02.07.2013

Einladung von Mr. Lee Anthony Brudvig – Gesandter der USBotschaft
in Wien (rechts) mit seiner Gattin – 17.6.2014

Einladung der USBotschafterin Frau A. Wesner (in d. Mitte)
mit dem USKonsul Mr. T. Eydelnant – 26.11.14

der Botschafter von Grand-Duché de Luxembourg
Mr. Hubert WURTH in der IGGiÖ – 05.10.2015

der iranischer Botschafter Hassan TAJIK besuchte
den Präsidenten Fuat Sanac – 11.09.2012

Besuch des französischen Botschafters
Mr. Pascal Teixeira da Silva IGGiÖ – 20.01.2015

der iranischer Botschafter Mr. Ebadollah Molaei – 11.02.2016

Einladung des Botschafters der Republik Aserbaidschan
Mr. Galib ISRAFILOV – 28.5.2015

Besuch des Türk. Botschafter in Wien Mr. M. Hasan GÖĞÜŞ – 09.12.2013

der jordanische Botschafter Mr. Hussam A. G. Al Husseini
besuchte den Prä. Sanac – 27.5.2014

Einladung des Botschafters Oman Badr M. Al-Hinai (rechts) – 18.11.2015

der finnische Sonderbotschafter für den interkulturellen und interreligiösen Dialog Pekka Metso besuchte IGGÖ – 6.11.2015

Einladung des Botschafters der Republik Indonesien
Mr. Rachmat BUDIMAN – 4.9.2015

Bild 64: Einladung des Botschafters des Vatikans
Mr. Peter Stephan Zurbriggen – 29.6.2015

Besuch des spanischen Botschafters
Mr. Alberto CARNERO FERNANDEZ – 02.10.2013

Einladung des algerischen Botschafters
Muhammed BENHOCINE – 9.11.2015

Abschiedsfeier Kasachstans-Botschafters Kairat Abdrakhmanov
(später: Außenminister) – 16.12.2013

Abschiedsbesuch des türkischen Botschafters in Wien,
Mr. Kadri Ecvet Tezcan – 03.10.2011

Generalkonsul Tayyar Kağan Atay, Prä. Sanac, Mr. M. Hasan Göğüş,
Botschafter der Türkei – 22.10.2015

Abschiedsbesuch der türkischen Botschafterin in Wien,
Frau Ayşe Sezgin – 24.10.2013

IV.2 DIALOG.FORUM.ISLAM

IV.2.1 Der Prozess des „Dialog-Forum-Islam"

Das Dialogforum Islam wurde am 23. Jänner 2012 von Integrationsstaatssekretär Sebastian **Kurz** und dem Präsidenten der Islamischen Glaubensgemeinschaft, Dr. Fuat **Sanaç**, initiiert.

Das Forum, mit dem die Umsetzung einer weiteren Maßnahme des 20Punkte-Programms des unabhängigen Expertenrats für Integration erfolgte, diente der Etablierung eines institutionalisierten Dialogs mit Muslimen/innen in Österreich. Der Prozess ist ein erster Schritt, um eine Bestandsaufnahme des Status Quo zu erreichen, Handlungsnotwendigkeiten zu eruieren und Maßnahmen zu empfehlen. So fanden von Februar bis November 2012 insgesamt an die **50 Sitzungen der Arbeitsgruppen des Dialogforums statt.**

Sebastian Kurz und Fuat Sanac. Bild: BMI

Der vorliegende Bericht der Leiter/innen der Arbeitsgruppen ist die Bilanz der Gespräche des letzten Jahres und soll als Anregung für weiterführende Prozesse und Projekte dienen. Das Steuerungsgremium – bestehend aus dem Staatssekretariat für Integration und der Islamischen Glaubensgemeinschaft – wird seine Arbeit fortsetzen.

Zielsetzung

Ziel des Dialogforums war die Schaffung eines strukturierten Rahmens für einen offenen Austausch zu allen relevanten Themen und Fragestellungen des Zusammenlebens und darauf aufbauend die Erarbeitung von Lösungsvorschlägen für bestehende Probleme und Herausforderungen. Tendenzen der Polarisierung und Radikalisierung und den damit verbundenen Vorurteilen von beiden Seiten soll damit entgegengewirkt werden, wodurch ein wichtiger Beitrag zur Sicherstellung des sozialen und gesellschaftlichen Friedens geleistet wird. Das Zugehörigkeitsgefühl der Muslimen/innen zu Österreich und die damit verbundene Identitätsbildung sollen durch den Dialog und davon abgeleitete Maßnahmen gefördert werden. Die Kommunikation von allseits gültigen Werten und Grundrechten ist ebenso Ziel wie die Auseinandersetzung mit den gesellschaftlichen und sozialen Herausforderungen, mit denen Muslimen/innen konfrontiert sind.

Die Organisation des „Dialogforum Islam" umfasst zwei Ebenen. Die Steuerungsgruppe, der Kurz, Sanac, sowie der Moderator des Dialogforums, Dr. Günther Kienast angehören, soll Zielvorstellungen und Schwerpunkte festlegen und diese an die Arbeitsgruppen weiterleiten. Die Arbeitsgruppen wiederum umfassen sieben Bereiche, nämlich Aus-, Fort- und Weiterbildung von Imamen in Österreich, Integration und Identität, Werte- und Gesellschaftsfragen, Islamismus und Islamfeindlichkeit, Geschlechterrollen, Staat und Islam und schließlich Islam und Medien.

Das Dialogforum verfolgt dabei zahlreiche Ziele, unter anderem die Schaffung eines strukturierten Rahmens für einen offenen Dialog zur Findung von Lösungsvorschlägen für bestehende Probleme und Herausforderungen. Das Dialogforum soll der Polarisierung und Radikalisierung, sowie den damit verbundenen Vorurteilen auf beiden Seiten entgegenwirken. Außerdem soll das Zugehörigkeitsgefühl der Muslime und Musliminnen zu Österreich durch den Dialog und davon abgeleitete Maßnahmen gefördert werden.[98]

---

98 **Vgl.** https://religion.orf.at/v3/stories/2561600/; https://www.bmi.gv.at/magazinfiles/2012/03_04/files/intergation.pdf.

IV.2.2 Arbeitsgruppen des Dialog.Forum und deren Leiter

I. Aus, Fort- und Weiterbildung von Imamen in Österreich
Experte: Univ.-Prof. Dr. Wolfram Reiss (Mag. Zekirija SEJDINI) Stellvertretender Institutsvorstand am Institut für Systematische Theologie und Religionswissenschaft der evangelisch-theologischen Fakultät der Universität Wien.

II. Integration und Identität-Experte: Mag. Murat Düzel (Frau Mag. Amani ABUZAHRA) Leiter des Integrationsservice Niederösterreich.

III. Werte- und Gesellschaftsfragen-Experte: a. o. Uni.Prof. DDr. Christian Stadler (Mag. Abdulmedzid SIJAMHODZIC) Professor am Institut für Rechtsphilosophie, Religions- und Kulturrecht der Fakultät für Rechtswissenschaften der Universität Wien.

IV. Islamismus und Islamfeindlichkeit-Experte: Univ. Prof. Dr. Mathias Rohe (DI. Tarafa BACHAJATI) Direktor des Erlanger Zentrums für Islam und Recht in Europa und Professor am Lehrstuhl für Bürgerliches Recht, Internationales Privatrecht und Rechtsvergleichung an der Friedrich-Alexander-Universität Erlangen-Nürnberg.

V. Geschlechterrollen-Expertin: Dr. Eva Grabherr (Frau Amina BAGHAJATI) Geschäftsführerin des Vereins okay.zusammen leben in Vorarlberg.

VI. Staat und Islam-Experte: Univ.-Prof. Dr. Richard Potz (Dr. Michael LUGGER) Leiter des Instituts für Rechtsphilosophie, Religions- und Kulturrecht an der Universität Wien.
VII. Islam und Medien-Experte: Claus Reitan (Mag. Zekirija SEJDINI)

IV.2.3 Teilnehmer Dialog.Forum.Islam – Namenliste

Frau Dr. Eva Grabherr	Herr Ao.Univ.-Prof. Dr. Dr. h. c. Roland Burkart
Frau Dr. Susanne Knasmüller	Herr Mag. Stefan Beig
Frau Dr. Edith Vasilyev	Herr Dr. Hans Winkler
Frau Saya Ahmad	Frau Mag. Karin Zauner
Frau Dudu Kücükgöl	Herr Dr. Ambros Kindel
Frau Mag. Elif Medeni	Herr Mag. Bernadette Wurm
Frau Dr. Edith Schlaffer	Herr Prof. Dr. Mathias Rohe, M.A.
Frau Mag. Sibel Akgün	Herr Mag. Thomas Schmidinger
Frau Carla Amina Baghajati	Herr Mag. Dr. Farid Hafez
Frau Mag. Christina Kraker-Kölbl	Herr Mag. Robert Frasl
Frau Univ.-Prof. Dr. Wolfram Reiss	Herr DI Tarafa BAGHAJATI
Herr Mag. Martin Kienl	Herr Dr. Niraj Nathwani
Herr Mag. Verena Grünstäudl	Herr Dr. Olaf Farschid
Herr Dr. Marcus Bergmann	Herr Univ.-Prof. Dr. Richard Potz
Herr Mag. Elmar Pichl	Herr Mag. Peter Webinger
Herr Univ.-Prof. Mag. Dr. Rüdiger Lohlker	Frau Mag. Nalan Gündüz
Herr Mag. Dietmar Hudsky	Herr Univ.-Prof. Dr. Rüdiger Lohlker
Herr Mag. Zekirija SEJDINI	Frau Ao. Univ.- Prof. Mag. Dr. Irmgard Marboe
Herr Mag. Murat Düzel	Herr Univ.-Prof. Dr. Stefan Hammer
Herr Mag. Alxeander Schahbasi	Frau Dr. Barbara Gartner
Frau Mag. Nora Kienzer	Herr Mag. Oliver HENHAPEL
Herr Dr. Ernst Fürlinger	Herr Dr. Michael LUGGER
Herr Alexander Osman	Herr Univ.-Prof. DDr. Christian Stadler
Herr Dr. Siegfried Haas	Herr Mag. Michael Girardi
Herr Dr. Harald Haas	Frau Mag. Katharina Körner
Herr Dipl.-Soz.Wiss. Kenan Güngör	Herr ObstdG DDr. Andreas Stupka
Herr Mag. Abdullah-Cem Say	Herr o. Univ.-Prof. Dr. Gerhard Luf

Frau Mag. Amani ABUZAHRA	Frau Mag. Özgür Sevim
Frau Dr. Ursula Struppe	Herr Univ.-Prof. Dr. Ednan Aslan, M.A.
Frau Kalogeropoulos	Herr Mag. Abdulmedzid Sijamhodzic
Herr Chefredakteur Claus Reitan	Herr. O. Univ.-Prof. DDr. Paul M. Zulehner

Herr Mag. Muhammed Tosun (Werte- und Gesellschaftsfragen)
Herr Mag. Mahmut Bülbül (Integration und Identität)
Herr Ma. Dipl. Päd. Moussa A. Diaw (Aus-, Fort- und Weiterbildung von Imamen in Österreich)
Frau Dilek Özmen (Islam und Medien)
Herr Yakup Geçgel (Islamismus und Islamfeindlichkeit)
Frau Müzeyyen Demir (Geschlechterrollen)

IV.2.4 Ergebnisse aus dem ersten Jahr 30.11.2012

Der institutionalisierte Dialog zwischen der Bundesregierung und der Islamischen Glaubensgemeinschaft in Österreich.

Das 20Punkte-Programm des unabhängigen Expertenrates für Integration hat die Einrichtung eines institutionalisierten Dialogs mit Muslimen inkludiert. Die Ergebnisse des Dialogforums sind somit der erste Meilenstein der diesbezüglichen Empfehlung.

„Muslime sollen als freie Bürger und verantwortliche Individuen zur gemeinschaftlichen Gestaltung und Bewältigung von Gegenwart und Zukunft, die auf Mitwirkung, Engagement, Leistung und Chancengleichheit aufbaut, beitragen."

„Mehr als bisher soll es in Zukunft kein Widerspruch mehr sein, gleichzeitig selbstbewusster Österreicher und Muslim zu sein."

1. **Fortgang des Dialogforums** – Der Dialog wird fortgesetzt, die Steuerungsgruppe bleibt bestehen.

2. **Einführung eines islamisch-theologischen Studiums** – Einrichtung eines islamisch-theologischen Studiums an der Universität Wien, das Absolventinnen und Absolventen qualifizieren soll, als Imam, Seelsorger oder Islamwissenschaftler tätig zu sein – Absolventinnen und Absolventen dieser theologischen Ausbildung können durch das Absolvieren des bestehenden Masterstudiums im Bereich der islamischen Religionspädagogik als islamische Religionslehrerinnen und Religionslehrer an den höheren Schulen eingesetzt werden – Um die genaue Zahl von Imamen in Österreich, vor allem jener die aus dem Ausland nach Österreich kommen, darzustellen, wird die IGGiÖ künftig eine umfassende Statistik über alle Imame, die in Moscheegemeinden tätig sind, erstellen.

3. **Etablierung einer Wertedebatte** – Die aktuelle Debatte um gesellschaftliche Werte, wie sie derzeit z. B. im Prozess der Erstellung der RWRFibel geführt wird, soll auf akademisch wissenschaftlicher Ebene weitergeführt werden, um diesen Diskurs einer breiteren Öffentlichkeit zugänglich zu machen.

4. **Maßnahmen gegen Radikalisierung und Islamfeindlichkeit** – Nach einer Bedarfsprüfung, ist eine Ombudsstelle für radikalisierte Jugendliche und deren Angehörige sowie betroffene von Islamfeindlichkeit anzudenken.

5. **Überarbeitung der islamischen Schulbücher** – Die Schulbücher für den islamischen Religionsunterricht werden von der Islamischen Glaubensgemeinschaft basierend auf dem aktuellen Curriculum für den islamischen Religionsunterricht überarbeitet.

6. **Bürgermeister-Handbuch für Moscheebau vor Ort** – Die bisherigen Erfahrungen zeigen, dass Streitfragen in Zusammenhang mit der Errichtung von Moscheen am besten gemeinsam mit allen Betroffenen vor Ort gelöst werden. Dazu wird eine interdisziplinäre Broschüre erarbeitet, eine Art Bürgermeister-Handbuch für Streitfragen im Zusammenhang mit dem Bau von Moscheen hinsichtlich Anrainerbeteiligung, Bauordnung, Flächenwidmung, Architektur, Gesetze etc.

7. **Gleichstellung von Mann und Frau** – Ausbau der bestehenden Schulungen für Frauenbeauftragte, um die Partizipation von Frauen in der Gemeindearbeit zu stärken.

8. **Muslimische Österreicherinnen und Österreicher als Vorbild** – Das Schulbesuchsprojekt „Zusammen: Österreich" soll im Hinblick auf muslimische rolle-modells sowie Veranstaltungen auch in islamischen Vereinen ausgeweitet werden.

9. **Islam und Medien** – Junge Menschen mit islamischem Religionsbekenntnis sollen dazu ermuntert werden, in Medienberufen tätig zu werden.

10. **Novellierung des Islamgesetzes** – Das Islamgesetz ist mittlerweile 100 Jahre alt und es bedarf einer entsprechenden Novellierung, um den Ansprüchen und Gegebenheiten des 21. Jahrhunderts Rechnung zu tragen bzw. um Österreich im Umgang mit dem Islam wieder eine Vorreiterrolle zu sichern. (30.11.2012)

IV.3 DIALOG.FORUM.ISLAM – Endbericht

Vorwort von Staatssekretär Sebastian Kurz
100 Jahre nach der Verabschiedung des Islamgesetzes sind Musliminnen und Muslime ein selbstverständlicher Teil der österreichischen Gesellschaft. Trotz der langen Tradition des Islam in Österreich gibt es gesellschaftliche Herausforderungen, die wir gemeinsam angehen müssen. So hat auch der unabhängige Expertenrat für Integration in seinem 20Punkte-Programm den Vorschlag erarbeitet, eine Dialogplattform mit Musliminnen und Muslimen zu etablieren. In Zusammenarbeit mit der Islamischen Glaubensgemeinschaft in Österreich wurde daher im Jahr 2012 ein Dialogprozess gestartet, um die Fragen des Zusammenlebens zu thematisieren und Maßnahmen vorzuschlagen.

In insgesamt 50 Sitzungen haben sieben Arbeitsgruppen, unter Einbindung von über 100 Expertinnen und Experten, im Laufe des Jahres relevante Themen besprochen. Der vorliegende Bericht richtet sich nicht nur an Politik und Verwaltung, sondern auch an die Zivilgesellschaft.

Ich darf mich bedanken: Bei allen Teilnehmerinnen und Teilnehmern des Dialogforums, die ihre Erfahrungen und ihr Wissen zur Verfügung gestellt haben, bei allen Arbeitsgruppenleitern und der Arbeitsgruppenleiterin, für die umfassende Begleitung dieses Prozesses und der Formulierung dieses Endberichtes sowie bei Präsident Dr. Fuat Sanaç für die konstruktive Zusammenarbeit. Sie alle haben dazu beigetragen, den Dialog mit dem Islam 100 Jahre nach der Verabschiedung des Islamgesetzes wieder ein Stück voranzubringen.

Ich freue mich bereits auf die kommenden Schritte zur Stärkung des gesellschaftlichen Zusammenhaltes in Österreich: Es darf in Österreich nicht darauf ankommen, welche Hautfarbe oder Religion eine Person hat, sondern entscheidend muss sein, was jemand zum Wohle aller einbringt und beiträgt.

Sebastian **Kurz** – Staatssekretär für Integration

Vorwort von Dr. Fuat Sanac
Demokratie lebt vom Dialog. Der Dialog zwischen dem Bürger und dem Staat ist das höchste Mittel der Kommunikation, um Demokratie zu leben und anzuwenden.

Den staatlichen Wunsch des Dialogs mit uns, der Islamischen Glaubensgemeinschaft in Österreich, schätzen wir aus diesem Grund besonders, da es von einem gelebten Demokratieverständnis zeugt. Wir haben dieses Angebot sehr gerne angenommen, da uns die Integration der Musliminnen und Muslime in ihr Heimatland Österreich natürlich besonders wichtig ist und wir diese bestmöglich unterstützen wollen.

In der allgemeinen Wahrnehmung werden die Muslimen/innen oft mit Fragen der Integration oder des Zusammenlebens wahrgenommen, wobei die Tatsache, dass der Islam seit langem fester Bestandteil der österreichischen Gesellschaft ist, dabei oft wenig bedacht wird.

Mit dem 100. Jubiläum der gesetzlichen Anerkennung des Islams in Österreich ist der Blick auf die historische Verwurzelung der Muslimen/innen in Österreich sicher differenzierter geworden.

In Österreich wird der Ausbildung der Imame und Seelsorger/innen großer Wert beigemessen, um sicherzustellen, dass die Ausbildung dieser Berufsgruppe in nächster Zukunft auf eine gute Grundlage gestellt werden kann. Denn kein Land kann auf Dauer die religiösen Belange ihrer Bürger/innen als eine Angelegenheit betrachten, deren Betreuung im Ausland wahrgenommen wird.

Die Möglichkeiten einer derartigen Ausbildung an den staatlichen Universitäten, in enger Kooperation mit der IGGiÖ, die eine entscheidende Voraussetzung für die Kontextualisierung des Islam in unserem Lande ist, wären notwendig.

Es gibt auch andere große Themen, die vor uns liegen: Die Novellierung des Islamgesetzes von 1912, um die Anerkennung des Islams in Österreich an die heutigen gesellschaftlichen Realitäten anzupassen.

Ich danke allen, die zum erfolgreichen Gelingen dieser Resultate beigetragen haben, insbesondere Herrn Staatssekretär Sebastian Kurz, sowie den Leiter/innen und den Expert/innen in den Arbeitsgruppen des Dialogforum Islam und hoffe, dass es noch weitere Aktivitäten und vertiefte Forschungen in diese Richtung geben wird.

Dr. Fuat **Sanaç** – Präsident der Islamischen Glaubensgemeinschaft[99]

---

99 **Vgl.** Medien Inhaber und Herausgeber: Bundesministerium für Inneres, Herrengasse 7, 1014 Wien. Hersteller und Herstellungsort: Layout: Marion Dorner Grafik Design, Czerningasse 17/2, 1020 Wien. Druck: Alwa und Deil Druckerei GmbH, Sturzgasse 1a, 1140 Wien; www.alwa-deil.at; Islamgesetz_DE.pdf (bmeia.gv.at); https://www.dialog.forum.islam.bericht-bundeskanzleramt.

IV.4 ISLAMGESETZ – Entwurf der IGGiÖ – Nov. 2011 [100]

Bundesgesetz vom xx.xx.xx über die äußeren Rechtsverhältnisse der Islamischen Glaubensgemeinschaft in Österreich (IGGiÖ) – Islamgesetz 201x

1. Abschnitt: RECHTSSTELLUNG

1. Name (und gesetzliche Abkürzung): Islamische Glaubensgemeinschaft in Österreich (IGGiÖ)
siehe: § **1 Islam Verordnung 1988:** „Die Anhänger des Islams führen als anerkannte Religionsgesellschaft die Bezeichnung ‚Islamische Glaubensgemeinschaft in Österreich'."

2. IGGiÖ – Gesetzlich anerkannte Religionsgesellschaft im Sinne des Art. 15 StGG 1867: siehe: „**Art. I Islamgesetz 1912:** Den Anhängern des Islam (nach hanafitischem Ritus)* wird in den im Reichsrat vertretenen Königreichen und Ländern die Anerkennung als Religionsgesellschaft im Sinne des Staatsgrundgesetzes vom 1. Dezember 1867, R.G.Bl. Nr.142, insbesondere des Art. XV desselben, nach Maßgabe der folgenden Bestimmungen gewährt."

3.1 IGGiÖ und ihre Religionsgemeinden: Körperschaften des öffentlichen Rechts: vergleiche: § **1 Pkt. I und § 3 Abs. 1 Protestantengesetz 1961:** § **1 Pkt. 1:** „Die Evangelische Kirche genießt die Stellung einer Körperschaft des öffentlichen Rechtes." § **3: Rechtspersönlichkeit der Gemeinden:** „(1) Die Gemeinden aller Stufen der Evangelischen Kirche genießen die Stellung einer Körperschaft des öffentlichen Rechtes, insoweit sie bereits im Zeitpunkt des Inkrafttretens dieses Bundesgesetzes bestanden. (2) Das Bundesministerium für Unterricht hat die im Abs. 1 genannten Gemeinden nach Anhören der Evangelischen Kirchenleitung binnen drei Monaten nach Inkrafttreten dieses Bundesgesetzes durch Kundmachung im Bundesgesetzblatt zu bezeichnen."

---

100 **Anm.** Dieser Entwurf wurde am 09. Nov. 2011 der damaligen Bundesministerin Frau Dr. C. Schmied vom Präsidenten Sanac mitgegeben.

3.2 Die Religionsgemeinden sind untrennbare und integrierende Bestandteile der IGGiÖ.

4. IGGiÖ – innere Angelegenheiten – Selbständigkeit: Die IGGiÖ ordnet und verwaltet ihre inneren Angelegenheiten nach Maßgabe ihrer Verfassung selbständig. vergleiche: § 1 Pkt. II erster Satz Protestantengesetz 1961: „Die Evangelische Kirche ordnet und verwaltet ihre inneren Angelegenheiten selbständig."

– Schutz der Lehre, Einrichtungen und Gebräuche: vergleiche: **§ 1 Pkt. II zweiter Satz Protestantengesetz 1961 iVm § 6 zweiter Satz Islamgesetz 1912: § 1 Pkt. II zweiter Satz Protestantengesetz**: „Sie ist in Bekenntnis und Lehre und in deren Verkündigung sowie in der Seelsorge frei und unabhängig und hat das Recht der gemeinsamen öffentlichen Religionsausübung." **§ 6 zweiter Satz Islamgesetz 1912**: „Auch die Lehren des Islams, seine Einrichtungen und Gebräuche genießen diesen Schutz, insofern sie nicht mit den Staatsgesetzen in Widerspruch stehen."

5. Begründung, Umwandlung, Vereinigung oder Auflösung der Religionsgemeinden: vergleiche: **§§ 4 und 5 Protestantengesetz 1961 – § 4 Protestantengesetz-Begründung der Rechtsperson:**

1) „(1) Künftig errichtete Gemeinden und nach kirchlichem Recht mit Rechtspersönlichkeit ausgestattete Einrichtungen der Evangelischen Kirche erlangen auch für den staatlichen Bereich Rechtspersönlichkeit des öffentlichen Rechts mit dem Tag des Einlangens der von der Evangelischen Kirchenleitung ausgefertigten Anzeige beim Bundesministerium für Unterricht, welches das Einlangen schriftlich zu bestätigen hat. Aus dieser Anzeige müssen die Bezeichnung und der Wirkungsbereich der Rechtsperson ersichtlich sein. In dieser Anzeige sind auch die Personen anzuführen, welche die Gemeinden oder Einrichtungen nach außen vertreten.
2) (2) Änderungen in der Person des Vertretungsberechtigten sind ebenfalls dem Bundesministerium für Unterricht schriftlich anzuzeigen.
3) (3) Die Evangelische Kirchenleitung hat jedem, der ein berechtigtes Interesse daran glaubhaft mach, die Personen, welche die Gemeinden

oder die Einrichtungen nach außen vertreten, bekannt zu geben."
§ 5 Protestantengesetz-Umwandlung, Vereinigung oder Auflösung der Rechtsperson: „Die Umwandlung, die Vereinigung der die Auflösung der mit Rechtspersönlichkeit des öffentlichen Rechts ausgestatteten Gemeinden und Einrichtungen der Evangelischen Kirche erlangen, unbeschadet der vermögensrechtlichen Wirkungen einer solche Maßnahme auch für den stattlichen Bereich Rechtswirksamkeit mit dem Tag des Einlangens der von der Evangelischen Kirchenleitung ausgefertigten Anzeige beim Bundesministerium für Unterricht, welches das Einlangen der Anzeige schriftlich zu bestätigen hat. Aus dieser Anzeige muss der Inhalt der Inhalt der getroffenen Maßnahme hervorgehen."

6. Paritätsprinzip: vergleiche: **§ 1 Punkt III Protestantengesetz 1961 iVm § 6 erster Satz Islamgesetz 1912: § 1 Punkt III Protestantengesetz 1961**: „Alle Akte der Gesetzgebung und Vollziehung, die die Evangelische Kirche betreffen, haben den Grundsatz der Gleichheit vor dem Gesetz im Verhältnis zur rechtlichen und tatsächlichen Stellung der anderen gesetzlich anerkannten Kirchen und Religionsgesellschaften zu beachten." **§ 6 erster Satz Islamgesetz 1912**: „Die Religionsgesellschaft der Anhänger des Islam genießt als solche sowie hinsichtlich ihrer Religionsausübung und ihrer Religionsdiener denselben gesetzlichen Schutz wie andere gesetzlich anerkannte Religionsgesellschaften."

7. „Eigentumsfreiheit": vergleiche: **Art. 15 dritter Teilsatz StGG 1867 und § 1 Pkt. IV Protestantengesetz 1961 –Art. 15 dritter Teilsatz StGG 1867**: „Jede gesetzlich anerkannte Kirche oder Religionsgesellschaft …, bleibt im Besitze und Genüsse ihrer für Kultus-, Unterrichts- und Wohltätigkeitszwecke bestimmten Stiftungen, Anstalten und Fonds, ist aber, wie jede Gesellschaft, den allgemeinen Staatsgesetzen unterworfen." **§ 1 Pkt. IV Protestantengesetz 1961**: „Der Besitz und Genuss ihrer für Kultus-, Unterrichts- und Wohltätigkeitszwecke bestimmten Anstalten, Stiftungen und Fonds ist der Evangelischen Kirche gewährleistet."

8. Beiträge und Finanzverwaltung: vergleiche: **§ 1 Pkt. V Protestantengesetz 1961 und § 3 Abs. 3 Orientalisch-orthodoxes Kirchengesetz**

2003: § 1 Pkt V Protestantengesetz 1961: „Die Evangelische Kirche ist berechtigt, zur Deckung des kirchlichen Personal – und Sachaufwandes von ihren Angehörigen Beiträge einzuheben und über die Erträgnisse aus diesen Beiträgen im Rahmen der Ordnung und Verwaltung der inneren Angelegenheiten frei zu verfügen." **§ 3 Abs. 3 Orientalisch-orthodoxes Kirchengesetz 2003**: „Den anerkannten orientalisch-orthodoxen Kirchen in Österreich steht das Recht zu, nach Maßgabe der innerkirchlichen Vorschriften von ihren jeweiligen Angehörigen Beiträge innerkirchlich einzuheben und über diese bzw. deren Erträgnisse im Rahmen der Ordnung und Verwaltung der inneren Angelegenheiten frei zu verfügen."

9. Schutzvorschriften; Kategoriale Seelsorge – geistl. Amtsträger: vgl. **§ 9 Protestantengesetz-Schutz kirchlicher Amtsträger**: „Die Amtsträger der Evangelischen Kirche genießen bei der Erfüllung geistlicher Aufgaben nach Maßgabe der einschlägigen bundesgesetzlichen Vorschriften den Schutz des Staates."

– Schutz geistlicher Amtskleider: vgl. **§ 10 Protestantengesetz-Schutz geistlicher Amtskleider und Insignien**: „Der unbefugte Gebrauch sowie die öffentliche Herabwürdigung von Amtskleidern und Insignien der Evangelischen Kirche ist, sofern die Tat nicht nach einer anderen Bestimmung mit strengerer Strafe bedroht ist, nach denselben Rechtsvorschriften strafbar wie der Missbrauch sowie die öffentliche Herabwürdigung der militärischen Uniformen."

– Schutz der Amtsverschwiegenheit: vgl. **§ 11 Protestantengesetz – Schutz kirchlicher Amtsverschwiegenheit**: „(1) Geistliche Amtsträger der Evangelischen Kirche dürfen als Zeugen, unbeschadet der sonst hiefür geltenden Vorschriften, nicht in Ansehung dessen vernommen werden, was ihnen in der Beichte oder sonst unter dem Siegen der geistliche Amtsverschwiegenheit anvertraut wurde.
(2) Die Bestimmungen des Abs. 1 gelten auch für die Vernehmung der dort bezeichneten Amtsträger als Auskunftspersonen im zivilgerichtlichen Verfahren."

– **Mitteilungspflicht der Strafbehörden: vgl. § 12 Protestantengesetz-Mitteilungspflicht der Strafbehörden und Schutz des geistlichen Standes:**

„(1) Die Strafgerichte haben die Evangelische Kirchenleitung von der Einleitung und der rechtskräftigen Beendigung eines gerichtlichen Strafverfahrens gegen geistliche (und weltliche*) Amtsträger der Evangelischen Kirche, von der Verhängung der Verwahrungs-und Untersuchungshaft über einen solchen Amtsträger und von dessen Enthaftung ohne unnötigen Aufschub zu verständigen. Die Strafgerichte haben ferner der Evangelischen Kirchenleitung eine Ausfertigung der rechtskräftigen Anklageschrift gegen einen solchen Amtsträger zuzustellen, wenn dieser Amtsträger zustimmt; sie haben schließlich auch eine Ausfertigung der Urteile erster und höherer Instanz der Evangelischen Kirchenleitung zuzustellen.

(2) Die Staatsanwaltschaften haben die Evangelische Kirchenleitung von der Einleitung gerichtlicher Vorerhebungen und von der Zurücklegung einer Strafanzeige gegen geistliche (und weltliche*) Amtsträger ohne unnötigen Aufschub zu verständigen.

(3) Die Verwaltungsstrafbehörden einschließlich der Finanzstrafbehörden haben die Evangelische Kirchenleitung von der Festnahme eines geistlichen Amtsträgers der Evangelischen Kirche, von der Verhängung der Verwahrungs-und Untersuchungshaft über einen solchen Amtsträger und von dessen Enthaftung ohne unnötigen Aufschub zu verständigen; sie haben ferner der Evangelischen Kirchenleitung eine Ausfertigung von Bescheiden erster und höherer Instanz zuzustellen, soweit sie auf eine Freiheitsstrafe oder eine Geldstrafe von über ATS 1.000,00 = Euro lauten.

(4) In dem in den Abs. 1 und 2 vorgesehenen Umfang sind unter einem auch das Bundesministerium für Unterricht und der Landeshauptmann des Bundeslandes, in dem der geistliche Amtsträger der Evangelischen Kirche sein Amt versieht, zu verständigen.

(5) In jedem gegen geistliche Amtsträger der Evangelischen Kirche von staatlichen Behörden durchgeführten Strafverfahren sind die dem Ansehen der Kirche und des Kultus gebührenden Rücksichten zu üben."

- **Kategoriale Seelsorge**
Verweis auf die entsprechenden Bestimmungen des Protestantengesetzes 1961

- **Militärseelsorge:** vgl. **§ 17 Protestantengesetz-Evangelische Militärseelsorge**:
„(1) Der Bund hat der Evangelischen Kirche die Ausübung der Seelsorge an den evangelischen Angehörigen des Bundesheeres (Evangelische Militärseelsorge) zu gewährleiste. Er hat den für die Evangelische Militärseelsorge erforderlichen Personal – und Sachaufwand im ausreichenden Maße bereitzustellen.
(2) Die Evangelische Militärseelsorge untersteht in geistlichen Belangen der Evangelischen Kirchenleitung, in allen anderen Angelegenheiten den zuständigen militärischen Kommandostellen.
(3) Als Evangelische Militärseelsorger sind nur geistliche Amtsträger zu bestellen, die von der Evangelischen Kirchenleitung hiezu schriftlich ermächtigt sind. Entzieht die Evangelische Kirchenleitung diese Ermächtigung, ist der betreffende Amtsträger unverzüglich seiner Funktion als Militärseelsorger zu entheben.
(4) Die näheren Vorschriften über die Evangelische Militärseelsorge sind im Wehrrecht zu erlassen."

- **Krankenhausseelsorge:** vgl. **§ 18 Protestantengesetz-Evangelische Krankenseelsorge:**
„(1) Der Evangelischen Kirche ist die Ausübung der Seelsorge an Personen evangelischen Glaubensbekenntnisses, die in öffentlichen Krankenanstalten, Versorgungs-und ähnlichen Anstalten untergebracht sind, durch die von ihr beauftragten und ausgewiesenen Amtsträger jederzeit gewährleistet.
(2) Soweit an Anstalten der im Abs.1 bezeichneten Art eine anstaltseigenen Krankenseelsorge eingerichtet wird, können als evangelische Krankenseelsorger nur geistliche Amtsträger bestellt werden, die von der Evangelischen Kirchenleitung hiezu schriftlich ermächtigt sind. Entzieht die Evangelische Kirchenleitung diese Ermächtigung, endet die Funktion des betreffenden geistlichen Amtsträgers als Krankenseelsorger.

(3) Soweit an Anstalten der in Abs.1 bezeichneten Art keine eigene Krankenseelsorge eingerichtet ist, ist dem von der Evangelischen Kirche beauftragten und ausgewiesenen Amtsträger der freie Zutritt zu den Anstaltsinsassen zu ermöglichen. Die Anstaltsordnungen haben vorzusehen, dass die Aufnahme evangelischen Anstaltsinsassen in regelmäßigen zeitabstände dem nachfragenden Amtsträger der Evangelischen Kirche zur Kenntnis gelangt. Bei Gefahr im Verzug ist der Krankenseelsorger unverzüglich zu verständigen.
(4) Die Krankenseelsorger haben bei Ausübung ihrer Funktion die Vorschriften der Anstaltsordnungen zu beachten und in den Angelegenheiten, die nicht geistliche Belange betreffen, die Anordnungen der zuständigen Anstaltsorgane zu befolgen.
(5) Unzukömmlichkeiten bei der Ausübung der Krankenseelsorge sind der Evangelischen Kirchenleitung mitzuteilen und, soweit sie durch ein Verhalten des evangelischen Krankenseelsorgers verursacht sind, von dieser abzustellen."

– Gefangenenseelsorge: vgl. **§ 19 Protestantengesetz -Evangelische Gefangenenseelsorge**:
„(1) Der Bund hat der Evangelischen Kirche die Ausübung der Seelsorge an Personen evangelischen Glaubensbekenntnisses, die sich in gerichtlicher oder verwaltungsbehördlicher Haft befinden, zu gewährleisten.
(2) Soweit eine eigene evangelische Gefangenenseelsorge eingerichtet wird, können als Gefangenenseelsorger nur geistliche Amtsträger bestellt werden, die von der Evangelischen Kirchenleitung hierzu schriftlich ermächtigt sind. Gefangenenseelsorger, denen die Evangelische Kirchenleitung dieser Ermächtigung schriftlich entzieht, sind unverzüglich ihres Amtes zu entheben."
Verweis auf § 3 Abs. 1 Orientalisch-orthodoxes Kirchengesetz 2003
„§ 3 Orientalisch-Orthodoxes Kirchengesetz 2003
(1) Für die anerkannten orientalisch-orthodoxen Kirchen, für ihre geistlichen Amtsträger und für die geistlichen Mitglieder der orientalisch-orthodoxen Kirchenkommission gelten sinngemäß und unter Bedachtnahme auf Abs. 2 (dieser stellt insbesondere auf die besondere Struktur, die Mitgliederzahl und den Amtsbereich in Ö ab) nachstehende Bestimmungen des Bundesgesetzes, BGBl. Nr. 182/1961 über äußere Rechtsverhältnisse

der Evangelischen Kirche (Protestantengesetz 1961): § 9 über den Schutz kirchlicher Amtsträger; § 10 über den Schutz geistlicher Amtskleider und Insignien; § 11 über den Schutz kirchlicher Amtsverschwiegenheit; § 12 über die Mitteilungspflicht und den Schutz des Ansehens des geistlichen Standes, § 16 über Religionsunterricht und Jugenderziehung; die §§ 17 bis 19 über Militärseelsorge, Krankenseelsorge und Gefangenenseelsorge."

2. Abschnitt: AUFBAU und AUFGABEN
1. Unterabschnitt: AUFBAU – Verfassung
Verfassung in Bezug auf äußere Angelegenheiten – Mindestinhalt 10. Sitz …

11. Festlegung von Religionsgemeinden …
vergleiche: **§ 2 Abs. 1 Z. 2 Islam Verordnung 1988**: „Die Verfassung der Islamischen Glaubensgemeinschaft in Österreich hat hinsichtlich der äußeren Rechtsverhältnisse insbesondere zu enthalten: 2. Die Festlegung von Religionsgemeinden und Bezirken";

12. die Organe der Islamischen Glaubensgemeinschaft in Österreich und ihrer Religionsgemeinden, sowie deren Aufgaben, Bestellung und Funktionsdauer
vergleiche: **§ 2 Abs. 1 Z. 3 Islam Verordnung 1988**: „Die Verfassung der Islamischen Glaubensgemeinschaft in Österreich hat hinsichtlich der äußeren Rechtsverhältnisse insbesondere zu enthalten: 3. die Organe der Islamischen Glaubensgemeinschaft in Österreich und der Religionsgemeinden, sowie deren Aufgaben, Bestellung und Funktionsdauer";

Sonderbestimmung für die Vorstände von Religionsgemeinden:
In den Vorstand einer Religionsgemeinde können nur Mitglieder berufen werden, die österreichische Staatsbürger sind und im Vollgenusse der bürgerlichen Rechte stehen. Die Bestellung eines Vorstandes ist dem Landeshauptmann anzuzeigen.
vergleiche: **§ 9 Anerkennungsgesetz 1874**: „In den Vorstand einer Religionsgemeinde können nur Mitglieder derselben berufen werden, die österreichische Staatsbürger sind und im Vollgenuss der bürgerlichen

Rechte stehen. Die Bestellung des Vorstandes ist der Landesbehörde anzuzeigen. Die Bestellung eines Vorstandes, dessen Wirksamkeit sich auf mehr als eine Kultusgemeinde erstrecken soll, bedarf der Bestätigung durch den Kultusminister."

13. Bestimmungen über Erwerb und Verlust der Mitgliedschaft
vergleiche: **§ 2 Abs. 1 Z. 1 Islam Verordnung 1988**: „Die Verfassung der Islamischen Glaubensgemeinschaft in Österreich hat hinsichtlich der äußeren Rechtsverhältnisse insbesondere zu enthalten: 1. Die Erfordernisse der Zugehörigkeit und die Art des Beitritts";

14. Rechte und Pflichten der Mitglieder einschließlich Wahlrechte und Wahlen;
vergleiche: **§ 2 Abs. 1 Z. 4 Islam Verordnung 1988**: „Die Verfassung der Islamischen Glaubensgemeinschaft in Österreich hat hinsichtlich der äußeren Rechtsverhältnisse insbesondere zu enthalten: 4.die Rechte und Pflichten der Gemeindeangehörigen im Hinblick auf die Gemeindeverwaltung";

15. Nähere Festlegung der Rechtsstellung von anerkannten und registrierten Moscheen, Fachvereinigungen und sonstigen islamischen juristischen Personen

16.1 Art der Aufbringung der Mittel;
vergleiche: § 2 **Abs. 1 Z. 6 Islam Verordnung 1988**: „Die Verfassung der Islamischen Glaubensgemeinschaft in Österreich hat hinsichtlich der äußeren Rechtsverhältnisse insbesondere zu enthalten: 6. Die Art der Aufbringung der finanziellen Mittel";

Art. 12, 13 und 14 der Verfassung der IGGiÖ;
II. Vermögen der Islamischen Glaubensgemeinschaft
Artikel 12
Das Vermögen der Islamischen Glaubensgemeinschaft in Österreich besteht aus:
1. beweglichen und unbeweglichen Sachen einschließlich deren Erträgnissen und Einkünften;

2. Geschenken und Legaten;
3. Subventionen seitens staatlicher Einrichtungen oder anderer Personen;
4. den Mitgliedsbeiträgen (Kultusumlage) und den aus diesen angelegten Fonds;
5. Honoraren und Gebühren anlässlich der jeweiligen Dienstleistungen;
6. Spenden, Solidarbeiträgen der islamischen Religionslehrer und anderen Einkünften.

Artikel 13
(1) Der Schurarat der Islamischen Glaubensgemeinschaft bestimmt anlässlich welcher religiösen und administrativen Dienstleistungen eine Gebühr oder ein Honorar unter gleichzeitiger Bestimmung der Höhe zu entrichten ist.
(2) Der Schurarat beschließt auf Vorschlag des Obersten Rates die näheren Bestimmungen über die Kultusumlage in einer Kultusumlageordnung. In dieser sind Festsetzung, Erhebung und Einbringung der Kultusumlage (Mitgliedsbeiträge) unter Bestimmung der Leistungspflichtigen zu regeln. Die Kultusumlageordnung hat weiters grundsätzliche Bestimmungen über die Höhe der Umlage zu enthalten, wobei allfällige freiwillige Spenden berücksichtigt werden können.
(3) Die Höhe der Mitgliedsbeiträge beschließt der Oberste Rat.
(4) Die Kultusumlageordnung und die Beschlüsse über die Höhe der Beiträge bedürfen zu ihrer Wirksamkeit der Genehmigung des/der Bundesministers/in für Unterricht, Kunst und Kultur.

Artikel 14
(1) Das Vermögen der Islamischen Glaubensgemeinschaft dient ausschließlich deren Zielen und darf nicht für andere Zwecke verwendet werden.

16.2 Sammlungen:
vergleiche: **§ 21 Protestantengesetz 1961-Kirchliche Sammlungen**:
„Die Evangelische Kirche ist berechtigt, auch außerhalb ihrer Gebäude und Liegenschaften unmittelbar vor und nach kirchlichen Veranstaltungen oder jederzeit durch persönliche Aufforderung an ihre Kirchenangehörigen Sach-und Geldspenden für kirchliche Zwecke zu sammeln."

17. Erzeugung und Änderung der Verfassung
Vergleiche: **§ 2 Abs. 1 Z. 7 Islam Verordnung 1988:** „Die Verfassung der Islamischen Glaubensgemeinschaft in Österreich hat hinsichtlich der äußeren Rechtsverhältnisse insbesondere zu enthalten: 7. das Verfahren bei Abänderung der Verfassung";

2. Unterabschnitt: AUFGABEN
18. Schulwesen –
Verweis auf die **Regelungen des Privatschulgesetzes, insbesondere dessen § 4 – Schulerhalter:** Abs. 1 „Eine Privatschule zu errichten, ist als Schulerhalter – bei Erfüllung der sonstigen in diesem Abschnitt festgesetzten Voraussetzungen berechtigt lit. b) jede Gebietskörperschaft, gesetzlich anerkannte Kirche oder Religionsgesellschaft und sonstige Körperschaft des öffentlichen Rechts" **und § 17 Abs. 2 leg. cit. – Subventionierung konfessioneller Privatschulen:** „Unter konfessionellen Privatschulen sind die von den gesetzlich anerkannten Kirchen und Religionsgesellschaften und von ihren Einrichtungen erhaltenen Schulen sowie jene von Vereinen, Stiftungen und Fonds erhaltenen Schulen zu verstehen, die von der zuständigen kirchlichen (religionsgesellschaftlichen) Oberbehörde als konfessionelle Schule anerkannt werden."

19. Religionsunterricht – Verweis auf das Religionsunterrichtsgesetz, insbesondere auf dessen §§ 1, 2 (1) und (3) leg.cit.
Langtitel
Bundesgesetz vom 13. Juli 1949, betreffend den Religionsunterricht in der Schule (Religionsunterrichtsgesetz).
Text
§ 1. (1) Für alle Schüler, die einer gesetzlich anerkannten Kirche oder Religionsgesellschaft angehören, ist der Religionsunterricht ihres Bekenntnisses Pflichtgegenstand an den öffentlichen und den mit dem Öffentlichkeitsrecht ausgestatteten

a)	Volks-, Haupt- und Sonderschulen,
b)	Polytechnischen Lehrgängen,
c)	allgemeinbildenden höheren Schulen,
d)	berufsbildenden mittleren und höheren Schulen (einschließlich der land- und forstwirtschaftlichen Schulen),
e)	Berufsschulen in den Bundesländern Tirol und Vorarlberg sowie land- und forstwirtschaftlichen Berufsschulen im gesamten Bundesgebiet,
f)	Akademien für Sozialarbeit,
g)	Anstalten der Lehrer- und Erzieherbildung (einschließlich der land- und forstwirtschaftlichen Lehranstalten), wobei an den Pädagogischen, Berufspädagogischen und Land- und forstwirtschaftlichen berufspädagogischen Akademien an die Stelle des Religionsunterrichtes der Unterricht in Religionspädagogik tritt und in den folgenden Bestimmungen unter Religionsunterricht auch Religionspädagogik zu verstehen ist.

(2) Schüler, die das 14. Lebensjahr noch nicht vollendet haben, können jedoch von ihren Eltern zu Beginn eines jeden Schuljahres von der Teilnahme am Religionsunterricht schriftlich abgemeldet werden; Schüler über 14 Jahren können eine solche schriftliche Abmeldung selbst vornehmen …

20. Aus- und Weiterbildung der Imame und SeelsorgerInnen

21. Pilgerfahrt: Organisation im eigenen Bereich, Aufsicht über die Organisation der Pilgerfahrt durch islamische Einrichtungen

3. Abschnitt: RECHTE UND PFLICHTEN DER IGGiÖ
22. Integration der islamischen Vereine in die IGGiÖ

23. Religionsgesellschaftliches Begutachtungsrecht
vergleiche: **§ 14 Protestantengesetz 1961 – Kirchliches Begutachtungsrecht:** „(1) Die Evangelische Kirchenleitung ist berechtigt, den Organen der Gesetzgebung sowie den Behörden des Bundes und der

Länder kirchliche Gutachten, Vorschläge und Berichte über Angelegenheiten, welche die Kirchen und Religionsgesellschaften im Allgemeinen oder den Wirkungsbereich der Evangelischen Kirche im Besonderen berühren, zu erstatten. (2) Die Behörden des Bundes haben Gesetzesentwürfe, die äußere Rechtsverhältnisse der Evangelischen Kirche berühren, vor ihrer Vorlage und Verordnungen dieser Art vor ihrer Erlassung der Evangelischen Kirchenleitung unter Gewährung einer angemessenen Frist zur Stellungnahme zu übermitteln." und § **2 Abs. 2 Z. 2 Orientalisch-orthodoxes KirchengesetzG 2003:** „Zu den Aufgaben der orientalisch-orthodoxen Kirchenkommission gehören 2. Das kirchliche Begutachtungsrecht im Sinne des § 14 des Bundesgesetzes BGBl. Nr. 182/1961 über die äußeren Rechtsverhältnisse der Evangelischen Kirche" …

24. Speisevorschriften und Schächtung; Vergabe von Halal-Zertifikaten;

25. Ausschluss von der Bestellung zu Religionsdienern und Funktionsträgern mit Vertretungsbefugnis für den staatlichen Bereich: vergleiche: § **5 Abs. 2 Orientalisch-orthodoxes Kirchengesetz 2003 hinsichtlich der Funktionsträger mit Vertretungsbefugnis für den staatlichen Bereich**: „(2) Personen, die wegen einer oder mehrerer mit Vorsatz begangener strafbarer Handlungen zu einer mehr als einjährigen Freiheitsstrafe verurteilt worden sind, können für den staatlichen Bereich nicht als vertretungsbefugte Organe bestellt werden."

26. Abberufung von Religionsdienern und Funktionsträgern mit Vertretungsbefugnis für den staatlichen Bereich in besonderen Fällen: vergleiche hinsichtlich der **Religionsdiener: § 4 Islamgesetz 1912:** „Ein Religionsdiener, welcher verbrecherischer oder solcher strafbarer handlungsschuldig erkannt worden ist, die aus Gewinnsucht entstehen, gegen die Sittlichkeit verstoßen oder zu öffentlichem Ärgernis gereichen, oder dessen Verhalten die öffentliche Ordnung zu gefährden droht, ist von seinem Amt zu entfernen."

hinsichtlich der **Funktionsträger (einschließlich der religiösen): § 15 Ministerialentwurf 199/ME XXIV.GP zum Israelitengesetz-Abberufung**

von Funktionsträgern: „Die Religionsgesellschaft und die Kultusgemeinden haben Funktionsträger, einschließlich religiöser, die durch ein inländisches Gericht wegen einer oder mehrerer mit Vorsatz begangener strafbarer Handlungen zu einer mehr als einjährigen Freiheitsstrafe rechtskräftig verurteilt worden sind oder durch ihr Verhalten die öffentliche Sicherheit, Ordnung, Gesundheit und Moral oder die Rechte und Freiheiten anderer nachhaltig gefährden, ihrer Funktionen zu entheben."

§ 12 Anerkennungsgesetz 1874: „Wenn ein Religionsdiener verbrecherischer oder solcher strafbarer Handlungen für schuldig erkannt worden ist. Die aus Gewinnsucht entstehen, gegen die Sittlichkeit verstoßen oder zu öffentlichem Ärgernisse gereichen (oder wenn ein Seelsorger die österreichische Staatsbürgerschaft verliert), so hat die Regierung die Entfernung von seinem Amte zu verlangen. Hat sich ein Seelsorger eines Verhaltens schuldig gemacht, welches sein ferneres Verbleiben in seinem Amte als der öffentlichen Ordnung gefährlich erscheinen lässt, so kann die Regierung seine Entfernung von der Ausübung des Amtes verlangen. Wird die von der Regierung verlangte Entfernung von den hiezu Berufenen nicht in angemessener Frist vollzogen, so ist das betreffende Kultusamt für den staatlichen Bereich als erledigt anzusehen und hat die Regierung dafür zu sorgen, dass jene Geschäfte, welche die Gesetze dem ordentlichen Seelsorger übertragen, von einer anderen von ihr bestellten Persönlichkeit solange versehen werden, bis das betreffende Kultusamt in staatsgültiger Weise neu besetzt ist. In derselben Weise kann vorgegangen werden, wenn aus einem anderen Grunde die oben bezeichneten Geschäfte von dem ordentlichen Seelsorger nicht besorgt werden."

4. Abschnitt: Zusammenwirken von IGGiÖ und STAAT
27. Behördliche Rechtshilfe: Verweis auf **§ 13 Protestantengesetz-Behördliche Rechtshilfe:** „Alle Organe des Bundes, der Länder und der Gemeinden einschließlich der durch die Gesetzgebung des Bundes oder der Länder geschaffenen Körperschaften des öffentlichen Rechts haben im Rahmen ihres durch Bundesgesetz geschaffenen Wirkungsbereiches der Evangelischen Kirche auf Verlangen der Kirchenleitung Rechts-und Amtshilfe insofern zu leisten, als dies zur Vollziehung der

der Evangelischen Kirche bundesgesetzlich übertragenen Aufgaben und zum Schutze von Kulthandlungen erforderlich ist."

28. Anzeigepflichten der IGGiÖ
Bekanntgabe der zum Zeitpunkt des Inkrafttretens des neuen Islamgesetzes im Sinne der IGGiÖ-Verfassung vertretungsbefugten Organe: vergleiche: **§ 5 Abs. 1 Z. 1 Orientalisch-orthodoxes Kirchengesetz 2003:** „(1) Zwecks Rechtswirksamkeit für den stattlichen Bereich sind der Bundesministerin oder dem Bundesminister für Bildung, Wissenschaft und Kultur anzuzeigen: 1. Die im Sinne der Verfassung vertretungsbefugten Organe der im Zeitpunkt des In-Kraft-Tretens dieses Bundesgesetzes bereits anerkannten orientalisch-orthodoxen Kirche innerhalb Monatsfrist";_

29. Äußere Rechtskraft von innerreligionsgesellschaftlichen Entscheidungen

29.1 Genehmigungspflicht der Verfassung, der Wahlordnung und der Beitragsordnung und ihrer Änderungen durch die Bundesministerin bzw. den Bundesminister für Unterricht: vergleiche: § **2 Abs. 2 Islam Verordnung 1988:** „Die Verfassung und deren Änderungen bedürfen zu ihrer Wirksamkeit für den staatlichen Bereich der staatlichen Genehmigung."

29.2 Wahlanzeigen sowie Änderungen bei Mitgliedern von Organen, bei Religionsdienern und bei den für den staatlichen Bereich vertretungsbefugten Funktionsträgern: vergleiche: § **5 Abs. 1 Z. 2 Orientalisch-orthodoxes Kirchengesetz 2003:** „(1) Zwecks Rechtswirksamkeit für den stattlichen Bereich sind der Bundesministerin oder dem Bundesminister für Bildung, Wissenschaft und Kultur anzuzeigen: 2. alle Veränderungen in den Personen der bisher vertretungsbefugten Organe innerhalb Monatsfrist";

30. Islamische Friedhöfe

31. Islamisch-theologische Fakultät

32. Wahrnehmung staatlicher Kompetenz in äußeren Angelegenheiten der IGGiÖ:
– Allgemein: Die Bundesministerin/der Bundesminister für Unterricht, Kunst und Kultur.
Pkt. 29.2 hinsichtlich der einzelnen Religionsgemeinde: Die örtlich zuständige Landeshauptfrau/der örtlich zuständige Landeshauptmann

5. Abschnitt: ÜBERGANGSBESTIMMUNGEN
34. Bestehende IGGiÖ und ihre Religionsgemeinden
35. Außerkrafttreten des Islamgesetzes 1912 und der Islamverordnung 1988
36. Inkrafttreten des Islamgesetzes 201x
37. Vollzugsklausel

Zur Letzt ergänzt:
- Beschneidung der muslimischen Buben,
- Muslimische Feiertage: Ramadan- und Opferfest sowie Aschura-Tag.
- Das Islam-Gesetz wird jedem zugutekommen, ohne Konfessionsunterschiede.

PS: Alle Mitglieder des Schurarates der IGGiÖ wurden vom Herrn Dr. Michael **LUGGER**, im Namen des Präsidenten am 12.06.2012 über allen Verhandlungen informiert. **Schreiben an alle Vereine zum Thema Islamgesetz**, Wien, 24. September 2012**:**

Betreff: **Islamgesetz**

Sehr geehrte Damen und Herrn,
aus gegebenem Anlass bitten wir Sie, bis zum 06.12.2012 Ihre Anregungen und Vorschläge zum „Islamgesetz" in schriftlicher Form, unterschrieben und abgestempelt, uns bekannt zu geben. Dieser Antrag soll auch die Kontaktdaten der Organisation (Name, Anschrift, Kontaktperson usw.) beinhalten.

Mit freundlichen Grüßen – Fuat SANAC – Präsident

IV.5. Nationalrat beschließt neues Islamgesetz
– SPÖ und ÖVP orten vorbildhafte Regelungen, Opposition bleibt bei Kritik

Wien (PK) – Der Nationalrat hat nach rund dreijähriger Diskussion über das neue Islamgesetz einen Schlusspunkt gesetzt. SPÖ und ÖVP stimmten heute im Plenum für den von Kanzleramtsminister Josef **Ostermayer** und Außenminister Sebastian **Kurz** initiierten Gesetzentwurf. Er bringt, 100 Jahre nach der erstmaligen offiziellen Anerkennung des Islam in Österreich, moderne Rechtsgrundlagen für islamische Glaubensgemeinschaften. Etliche muslimische Vereine und Organisationen hatten bis zuletzt gegen das neue Gesetz mobil gemacht, **SPÖ** und **ÖVP** wollten die Kritik aber nicht gelten lassen und sprachen von vorbildhaften Regelungen. Die Opposition blieb dennoch skeptisch und stimmte geschlossen gegen das Gesetz.

Durch einen von den Koalitionsparteien im Zuge der Debatte eingebrachten Abänderungsantrag wurde der Gesetzentwurf noch geringfügig abgeändert. Demnach sind islamische Vereine, die parallel zu den anerkannten islamischen Glaubensgemeinschaften religiöse Lehren verbreiten, vom Innenministerium bis zum 1. März 2016 aufzulösen. Ursprünglich war als Frist der 31.12.2015 vorgesehen gewesen. Für die Vereinsauflösung gilt damit die gleiche Frist wie für die Anerkennung der neuen Statuten islamischer Glaubensgemeinschaften durch das Bundeskanzleramt.

Dem Antrag der **FPÖ**, den Gesetzentwurf zu weiteren Vorberatungen an den Verfassungsausschuss zurückzuverweisen, trug die Mehrheit des Nationalrats ebenso wenig Rechnung wie einem Entschließungsantrag des Team Stronach zur Frage von „Halal-Zertifizierungen" geschächteter Tiere. (Parlamentskorrespondenz Nr. 152 vom 25.02.2015; Nationalrat beschließt neues Islamgesetz (PK-Nr. 152/2015) | Parlament Österreich); Nationalrat beschließt neues Islamgesetz (PK-Nr. 152/2015) | Parlament Österreich.

IV.6 ISLAMGESETZ – Regierungsentwurf im Parlament

Beschlussreifer Entwurf
Bundesgesetz, mit dem ein Bundesgesetz über die äußeren Rechtsverhältnisse islamischer Religionsgesellschaften erlassen wird

Der Nationalrat hat beschlossen: **Bundesgesetz über die äußeren Rechtsverhältnisse islamischer Religionsgesellschaften – Islamgesetz 2014**

**Achtung!
Die allgemeinen Bestimmungen für Religionsgesellschaften 1. und 2. Abschnitt) wurden gelöscht. Nur die Paragraphen sind erhalten geblieben, die die Muslime betreffen (damit die Änderungen verglichen werden). Für die allgemeinen Bestimmungen sehen Sie die Endfassung des Islamgesetzes (Kapitel V).**

3. Abschnitt
**Rechte und Pflichten der „Islamischen Glaubensgemeinschaft in Österreich"
Namensrecht und Schutz der religiösen Bezeichnungen**
§ 9. (1) Die Religionsgesellschaft hat das Recht, einen Namen im Rahmen der in § 6 Abs. 1 Z 1 genannten Grenzen zu wählen.
(2) Die Namen der Religionsgesellschaft und der Kultusgemeinden sowie alle daraus abgeleiteten Begriffe dürfen nur mit Zustimmung der Religionsgesellschaft oder Kultusgemeinde verwendet werden.
(3) Bezeichnungen, die geeignet sind gegenüber außenstehenden Dritten den Eindruck einer rechtlichen Verbindung zu einzelnen Einrichtungen der Religionsgesellschaft, einer Kultusgemeinde oder ähnlicher Institutionen außerhalb Österreichs herzustellen, dürfen nur mit Zustimmung der Religionsgesellschaft verwendet werden.
(4) Bei Verstößen gegen diese Bestimmungen haben die Religionsgesellschaft und jede betroffene Kultusgemeinde das Recht, einen Antrag auf Einleitung eines Verfahrens zur Beendigung des rechtswidrigen Zustandes an den Bundeskanzler zu stellen, wenn nicht strafgesetzliche

Bestimmungen anzuwenden sind. Über den Antrag ist binnen vier Wochen zu entscheiden.

In- und Außerkrafttreten
§ 32.Das Gesetz tritt mit Ablauf des Tages der Kundmachung im Bundesgesetzblatt in Kraft. Mit dem Inkrafttreten dieses Bundesgesetzes tritt das Gesetz betreffend die Anerkennung der Anhänger des Islam als Religionsgesellschaft, RGBl 159/1912 idF BGBl. 144/1988, zuletzt geändert durch das Bundesministeriengesetz 2014, BGBl. I Nr. 11/2014, außer Kraft.

Vollzugsklausel
§ 33. Mit der Vollziehung dieses Bundesgesetzes ist der Bundeskanzler betraut, soweit aufgrund einzelner Regelungen nicht die sachliche Zuständigkeit **eines** Bundesministers besteht.

PS: NATIONALRAT: Der V e r f a s s u n g s a u s s c h u s s hält Dienstag, den 13. Jänner 2015, um 14.30 Uhr im Lokal VI (Budgetsaal) Sitzung. T A G E S O R D N U N G : Regierungsvorlage: Bundesgesetz, mit dem ein Bundesgesetz über die äußeren Rechtsverhältnisse islamischer Religionsgesellschaften erlassen wird (446 d.B.) Wien, 2014.12.23 – Dr. Peter W i t t m a n n Obmann.

Am 10. Dezember 2014 langte der Entwurf der Novellierung des IslamG 1912 im Nationalrat ein und die Beschlussfassung über die Regierungsvorlage erfolgte. Es wurden in weiterer Folge eine allgemeine Diskussion und ein Expertenhearing im Verfassungsausschuss durchgeführt. Das Expertenteam bestand aus Gerhard Hesse, Christian Zeitz, Richard Potz, Harald Fiegl und Farid Hafez, sowie Katharina Pabel als Expertin für Verwaltungsrecht. Schon damals hat es die unterschiedlichsten Meinungen und Rückmeldungen zum Gesetzesentwurf gegeben. Sogar ein Neustart der Verhandlungen wurde gefordert. [101]

---

[101] Parlamentskorrespondenz Nr. 12, Islamgesetz: Parlamentarische Beratungen starteten mit Hearing; https://www.ots.at/presseaussendung/OTS_20150113_OTS0233/islamgesetz-parlamentarische-beratungen-starteten-mit-hearing.

IV.7 STELLUNGNAHMEN UND REAKTIONEN

IV.7.1 ISLAMGESETZ laut Sanac verfassungswidrig (10.10.2014)

Es waren eigentlich dutzende Stellungnahmen und Interviews von Seiten der IGGÖ und von den Kirchen und Religionsgesellschaften sowie von NGOs und prominenten Personen eingegangen, die unsere Stellungnahmen überwiegend unterstützt haben. Hier möchte ich jedoch nur einige Beispiel weitergeben:
ISLAMGESETZ laut Sanac verfassungswidrig – Der Präsident der Islamischen Glaubensgemeinschaft (IGGiÖ), Fuat **Sanac**, hat verfassungsrechtliche Bedenken gegen den **Entwurf des Islamgesetzes**.[102] Für ihn wird der Gleichheitsgrundsatz mehrfach verletzt, etwa durch das Verbot ausländischer Finanzierung. Die Regierung verteidigte ihren Entwurf. Der Verfassungsdienst sehe keine Probleme hieß es am Freitag gegenüber der APA aus dem Kultusministerium.

Bezüglich einer gemeinsamen Lösung wandte sich Sanac in seiner Rede bei der **Balkankonferenz** der IGGiÖ Freitagabend an Bundespräsident Heinz **Fischer**. „Die Zusammenarbeit zwischen der islamischen Glaubensgemeinschaft und den Behörden – bis vor kurzer Zeit – war immer getragen vom Geist des Respektes, der Bemühung, aufeinander zuzugehen, miteinander Lösungen zu finden", übte **Sanac** abermals Kritik am Vorgehen der Regierung beim neuen **Islamgesetz**. Die letzten Irrungen in manchen muslimischen Ländern hätten leider auch in Österreich ihre Auswirkungen gezeigt und einige Menschen in Österreich verunsichert, meinte er.

---

[102] **Anm.** Unsere Kritik handelte sich gegen den ersten und zweiten Regierungsentwurf des Islamgesetzes. Bei der Endverfassung wurden viele Paragraphen korrigiert (s. Kapitel V).

Sanac appellierte in der Debatte zu Vernunft und Besonnenheit. **„Wir sind mit dem Entwurf des Islam-Gesetzes nicht einverstanden. Er wurde ohne eine Abstimmung mit der muslimischen Basis und mit neu aufgenommenen Verschärfungen präsentiert"**, bedauerte er abermals. Es müsse im gemeinsamen Interesse liegen, dass Prinzipien wie der Gleichheitsgrundsatz und die Verhältnismäßigkeit durchgehend berücksichtigt werden, „denn nur so kann die positive Tradition der Anerkennung des Islams, die Österreich auch auswärts zum Modellland im Umgang mit dem Islam gemacht hat, fortgeführt werden."

Für **Sanac** wird der Gleichheitsgrundsatz gleich mehrfach verletzt, etwa durch den Versuch, „ausländische Imame aus dem Land draußen zu halten." Der Muslime-Präsident will zudem mehr Mitsprache der IGGÖ bei der Bestellung von Lehrpersonal an der Universität. Auch ein Schweigegebot für Imame und Seelsorger parallel zu jenem der Priester, Pfarrer und Rabbiner, sei nicht vorgesehen. „Derartiges findet sich bei keiner anderen anerkannten Religionsgesellschaft", bedauerte Sanac, ein „Unterton von Misstrauen" verletze viele Muslime.

Die Islamische Glaubensgemeinschaft will nun in den kommenden Wochen die Gelegenheit nutzen, „diese auch verfassungsrechtlich bedenklichen Schieflagen des Entwurfes zu bereinigen." „In der guten österreichischen Tradition des Dialogs und der Konsensorientiertheit soll uns dies gemeinsam gelingen, damit wir nicht erleben müssen, wie das Gesetz vor dem Verfassungsgerichtshof angefochten wird", wandte sich Sanac an die Teilnehmer der Konferenz und explizit an Bundespräsident **Fischer**.

Die Regierung verteidigte sich. Der Verfassungsdienst sehe keine Probleme, hieß es am Freitag gegenüber der APA aus dem Kultusministerium von Josef Ostermayer (SPÖ). Die IGGiÖ sei in den Prozess zudem immer voll eingebunden gewesen, sagte auch ein Sprecher von Außenminister Sebastian **Kurz** (ÖVP).

Sowohl mit Vertretern der IGGiÖ als auch der Aleviten (ALEVI) und der Schiitischen Glaubensgemeinschaft (SCHIA) habe man bei mehreren Terminen den Gesetzestext eingehend besprochen, betonte man in den beiden Ministerien. Dies auch bei einer abschließenden Besprechung Ende September, wo IGGiÖ-Präsident Fuat **Sanac** einen Vertreter entsandt hatte. Seien von ALEVI und SCHIA noch Einwände vorgebracht worden, welche die Organisationen im Begutachtungsprozess ausformulieren wollen, habe die IGGiÖ keine Kritik geäußert.

Auch den Vorwurf, der derzeit in Begutachtung stehender Entwurf zum neuen Islamgesetz verstoße gegen den Gleichheitsgrundsatz, will man in den Büros von **Ostermayer** und **Kurz** nicht auf sich sitzen lassen. Das Gesetz sei „in enger Abstimmung mit dem Verfassungsdienst im Bundeskanzleramt und weiteren Experten" erfolgt. Verfassungsrechtliche Bedenken habe es keine gegeben.

Bundespräsident **Fischer** legte sich indes nicht eindeutig fest, ob die im neuen Islamgesetz vorgesehene Regelungen Verfassungsprobleme aufwerfen könnten, wie sie die Islamische Glaubensgemeinschaft ortet. Bei seiner Rede anlässlich der Konferenz „Islam auf dem Balkan" meinte das Staatsoberhaupt Freitagabend, das letzte Wort habe hier der Verfassungsgerichtshof.

Insgesamt lobt der Bundespräsident freilich die Novellierung des Gesetzes, werde doch etwa die Rechtsstellung der islamischen Religionsgesellschaften wesentlich verbessert. Darunter versteht er etwa, dass die Republik den Bestand einer islamisch-theologischen Ausbildung an der Uni Wien garantiert oder dass für islamische Feiertage der Schutz des Staats gewährleistet wird. Ohnehin sieht **Fischer** Österreich hier durchaus als vorbildliches Land. Bereits 1912 sei der Islam auf eine Stufe mit den christlichen und israelitischen Religionsgesellschaften gestellt worden. (von Apa | 10.10.2014 – 18:36)

IV.7.2 Erneut Kritik an Islamgesetz

Sanac hat verfassungsrechtliche Bedenken (10.10.2014)
Der Präsident der Islamischen Glaubensgemeinschaft (IGGiÖ), Fuat **Sanac**, hat erneut Kritik am Entwurf des Islamgesetzes geäußert. Für ihn wird der Gleichheitsgrundsatz mehrfach verletzt, etwa durch das Verbot ausländischer Finanzierung. Die Regierung verteidigt den Entwurf.

Bezüglich einer gemeinsamen Lösung wandte sich **Sanac** in seiner Rede bei der Balkankonferenz der IGGiÖ Freitagabend an Bundespräsident Heinz Fischer. „Die Zusammenarbeit zwischen der islamischen Glaubensgemeinschaft und den Behörden – bis vor kurzer Zeit – war immer getragen vom Geist des Respektes, der Bemühung, aufeinander zuzugehen, miteinander Lösungen zu finden", übte **Sanac** abermals Kritik am Vorgehen der Regierung beim neuen Islamgesetz. Die letzten Irrungen in manchen muslimischen Ländern hätten leider auch in Österreich ihre Auswirkungen gezeigt und einige Menschen in Österreich verunsichert, meinte er.

Appell zur Debatte
Sanac appellierte in der Debatte zu Vernunft und Besonnenheit. „Wir sind mit dem Entwurf des Islam-Gesetzes nicht einverstanden. Er wurde ohne eine Abstimmung mit der muslimischen Basis und mit neu aufgenommenen Verschärfungen präsentiert", bedauerte er abermals. Es müsse im gemeinsamen Interesse liegen, dass Prinzipien wie der Gleichheitsgrundsatz und die Verhältnismäßigkeit durchgehend berücksichtigt werden, „denn nur so kann die positive Tradition der Anerkennung des Islams, die Österreich auch auswärts zum Modellland im Umgang mit dem Islam gemacht hat, fortgeführt werden."

Islamgesetz – Sanac hat verfassungsrechtliche Bedenken –
© APA/HERBERT NEUBAUER (10.10.2014)

Kritik an Islamgesetz

Für **Sanac** wird der Gleichheitsgrundsatz gleich mehrfach verletzt, etwa durch den Versuch, „ausländische Imame aus dem Land draußen zu halten." Der Muslime-Präsident will zudem mehr Mitsprache der IGGÖ bei der Bestellung von Lehrpersonal an der Universität. Auch ein Schweigegebot für Imame und Seelsorger parallel zu jenem der Priester, Pfarrer und Rabbiner, sei nicht vorgesehen. „Derartiges findet sich bei keiner anderen anerkannten Religionsgesellschaft", bedauerte **Sanac**, ein „Unterton von Misstrauen" verletze viele Muslime.

Verfassungsrechtliche Bedenken

Die Islamische Glaubensgemeinschaft will nun in den kommenden Wochen die Gelegenheit nutzen, „diese auch verfassungsrechtlich bedenklichen Schieflagen des Entwurfes zu bereinigen." „In der guten österreichischen Tradition des Dialogs und der Konsensorientiertheit soll uns dies gemeinsam gelingen, damit wir nicht erleben müssen, wie das Gesetz vor dem Verfassungsgerichtshof angefochten wird", wandte sich **Sanac** an die Teilnehmer der Konferenz und explizit an Bundespräsident **Fischer**.

Regierung verteidigt Entwurf
Die Regierung hat nach der harten Kritik der Islamischen Glaubensgemeinschaft (IGGiÖ) ihren Entwurf des Islamgesetzes verteidigt. Der Verfassungsdienst sehe keine Probleme, hieß es aus dem Kultusministerium von Josef **Ostermayer** (SPÖ). Die IGGiÖ sei in den Prozess zudem immer voll eingebunden gewesen, sagte auch ein Sprecher von Außenminister Sebastian Kurz (ÖVP). (© APA/HERBERT NEUBAUER (10.10.2014)

AUF EINEN BLICK
Novelle. Der Entwurf für ein neues Islamgesetz sieht unter anderem ein Verbot der Finanzierung muslimischer Einrichtungen aus dem Ausland vor. Kritik wird auch am Entwurf geübt, weil darin explizit der Vorrang von staatlichem gegenüber religiösem Recht erwähnt ist – das gebe es bei keinem anderen Gesetz für eine Glaubensrichtung. Kritiker sehen darin eine Ungleichbehandlung.[103]

Sanac: Scharfe Kritik am Islamgesetz
So nicht abgesprochen und inhaltlich zum Teil „naiv". Ungewohnt heftig kommentiert der Präsident der Islamischen Glaubensgemeinschaft den Gesetzesentwurf.
Wien. Das Verhältnis zwischen der Islamischen Glaubensgemeinschaft in Österreich (IGGiÖ) und der Bundesregierung ist deutlich abgekühlt. Auslöser dafür war die Präsentation des Entwurfs zum neuen Islamgesetz Anfang Oktober. Mit IGGiÖ-Präsident Fuat **Sanac** meldete sich nun auch der ranghöchste Vertreter der Muslime zu Wort – und er trug seine Kritik in einer Schärfe vor, die für ihn eher ungewöhnlich ist.

---

103 **Vgl**. Die Presse, Print-Ausgabe, 10.10.2014; https://www.diepresse.com/3883905/sanac-scharfe-kritik-am-islamgesetz.

Es seien einige Punkte im Entwurf enthalten, die so nicht mit der IGGiÖ vereinbart gewesen seien und somit „ohne unsere Zustimmung" erfolgt sind, sagte er im Ö1„Morgenjournal". Noch dazu habe die Regierung den Gesetzesentwurf just zu einem Zeitpunkt vorgestellt, zu dem **Sanac** in Saudi-Arabien auf Pilgerfahrt war. Er habe davor gebeten, nach 16 Jahren der Vorbereitung noch 16 Tage zu warten, bis er wieder in Österreich sei – doch sei man dieser Bitte nicht nachgekommen, beklagte der IGGiÖ-Präsident.

Abgesehen von solchen atmosphärischen Störungen sieht **Sanac** im Gesetzesentwurf aber auch inhaltlich Probleme. So nannte er das geplante Verbot der laufenden Finanzierung von Religionsgesellschaften aus dem Ausland einen „naiven Vorschlag": „Man kann auch dort bezahlen und hier durch die Bankomatkarte sein Gehalt bekommen." Er warnte demnach auch vor diplomatischen Irritationen mit muslimischen Staaten.

Zum Kampf gegen radikale Muslime in Österreich, der von der IGGiÖ erwartet werde, sagte **Sanac**: „Die Gesetze erlauben uns nicht, sie zu kontrollieren oder zu verbieten. Wenn wir diese Rechte gehabt hätten, hätten wir das auch getan." **Sanac** forderte in diesem Zusammenhang eine Änderung des Vereinsgesetzes: Die Gründung eines islamaffinen Vereins sollte künftig der Zustimmung der Glaubensgemeinschaft bedürfen.

Kein Einheitskoran
Skeptisch äußerte sich **Sanac** zu einer einheitlichen deutschen Koran-Übersetzung, wie sie im Vorfeld von Integrationsminister Sebastian **Kurz** (ÖVP) gefordert worden war, dann aber nicht in den Gesetzesentwurf aufgenommen wurde. Man werde an den Schulen den teilweise übersetzten Koran als Schulbuch verteilen, kündigte er an, allerdings „heißt das nicht, dass die anderen Übersetzungen verboten werden dürfen."

Die Begutachtungsfrist für das neue Islamgesetz läuft bis 7.November, in Kraft treten soll es Anfang 2015. (Vgl. FUAT SANAC – (c) APA/HERBERT NEUBAUER – 09.10.2014, Printausgabe)[104]

Avusturya İslam Cemaati Başkanı Fuat Sanaç: „Bu tasarıya bu şekliyle ‚evet' demiyoruz. 25 maddeden oluşan yasa taslağının 15 maddesine itiraz edildiği belirtilen toplantıda, yasa taslağının anayasanın eşitlik ilkesine ve din özgürlüğü maddelerine aykırı olduğu ifadelerine yer verildi."[105]

---

104 **Vgl.** https://www.diepresse.com/3883905/sanac-scharfe-kritik-am-islamgesetz; https://www.vienna.at/neues-islamgesetz-wird-taetigkeit-der-imame-in-oesterreich-teils-einschraenken/4103636.
105 **Vgl.** Avusturya İslam Cemaati 15 Maddeye İtiraz Etti (haberjournal.at); https://www.haberjournal.at/avusturya/ve-beklenen-aciklama-avusturya-islam-cemaati-15-maddeye-itiraz-etti-h5840.html.

– Pressekonferenz am 5.11.2014 über Regierungsentwurf des neuen Islam Gesetzes. Wir lehnten 15 Punkte ab, die nach dem Treffen mit beiden zuständigen Ministern Kurz und Ostermayer geändert wurden.
PS: Für das Islamgesetz haben alle Obmänner, alle Mitglieder des Schura- und Obersten Rates zugestimmt, außerdem um die Änderung des Artikels über Auslandsfinanzierung haben wir mit allen Obmännern der Verbände gemeinsam eine Kommission gebildet und ich war auch nicht Vorsitzender dieser Kommission, sondern DI. Mouddar **KHOUJA** und als Mitglieder der Kommission waren u. a.:
Dr. Metin **AKPINAR**, Mag. Ümit **VURAL**, Dr. Nihat **KOCA**, Mag. und Prof: Dr. Richard **POTZ** (Ich war mit dieser Kommission nur einmal zusammen im Parlament; das war Finale Runde mit zuständigen Parlamentariern ohne Ergebnis).

Alle Beschlüsse in der IGGÖ wurden immer, (wie unten) von der Gründung der IGGÖ an, bis zum Ende meiner Amtszeit in den zuständigen Gremien bis zum letzten Tag abgestimmt und wie unten protokolliert. – Nach meiner Amtszeit wurde diese Disziplin gebrochen; z. B. haben wir als Mitglieder des Schurarates nicht einmal mehr ein Protokoll oder einen Finanzbericht erhalten.

Protokoll der 19. Sitzung des Obersten Rates (13.03.2015)

Protokollführer: DI Dr. DOYMAZ Murat

Anwesend: Präsident der IGGiÖ: Dr. Sanac Fuat, DI. Dr. Doymaz Murat, Mag. Khawaja Abdul Haafez, Baghajati Carla Amina, Mag. Abu Zahra Amani, Yalcin Satilmis, MBA akad. BO Tasdögen Abdi, Dr. Koca Nihat.

Nicht anwesend: Dipl. Päd. Tankir Cevdet, Mag. Imara, M. Hassan, Mag. Sijamhodzic Abdulmedzid, DI Morad Mohamed Jamal, Dipl. Theol. Uysal Nebi.

Tagesordnung: Neustrukturierung der IGGiÖ

Beschluss:
1. Für die Vorbereitung zur **Änderung der Verfassung** der IGGiÖ wurde eine Kommission unter der Leitung von Herrn Präsidenten Dr. Sanac gebildet.

Die Kommission besteht aus folgenden Personen:
1. Mag. Ümit Vural
2. Mag. Abdulmedzid Sijamhodzic
3. Mag. Numan Genc
4. Mag. Mahmut Şahinol
5. Dr. Metin Akyürek
6. Mag. Sami Pajalic (Einstimmig)

Anm.: Von dieser Kommission haben nur zwei Juristen, nämlich Herr Vural und Akyürek, an jenen Änderungen gearbeitet.

2. Für die Vorbereitung zur **Darstellung der Lehre der IGGiÖ** wurde eine Kommission unter der Leitung
von Herrn Präsidenten Dr. Sanac gebildet.

Die Kommission besteht aus folgenden Personen:
1. Amina Baghajati
2. Dr. Murat Doymaz
3. Mag. Aiman Mourad
4. Mag. Hafiz Khawaja
5. Mag. M. Hassan Imara
6. Dipl. Päd. Fatma Akyildiz
7. Mag. Esad Memic
8. Beratungsrat für Religiöse Angelegenheiten
(**Anm.** Eine Stimme enthalten: Dr. Nihat Koca)

Die Kommissionen werden mit der Koordination vom Beratungsrat für Religiöse Angelegenheit (**Mufti und 12 Theologen**) zusammen arbeiten. Nach dem die beiden Kommissionen ihre Vorbereitungen fertiggestellt haben, werden wir es dem Schurarat vorlegen. Um diese Aufgaben bzw. Vorbereitungen schnell erledigen zu können, bitten wir sie, uns ihre Vorschläge zu den oben angeführten Punkten bis spätestens **11. Mai 2015** zukommen zu lassen (schriftlich per E-Mail).

Anm.: Der Präsident Dr. Fuat **Sanac** wurde bei der Sitzung des Oberstenrates vom 13.03.2015 einstimmig als Vorsitzender für die genannten Kommissionen gewählt, jedoch ist er zurückgetreten.

IV.7.3 Gutachten über den ersten Regierungsentwurf von Stefan Hammer im Auftrag der IGGÖ –

ao. Univ-Prof. Dr. Stefan Hammer
Institut für Rechtsphilosophie, Religions- und Kulturrecht Universität Wien
Gutachtliche Äußerung zu ausgewählten verfassungsrechtlichen Problemen des Ministerialentwurfs zu einem „Bundesgesetz, mit dem das Gesetz betreffend die Anerkennung der Anhänger des Islam als Religionsgesellschaft geändert wird"

(Vorläufige Fassung)
1. Zum Finanzierungsverbot durch Mittel aus dem Ausland
§ 6 Abs 2 des Entwurfs verbietet zumindest die laufende (Mit-)Finanzierung der Tätigkeit der islamischen Religionsgesellschaften durch Quellen im Ausland. Dies stellt einen gravierenden Eingriff in die sog. Selbstbestimmung der betreffenden Religionsgesellschaften dar (Art 9 EMRK und Art 15 StGG) und bewirkt zugleich eine manifeste Ungleichbehandlung gegenüber allen anderen gesetzlich anerkannten Kirchen und Religionsgesellschaften (Art 15 StGG sowie Art 14 EMRK iVm Art 9 EMRK).

Ein Eingriff in das Selbstbestimmungsrecht von Religionsgemeinschaften ist nur unter der Voraussetzung zulässig, dass er einem der in Art 9 Abs 2 EMRK angeführten öffentlichen Interessen dient und auch ein geeignetes Mittel darstellt, diese zu verwirklichen, sowie in einer demokratischen Gesellschaft notwendig ist. Nun kann der Umstand, dass der Islam heute in weitaus höherem Ausmaß als Vorwand für Aktivitäten dient, welche die öffentliche Sicherheit bedrohen ziehen, auch besondere gesetzliche Maßnahmen rechtfertigen. Soweit diese eine Einschränkung der Religionsfreiheit und des Selbstbestimmungsrechts von Religionsgemeinschaften nach sich ziehen, sind sie aber einer strengen Verhältnismäßigkeitsprüfung zu unterwerfen. Die vorliegende Maßnahme erfüllt bereits eine Grundvoraussetzung für ihre Verhältnismäßigkeit nicht. Es ist nicht ersichtlich, wie das Verbot finanzieller Zuschüsse aus dem Ausland geeignet sein sollte, einigermaßen treffsicher die Gefahr einer Bedrohung der öffentlichen Sicherheit zu vermindern, zumal es gerade von Akteuren, die in Zusammenhang mit terroristischen Aktivitäten stehen könnten, leicht umgangen werden könnte. Noch weniger ist von einer Notwendigkeit eines solchen Verbots oder gar von dessen Angemessenheit in einer demokratischen Gesellschaft auszugehen.

Zum gleichen Ergebnis gelangt die Prüfung der Vereinbarkeit dieses nur die islamischen Religionsgemeinschaften treffenden Verbotes am Grundsatz der Parität mit den anderen anerkannten Kirchen und Religionsgesellschaften, deren Tätigkeit teilweise von erheblichen finanziellen Beiträgen aus dem Ausland abhängen. Als religionsrechtliche Ausprägung des Gleichheitssatzes verlangt der Paritätsgrundsatz eine sachliche Rechtfertigung für eine gesetzliche Ungleichbehandlung gegenüber anderen Kirchen und Religionsgesellschaften. An einer solchen fehlt es schon angesichts ihrer mangelnden Eignung, die Gefahren für die öffentliche Sicherheit einigermaßen treffsicher auszuschließen. Die abstrakte Möglichkeit, dass dadurch auch die Finanzierung von die öffentliche Sicherheit bedrohenden Aktivitäten erschwert werden könnte, reicht jedenfalls nicht aus, um die aus der Maßnahme resultierende Belastungen für die Ausübung der kollektiven Religionsfreiheit für alle Muslime in Österreich als bloße Härtefälle erscheinen zu lassen, die gemäß der Rechtsprechung des VfGH zum Gleichheitssatz in Kauf zu nehmen wären. Es handelt sich vielmehr sogar um eine excessive Regelung, die den öffentlichen Eindruck eines Generalverdachts, unter den die Muslime durch den Gesetzesentwurf in Österreich gestellt werden, bestätigt. Ähnliches gilt im Ergebnis unter dem Gesichtspunkt des Diskriminierungsverbots gem. Art 14 EMRK im Anwendungsbereich der (korporativen) Religionsfreiheit gemäß Art 9 EMRK (vgl. zB EGMR 16. 12. 1997, Canea Catholic Church v. Greece, Appl 25.528/94, Z. 47.) An einer solchen sachlichen Rechtfertigung fehlt es, wenn eine Schlechterstellung nicht geeignet ist, einem legitimen Ziel (insb. einem öffentlichen Interesse) zu dienen oder unverhältnismäßig ist. Wie bereits gezeigt, fehlt es in Bezug auf das Finanzierungsverbot aus dem Ausland an beiden Voraussetzungen.

§ 6 Abs 2 des Entwurfs verletzt daher sowohl das Selbstbestimmungsrecht der islamischen Religionsgesellschaften gemäß Art 15 StGG und Art 9 EMRK sowie deren Recht auf Gleichbehandlung und Nichtdiskriminierung gemäß Art 15 StGG und Art 14 EMRK iVm Art 9 EMRK sowie den allgemeinen Gleichheitssatz (Art 7 B-VG). Die Bestimmung ist daher verfassungswidrig.

2. Zum Verbot anderer islamischer Gemeinschaften mit Rechtspersönlichkeit (insb. religiöser Vereine) bei mangelnder Unterscheidbarkeit ihrer religiösen Lehre von der Lehre anerkannter islamischer Religionsgesellschaften

Der Entwurf fasst die Islamische Glaubensgemeinschaft in Österreich und die Islamische Alevitische Glaubensgemeinschaft in Österreich als Religionsgemeinschaften im Sinne des Entwurfs unter ein einheitliches Regelungswerk zusammen (§ 23 Abs 1). Der Entwurf sieht die Möglichkeit der Anerkennung weiterer islamischer Religionsgemeinschaften durch Bescheid vor (§ 3), bindet aber diese Möglichkeit u. a. an die Voraussetzung, dass sich deren Lehre von der Lehre bereits bestehender Bekenntnisgemeinschaften oder islamischer oder sonstiger gesetzlich anerkannter Religionsgesellschaften unterscheidet (§ 6 Abs 1 Z 5). Auch die Bildung von religiösen Bekenntnisgemeinschaften mit islamischer Ausrichtung bleibt gemäß § 4 Abs 1 Z 2 Bekenntnisgemeinschaftengesetz (BekGG) nur zulässig, soweit sich deren Lehre von der Lehre bereits bestehender gesetzlich anerkannter Religionsgesellschaften oder eingetragener Bekenntnisgemeinschaften unterscheidet. Weiters sieht der Entwurf die mit der Anerkennung einer islamischen Religionsgesellschaft zu verbindende Auflösung von Vereinen vor, deren Zweck in der Verbreitung der Religionslehre der betreffenden Religionsgesellschaft besteht (§ 3 Abs 4). Flankierend dazu sieht § 23 Abs 3 des Entwurfs die bescheidmäßige Auflösung jener Vereine vor, deren Zweck in der Verbreitung der Religionslehre einer der beiden iS von § 23 Abs 1 des Entwurfs bereits bestehenden islamischen Religionsgesellschaften besteht. Analog wie § 2 Abs 4 BekGG, der das Vorbild für die Bestimmung im Entwurf bildet, soll diese somit verhindern, dass für dieselbe religiöse Gemeinschaft mehr als eine Rechtspersönlichkeit besteht (vgl. die Erläuterungen zur Regierungsvorlage zum BekGG, 938 BlgNR 20.GP, S 8). Die Identität der religiösen Gemeinschaft wird dabei aber ausschließlich durch die inhaltliche Identität der Lehre bestimmt. Dies kommt auch in den Erläuterungen deutlich zum Ausdruck, wonach die gemäß Art 6 Abs 1 Z 5 erforderlichen Texte zur Darstellung der religiösen Lehre in den Statuten der islamischen Religionsgesellschaften „für künftige Verfahren eine wichtige Quelle zur Klärung der Frage. Ob eine Lehre, die sich von einer bestehenden Unterschiedet, vorliegt, dar(stellt)." (Erläuterungen zu § 6 Z 5, S. 3).

Durch das skizzierte Geflecht von Bestimmungen wäre im Wesentlichen die Möglichkeit ausgeschlossen, dass sich neben den beiden bestehenden gesetzlich anerkannten islamischen Religionsgesellschaften andere islamische religiöse Gemeinschaften konstituieren, die die Pflege der gleichen religiösen Lehre bezwecken. Das bereits durch die zitierten Bestimmungen im BekGG zum Ausdruck kommende Prinzip, wonach eine bestimmten religiöse Lehre ausschließlich durch eine einzige Religions- bzw. Bekenntnisgemeinschaft repräsentiert sein darf, erscheint durch den Entwurf noch insofern verstärkt, als in dem durch die anerkannten islamischen Religionsgesellschaften abgedeckten Feld von Religionslehren nicht nur keine weiteren Bekenntnisgemeinschaften, sondern nicht einmal selbständige religiöse Vereine bestehen dürfen. Dies ist für keine andere gesetzlich anerkannte Kirche oder Religionsgemeinschaft vorgesehen.

Aus dem Gesichtspunkt der bundesverfassungsrechtlich gewährleisteten Religionsfreiheit (Art 14 und StGG, Art 9 EMRK) stellt sich die Frage, inwieweit der religiös neutrale Staat dazu legitimiert ist, die verschiedenen Auffächerungen der religiösen Pluralisierung innerhalb des Islam inhaltlich danach zu beurteilen, ob sie jeweils die Konstituierung einer separaten Assoziation mit eigener Rechtspersönlichkeit rechtfertigen oder nicht. Der VfGH hat diesem Ausschließlichkeitsprinzip insofern eine Absage erteilt, als „aus Art15 StGG … nicht abgeleitet werden (kann), dass nur eine einzige rechtlich verfasste (sei es in Form einer Bekenntnisgemeinschaft, sei es in Form einer gesetzlich anerkannten Religionsgesellschaft) islamische Religionsgemeinschaft bestehen darf. … Ein solches Ergebnis stünde auch im Konflikt mit Art 9 EMRK." Denn u. a. „verstieße es gegen die Garantien der Religionsfreiheit, wollte der Gesetzgeber einer Personengruppe, für deren religiöse Überzeugung es essentiell ist, sich zu einem bestimmten Glauben zu bekennen, die Möglichkeit verwehren, neben der auf einem bestimmten Gebiet einzig bestehenden gesetzlich anerkannten Religionsgesellschaft eine andere gesetzlich anerkannte Religionsgesellschaft dieses Glaubens zu gründen" (VfSlg 19.240/2010 unter Berufung auf die Rechtsprechung des EGMR).

Die durch den Entwurf nunmehr auf beide bereits anerkannten Islamischen Religionsgesellschaften bezogene Ausschließlichkeit stünde in einem besonderen Spannungsverhältnis zum Selbstverständnis des Islam, als damit eine Fülle von heterogenen Lesarten der islamischen Glaubenslehre (nämlich die vier sunnitischen Rechtsschulen und die verschiedenen schiitischen Richtungen, die alle in der Islamischen Glaubensgemeinschaft mitrepräsentiert sind, sowie die alevitische Lesart des Islam) erfasst würden, für die aus Sicht der jeweiligen Anhängerschaft keinerlei gemeinsame institutionalisierte Einheit vorgegeben ist. Nimmt man die erforderliche Unterscheidbarkeit der Lehre wörtlich, so dürfte es kaum einer denkbare Gruppierung möglich sein, für sich eine Lehre zu auszuweisen, die sich von all den heterogenen, innerhalb der beiden gesetzlich anerkannten islamischen Religionsgesellschaften vertretenen Richtungen gleichermaßen ausreichend unterscheidet. Die unterschiedlichen Richtungen des Islam aber auch gegen das Selbstverständnis ihrer jeweiligen Anhängerschaft in zu „Zwangsgemeinschaften" zusammenzufassen, ist mit der Religionsfreiheit nicht vereinbar. Denn wie auch der VfGH betont, kommt dem Selbstverständnis der Betroffenen in diesem Zusammenhang ein entscheidender Stellenwert zu: „Demgemäß ist es dem Gesetzgeber eines zur Neutralität in religiösen bzw. religionsrechtlichen Fragen verpflichteten Staates verwehrt, entgegen dem Selbstverständnis von Betroffenen eine faktisch nicht vorhandene, von theologischen Kriterien nicht hinreichend gestützte Einheit im Wege der Verweigerung des Erwerbs der Rechtspersönlichkeit als religiöse Bekenntnisgemeinschaft zu verfügen" (VfSlg 19.240/2010, unter Berufung auf die Literatur und die Rechtsprechung des EGMR).

Die Möglichkeit des Erwerbs oder des Fortbestandes einer eigenen Rechtspersönlichkeit für eine bestimmte Gruppe dürfte aber auch nicht etwa von der Zustimmung einer anderen Gruppe abhängig gemacht werden. So betont auch der VfGH im selben Erkenntnis: „Nach der Rechtsprechung des EGMR ist der Staat zur Neutralität und Unparteilichkeit verpflichtet. Eine Verletzung des Art9 EMRK ist dann anzunehmen, wenn die Anerkennung einer – keine neue Bewegung darstellenden – ... Religionsgemeinschaft vom Willen einer bereits anerkannten kirchlichen Autorität abhängig gemacht wird (vgl. EGMR 13.12.2001, Fall Metropolitan Church of Bessarabia and others v. Moldova, Appl. 45.701/99, Z123)" (ebenso EGMR 26. 10. 2000, Hasan & Chaush v. Bulgaria, Appl 30.985/69, Z 78).

Umgekehrt wäre es auch unzulässig, die Eingliederung einer Gruppe in einen bestehenden Verband, also in eine der bestehenden islamischen Religionsgesellschaften, gegen deren Willen zu verfügen. Die gemäß § 6 Abs 1 Z 7 iVm § 23 Abs 2 des Entwurfs in den Statuten auch der bereits bestehenden islamischen Religionsgesellschaften vorzusehende „angemessene Berücksichtigung aller innerhalb der Religionsgesellschaft bestehende Traditionen" darf daher verfassungskonform nur als Empfehlung verstanden werden und kann keinesfalls eine nachträgliche die Aufhebung der Anerkennung der Religionsgesellschaft, wie sie § 5 Abs 2 Z 2 iVm § 5 Abs 1 Z 3 und § 6 Abs Z 7 vorsieht. (Eine vergleichbare Rechtsfolge ist für die Verletzung der analogen Verpflichtung gemäß § 3 Z 11 des Israelitengesetzes nicht vorgesehen.) Auch ein Verweis auf die Möglichkeit der Bildung von Kultusgemeinden innerhalb der islamischen Religionsgesellschaften schafft hier keine Abhilfe, weil sie ebenso das Einverständnis der bestehenden Religionsgesellschaften voraussetzen würde. Im Lichte der Religionsfreiheit müsste die staatliche Rechtsordnung vielmehr die Möglichkeit der Bildung unterschiedlicher

Rechtspersönlichkeiten zulassen, sobald ein Zusammenschluss dem Selbstverständnis auch nur einer der beteiligten Gruppen widerstreit. Dies scheint durch die gegenwärtige Fassung des Entwurfs nicht gesichert, zumal er unabhängig vom Selbstverständnis der Betroffenen nicht einmal die Bildung oder das Fortbestehen religiöser Vereine zulässt, deren Lehre sich nicht auch nur von einer der in den bereits anerkannten islamischen Religionsgesellschaften vertretenen Richtungen der islamischen Lehre unterscheidet.

§ 3 Abs 4 und § 23 Abs 3 sowie § 6 Abs 1 Z 5 des Entwurfs erscheinen daher als Verletzung der korporativen Religionsfreiheit (Art 9 EMRK und Art 15 StGG) und somit als verfassungswidrig. Dasselbe gilt auch für § 6 Abs 1 Z 7 des Entwurfs, insoweit seine Nichterfüllung die Verweigerung der Anerkennung bzw. deren nachträgliche Aufhebung nach sich zieht.

(Auf die Frage, inwieweit im Lichte der Rechtsprechung des VfGH [VfSlg 19.240/2010 sowie insb. VfSlg 19.366/2011] die Möglichkeit einer verfassungskonformen Interpretation der angeführten Bestimmungen durch den VfGH gegebenenfalls in Betracht gezogen werden müsste, wäre noch gesondert einzugehen.)

Wien, am 4. November 2011 – Stefan Hammer

IV.7.4 Islamgesetz: „Heute ist für mich ein schwarzer Tag" – 05.11.2014

Regierung verteidigt Entwurf
Der Präsident der Islamischen Glaubensgemeinschaft übt weiter Kritik am Gesetzesentwurf.
Er sei in den vergangenen Jahren „nie so traurig" gewesen.

Fuat Sanac/Bild: (c) APA (GEORG HOCHMUTH) – 05.11.2014

Die Islamische Glaubensgemeinschaft in Österreich (IGGiÖ) hat am Mittwoch ihre Ablehnung gegenüber der geplanten Islamgesetz-Novelle bekräftigt. Man sei mit dem Entwurf nicht einverstanden, denn er verstoße gegen Gleichheitsprinzip und Religionsfreiheit und erwecke den Eindruck eines prinzipiellen Misstrauens gegen Muslime, sagte IGGiÖ-Präsident Fuat **Sanac**. An Demonstrationen denke man im Moment aber nicht, „weil wir immer noch am Tisch sind", so Sanac. Vielmehr habe man eine Stellungnahme an die zuständigen Stellen versandt. Die Begutachtungsfrist endet kommenden Freitag.

Aus seiner Unzufriedenheit mit dem Vorgehen der Regierung machte Sanac kein Hehl. **„Heute ist für mich ein schwarzer Tag",** sagte er.

„Ich war noch nie in den vergangenen 30 Jahren (seines Engagements in der IGGiÖ, PS:) so traurig, obwohl ich ein optimistischer Mensch bin." Zwar stimme es, dass die IGGiÖ vor der Präsentation durch die Regierung über den Entwurf informiert worden sei. „Aber wissen heißt nicht, etwas zuzustimmen oder zu genehmigen." Die Glaubensgemeinschaft sei von Anfang an gegen die auch jetzt kritisierten Paragrafen des Entwurfs gewesen. Das sei auch schriftlich dokumentiert.

Sanac: „Ich pfeife auf die Präsidentschaft"
Vorwürfe, er habe seine Meinung geändert, weil er um seine Wiederwahl als IGGiÖ-Präsident im kommenden Jahr bange, wies er empört zurück. „Ich pfeife drauf, ich pfeife auf die Präsidentschaft", sagte er, und betonte, dass die Glaubensgemeinschaft egal mit wem an der Spitze mit einer Stimme sprechen werde. Nach der Pressekonferenz verneinte **Sanac** gegenüber Journalisten jedoch, an Rücktritt zu denken. Seine Zukunft als IGGiÖ-Präsident liege in der Hand der Wähler, betonte er. Er habe sich nie beworben, sondern sei immer um die Kandidatur gebeten worden. (…)[106]

Aufstand gegen das Islamgesetz
IGGiÖ-Präsident Fuat Sanaç findet Novelle inakzeptabel.
Regierung hält an Zielen fest.

Hinter einer schweren Eisentüre versteckt sich die private Islamische Fachschule für Soziale Bildung. Die Einrichtung mit Öffentlichkeitsrecht ist von außen nicht erkennbar. Hier, mitten im 7. Wiener Gemeindebezirk, findet die Pressekonferenz von Fuat Sanaç, dem Präsidenten der Islamischen Glaubensgemeinschaft (IGGiÖ), statt.

---

106 **Vgl**. https://religion.orf.at/v3/stories/2677573/- 06.11.2014; https://www.vienna.at/kritik-am-islamgesetz-negative-stellungnahme-vorgelegt/4137318-05. 11. 2014; https://kurier.at/politik/inland/islamgesetz-nein-der-glaubensgemeinschaft-bleibt/104.091.785 – 22.12.2014; https://www.ots.at/presseaussendung/OTS_20141105_OTS0187/stellungnahme-der-iggioe-zur-novellierung-des-islamgesetzes – 05.11.2014.

Sanaç präsentiert die Stellungnahme der IGGiÖ zum neuen Islamgesetz und hält sich mit seiner Ablehnung nicht zurück. Die Stimmung im Raum ist düster: „Heute ist für mich ein schwarzer Tag", sagt er, umringt von mehr als einem Dutzend Vertretern der Glaubensgemeinschaft. „Ich war noch nie in den vergangenen 30 Jahren (seines Engagements in der IGGiÖ) so traurig." Mit dem neuen Islamgesetz ist er absolut „nicht einverstanden". Er bemängelt die Verletzung des Gleichheitsgrundsatzes, Teile des Entwurfes seien verfassungswidrig. Jurist Ümit Vural kritisiert, das Gesetz zwinge die IGGiÖ in ein neues Anerkennungsregime. Außerdem, ergänzte Sanaç, würden mehrere Religionsgesellschaften (Aleviten und Schiiten) unter ein gesetzliches Dach gestellt. Die IGGiÖ verlangt jedoch ein eigenes Gesetz.

Inakzeptabel seien auch die weitgehende Einschränkung der Auslandsfinanzierung sowie die Kontrolle der Ausbildung der Imame. „Die Finanzierung soll so bleiben." Und „Imame sowie Experten aus dem Ausland sind ein Reichtum", sagt **Sanaç**.

Der Präsident gibt zu, in die Debatte über das Gesetz involviert gewesen zu sein. „Aber wissen heißt nicht, etwas zuzustimmen oder zu genehmigen." Sein Widerstand habe auch nichts mit den Wahlen in der IGGiÖ 2015 zu tun. „Ich pfeife auf die Präsidentschaft." An Rücktritt denkt er aber nicht.

Auch plane er noch keine Proteste gegen das Gesetz. Er will weiter reden, „es ist ja nur ein Entwurf", betont er.

Integrationsminister Sebastian Kurz (ÖVP) und der für Kultusangelegenheiten zuständige SPÖ Minister Josef Ostermayer wollen nächste Woche mit dem Obersten Rat der Glaubensgemeinschaft zusammentreffen. Sie betonen, dass „die Kritik, die jetzt von der IGGiÖ geäußert wird, nicht nachvollziehbar ist". Beide Religionsgemeinschaften (IGGiÖ, Aleviten) waren über den Entwurf informiert. Kurz und Ostermayer sagen auch, dass sie an der Grundausrichtung und an den Zielen des Islamgesetzes nicht rütteln wollen.

Rechte und Pflichten für Muslime
Warum ist eine Gesetzesnovelle nötig?
Das geltende Gesetz stammt aus dem Jahr 1912 und muss angepasst werden. Die Begutachtungsfrist für den neuen Gesetzesentwurf endet am 7. November. Bisherige Stellungnahmen sind generell positiv. Ablehnend ist die Position der Islamischen Glaubensgemeinschaft in Österreich (IGGiÖ), die am Mittwoch von ihrem Präsidenten Fuat Sanaç vorgestellt wurde.

Welche islamischen Religionsgemeinschaften sind in Österreich anerkannt?
Die IGGiÖ und die Islamisch-Alevitische Glaubensgemeinschaft. Beide waren in die Debatte zum Islamgesetz eingebunden. Die Aleviten sind für das Gesetz.

Warum wird der Auslandsfinanzierung ein Riegel vorgeschoben?
Der Entwurf sieht kein totales Verbot, aber eine Einschränkung vor. Erbschaften aus dem Ausland sind erlaubt. Die Überlegung ist, den laufenden Betrieb der islamischen Religionsgemeinschaften aus eigenen Mitteln im Inland aufzubringen. Das Gesetz soll hinsichtlich der selbstständigen Finanzierung islamischer Einrichtungen von Abhängigkeiten und Einflussnahmen schützen. Dass der laufende Betrieb aus dem Inland zu finanzieren ist, gilt für alle Religionsgesellschaften in Österreich und ist Teil der Rechtsordnung. Eine Ungleichbehandlung zu anderen Religionsgesellschaften liegt nicht vor. Der Gesetzgeber strebt einen Islam österreichischer Prägung ohne Kontrolle aus dem Ausland an.

Warum wird der Vorrang des staatlichen Rechts hervorgehoben?
Die positive Grundeinstellung zu Gesellschaft und Staat ist nach geltender Rechtslage Voraussetzung für die Zulassung neuer Religionsgemeinschaften. Die Trennung von Religion und Staat ist bereits im Gesetz von 1912 verankert. Die beiden islamischen Religionsgemeinschaften können sich bei der Pflicht zur Einhaltung staatlicher Normen nicht auf eigene Regelungen oder die Lehre berufen.

Warum ist eine Darstellung der Lehre und der Glaubensgrundsätze nötig?
Das sogenannte Bekenntnisgemeinschaftsgesetz verlangt das. Die IGGiÖ hat Handlungsbedarf, weil von ihr bisher keine „Darstellung der Lehre" vorliegt, da sie bereits vor 1979, also vor Inkrafttreten dieses Gesetzes, anerkannt wurde. Die IGGiÖ muss ihre Glaubensgrundlagen verbindlich offenlegen und ihre Lehre, einschließlich eines Textes der wesentlichen Glaubensquellen (Koran) in deutscher Sprache darstellen. Die Verbreitung der Lehre soll künftig den beiden gesetzlich anerkannten islamischen Religionsgesellschaften vorbehalten sein. Islamische Vereine sind nicht befugt, religiöse Inhalte zu vermitteln.

Was haben Muslime von dem neuen Gesetz?
Der Entwurf enthält zahlreiche Regelungen, die die Rechte der Islamischen Religionsgesellschaften sichern. Dazu gehören: Das Namensrecht, Seelsorge in staatlichen Einrichtungen, Speisevorschriften, Schutz der religiösen Feiertage, islamische Friedhöfe und das Recht auf Beschneidung. Das Studium der islamischen Theologie wird eingeführt.

Kommende Woche Treffen mit Ministern
Angesichts der Kritik der IGGiÖ treffen Kanzleramtsminister Josef Ostermayer und Außen- und Integrationsminister Sebastian Kurz kommende Woche mit dem Obersten Rat der Glaubensgemeinschaft zusammen. An Grundausrichtung und Zielen der Gesetzesnovelle nach mehr Rechtssicherheit und Transparenz will man festhalten.

Man bleibe im Dialog, wie das auch bei der Erarbeitung des Entwurfs der Fall gewesen sei und es der österreichischen Tradition entspreche, hieß es in einer Stellungnahme der beiden für das Gesetz zuständigen Ministerbüros gegenüber der APA. Doch auch Irritation wurde dabei bemerkbar.

„Die Vorgangsweise, dass die Kritik jetzt geäußert wird und nicht im Zuge der monatelangen intensiven Gespräche, die es mit den beiden Islamischen Religionsgesellschaften, also auch mit der IGGiÖ, im Zuge der Erarbeitung des Entwurfs gegeben hat, ist nicht nachvollziehbar", hieß es in der Stellungnahme. „Beide Religionsgesellschaften waren immer über den aktuellen Stand des Entwurfs informiert, auch inhaltlich wurde dieser mit beiden Religionsgesellschaften besprochen. Die Begutachtungsfrist läuft bis Freitag, die Stellungnahmen werden dann gesichtet und sortiert. Dem Vernehmen nach findet das Treffen am Freitagabend kommender Woche (14. November) statt."[107]

(Kurier: 05.11.2014 von Margaretha Kopeinig)[108]

IV.7.5 Gemeinsame Stellungnahme der islamischen Vereine in Österreich – 16.12.2014

Die Muslime Österreichs sind seit dem letzten Jahrhundert stark in der Gesellschaft verwurzelt. Sie haben fortwährend ihren positiven Beitrag zum Aufbau und zum Fortschritt Österreichs geleistet. Muslime bringen sich in die österreichische Gesellschaft ein als Ärzte, Unternehmer, Krankenpfleger, Dozenten, Juristen, Arbeiter, Beamte als auch in vielen anderen Bereichen und praktizieren das friedliche Miteinander in diesem Land. Muslime sind darüber hinaus auch ein wesentlicher Faktor der kulturellen, wissenschaftlichen und wirtschaftlichen Bereicherung Österreichs.

Österreich hatte im letzten Jahrhundert eine Vorreiterrolle im positiven Umgang mit den Muslimen, was auch dem internationalen Ansehen Österreichs einen hohen Stellenwert brachte.

In dem Anerkennungsgesetz von 1912 spiegelte sich die positive Beziehung des Staates Österreich mit den hier beheimateten und lebenden

---

107 **Vgl**. Letzte Änderungen beim Islamgesetz – Beschluss kommt am 25. Februar: apa/red) 11.2.2015); https://www.vienna.at/letzte-aenderungen-beim-islamgesetz-beschluss-kommt-am-25-februar/4232335.

108 **Vgl**. https://kurier.at/politik/inland/islamische-glaubensgemeinschaft-aufstand-gegen-das-islamgesetz/95.210.862; Islamgesetz: Kommende Woche Treffen mit Ministern – news.ORF.at – 05.11.2014.

Muslimen wider. Um die rechtliche Grundlage der islamischen Glaubensgemeinschaft in Österreich an ihre Bedürfnisse anzupassen, war es notwendig das Islamgesetz zu novellieren. Dadurch sollte auch eine langfristige Grundlage für die Identifikation der Muslime als Bestandteil der österreichischen Gesellschaft geschaffen werden.

Eine Überarbeitung des Entwurfes zum Islamgesetz war unumgänglich, nachdem nicht nur seitens der Muslime, sondern auch von anerkannten Experten gravierende Bedenken hinsichtlich dessen Verfassungsmäßigkeit geäußert worden waren. Die Verletzung des Gleichheitsgrundsatzes und der Ton von Misstrauen wurden auch in einer umfangreichen juristischen Stellungnahme der OSZE stark kritisiert.

In einer fast fünfstündigen Sitzung zwischen den beiden Ministern und dem Obersten Rat der IGGiÖ wurden die Kritikpunkte ausführlich besprochen und Modifizierungen vereinbart. Die neue Fassung wurde am 5.12. an die IGGiÖ übermittelt, die sich Zeit erbat unter Einbeziehung der Gremien eine profunde Stellungnahme erarbeiten zu können. Doch ohne diese Stellungnahme der IGGiÖ abzuwarten, wurde bereits am 10.12. dem Parlament der Text als „beschlussreifer Entwurf" als Regierungsvorlage übergeben.

Es ist unverständlich, dass man den Vertretern der Muslime nicht die notwendige Zeit einräumt, den Gesetzesentwurf gründlich zu überprüfen, sondern unter Zeitdruck den Entwurf durchzwingt.

Dieser Umgang der Bundesregierung mit der Führung der IGGiÖ stellt eine grobe Verletzung des üblichen Umgangs mit einer anerkannten Religionsgesellschaft dar. Es ist nachvollziehbar, dass viele Teile der muslimischen Gemeinschaft Österreichs sich dadurch vor den Kopf gestoßen und verunsichert fühlen.

Da die Bundesregierung der Repräsentant der Mehrheitsgesellschaft ist, hat sie die Pflicht die Minderheiten und deren Rechte zu schützen. Würde sie das verabsäumen, so würde sie auch eine Verletzung des Völkerrechts begehen.

All das erweckt bei den Muslimen den Eindruck, dass man versucht, sie politisch zu instrumentalisieren und für Stimmenfang für kommende Wahlen zu verwenden.

Dies umso mehr, als nach einer ersten Prüfung die nun vorgelegte Version zwar einige Adaptionen enthält. Allerdings bleibt die Regierung – wie sie selbst nach außen kommuniziert – „auf Kurs". Damit unterstreicht sie selbst, dass sie an wesentlichen Punkten, die seitens der Muslime und anerkannter Experten als Zeichen der Ungleichbehandlung und mangelnden Vertrauens gewertet werden, festhält.

Daher weisen die muslimischen Dachverbände darauf hin, dass die ablehnende Stellungnahme des Obersten Rates der IGGiÖ zum ersten Entwurf für uns immer noch Gültigkeit hat. Im Einzelnen sind für uns folgende Punkte untragbar:

- Das Gesetz ist auch nach der Einarbeitung eines speziellen Teils für die IGGiÖ immer noch ein Gesetz im Plural. Da weitere eventuell zu gründende islamische Religionsgesellschaften mitgedacht werden, bringt dies massive Nachteile für die seit 1912 bestehende Islamische Glaubensgemeinschaft mit sich. So werden am Anfang Versagungsgründe und die Aufhebung der Rechtspersönlichkeit ausgeführt, die dem Bundeskanzler weitreichende Eingriff- und Kontrollrechte einräumen, wobei die Gründe zu einer Aufhebung so schwammig formuliert sind, dass hier keine Rechtssicherheit besteht.
- Weiterhin besteht eine Einmischung in die inneren Angelegenheiten, sowohl bei den Bestimmungen zur Qualifikation der SeelsorgerInnen, als – wesentlich folgenreicher – bei der Weise, wie den Muslimen eine komplette Neustrukturierung abverlangt wird und damit die gerade reformierten Statuten der IGGiÖ, die sich inzwischen in der Praxis bewährt haben, einer aufgezwungenen Anpassung bedürfen. Das bringt auch den für nächstes Jahr anstehenden Wahltermin in Schwierigkeiten.
- Die zu gründende theologische Fakultät wird im allgemeinen Teil und nicht im spezifisch für die IGGiÖ vorgesehenen behandelt, was zukünftige Probleme vorprogrammiert. Außerdem fehlt eine ausdrückliche Bestimmung im eigentlichen Text (nicht ausgelagert in

die Erläuterungen) zu der erforderlichen Mitgliedschaft des Lehrpersonals bei der IGGiÖ.
- Die Bestimmungen hinsichtlich des Verbots von Auslandsfinanzierung bilden weiterhin eine deutliche Schlechterstellung gegenüber anderen anerkannten Religionsgesellschaften.
- Trotz einiger Bemühungen zur Klarstellung, die sich vor allem in den Erläuterungen finden, trägt der Entwurf immer noch Züge von generellem Misstrauen gegen Muslime.

Abgesehen von den juristisch nachweisbaren Punkten, in denen Muslime schlechter gestellt werden, kann das Gesetz in der jetzigen Form keineswegs die tiefe emotionale Verbundenheit mit Österreich bewirken, wie es das Anerkennungsgesetz von 1912 ermöglichte. Österreich begibt sich damit nach wie vor in Gefahr seinen Modellcharakter im Umgang mit dem Islam zu verlieren.

Natürlich werden die Muslime von den Rechten, die ihnen in der österreichischen Gesellschaft zur Verfügung stehen, Gebrauch machen, ihre Grundrechte und die Rechtmäßigkeit des Islamgesetzes einzufordern.

In dieser entscheidenden Phase für die Zukunft der Muslime in Österreich ist unsere innere Einheit in der Vielfalt der muslimischen Vereinslandschaft unsere größte Stärke. Die Islamische Glaubensgemeinschaft in Österreich und ihre Organe waren und sind dabei für uns unsere offizielle Organisation zur Vertretung der religiösen Anliegen der Muslime.

1. ATIB **Türkisch Islamische Union (64 Moscheengemeinden und NGOs)**
2. Islamische Föderation in Wien (59 Moscheengemeinden und NGOs)
3. Union islamischer Kulturzentren (43 Moscheengemeinden und NGOs)
4. IZBA Verband Bosniakisch-Islamischen Vereine in Österreich (41 Moscheengemeinden und Bangladeschisches Islamisches Kulturzentrum
5. Koordinierungsrat der Ägyptischen Gemeinde in Österreich (17 Moscheengemeinden und NGOs)
6. Islamische Vereinigung Ahl-ul-beyt Österreich, Verband für schiitische Vereine (12 Moscheen)

7. Türkisch-Österreichische Föderation (23 Moscheengemeinden und NGOs)
8. Union Albanischer Muslime in Österreich (12 Moscheengemeinden und NGOs)
9. Initiative muslimischer ÖsterreicherInnen
10. Liga Kultur – Verein zur Förderung des Kulturellen Austauschs und der Integration.[109]

IV.7.6 Stellungnahme der Islamischen Glaubensgemeinschaft in Österreich

zur Regierungsvorlage Nr. 446 d.B. „Bundesgesetz über die äußeren Rechtsverhältnisse islamischer Religionsgesellschaften" (22.12.2014)

1. Zur Vorgeschichte
Am 2. Oktober 2014 wurde der Ministerialentwurf zum Bundesgesetz präsentiert, mit dem das Gesetz betreffend die Anerkennung der Anhänger des Islam als Religionsgesellschaft geändert wird (69/ME XXV. GP). In der Begutachtungsphase erstattete die IGGiÖ eine umfassende Stellungnahme zu diesem Entwurf (68/SN-69/ME). Die Begutachtungsphase wurde auch von Kirchen, Religionsgesellschaften, Körperschaften, in- und ausländischen und internationalen Organisationen, Vereinen und Einzelpersonen, darunter ausgewiesenen juristischen Experten, genutzt, um in ihren Stellungnahmen die Kritik der IGGiÖ sowohl am Begutachtungsentwurf als auch an der Regierungsvorlage zum Islamgesetz zu stützen und ihrerseits die festzustellenden Mängel und Unzulänglichkeiten klar und deutlich herauszuarbeiten.

Die IGGiÖ führte aus, warum es dem Entwurf nicht geglückt war, die Regelung der äußeren Rechtsverhältnisse zweier bereits bestehender,

---

109 **Vgl.** https://www.ots.at/presseaussendung/OTS_20141106_OTS0132/stellungnahme-der-dachverbaende-moscheengemeinden-und-fachverbaende-der-iggioe-zum-entwurf-des-islamgesetzes.

sehr unterschiedlicher Religionsgesellschaften mit der Regelung der Anerkennung von weiteren Religionsgesellschaften in einem Gesetz zu verbinden. Damit hat die IGGiÖ ihrer jahrelangen Forderung nach einem eigenen Gesetz zur Regelung ihrer äußeren Rechtsverhältnisse nochmals klar Nachdruck verliehen. Neben dieser konzeptionellen Kritik wurde eine Vielzahl von Bestimmungen als diskriminierend und somit verfassungswidrig befunden. Schließlich wurde auch die Diktion des Entwurfes als Ausdruck besonderen Misstrauens gegenüber Muslimen zum Kritikpunkt gemacht.

Auf Einladung der zuständigen Ressortminister fand am 14. November 2014 eine Besprechung zwischen den Vertretern der österreichischen Bundesregierung und den Mitgliedern des Obersten Rates statt. Im Rahmen dieses Treffens wurde die oben erwähnte Stellungnahme der IGGiÖ Punkt für Punkt erörtert. Dabei hat die IGGiÖ stets auf die Bedeutung eines eigenen Gesetzes zur Regelung ihrer äußeren Rechtsverhältnisse hingewiesen. Grund dafür war, dass die Konzeption des Entwurfes auf einer Gleichstellung der Anerkennungsregeln nach dem IslamG und einer solchen nach dem Bundesgesetz über die Rechtspersönlichkeit von religiösen Bekenntnisgemeinschaften basiert. Damit würden nämlich bestehende Religionsgesellschaften den gleichen Bedingungen unterworfen, wie neu anzuerkennende, was eine sachlich nicht nachvollziehbare Schlechterstellung der IGGiÖ zur Folge hätte.

Es wurde vereinbart, dass seitens der Regierung binnen weniger Tage ein neuer, überarbeiteter Entwurf übermittelt werde, welcher den Kritikpunkten der IGGiÖ soweit wie möglich Rechnung tragen werde. Im Anschluss würde die IGGiÖ ihrerseits ihre Gremien einberufen, um eine Stellungnahme dazu abzugeben. Denn die Besprechung allein sei keine Zustimmung.

Nachdem die Arbeit an dieser Überarbeitung doch länger als zunächst veranschlagt benötigte, wurde erst am Freitag, den 5. Dezember 2014 ein so genannter „beschlussreifer Entwurf" an die Islamische Glaubensgemeinschaft Österreich gesendet. Daraufhin berief die Islamische Glaubensgemeinschaft in Österreich statutengemäß eine frühestmögliche

Sitzung des Obersten Rates für den 17. Dezember 2014 und des Schura Rates für den 21. Dezember 2014 zur finalen Erörterung des Entwurfes ein. Dies wurde ausdrücklich den zuständigen Ministerien mit der Bitte kommuniziert, auf diese Rückmeldung des Schurarates zuzuwarten. Diesen Wunsch hat der Präsident der Islamischen Glaubensgemeinschaft schriftlich nochmals am 9. Dezember 2014 gegenüber den zuständigen Ministerien bekräftigt.

Am **10. Dezember 2014** beschloss der Ministerrat eine Regierungsvorlage zu einem neuen Islamgesetz – ohne die Reaktion der Gremien abzuwarten.

2. Zur Regierungsvorlage
Eingangs soll festgehalten werden, dass zentrale Elemente des Entwurfes von Anfang an auf strikte Ablehnung seitens der IGGiÖ stießen und auch während der Verhandlungen so kommuniziert worden waren. Dies betrifft insbesondere den Umstand, kein eigenes Gesetz für die IGGiÖ zu schaffen. Das Verbot der Auslandsfinanzierung wurde ebenfalls zurückgewiesen. Die ausdrückliche Festlegung des Primats des österreichischen Rechts im Gesetzestext erschien vor dem Hintergrund, dass kein anderes Religionsgesetz dieses so formuliert als eine Art des Verdachts mangelnder Loyalität der Muslime. Dabei ist der Vorrang des österreichischen Rechts für Muslime in Österreich eine Selbstverständlichkeit, die sie in den Statuten der IGGiÖ selbst bekräftigt haben.

Umgekehrt waren gerade jene Bestimmungen unantastbare Elemente für die zuständigen Ressortminister. Aus diesem Grund verständigte man sich darauf, die Konsultationen lediglich auf jene Punkte zu beschränken, bei denen Einigungsversuche einen Konsens möglich erscheinen ließen. Gleichzeitig stellten die Vertreter der IGGiÖ in aller Deutlichkeit klar, dass hinsichtlich der von der IGGiÖ von Anfang an abgelehnten Elemente sie ihr Rechtsschutzinteresse vor den rechtstaatlichen Einrichtungen und insbesondere vor dem Verfassungsgerichtshof gegebenen Falls verfolgen würden. Auch zum jetzigen Zeitpunkt hält die IGGiÖ an ihrer Stellungnahme (68/SN-69/ME) fest.

Nichts desto weniger begrüßt die IGGiÖ ausdrücklich die Bestrebungen der Bundesregierung, den Anliegen der IGGiÖ zumindest teilweise Rechnung zu tragen. Diese äußern sich beispielsweise darin, dass die Regierungsvorlage im Unterschied zum Ministerialentwurf nunmehr die Schaffung von Rechtspersönlichkeiten nach innerreligionsgesellschaftlichem Recht, die seelsorgerische Amtsverschwiegenheit, den ausdrücklichen Schutz der Feiertage sowie des Freitagsgebets vorsieht. Daneben verkennt die IGGiÖ keineswegs die redaktionellen Bemühungen in den erläuternden Bemerkungen zum besseren Verständnis der jeweiligen gesetzlichen Bestimmungen.

Zwar räumt die Regierungsvorlage der IGGiÖ nunmehr unter dem Titel „Rechte und Pflichten der Islamischen Glaubensgemeinschaft in Österreich" einen eigenen Abschnitt ein, keineswegs beseitigt dies aber die berechtigte Kritik an der verfehlten Konzeption des Entwurfes. Nach wie vor wird die IGGiÖ wie eine neu gegründete Religionsgesellschaft behandelt und kann vom Bundeskanzler sogar – nach Maßgabe völlig unbestimmter Gründe – aufgehoben werden. Dies mag mangels Beobachtungsphase für neu zu gründende Religionsgesellschaften nachvollziehbar scheinen, entbehrt jedoch im Falle der lange bestehenden IGGiÖ jeglicher sachlicher Rechtfertigung.

Hinzu kommt, dass offensichtlich berechtigte Anliegen der IGGiÖ nicht entsprechend gewürdigt wurden. In ihrer Stellungnahme zum Ministerialentwurf hat die IGGiÖ aus Gründen der Parität mit anderen Religionsgesellschaften die Forderung erhoben, dass die Angehörigen des Lehrpersonals für islamisch-theologische Studien grundsätzlich Mitglieder der Islamischen Glaubensgemeinschaft in Österreich zu sein haben. Die Berufung eines „konfessionsfremden" Lehrers sollte jedenfalls ausgeschlossen sein, wenn ein „Glaube und Sitte betreffendes Fach" gelehrt wird, vergleichbar etwa dem katholischen Hochschulrecht oder dem Protestantengesetz.

Die Regierungsvorlage kommt dieser Forderung nicht hinreichend nach, wenn sie lediglich die Fühlungnahme zwischen Universität und IGGiÖ vorsieht. Zwar wird in den Erläuternden Bemerkungen ausgeführt, dass bei der Fühlungnahme darauf Bedacht zu nehmen ist, dass es sich bei Universitätsprofessor/innen im theologischen Kernbereich um Anhänger einer islamischen Konfession handelt. Weshalb der IGGiÖ die geforderte Gleichstellung mit anderen Religionsgesellschaften nicht eingeräumt wird und zudem der Kernbestand der Regelung, nämlich die Verbindung zwischen der Lehre und der Mitgliedschaft zur Religionsgesellschaft, in den Erläuternden Bemerkungen versteckt wird, ist nicht nachvollziehbar. Dies umso mehr, als fester Bestandteil der verfassungsgerichtlichen Rechtsprechung ist, dass die beiden Elemente des Rechtsstaatsprinzips, nämlich der Grundsatz der Publizität und sohin der allgemeinen Zugänglichkeit von Normen sowie der inhaltlichen Determinierung und allgemeinen Verständlichkeit von Normen iSd Art 18 BVG, zur Rechtssicherheit der Normunterworfenen unerlässlich sind.

Es entsteht bedauerlicher Weise der Eindruck, dass selbst im Islamgesetz eine ausdrückliche Regelung der Mitgliedschaft der Lehrköper im theologischen Kernbereich zur IGGiÖ im Gesetzestext vorenthalten werden soll.

3. Schlussfolgerungen

Das Islamgesetz von 1912 stellte und stellt grundsätzlich sowohl in der Zeit der Monarchie als auch in der Ersten und Zweiten Republik Österreich eine europaweit anerkannte vorbildhafte Rechtsgrundlage für die Etablierung des Islams als fixen Bestandteil der österreichischen Religionslandschaft und für die Einrichtung der IGGiÖ als gesetzlichen Vertreter der Anhänger des Islam in Österreich dar. Das Islamgesetz 1912 erfüllt damit eine wichtige Funktion zur Wahrung von Rechtssicherheit und zum Schutz des inneren Friedens. Die Notwendigkeit der Erlassung eines neuen, den gesellschaftlichen Anforderungen des 21. Jahrhunderts entsprechenden Islamgesetzes für Österreich ist unbestritten. Voraussetzung für dessen Akzeptanz und damit gesamtgesellschaftlich insgesamt positive Wirksamkeit ist jedoch die Orientierung seiner Vorschriften an den Grundwerten der österreichischen Verfassungs- und Rechtsordnung, insbesondere an denen der Europäischen Menschenrechtskonvention (EMRK) und des Staatsgrundgesetzes 1867.

Anlässlich der weiterhin vorliegenden Unzulänglichkeiten der Regierungsvorlage lehnt die IGGiÖ die Regierungsvorlage ausdrücklich ab, soweit nicht den erwähnten zentralen Anliegen der IGGiÖ Rechnung getragen wird. Diese seien daher abschließend nochmals knapp und präzise aufgelistet:

- Muslime Österreichs begehren ein Gesetz für die IGGiÖ. Mit einem gemeinsamen Gesetz für mehrere wesensfremde Religionsgemeinschaften (Muslime und Aleviten) werden Muslime Österreichs sich heute und in der Zukunft nicht identifizieren können. In der praktischen Auswirkung entsteht Konfliktpotential (gemeinsame theologische Fakultät), was bei einer klaren Trennung leicht vermeidbar wäre.
- Ein eigenes Gesetz brächte auch mit sich, dass auf Elemente aus dem Bekenntnisgemeinschaftengesetz verzichtet werden kann. Für die IGGiÖ erscheint es höchst bedenklich, dass der Bundeskanzler laut derzeitigem Gesetzestext die Möglichkeit haben soll, die Rechtspersönlichkeit einer Islamischen Religionsgesellschaft aufzuheben. Durch schwammig formulierte Gründe („Schutz der … öffentlichen Sicherheit, öffentlichen Ordnung, Gesundheit und Moral …") wird Willkür in der Aufhebung der Rechtspersönlichkeit die Tür geöffnet. Angesichts erstarkender islamfeindlicher Gruppen und ihres Einflusses auf den gesamtgesellschaftlichen Diskurs besteht hier eine große Sorge.
- Die zu gründende theologische Fakultät wird im allgemeinen Teil und nicht im spezifischen, für die IGGiÖ vorgesehenen Teil behandelt, was zukünftige Verwirrungen und Probleme vorprogrammiert. Außerdem fehlt eine ausdrückliche Bestimmung im eigentlichen Text (nicht ausgelagert in die Erläuterungen) zu der erforderlichen Mitgliedschaft des Lehrpersonals bei der IGGiÖ. Hier sollte Klarheit geschaffen werden, wie dies auch im Protestantengesetz der Fall ist.
- Die Bestimmungen hinsichtlich des Verbots von Auslandsfinanzierung bilden weiterhin eine deutliche Schlechterstellung gegenüber anderen anerkannten Religionsgesellschaften und gefährden den laufenden Betrieb anerkannter Vereine, die in ihrer Tätigkeit längst zunehmend ein selbständiges österreichisches Profil entwickeln. Der derzeitige Verlauf des öffentlichen Diskurses zum Thema

"Auslandsfinanzierung", der die Maßnahme in den Bereich der Deradikalisierung rückt, wirkt schon jetzt stark rufschädigend. (22.12.2014)[110]

IV.7.7 Der Schurarat der IGGiÖ bekräftigt die Stellungnahme des Obersten Rates zum Islamgesetz an die Regierung (22.12.2014)

Der Schurarat Islamischen Glaubensgemeinschaft in Österreich (IGGiÖ) bekräftigt die Stellungnahme des Obersten Rates zum Islamgesetz an die Regierung, die von diesem am 17.12. beschlossen wurde: Anlässlich der weiterhin vorliegenden Unzulänglichkeiten der Regierungsvorlage lehnt die IGGiÖ die Regierungsvorlage ausdrücklich ab, soweit nicht zentralen Anliegen der IGGiÖ Rechnung getragen wird. Die ausführliche Stellungnahme der Begutachtungsphase bleibt aufrecht. Daraus werden folgende vier Punkte besonders unterstrichen:

- Muslime Österreichs begehren in der Tradition des Islamgesetzes von 1912 ein Gesetz für die IGGiÖ, die Islamische Glaubensgemeinschaft, die die vier sunnitischen und drei schiitischen Richtungen des Islams einschließt. Sonst können sich Muslime mit diesem Gesetz nicht identifizieren. Andere Religionsgesellschaften sollten in einem eigenen Gesetz behandelt werden, so wie es auch kein „Christengesetz" für verschiedene christliche Konfessionen gibt. In der praktischen Auswirkung entsteht Konfliktpotential (gemeinsame theologische Fakultät), was bei einer klaren Trennung leicht vermeidbar wäre.
- Ein eigenes Gesetz brächte auch mit sich, dass auf Elemente aus dem Bekenntnisgemeinschaftengesetz verzichtet werden kann. Für die IGGiÖ erscheint es höchst bedenklich, dass der Bundeskanzler laut derzeitigem Gesetzestext die Möglichkeit haben soll, die Rechtspersönlichkeit einer Islamischen Religionsgesellschaft aufzuheben. Angesichts erstarkender islamfeindlicher Gruppen und

---

110 **Vgl** auch: https://www.parlament.gv.at/PAKT/VHG/XXV/SNME/SNME_02076/fname_371638.pdf.

ihres Einflusses auf den gesamtgesellschaftlichen Diskurs besteht hier eine große Sorge.
- Die zu gründende theologische Fakultät wird im allgemeinen Teil und nicht im spezifischen, für die IGGiÖ vorgesehenen Teil behandelt, was zukünftige Verwirrungen und Probleme vorprogrammiert. Außerdem fehlt eine ausdrückliche Bestimmung im eigentlichen Text (nicht ausgelagert in die Erläuterungen) zu der erforderlichen Mitgliedschaft des Lehrpersonals bei der IGGiÖ. Hier sollte Klarheit geschaffen werden, wie dies auch im Protestantengesetz der Fall ist.
- Die Bestimmungen hinsichtlich des Verbots von Auslandsfinanzierung bilden weiterhin eine deutliche Schlechterstellung gegenüber anderen anerkannten Religionsgesellschaften und gefährden den laufenden Betrieb anerkannter Vereine, die in ihrer Tätigkeit längst zunehmend ein selbständiges österreichisches Profil entwickeln. Der derzeitige Verlauf des öffentlichen Diskurses zum Thema „Auslandsfinanzierung", der die Maßnahme in den Bereich der Deradikalisierung rückt, wirkt schon jetzt stark rufschädigend.

Präsentation der Stellungnahme der IGGÖ zur Novellierung des Islamgesetzes

Am Podium:
Dr. Fuat Sanac, Präsident der IGGÖ
Mag. Ümit Vural, Erster juristischer Berater der IGGÖ
Mitglieder des Obersten Rates, Vertreter der Religionsgemeinden

Das Anerkennungsgesetz des Islams von 1912 genießt weltweit größte Achtung: Wer sich anerkannt weiß, der entwickelt umgekehrt ein Zugehörigkeitsgefühl, das weit über eine nur nüchterne Gesetzestreue hinausgeht, sondern eine emotionale Bindung bedeutet. So ist das Islamgesetz von 1912 als visionär zu bezeichnen, weil es die Beheimatung der Muslime in Österreich förderte. Von der Novellierung erwarten Muslime, dass parallel zu den umfangreicheren Religionsgesetzen etwa der Protestanten oder der Israeliten moderne Bedürfnisse gesichert werden. Vor allem geht es um den Wunsch, dass der Prozess von der staatlichen Anerkennung hin zur gesellschaftlichen Akzeptanz weiter gefördert wird. Muslime sind ein lebendiger Teil Österreichs. So wollen sie auch wahrgenommen werden.

Dazu tragen sie aktiv bei: Die Abschlusserklärungen der Europäischen Imamekonferenzen von 2003, 2006 und 2010, die in Zusammenarbeit mit dem BMEIA abgehalten wurden, festigten den Weg zu einem „Islam in Europa". Demnach ist es vereinbar sich gleichzeitig als Muslim/in und Österreicher/in, bzw. Europäer/Europäerin zu verstehen. **Integration durch Partizipation wurde zum Motto der Islamischen Glaubensgemeinschaft.**

Muslime sagen ja zu:
- Einem eigenständigen, vom Ausland unabhängigen Profil des Islams in Österreich
- Dem Bekenntnis zum österreichischen Staat
- Der Vereinbarkeit des Islams mit den Werten von Demokratie, Rechtsstaatlichkeit, Pluralismus und Menschenrechten
- Teilhabe in der Gesellschaft im Sinne des Allgemeinwohls

Darum stoßen sich Muslime daran, dass der Entwurf im Konzept Misstrauen ihnen gegenüber vermittelt und der Gleichheitsgrundsatz verletzt wird. Seitens zuständiger Politiker wurde betont, das Profil der Muslime in Richtung österreichisch-muslimischer Identität fördern zu wollen. In diesem Kontext werden auch die Punkte der Andersbehandlung argumentiert. **Ein Religionsgesetz ist aber nicht mit einem Sicherheitspolizeigesetz zu verwechseln.** Daher ist dies äußerst kontraproduktiv. Dabei zeigt die klare Erfolgsgeschichte des Islamgesetzes von 1912 den Weg auf: Inklusion. Muslime haben längst unter Beweis gestellt, dass sie notwendige innere Entwicklungsprozesse in einem Klima des Vertrauens und des angenommen Seins selbst vorantreiben. Die innere Autonomie in der Regelung interner Angelegenheiten wurde immer sinnvoll ausgestaltet – zuletzt besonders augenscheinlich bei der Verfassungsreform der IGGÖ. **Eine Einschränkung der inneren Autonomie wie nun im Entwurf ablesbar hätte negative Folgen, die der Intention des Gesetzgebers genau zuwiderlaufen.**

Bereits jetzt zeigt sich angesichts der Reaktionen an der muslimischen Basis, dass man sich unverstanden und vor allem unter eine Art Generalverdacht gestellt sieht. Die zeitliche Überschneidung mit den schrecklichen Ereignissen im Irak und in Syrien und die damit verbundene Stimmung hat diesen Eindruck noch befördert.

Da sich die zuständigen Minister und die IGGÖ in den Zielen der Novellierung – vor allem der weiteren Förderung einer österreichisch muslimischen Identität – einig sind, so ist anzustreben, dass auch über den Text der Novellierung eine Übereinstimmung erreicht werden kann. Bisher war trotz eines guten Gesprächsklimas noch kein Konsens hergestellt worden. Die IGGÖ hatte von Beginn an schwerwiegende Bedenken bei etlichen Formulierungen angemeldet, die dem Gleichheitsgrundsatz widersprechen: **Es wurde aber noch kein Religionsgesetz über die Köpfe der Betroffenen hin verabschiedet. Die demokratische Struktur der IGGÖ sieht in einer so entscheidenden Angelegenheit einen Beschluss der Gremien vor.** Dieser konnte aber nicht eingeholt werden, weil der Entwurf einseitig und plötzlich in Begutachtung geschickt wurde.

Das Juristenteam der IGGÖ hat den Entwurf mit unabhängigen Juristen Paragraph für Paragraph kommentiert. Damit wird aufgezeigt, warum der Entwurf nicht akzeptabel ist.

Folgende drei Gesichtspunkte sind hier zu nennen:
- Aufgrund der unterschiedlichen Bedürfnisse und Besonderheiten der Islamischen Glaubensgemeinschaft im Vergleich zu anderen Religions- und Bekenntnisgemeinschaften (**Aleviten**) sollten getrennte Gesetze geschaffen werden.
- Der Gleichheitsgrundsatz soll durchgehend beachtet werden.
- Bei der Texterung soll die innere Autonomie in der Regelung der internen Angelegenheiten durchgehend respektiert werden und damit nicht der Eindruck eines prinzipiellen Misstrauens gegen Muslime erweckt werden.

Eine Abkühlphase scheint angezeigt. Nach gründlicher Sichtung der diversen Stellungnahmen und deren kompetenter Vorschläge, wie sie nicht nur von muslimischer Seite geäußert wurden, wäre es sehr wünschenswert konsensorientierte Gespräche mit frischem Schwung aufzunehmen. **Wir fordern keine „Extrawürste", sondern eine Gleichstellung zu den anderen anerkannten Religionsgesellschaften.** So wie das alte Gesetz über hundert Jahre Bestand hatte und sich bewährt hat, muss diese nachhaltige Wirkung bei der Texterung der Novellierung ebenso gegeben sein. **Die Novellierung muss ein Fortschritt für Österreich und seine Muslime sein!** – Wien, am 5. November 2014

IV.7.8 Stellungnahme zum Entwurf eines Bundesgesetzes, mit dem das Gesetz betreffend die Anerkennung der Anhänger des Islam als Religionsgesellschaft geändert wird (69/ME XXV. GP)

von Richard Potz & Brigitte Schinkele

I. Allgemeines
Entwurf „eng abgestimmt"
Eine Neukonzeption des Islamgesetzes ist seit langem ein Desiderat und unter verschiedenen Gesichtspunkten dringend geboten. Einerseits fehlte aufgrund der besonderen historischen Gegebenheiten zum Zeitpunkt des Inkrafttretens des Islamgesetzes 1912 die staatlich-rechtliche Konkretisierung in Bezug auf die religionsgesellschaftlichen Organisationen, die auch durch die Verordnung aus 1988 nur zum Teil behoben wurde. Es blieben daher auch weiterhin manche religionsrechtlichen Regelungsbereiche ohne gesetzliche Grundlage – wie etwa die Militär- und die Gefangenenseelsorge – und mussten im Wege von Vereinbarungen mit den entsprechenden staatlichen Behörden geregelt werden. Andererseits erfordert das grundsätzlich geänderte Verhältnis des Staates zu den Religionsgemeinschaften sowie ein gewandeltes Grundrechtsverständnis entsprechende Adaptierungen. Der nun vorliegende Gesetzesentwurf wirft jedoch vielfältige, in die Verfassungssphäre reichende Probleme auf. Die projektierte Neufassung des Islamgesetzes macht auch ein weiteres Mal generelle Defizite des österreichischen Anerkennungsrechts deutlich, die im Wesentlichen in einer nicht

grundrechtskonformen und diskriminierungsfreien Ausgestaltung der Rechtsstellung von Religionsgemeinschaften grundgelegt sind.

1. Titel des Islamgesetzes

Aus legistisch-technischer Sicht ist anzumerken, dass es sich beim vorliegenden Entwurf tatsächlich nicht um eine Novelle zum IslamG 1912 handelt, sondern um eine Neufassung, sodass dieses zur Gänze aufgehoben werden soll und praktisch ein neues Gesetz an dessen Stelle tritt. Diese Entscheidung hat – wie bereits im Fall der „Novellierung" des Israelitengesetzes 1890 durch ein völlig neu formuliertes Gesetz im Jahr 2012 (BGBl. I 48/2012) – offensichtlich die „rechtspolitische" Funktion, ausdrücklich an die in Österreich vorhandene Tradition anzuknüpfen. Allerdings geht die vorgesehene „Novellierung" des Islamgesetzes über die Neufassung des Israelitengesetzes 1890 hinaus. Erstens ging es 1912 nicht um die Anerkennung einer Institution, sondern um die „Anerkennung der Anhänger des Islam". Zweitens wurde lediglich von *einer* Religionsgesellschaft gesprochen, die sich allerdings zum Zeitpunkt des Inkrafttretens des Gesetzes noch nicht gebildet hatte, sodass auf eine zukünftige Verordnung verwiesen wurde. Ein Gesetz, das sowohl die Regelung der äußeren Rechtsverhältnisse von zwei bereits bestehenden Religionsgesellschaften als auch die gesetzliche Anerkennung von weiteren islamischen Religionsgesellschaften zum Inhalt hat, ist mit dem Titel des Islamgesetzes 1912 jedenfalls unzutreffend und irreführend überschrieben.[111]

---

111 **Vgl**. für ganze Stellungnahme: https://www.parlament.gv.at/PAKT/VHG/XXV/ SNME/SNME_02154/imfname_372284.pdf; Stellungnahme zum Entwurf eines Bundesgesetzes, mit dem das Gesetz betreffend die Anerkennung der Anhänger des Islam als Religionsgesellschaft geändert wird (parlament.gv.at).

IV.5.9 FINALE FORDERUNG DER IGGIÖ

zur Regierungsvorlage Nr. 446 d.B. „Bundesgesetz über die äußeren Rechtsverhältnisse islamischer Religionsgesellschaften" (20.01.2015)

Aufhebung der Anerkennung der Religionsgesellschaft mittels VO durch den Bundeskanzler

Nach § 5 Abs. 2 der Regierungsvorlage hat der Bundeskanzler bei Vorliegen der dort genannten Gründe die Anerkennung der Religionsgesellschaft mit Verordnung oder die Rechtspersönlichkeit einer Kultusgemeinde mit Bescheid aufzuheben. Wie immer wieder betont, wird die IGGiÖ dadurch wie eine neu gegründete Religionsgesellschaft behandelt und kann vom Bundeskanzler nach Maßgabe äußerst undeterminierter Gründe aufgehoben werden. Dies mag mangels Beobachtungsphase für neu zu gründende Religionsgesellschaften nachvollziehbar scheinen, entbehrt jedoch im Falle der lange bestehenden IGGiÖ jeglicher sachlicher Rechtfertigung. Um dem berechtigten Interesse der Rechtssicherheit der jeweiligen Religionsgesellschaft Rechnung tragen zu können, sind zwei Änderungen unerlässlich:

- Die Einbeziehung weiterer Stellen (wie z. B. Ministerrat oder Parlament) vor einer allfälligen VOErlassung.
- Die ausdrückliche Festlegung, dass die Höchstgerichte in einem Beschwerde- oder Revisionsverfahren die aufschiebende Wirkung zuerkennen können. Widrigenfalls wäre im Falle eines rechtswidrigen Feststellungsbescheides bis zur Neuerlassung einer der Rechtsansicht der Höchstgerichte entsprechenden Verordnung keine Kontinuität der Rechtspersönlichkeit der jeweiligen Religionsgesellschaft gewahrt.

Regelung der Mitgliedschaft der Lehrkörper im theologischen Kernbereich zur jeweiligen Religionsgesellschaft im Gesetzestext

In ihrer Stellungnahme zum Ministerialentwurf hat die IGGiÖ aus Gründen der Parität mit anderen Religionsgesellschaften die Forderung erhoben, dass die Angehörigen des Lehrpersonals für islamisch-theologische

Studien grundsätzlich Mitglieder der Islamischen Glaubensgemeinschaft in Österreich zu sein haben. Die Regierungsvorlage kommt dieser Forderung nicht hinreichend nach, wenn sie lediglich die Fühlungnahme zwischen Universität und IGGiÖ vorsieht. Zwar wird in den Erläuternden Bemerkungen ausgeführt, dass bei der Fühlungnahme darauf Bedacht zu nehmen ist, dass es sich bei Universitätsprofessor/innen und im theologischen Kernbereich um Anhänger einer islamischen Konfession handelt.

- Um die verfassungsrechtliche gebotene Parität zu anderen Religionsgesellschaften herzustellen, ist aber die ausdrückliche Regelung der Mitgliedschaft der Lehrkörper im theologischen Kernbereich zur jeweiligen Religionsgesellschaft im Gesetzestext unerlässlich.

Übergangsfrist für religiöse Funktionsträger
§ 31 Abs. 4 der RV ordnet an, dass zum Zeitpunkt des Inkrafttretens dieses Bundesgesetzes tätige religiöse Funktionsträger in Ausnahme zu den Bestimmungen des § 6 Abs. 2 ihre Funktion bis zum 31.12.2015 weiter ausüben können. Diese Frist ist aus mehreren Gründen zu kurz bemessen. So trifft die neue Regelung etwa fast 70 religiöse Funktionsträger eines einzelnen Vereines. Eine sofortige Kompensation dieser Personen ist schon rein personell aus Gründen mangelnder Kapazität nicht denkbar. Um die gläubigen Menschen weiterhin adäquat mit religiösen Funktionsträgern versorgen und die Aufgabenerledigung weiterhin gewährleisten zu können, sind Umstellungen notwendig, welche auf keinen Fall bis 31. Dezember 2015 vollbracht werden können.

- Die IGGiÖ fordert eine angemessene Verlängerung der Frist bis zumindest 31. Dezember 2017.

Vorläufige Geltung von Statuten und Verfassungen
Nach § 31 Abs. 2 der RV bleiben Verfassungen, Statuten sowie gewählte Organe in Geltung. Sie sind mit den Bestimmungen dieses Bundesgesetzes in Einklang zu bringen. Erforderliche Anpassungen sind so rechtzeitig vorzunehmen, dass sie bei den jeweils vorgesehenen nächstfolgenden Wahlen wirksam sind.

Diese Regelung birgt die Gefahr, dass infolge Schwierigkeiten bei der Implementierung von Verfassung und Statuten der jeweiligen

Religionsgesellschaften und Kultusgemeinden die weitere Handlungsfähigkeit insoweit eingeschränkt wird, als keinerlei Wahlen stattfinden können. Im schlimmsten Fall würde die Pflicht zur Bestellung eines Kurators von Zufälligkeiten – wie dem Ablauf der Funktionsperiode von zur Außenvertretung befugten Organen – abhängen.

- Um dieser Gefahr vorzubeugen, ist die Regelung dahin zu ändern, dass die Wahlen von Funktionsträgern unabhängig von der Umsetzung der in § 31 Abs. 2 der RV genannten Anpassungen abgehalten werden können. Im Falle der IGGiÖ ist statutenmäßig eine Neuwahl bis Juni 2015 vorgesehen; es ist kaum zu erwarten, dass sämtliche Anpassungen an das inkraftzutretende Gesetz bis dahin bewerkstelligt werden können. Dies führt unweigerlich zur Handlungsunfähigkeit der IGGiÖ.

Genehmigungsfrist des Bundeskanzlers für die Rechtswirksamkeit innerreligionsgesellschaftlicher Entscheidungen

Nach § 23 der RV bedürfen die Verfassung einer Religionsgesellschaft, die Statuten von Kultusgemeinden sowie in diesen begründete Verfahrensordnungen, insbesondere Kultusumlagenordnung und Wahlordnung, und deren Änderungen zu ihrer Gültigkeit der Genehmigung des Bundeskanzlers. Mangels anderslautender Regelung ist von einer 6monatigen Entscheidungsfrist gemäß dem AVG auszugehen. In Zusammenschau mit der oben dargestellten Regelung zeigt sich wie problematisch die fehlende Fristsetzung zur Genehmigung sein kann. Würde der Bundeskanzler die Frist zur Gänze in Anspruch nehmen, könnte die IGGiÖ selbst bei Abschluss aller Adaptionsarbeiten nicht statutenkonforme Wahlen abhalten.

- Hier wäre eine verkürzte Entscheidungsfrist von 4 bis 6 Wochen jedenfalls angemessen. (20.01.2015)

IV.5.10 Briefe an Ministerien und an das Parlament 10.2.2015

An die Bundesminister für Kunst und Kultur, Verfassung und Medien
Dr. Josef Ostermayer

Bundesminister für Europa, Integration und Äußeres
Sebastian Kurz

Vorsitzenden des Verfassungsausschusses
Abg. Dr. Peter Wittmann
Abg. Mag. Wolfgang Gerstl

Betreff: Bundesgesetz über die äußeren Rechtsverhältnisse islamischer Religionsgesellschaften – Islamgesetz 2015

Sehr geehrte Bundesminister, sehr geehrte Vorsitzende des Verfassungsausschusses!

Als Präsident der Islamischen Glaubensgemeinschaft in Österreich, möchte ich mich zunächst bei Ihnen allen und Ihren geschätzten Mitarbeitern für die konstruktiven Gespräche im Zusammenhang mit der Gesetzwerdung des Islamgesetzes bedanken. Wenngleich die unterschiedlichen Interessen manchmal entgegengesetzter Art waren, so haben beide Seiten einen respektvollen Umgang miteinander bewiesen und gemeinsame Lösungen gesucht.
Wir müssen zwar festhalten, dass die Forderungen nach dem Wegfall der ausdrücklichen Festlegung des Primats des österreichischen Rechts im Gesetzestext, nach einem eigenen Gesetz für die IGGiÖ, **nach einer IGGiÖ Mitgliedschaft des universitären Lehrpersonals**[112] für die geplanten islamisch-theologischen Studien an der Universität Wien**, sowie**

---

112 **Anm.** Unsere Forderung war zuerst eine Mitgliedschaft bei der IGGÖ aber eine Mitgliedschaft ist kein Garant dafür, dass der/die Lehrpersonal die Anordnungen der IGGÖ zu befolgen. Daher haben wir später diese Forderung mit dem Wort „Richtlinie der IGGÖ" geändert.

nach einer weiteren Fristverlängerung der Auslandsfinanzierungen für religiöse Funktionsträger leider nicht erfüllt wurden,** was die Erwartungen der hier lebenden Muslime nicht zur Gänze trifft und ihnen das Gefühl vermittelt, nicht gleich wie die anderen anerkannten Religionsgesellschaften behandelt zu werden. Dennoch sind wir am Ende eines sehr langen und mühevollen Verhandlungsprozess zu einem Punkt angelangt, der als Ausdruck eines Kompromisses verstanden werden soll und den Bedürfnissen beider Seiten wohl am nächsten kommt.

Die Regierungsvorlage und der damit verbunden geplante Abänderungsantrag im Verfassungsausschuss wurden mit den Entscheidungsträgern intern intensiv diskutiert und für positiv befunden. Dies stellt natürlich keine „formelle" Zustimmung des zuständigen Schura Rates der IGGiÖ dar, ist aber eine klare Grundlage für die Empfehlung einer Zustimmung in der für den **15. Februar 2015** anberaumten Schura RatSitzung.

Mit vorzüglicher Hochachtung – Dr. Fuat SANAC – Präsident der IGGiÖ – Wien, 10. Februar 2015

IV.5.11   Stellungnahme des Schurarates der IGGiÖ zum Bundesgesetz über die äußeren

Rechtsverhältnisse Islamischer Religionsgesellschaften – Islamgesetz 2015 (17.02.2015)

Der Schurarat der Islamischen Glaubensgemeinschaft in Österreich hat die im Verfassungsausschuss beschlossene Regierungsvorlage und den damit verbundenen Abänderungsantrag am Sonntag, dem 15. Februar 2015, beraten und ist als oberstes Organ der Glaubensgemeinschaft zu folgendem Ergebnis gekommen:

Der Schurarat hat die Feststellung getroffen, dass die Gesetzesvorlage zwar in zentralen Punkten nicht den Bedürfnissen und Erwartungen der in Österreich lebenden Muslime hinreichend Rechnung trägt. Dies betrifft insbesondere folgende Punkte:

- **Die Forderung nach einem eigenen Gesetz für die IGGiÖ**
- **Die mangelnde Gleichstellung im Vergleich mit anderen gesetzlich anerkannten Religionsgesellschaften – Das Verbot der Auslandsfinanzierung**

Jedoch verkennt der Schurarat nicht, dass die derzeitige Gesetzesvorlage Ausdruck eines Kompromisses ist, welcher den Bedürfnissen beider Seiten wohl am nächsten kommt. Schon deshalb kann es keine uneingeschränkte Zustimmung zu diesem Gesetz geben. Der Verstand sagt, dass von einer denkbar verfahrenen Ausgangslage im Herbst weg, doch noch in einem beständigen Dialog Annäherung erreicht werden konnte. Dabei hat die IGGiÖ unter Wahrung ihrer Verantwortung gegenüber den in Österreich lebenden Muslimen und der Republik Österreich stets den Weg des Dialoges gesucht und bis zum Ende ihren Willen zur Erarbeitung gemeinsamer Lösungen bewiesen. Es steht nun den von diesem Gesetz betroffenen Rechtsunterworfenen offen, dies anerkennend zur Kenntnis zu nehmen oder den Weg zu den Rechtsschutzeinrichtungen zu suchen.

Das Islamgesetz von 1912 hatte eine hohe emotionale Verbundenheit zwischen dem Staat und den Muslimen bewirkt. Ob diese Verbundenheit mit dem neuen Gesetz gefestigt werden kann oder sich als Bruch in der österreichischen Tradition erweisen wird, wird sich erst zeigen. Die Verantwortung dafür liegt bei der Politik. Populistische Töne, die das Gesetz als Sicherheitsmaßnahme interpretieren, sind kontraproduktiv. Ganz im Gegenteil ist es an der Zeit, endlich zu einer eindeutigen Haltung der Inklusion zu finden. „Muslime sind ein Teil Österreichs" – diese Selbstverständlichkeit muss auch Politikern endlich von den Lippen kommen. An der Grundhaltung der Islamischen Glaubensgemeinschaft in Österreich wird sich nichts ändern. Diese lautet nach wie vor: „Integration durch Partizipation" – Dr. Fuat SANAC – Präsident der IGGiÖ – 17.02.2015[113]

---

113 **Vgl.** https://www.ots.at/presseaussendung/OTS_20141222_OTS0003/der-schurarat-der-iggioe-bekraeftigt-die-stellungnahme-des-obersten-rates-zum-islamgesetz-an-die-regierung-anhang.

Anmerkung:
Viele Kirchen und Religionsgesellschaften sowie Wissenschaftler haben die Stellungnahmen der IGGiÖ unterstützt – als ein Muslim bin ich allen dankbar.
Unter anderen:
Univ.-Prof. Mag. Dr. Rüdiger Lohlker, Institut für Orientalistik, Universität Wien
PD Mag. Dr. Ernst Fürlinger, Zentrum Religion und Globalisierung, Donau-Universität Krems.
Univ.-Prof. Dr. Ulrike Bechmann, Institut für Religionswissenschaft, Universität Graz
Univ.-Prof. Dr. Martin Jäggle, Institut für Praktische Theologie, Universität Wien
Univ.-Prof. Dr. Theo Öhlinger, Institut für Staats- und Verwaltungsrecht, Universität Wien
Univ.-Prof. Dr. Wolfgang Palaver, Institut für Systematische Theologie, Universität Innsbruck
Univ.-Prof. Dr. Richard Potz, Institut für Rechtsphilosophie, Religions- und Kulturrecht, Universität Wien
Prof. Dr. Brigitte Schinkele, Institut für Rechtsphilosophie, Religions- und Kulturrecht, Universität Wien
Univ.-Prof. Mag. Dr. Roman A. Siebenrock, Institut für Systematische Theologie, Universität Innsbruck
Em. o. Univ.-Prof. Dr. Hans-Dieter Klein – Wirkliches Mitglied der Österreichischen Akademie der Wissenschaften (ÖAW)

KAPITEL V

V.1 ISLAMGESETZ 2015 – ENDVERFASSUNG

Gesamte Rechtsvorschrift für Islamgesetz 2015 (31.03.2015 im Parlament beschlossen)

Langtitel
Bundesgesetz über die äußeren Rechtsverhältnisse islamischer Religionsgesellschaften
– Islamgesetz 2015
StF: BGBl. I Nr. 39/2015 (NR: GP XXV RV 446 AB 469 S. 61. BR: 9324 AB 9326 S. 839.)

Präambel/Promulgationsklausel
Der Nationalrat hat beschlossen: 31. März 2015

Text

1. Abschnitt
Rechtsstellung
Körperschaft öffentlichen Rechts
§ 1. Islamische Religionsgesellschaften in Österreich sind anerkannte Religionsgesellschaften im Sinne des Artikels 15 des Staatsgrundgesetzes über die allgemeinen Rechte der Staatsbürger. Sie sind Körperschaften des öffentlichen Rechts.

Selbständigkeit
§ 2. (1) Islamische Religionsgesellschaften ordnen und verwalten ihre inneren Angelegenheiten selbständig. Sie sind in Bekenntnis und Lehre frei und haben das Recht der öffentlichen Religionsausübung.

(2) Islamische Religionsgesellschaften genießen denselben gesetzlichen Schutz wie andere gesetzlich anerkannte Religionsgesellschaften. Auch ihre Lehren, Einrichtungen und Gebräuche genießen diesen Schutz, sofern sie nicht mit gesetzlichen Regelungen in Widerspruch stehen. Religionsgesellschaften, Kultusgemeinden oder andere Untergliederungen sowie ihre Mitglieder können sich gegenüber der Pflicht zur Einhaltung allgemeiner staatlicher Normen nicht auf innerreligionsgesellschaftliche Regelungen oder die Lehre berufen, sofern das im jeweiligen Fall anzuwendende staatliche Recht nicht eine solche Möglichkeit vorsieht.

Erwerb der Rechtspersönlichkeit
§ **3.** (1) Islamische Religionsgesellschaften erwerben die Rechtspersönlichkeit nach diesem Bundesgesetz auf Antrag durch Verordnung des Bundeskanzlers. Die Verordnung hat zu enthalten mit welchen Maßgaben Bestimmungen des 3. bzw. 4. Abschnittes auf die Religionsgesellschaft Anwendung finden. Der Lauf der Frist nach § 8 VwGVG wird durch die Zeit für eine allfällige Ergänzung des Antrages und für ein allfälliges Parteiengehör vom Zeitpunkt des Absendens des Verbesserungsauftrages oder der Einladung zum Parteiengehör bis zum Einlangen der Ergänzung oder der Stellungnahme oder des Ablaufes der dafür festgesetzten Frist gehemmt.
(2) Der Bundeskanzler hat das Einlangen von Anträgen gemäß Abs. 1 im Internet auf einer für den Bereich „Kultusamt" einzurichtenden Homepage öffentlich zugänglich zu machen.
(3) Über den Erwerb der Rechtspersönlichkeit ist ein Bescheid zu erlassen, der den Namen der Islamischen Religionsgesellschaft sowie die nach außen vertretungsbefugten Organe in allgemeiner Bezeichnung zu enthalten hat.
(4) Mit dem Erwerb der Rechtspersönlichkeit nach Abs. 3 sind jene Vereine aufzulösen, deren Zweck in der Verbreitung der Religionslehre der betreffenden Religionsgesellschaft besteht.
(5) Wird eine islamische Religionsgesellschaft unter Auflösung eines Vereines, der der Unterstützung des betreffenden religiösen Bekenntnisses dient, neu gebildet, so ist abgabenrechtlich von einem bloßen Wechsel der Rechtsform und weiterem Fortbestehen ein und desselben Steuerpflichtigen (Rechtsträgers) auszugehen.

Voraussetzungen für den Erwerb der Rechtsstellung
§ **4.** (1) Eine Islamische Religionsgesellschaft bedarf für den Erwerb der Rechtspersönlichkeit nach diesem Bundesgesetz eines gesicherten dauerhaften Bestandes und der wirtschaftlichen Selbsterhaltungsfähigkeit. Der gesicherte dauerhafte Bestand ist gegeben, wenn der Antragsteller eine staatlich eingetragene religiöse Bekenntnisgemeinschaft ist und über eine Anzahl an Angehörigen von mindestens 2 vT der Bevölkerung Österreichs nach der letzten Volkszählung verfügt. Den Nachweis hat der Antragsteller zu erbringen.
(2) Einnahmen und Vermögen dürfen ausschließlich für religiöse Zwecke, wozu auch in der religiösen Zielsetzung begründete gemeinnützige und mildtätige Zwecke zählen, verwendet werden.
(3) Es muss eine positive Grundeinstellung gegenüber Gesellschaft und Staat bestehen.
(4) Es darf keine gesetzwidrige Störung des Verhältnisses zu den bestehenden gesetzlich anerkannten Kirchen und Religionsgesellschaften sowie sonstigen Religionsgemeinschaften bestehen.

Versagung und Aufhebung der Rechtspersönlichkeit
§ **5.** (1) Der Bundeskanzler hat den Erwerb der Rechtspersönlichkeit zu versagen, wenn
1. dies im Hinblick auf die Lehre oder deren Anwendung zum Schutz der in einer demokratischen Gesellschaft gegebenen Interessen der öffentlichen Sicherheit, der öffentlichen Ordnung, Gesundheit und Moral oder zum Schutz der Rechte und Freiheiten anderer notwendig ist; dies ist insbesondere bei Aufforderung zu einem mit Strafe bedrohten gesetzwidrigen Verhalten, bei einer Behinderung der psychischen Entwicklung von Heranwachsenden, bei Verletzung der psychischen Integrität und bei Anwendung psychotherapeutischer Methoden, insbesondere zum Zwecke der Glaubensvermittlung, gegeben,
2. eine Voraussetzung nach § 4 fehlt,
3. die Verfassung dem § 6 nicht entspricht.

(2) Die Bundesregierung hat die Anerkennung der Religionsgesellschaft mit Verordnung, der Bundeskanzler die Rechtspersönlichkeit einer Kultusgemeinde mit Bescheid aufzuheben, wenn

1. eine für den Erwerb der Rechtsstellung maßgebliche Voraussetzung nach § 4, außer der Anzahl an Angehörigen, bzw. § 8 nicht mehr vorliegt,
2. ein Versagungsgrund gemäß Abs. 1 vorliegt, sofern trotz Aufforderung zur Abstellung des Aberkennungsgrundes dieser fortbesteht,
3. ein verfassungswidriges oder statutenwidriges Verhalten trotz Aufforderung zur Abstellung fortbesteht, oder
4. mit der Anerkennung verbundene Pflichten trotz Aufforderung nicht erfüllt werden.

(3) Nach der Kundmachung der Verordnung, mit welcher die Aufhebung der Anerkennung der Rechtspersönlichkeit erfolgte, ist binnen drei Werktagen ein Feststellungsbescheid über die Gründe zu erlassen, der den Namen der Religionsgesellschaft und die zuletzt zur Außenvertretung befugten Organe zu enthalten hat und an diese zuzustellen ist.

(4) Die Versagung oder Aufhebung der Rechtsstellung ist im Internet auf einer für den Bereich „Kultusamt" einzurichtenden Homepage öffentlich zugänglich zu machen.

2. Abschnitt
Aufbau und Aufgaben
Verfassungen islamischer Religionsgesellschaften

§ 6. (1) Eine im Rahmen der inneren Angelegenheiten erstellte Verfassung einer islamischen Religionsgesellschaft hat, um die Wirkung für den staatlichen Bereich sicherzustellen, folgende Angaben in der Amtssprache zu enthalten:
1. Name und Kurzbezeichnung, wobei die Religionsgesellschaft klar erkennbar und eine Verwechslung mit anderen Kirchen oder Religionsgesellschaften, Vereinen, Einrichtungen oder anderen Rechtsformen ausgeschlossen sein muss;
2. Sitz der Religionsgesellschaft;
3. Erwerb und Verlust der Mitgliedschaft;
4. Rechte und Pflichten der Mitglieder;
5. Darstellung der Lehre, einschließlich eines Textes der wesentlichen Glaubensquellen (Koran), die sich von bestehenden gesetzlich

anerkannten Religionsgesellschaften, Bekenntnisgemeinschaften oder Religionsgesellschaften unterscheiden müssen;
6. innere Organisation, wobei zumindest Kultusgemeinden vorzusehen sind;
7. angemessene Berücksichtigung aller innerhalb der Religionsgesellschaft bestehenden Traditionen;
8. Art der Bestellung, Dauer der Funktionsperiode und Abberufung der Organe;
9. Art der Besorgung des Religionsunterrichts und die Aufsicht über diesen;
10. Aufbringung der Mittel, deren Verwaltung und die Rechnungslegung;
11. Schlichtung von Streitigkeiten innerhalb der Religionsgesellschaft;
12. Erzeugung und Änderung der Verfassung.

(2) Die Aufbringung der Mittel für die gewöhnliche Tätigkeit zur Befriedigung der religiösen Bedürfnisse ihrer Mitglieder hat durch die Religionsgesellschaft, die Kultusgemeinden bzw. ihre Mitglieder im Inland zu erfolgen.

Aufgaben einer Religionsgesellschaft
§ **7.** Einer Religionsgesellschaft obliegen insbesondere
1. die Vertretung der Interessen ihrer Mitglieder, soweit sie über den Wirkungsbereich einer Kultusgemeinde hinausreichen; sie ist religionsgesellschaftliche Oberbehörde;
2. die Vorlage der Verfassung der Religionsgesellschaft und von Statuten der Kultusgemeinden, deren Änderungen sowie Änderungen in der Zusammensetzung der Organe an den Bundeskanzler;
3. die Vorlage von nach innerreligionsgesellschaftlichem Recht mit Rechtspersönlichkeit ausgestatteten Einrichtungen für die Erlangung der Rechtspersönlichkeit auch für den staatlichen Bereich, deren vertretungsbefugten Organe und Organwalter sowie deren Änderungen an den Bundeskanzler.

Kultusgemeinden
§ **8.** (1) Kultusgemeinden sind Teile einer islamischen Religionsgesellschaft, die zugleich selbstständigen Körperschaften öffentlichen Rechts

sind. Sie haben für die Befriedigung der religiösen Bedürfnisse ihrer Mitglieder und für die Bereitstellung der dafür erforderlichen Einrichtungen zu sorgen.

(2) Die Kultusgemeinden können zur Erfüllung der in Abs. 1 genannten Aufgaben Einrichtungen gründen, führen oder bestehende Einrichtungen zu solchen der Kultusgemeinde erklären. Gemeinsame Einrichtungen mehrerer Kultusgemeinden können nur im allseitigen Einvernehmen und mit Zustimmung der Religionsgesellschaft gegründet werden.

(3) Kultusgemeinden können nur gegründet werden, wenn deren Bestand und wirtschaftliche Selbsterhaltungsfähigkeit gesichert ist und die Religionsgesellschaft der Gründung zustimmt.

(4) Jede Kultusgemeinde hat sich ein Statut zu geben, welches um die Wirkung für den staatlichen Bereich sicher zu stellen

1. Name und eine Kurzbezeichnung der Kultusgemeinde, wobei die Religionsgesellschaft klar erkennbar und eine Verwechslung mit anderen Kirchen oder Religionsgesellschaften, Vereinen, Einrichtungen, Kultusgemeinden oder anderen Rechtsformen ausgeschlossen sein muss,
2. den Sitz der Kultusgemeinde,
3. Bestimmungen über Erwerb und Verlust der Mitgliedschaft,
4. die Rechte und Pflichten der Mitglieder,
5. Regelungen über die innere Organisation, insbesondere über ein Mitgliedsverzeichnis,
6. Regelungen über die Art der Bestellung, Dauer der Funktionsperiode und Abberufung der Organe,
7. Regelungen über die Aufbringung der Mittel, deren Verwaltung und über die Rechnungslegung,
8. Regelungen über die Schlichtung von Streitigkeiten innerhalb der Kultusgemeinden, und
9. Regelungen über die Erzeugung und Änderung des Statuts
10. enthalten muss.

(5) Bei Auflösung einer Kultusgemeinde haben die zuletzt tätigen Organe im Einvernehmen mit der Religionsgesellschaft über das Vermögen zu bestimmen.

3. Abschnitt
Rechte und Pflichten der „Islamischen Glaubensgemeinschaft in Österreich"
Namensrecht und Schutz der religiösen Bezeichnungen

§ **9.** (1) Die Religionsgesellschaft hat das Recht, einen Namen im Rahmen der in § 6 Abs. 1 Z 1 genannten Grenzen zu wählen.

(2) Die Namen der Religionsgesellschaft und der Kultusgemeinden sowie alle daraus abgeleiteten Begriffe dürfen nur mit Zustimmung der Religionsgesellschaft oder Kultusgemeinde verwendet werden.

(3) Bezeichnungen, die geeignet sind gegenüber außenstehenden Dritten den Eindruck einer rechtlichen Verbindung zu einzelnen Einrichtungen der Religionsgesellschaft, einer Kultusgemeinde oder ähnlicher Institutionen außerhalb Österreichs herzustellen, dürfen nur mit Zustimmung der Religionsgesellschaft verwendet werden.

(4) Bei Verstößen gegen diese Bestimmungen haben die Religionsgesellschaft und jede betroffene Kultusgemeinde das Recht, einen Antrag auf Einleitung eines Verfahrens zur Beendigung des rechtswidrigen Zustandes an den Bundeskanzler zu stellen, wenn nicht strafgesetzliche Bestimmungen anzuwenden sind. Über den Antrag ist binnen vier Wochen zu entscheiden.

Begutachtungsrecht

§ 10. (1) Die Religionsgesellschaft ist berechtigt, den Organen der Gesetzgebung und Verwaltung auf allen Ebenen Gutachten, Stellungnahmen, Berichte und Vorschläge über Angelegenheiten, die gesetzlich anerkannte Kirchen und Religionsgesellschaften betreffen, zu übermitteln.

(2) Rechtsetzende Maßnahmen, die die äußeren Rechtsverhältnisse der Religionsgesellschaft betreffen, sind vor ihrer Vorlage, Verordnungen vor ihrer Erlassung, der Religionsgesellschaft unter Gewährung einer angemessenen Frist zur Stellungnahme zu übermitteln.

Recht auf religiöse Betreuung in besonderen Einrichtungen und Jugenderziehung
§ **11.** (1) Die Religionsgesellschaft hat das Recht, ihre Mitglieder, die
1. Angehörige des Bundesheeres sind oder
2. sich in gerichtlicher oder verwaltungsbehördlicher Haft befinden oder
3. in öffentlichen Krankenanstalten, Versorgungs-, Pflege- oder ähnlichen Anstalten untergebracht sind, in religiöser Hinsicht zu betreuen.

(2) Zur Besorgung der Angelegenheiten des Abs. 1 kommen nur Personen in Betracht, die aufgrund ihrer Ausbildung und ihres Lebensmittelpunktes in Österreich fachlich und persönlich dafür geeignet sind. Sie unterstehen in allen konfessionellen Belangen der Religionsgesellschaft, in allen anderen Angelegenheiten der jeweils zuständigen Leitung für die Einrichtung. Die fachliche Eignung liegt nur dann vor, wenn ein Abschluss eines Studiums gemäß § 24 oder eine gleichwertige Qualifikation vorliegt. Die persönliche Eignung erfordert mindestens 3 Jahre einschlägige Berufserfahrung und Deutschkenntnisse auf dem Niveau der Reifeprüfung. Weiters ist eine Ermächtigung durch die Religionsgesellschaft erforderlich.
(3) Der für die Besorgung der Angelegenheiten nach Abs. 1 Z 1 erforderliche Sach- und Personalaufwand ist vom Bund zu tragen.
(4) Die Religionsgesellschaft und ihre Mitglieder sind berechtigt, Kinder und Jugendliche durch alle traditionellen Bräuche zu führen und entsprechend den religiösen Geboten zu erziehen.

Speisevorschriften
§ **12.** (1) Die Religionsgesellschaft hat das Recht, in Österreich die Herstellung von Fleischprodukten und anderen Nahrungsmitteln gemäß ihren innerreligionsgesellschaftlichen Vorschriften zu organisieren.
(2) Bei der Verpflegung von Mitgliedern der Religionsgesellschaft beim Bundesheer, in Haftanstalten, öffentlichen Krankenanstalten, Versorgungs-, Pflege- oder ähnlichen Anstalten sowie öffentlichen Schulen ist auf die innerreligionsgesellschaftlichen Speisegebote Rücksicht zu nehmen.

Feiertage
§ 13. (1) Feiertagen und der Zeit des Freitagsgebetes wird der Schutz des Staates gewährleistet. Ihre Termine richten sich nach dem islamischen Kalender. Die Tage beginnen mit Sonnenuntergang und dauern bis Sonnenuntergang des folgenden Tages. Die Gebetszeit ist am Freitag von 12.00 Uhr bis 14.00 Uhr.
(2) Feiertage sind
a. Ramadanfest (3 Tage)
b. Pilger-Opferfest (4 Tage)
c. Aschura (1 Tag).

(3) An den in Abs. 2 bezeichneten Tagen und während des Freitagsgebetes sind in der Nähe von Kultstätten und sonstigen Kultusgemeinden zu gottesdienstlichen Zwecken dienenden Räumen und Gebäuden alle vermeidbaren, Lärm erregenden Handlungen, die eine Beeinträchtigung der Feier zur Folge haben könnten, sowie öffentliche Versammlungen, Auf- und Umzüge, untersagt.

Abberufung von Funktionsträgern und -trägerinnen
§ 14. Die Religionsgesellschaft und die Kultusgemeinden haben Funktionsträger und -trägerinnen, einschließlich religiöser Funktionsträger und -trägerinnen, die durch ein inländisches Gericht wegen einer oder mehrerer mit Vorsatz begangener strafbarer Handlungen zu einer mehr als einjährigen Freiheitsstrafe rechtskräftig verurteilt worden sind oder durch ihr Verhalten die öffentliche Sicherheit, Ordnung, Gesundheit und Moral oder die Rechte und Freiheiten anderer nachhaltig gefährden, ihrer Funktionen zu entheben.

Friedhöfe
§ 15. (1) Friedhöfe bzw. Friedhofsabteilungen sind auf Dauer angelegt. Ihre Auflösung oder Schließung sowie Enterdigungen einzelner Grabstellen sind unzulässig. Ausnahmen bedürfen der Zustimmung der religionsgesellschaftlichen Oberbehörde.
(2) Bestattungen auf Friedhöfen bzw. Friedhofsabteilungen dürfen nur mit Zustimmung der religionsgesellschaftlichen Oberbehörde vorgenommen werden.

4. Abschnitt
Rechte und Pflichten der „Islamischen Alevitischen Glaubensgemeinschaft in Österreich"
Namensrecht und Schutz der religiösen Bezeichnungen

§ 16. (1) Die Religionsgesellschaft hat das Recht, einen Namen im Rahmen der in § 6 Abs. 1 Z 1 genannten Grenzen zu wählen.

(2) Die Namen der Religionsgesellschaft und der Kultusgemeinden sowie alle daraus abgeleiteten Begriffe dürfen nur mit Zustimmung der Religionsgesellschaft oder Kultusgemeinde verwendet werden.

(3) Bezeichnungen, die geeignet sind gegenüber außenstehenden Dritten den Eindruck einer rechtlichen Verbindung zu einzelnen Einrichtungen einer Religionsgesellschaft, einer Kultusgemeinde oder ähnlicher Institutionen außerhalb Österreichs herzustellen, dürfen nur mit Zustimmung der Religionsgesellschaft verwendet werden.

(4) Bei Verstößen gegen diese Bestimmungen haben die Religionsgesellschaft und jede betroffene Kultusgemeinde das Recht, einen Antrag auf Einleitung eines Verfahrens zur Beendigung des rechtswidrigen Zustandes an den Bundeskanzler zu stellen, wenn nicht strafgesetzliche Bestimmungen anzuwenden sind. Über den Antrag ist binnen vier Wochen zu entscheiden.

Begutachtungsrecht

§ 17. (1) Die Religionsgesellschaft ist berechtigt, den Organen der Gesetzgebung und Verwaltung auf allen Ebenen Gutachten, Stellungnahmen, Berichte und Vorschläge über Angelegenheiten, die gesetzlich anerkannte Kirchen und Religionsgesellschaften betreffen, zu übermitteln.

(2) Rechtsetzende Maßnahmen, die die äußeren Rechtsverhältnisse der Religionsgesellschaft betreffen, sind vor ihrer Vorlage, Verordnungen vor ihrer Erlassung, der Religionsgesellschaft unter Gewährung einer angemessenen Frist zur Stellungnahme zu übermitteln.

Recht auf religiöse Betreuung in besonderen Einrichtungen und Jugenderziehung
§ **18.** (1) Die Religionsgesellschaft hat das Recht, ihre Mitglieder, die
1. Angehörige des Bundesheeres sind oder
2. sich in gerichtlicher oder verwaltungsbehördlicher Haft befinden oder
3. in öffentlichen Krankenanstalten, Versorgungs-, Pflege- oder ähnlichen Anstalten untergebracht sind, in religiöser Hinsicht zu betreuen.

(2) Zur Besorgung der Angelegenheiten des Abs. 1 kommen nur Personen, insbesondere Dedes, Babas und Anas, in Betracht, die aufgrund ihrer Ausbildung und ihres Lebensmittelpunktes in Österreich fachlich und persönlich dafür geeignet sind. Sie unterstehen in allen konfessionellen Belangen der Religionsgesellschaft, in allen anderen Angelegenheiten der jeweils zuständigen Leitung für die Einrichtung. Die fachliche Eignung liegt nur dann vor, wenn ein Abschluss eines Studiums gemäß § 24 oder eine gleichwertige Qualifikation vorliegt. Die persönliche Eignung erfordert mindestens 3 Jahre einschlägige Berufserfahrung und Deutschkenntnisse auf dem Niveau der Reifeprüfung. Weiters ist eine Ermächtigung durch die Religionsgesellschaft erforderlich.
(3) Der für die Besorgung der Angelegenheiten nach Abs. 1 Z 1 erforderliche Sach- und Personalaufwand ist vom Bund zu tragen.
(4) Die Religionsgesellschaft und ihre Mitglieder sind berechtigt, Kinder und Jugendliche durch alle traditionellen Bräuche zu führen und entsprechend den religiösen Geboten zu erziehen.

Speisevorschriften
§ **19.** (1) Die Religionsgesellschaft hat das Recht, in Österreich die Herstellung von Fleischprodukten und anderen Nahrungsmitteln gemäß ihren innerreligionsgesellschaftlichen Vorschriften zu organisieren.
(2) Bei der Verpflegung von Mitgliedern der Religionsgesellschaft beim Bundesheer, in Haftanstalten, öffentlichen Krankenanstalten, Versorgungs-, Pflege- oder ähnlichen Anstalten sowie öffentlichen Schulen ist auf die innerreligionsgesellschaftlichen Speisegebote Rücksicht zu nehmen.

Feiertage

§ 20. (1) Feiertagen und den Gottesdiensten (donnerstäglicher Cem-Gottesdienst, Lokma-Tage) wird der Schutz des Staates gewährleistet. Die Termine der Feiertage richten sich nach dem islamischen Kalender. Die Tage beginnen mit Sonnenuntergang und dauern bis Sonnenuntergang des folgenden Tages.

(2) Feiertage sind
a. Fasten- und Feiertage in Gedenken des Heiligen Hizir (3 Tage)
b. Geburt des Heiligen Ali (1 Tag)
c. Ausrufung Alis als Nachfolger Mohammeds (1 Tag)
d. Opferfest (4 Tage)
e. Aschure (1 Tag).

3) An den in Abs. 2 bezeichneten Tagen bzw. während der Gottesdienste sind in der Nähe von Kultstätten und sonstigen Kultusgemeinden zu gottesdienstlichen Zwecken dienenden Räumen und Gebäuden alle vermeidbaren, Lärm erregenden Handlungen, die eine Beeinträchtigung der Feier zur Folge haben könnten, sowie öffentliche Versammlungen, Auf- und Umzüge, untersagt.

Abberufung von Funktionsträgern und -trägerinnen

§ 21. Eine Religionsgesellschaft und die Kultusgemeinden haben Funktionsträger und -trägerinnen, einschließlich religiöser Funktionsträger und -trägerinnen, die durch ein inländisches Gericht wegen einer oder mehrerer mit Vorsatz begangener strafbarer Handlungen zu einer mehr als einjährigen Freiheitsstrafe rechtskräftig verurteilt worden sind oder durch ihr Verhalten die öffentliche Sicherheit, Ordnung, Gesundheit und Moral oder die Rechte und Freiheiten anderer nachhaltig gefährden, ihrer Funktionen zu entheben.

Friedhöfe

§ 22. (1) Friedhöfe bzw. Friedhofsabteilungen sind auf Dauer angelegt. Ihre Auflösung oder Schließung sowie Enterdigungen einzelner Grabstellen sind unzulässig. Ausnahmen bedürfen der Zustimmung der religionsgesellschaftlichen Oberbehörde.

(2) Bestattungen auf Friedhöfen bzw. Friedhofsabteilungen dürfen nur mit Zustimmung der religionsgesellschaftlichen Oberbehörde vorgenommen werden.

5. Abschnitt
Zusammenwirken von Religionsgesellschaften und Staat
Rechtswirksamkeit innerreligionsgesellschaftlicher Entscheidungen
§ 23. (1) Die Verfassung einer Religionsgesellschaft, die Statuten von Kultusgemeinden sowie in diesen begründete Verfahrensordnungen, insbesondere Kultusumlagenordnung und Wahlordnung, und deren Änderungen bedürfen zu ihrer Gültigkeit der Genehmigung des Bundeskanzlers.
(2) Die aufgrund der Verfassung und der Statuten zur Außenvertretung befugten Organe sowie die Religionsdienerinnen und -diener sind dem Bundeskanzler unverzüglich nach der Wahl bzw. Bestellung von der Religionsgesellschaft (§ 7 Z 2) zur Kenntnis zu bringen.
(3) Änderungen von Regelungen gemäß Abs. 1 und Bestellungen von vertretungsbefugten Organen treten erst mit dem Tag der Bestätigung durch den Bundeskanzler in Kraft. Sie sind von diesem im Internet auf einer für den Bereich „Kultusamt" einzurichtenden Homepage öffentlich zugänglich zu machen.
(4) Nach innerreligionsgesellschaftlichem Recht mit Rechtspersönlichkeit ausgestattete Einrichtungen erlangen für den staatlichen Bereich Rechtspersönlichkeit des öffentlichen Rechts mit dem Tag des Einlangens der durch die Religionsgesellschaft ausgefertigten Anzeige beim Bundeskanzler, der das Einlangen schriftlich zu bestätigen hat. Die Anzeige muss den Wirkungsbereich der Rechtsperson und jene Personen, welche sie nach außen vertreten enthalten.

Theologische Studien
§ 24. (1) Der Bund hat ab dem 1. Jänner 2016 zum Zwecke der theologischen Forschung und Lehre und für die wissenschaftliche Heranbildung des geistlichen Nachwuchses islamischer Religionsgesellschaften den Bestand einer theologischen Ausbildung an der Universität Wien zu erhalten. Für diese sind insgesamt bis zu sechs Stellen für Lehrpersonal vorzusehen.

(2) Für jede Religionsgesellschaft nach diesem Bundesgesetz ist ein eigener Zweig im Studium vorzusehen.

(3) Als Lehrpersonal gemäß Abs. 1 kommen Universitätsprofessor/innen, Universitätsdozent/innen, Privatdozent/innen sowie assoziierte Professorinnen und Professoren im Sinne des Kollektivvertrages für die ArbeitnehmerInnen der Universitäten gemäß § 108 Abs. 3 Universitätsgesetz in Betracht.

(4) Vor der Besetzung von Stellen nach Abs. 1 ist mit den Religionsgesellschaften in Fühlungnahme über die in Aussicht genommene Person zu treten, wobei im theologischen Kernbereich darauf Bedacht zu nehmen ist, dass es sich um Anhänger der in der jeweiligen nach diesem Bundesgesetz anerkannten Religionsgesellschaft vertretenen Glaubenslehre (Rechtsschule, Glaubensströmung) handelt.

Anzeige- und Meldeverpflichtungen

§ 25. Die Religionsgesellschaft und die Republik sind verpflichtet, über Ereignisse, die eine Angelegenheit dieses Bundesgesetzes berühren, den jeweils anderen zu informieren. Dies gilt insbesondere für die Einleitung und Beendigung von Verfahren, sowie die Verhängung von Haft für den in den §§ 14 und 21 genannten Personenkreis, sowie für innerreligionsgesellschaftliche Rechtsmittel gegen Wahlen in der Religionsgesellschaft oder einer Kultusgemeinde.

Schutz der Amtsverschwiegenheit

§ 26. (1) Religiöse Funktionsträger dürfen als Zeugen, unbeschadet der sonst hiefür geltenden Vorschriften, nicht in Ansehung dessen vernommen werden, was ihnen unter dem Siegel der Amtsverschwiegenheit anvertraut wurde.

(2) Abs. 1 gilt auch für die Vernehmung als Auskunftspersonen oder Parteien im zivilgerichtlichen Verfahren.

Untersagung von Veranstaltungen

§ 27. Die Behörde kann Versammlungen und Veranstaltungen zu Kultuszwecken untersagen, von denen eine unmittelbare Gefahr für die Interessen der öffentlichen Sicherheit, Ordnung oder Gesundheit oder der nationalen Sicherheit oder die Rechte und Freiheiten anderer ausgeht.

Gefahren, die aus Anlass der Veranstaltung von Dritten ausgehen, stellen keinen Untersagungsgrund dar.

Wahlen

§ 28. (1) Falls außenvertretungsbefugte Organe oder Religionsdienerinnen und -diener durch Wahl bestimmt werden, muss der Wahlvorgang entweder in der Verfassung, den Statuten oder einer Wahlordnung so ausreichend bestimmt sein, dass eine Überprüfung des Wahlvorganges möglich ist.

(2) Falls außenvertretungsbefugte Organe oder Religionsdienerinnen und -diener durch Wahl bestimmt werden, steht jeder und jedem aktiv Wahlberechtigten oder jeder und jedem, der oder die aufgrund der Wahlregelungen gemäß Abs. 1 aktiv wahlberechtigt sein könnte, nach Erschöpfung der innerreligionsgesellschaftlichen Möglichkeiten das Recht einer Wahlaufsichtsbeschwerde an den Bundeskanzler zu.

(3) Wenn nicht binnen 14 Tagen ab Einlangen der Wahlanzeige eine Mitteilung über ein innerreligionsgesellschaftliches Rechtsmittel oder eine Beschwerde aufgrund Abs. 2 eingeht, so hat der Bundeskanzler das Wahlergebnis zur Kenntnis zu nehmen und eine Bestätigung über die Wahlanzeige auszustellen.

Kuratorenbestellung

§ 29. (1) Ist die Dauer der Funktionsperiode von zur Außenvertretung befugten Organen der Religionsgesellschaft oder einer Kultusgemeinde um zumindest sechs Monate überschritten oder sind diese aus anderen Gründen nicht mehr handlungsfähig, so hat die Behörde die betreffende Kultusgemeinde und die Religionsgesellschaft aufzufordern, binnen einer Frist von zumindest einem und höchstens sechs Monaten die vorgesehenen Wahlen durchzuführen oder die Handlungsfähigkeit auf andere, den Statuten oder der Verfassung entsprechende, Art wieder herzustellen.

(2) Kommt die Kultusgemeinde oder die Religionsgesellschaft dem Auftrag nicht nach und hat weder die Kultusgemeinde noch die Religionsgesellschaft einen Antrag auf Bestellung einer Kuratorin oder eines Kurators beim zuständigen Gericht eingebracht, so hat der Bundeskanzler einen solchen Antrag beim zuständigen Gericht einzubringen.

Durchsetzung von behördlichen Entscheidungen
§ 30. Zur Durchsetzung von Entscheidungen nach diesem Bundesgesetz kann die Behörde mit Bescheid gesetz, verfassungs- oder statutenwidrige Beschlüsse aufheben, Geldbußen in angemessener Höhe verhängen sowie andere gesetzlich vorgesehene Mittel einsetzen.

6. Abschnitt
Schlussbestimmungen
Bestehende Religionsgesellschaften, Kultusgemeinden, Verfassungen und Statuten
§ 31. (1) Die Islamische Glaubensgemeinschaft in Österreich, BGBl. Nr. 466/1988, und die Islamische Alevitische Glaubensgemeinschaft in Österreich, BGBl. II Nr. 133/2013, sowie deren Teile mit eigener Rechtspersönlichkeit bleiben in ihrem Bestande unberührt. Sie sind Religionsgesellschaften nach § 9 bzw. § 16 dieses Bundesgesetzes. Binnen vierzehn Tagen nach Inkrafttreten dieses Bundesgesetzes sind Verordnungen gemäß § 3 Abs. 1 zu erlassen, die den Bestand als Religionsgesellschaft nach diesem Bundesgesetz mit dem Tag des Inkrafttretens dieses Bundesgesetzes feststellen.
(2) Verfassungen, Statuten sowie gewählte Organe bleiben in Geltung bzw. in Funktion. Sie sind mit den Bestimmungen dieses Bundesgesetzes bis zum 31. Dezember 2015 in Einklang zu bringen. Über diese Änderungen der Verfassungen und Statuten hat der Bundeskanzler bis spätestens 1. März 2016 zu entscheiden.

(3) Vereine, deren Zweck in der Verbreitung der Religionslehre einer Religionsgesellschaft nach diesem Bundesgesetz besteht und die zum Zeitpunkt des Inkrafttretens dieses Bundesgesetzes bestehen, sind zum 1. März 2016 mit Bescheid des Bundesministers für Inneres aufzulösen, wenn der Vereinszweck nicht an die Erfordernisse dieses Gesetzes angepasst wurde.
(4) Zum Zeitpunkt des Inkrafttretens dieses Bundesgesetzes tätige religiöse Funktionsträger können in Ausnahme zu den Bestimmungen des § 6 Abs. 2 ihre Funktion bis zu einem Jahr ab Inkrafttreten dieses Bundesgesetzes weiter ausüben.

In- und Außerkrafttreten
§ 32. Das Gesetz tritt mit Ablauf des Tages der Kundmachung im Bundesgesetzblatt in Kraft. Mit dem Inkrafttreten dieses Bundesgesetzes tritt das Gesetz betreffend die Anerkennung der Anhänger des Islam als Religionsgesellschaft, RGBl 159/1912 idF BGBl. 144/1988 *(PS: richtig: idF BGBl. Nr. 164/1988)*, zuletzt geändert durch das Bundesministeriengesetz 2014, BGBl. I Nr. 11/2014, außer Kraft.

Vollzugsklausel
§ 33. Mit der Vollziehung dieses Bundesgesetzes ist der Bundeskanzler betraut, soweit aufgrund einzelner Regelungen nicht die sachliche Zuständigkeit einer Bundesministerin oder eines Bundesministers besteht.

Vgl. Bundesgesetz über die äußeren Rechtsverhältnisse islamischer Religionsgesellschaften (446 d.B.)
Status: Beschlossen im Bundesrat 145/BNR
Bundesgesetzblatt I Nr. 39/2015
Einbringendes Ressort: BKA (Bundeskanzleramt)
bezieht sich auf: Islamgesetz 1912, Änderung (69/ME)
Inhaltsbeschreibung: 12.12.2014 – Vorlagen: Verfassung (Nr. 1215/2014) 12.03.2015 – Bundesrat: FPÖ-Veto gegen Islamgesetz setzt sich nicht durch (Nr. 216/2015)
Ausschuss- und Plenarberatungen: 13.01.2015 – 9. Sitzung des Ausschusses: Islamgesetz: Parlamentarische Beratungen starteten mit Hearing (Nr. 12/2015) – 12.02.2015 – 12. Sitzung des Ausschusses: Neues Islamgesetz: Verfassungsausschuss empfiehlt Beschlussfassung (Nr. 105/2015).

25.02.2015 – 61. Sitzung des Nationalrates: Nationalrat beschließt neues Islamgesetz (Nr. 152/2015)[114]

---

114 Das IslamG 2015 ist am 25. Februar 2015 im Nationalrat und am 12. März 2015 im Bundesrat beschlossen worden. Am 30. März 2015 wurde es kundgemacht. Vgl.: Bundesgesetz über die äußeren Rechtsverhältnisse islamischer Religionsgesellschaften – Islamgesetz 2015, BGBl I 39/2015; RIS – Islamgesetz 2015 – Bundesrecht konsolidiert, Fassung vom 12.03.2022 (bka.gv.at).

V.2 ERLÄUTERUNGEN FÜR DAS ISLAMGESETZ 2015

446 der Beilagen XXV. GP-Regierungsvorlage

Erläuterungen

Allgemeiner Teil

Hauptgesichtspunkte des Entwurfes:
Das Bundesgesetz über die äußeren Rechtsverhältnisse der Islamischen Religionsgesellschaft stammt aus dem Jahr 1912 und spiegelt in Regelungsinhalt und Regelungstechnik die damalige Zeit wieder. Einige Bestimmungen sind aus rechtlichen oder faktischen Gründen überholt, andere entsprechen nicht mehr den heutigen Erfordernissen eines modernen Rechtsstaates, insbesondere die Festlegung der äußeren Organisation durch eine umfangreiche und im Gesetz nicht näher bestimmte Verordnungsermächtigung. Nach nunmehr 100 Jahren ist die Schaffung eines modernen Gesetzes geboten. Es soll für die heutige Zeit Lehre und Rechtsprechung angepasste Begriffe verwenden, dem modernen Verständnis von kultusrechtlichen Regelungen Rechnung tragen und gleichzeitig auf die Spezifika der Religionsgesellschaften eingehen. Das Gesetz war im Jahr 1912 als eine offene Regelung konzipiert. Daher war für die Regelung der Detailfragen in der damaligen komplexen Situation eine offene und flexible Regelungstechnik, Verordnungsermächtigung, gewählt worden. In Anbetracht dessen wurde im Jahr 2012 das sogenannte „Dialogforum Islam" – ein institutionalisierter Dialog zwischen der Bundesregierung, beigezogenen Experten und Expertinnen und der Islamischen Glaubensgemeinschaft in Österreich – mit sieben Arbeitsgruppen eingerichtet, das die Notwendigkeit eines neuen Islamgesetzes bekräftigte. In weiterer Folge wurde dieses Vorhaben der Novellierung des über 100 Jahre alten Gesetzes im Arbeitsprogramm der österreichischen Bundesregierung für die Jahre 2013 bis 2018 verankert. Vor dem Hintergrund dieser langjährigen Vorbereitungsarbeit erscheint es geradezu absurd, dass die aktuellen Sicherheitsbedrohungen durch islamistische Terrorgruppen den Anlass für die nunmehrige Novellierung darstellen sollten. Die islamischen

Religionsgesellschaften in Österreich verurteilen klar den Missbrauch des Islam durch Terroristen und Terroristinnen. Der Gesetzentwurf enthält daher keinesfalls einen Generalverdacht gegen Muslime und Musliminnen in Österreich, vielmehr führt dieses lange geplante Gesetz zu einer erhöhten Rechtssicherheit in Hinblick auf die Religionsausübung der Muslime und Musliminnen in Österreich. Das Gesetz unterstreicht, dass Muslime und Musliminnen als gleichberechtigte Bürger und Bürgerinnen ihren Platz mitten in unserer Gesellschaft haben. Finanzielle Auswirkungen: Keine. Kompetenzrechtliche Grundlage: Ein dem Entwurf entsprechendes Bundesgesetz gründet sich kompetenzrechtlich auf Art. 10 Abs. 1 Z 13 B-VG, Angelegenheiten des Kultus.

Besonderer Teil
Zu §§ 1 und 2: Es handelt sich um bestehendes Recht. Die Freiheit in Bekenntnis und Lehre ist dabei nicht unbegrenzt. Bereits im Zuge der Behandlung des Islamgesetzes im Reichsrat im Jahr 1910 wurde das Spannungsverhältnis erkannt und diskutiert, das sich ergibt, wenn eine religiöse Lehre mit einer umfangreichen innerkonfessionellen Rechtsordnung, die in das tägliche Leben der Anhänger weitreichend eingreift, anerkannt wird. Aus heutigem Rechtsverständnis ergeben sich die Grenzen der Religionsausübung aus jenen der Religionsfreiheit, beispielsweise aus gesetzlichen Regelungen zum Schutz der öffentlichen Ordnung, Sicherheit oder Gesundheit oder dem Schutz der Rechte und Freiheiten anderer, oder im Besonderen aus Regelungen dieses Bundesgesetzes, beispielsweise bei der Untersagung von religiösen Veranstaltungen. Für bestimmte, im Jahr 1912 diskutierte Themen, ergeben sich die Unvereinbarkeiten mit der staatlichen Rechtsordnung aus moderner Staatsrechtslehre und den Menschenrechten, zB aus dem Gewaltmonopol des Staates oder aus dem Diskriminierungsverbot, insbesondere auch in Hinblick auf Art. 9 EMRK. Abs. 2 übernimmt die Regelung des bisherigen § 6 IslamG 1912 und soll eine klare Trennung zwischen staatlichem, für alle anwendbarem und verbindlichem, Recht und der innerkonfessionellen Rechtsordnung ziehen. Dem Grundsatz der Trennung von Staat und Religion entsprechend, der besonders dem Schutz der Religion vor staatlichem Einfluss dient, kann eine innerkonfessionelle Ordnung keine Rechtswirkungen nach

außen entfalten. Es soll, wie bisher, im Fall einer Kollision festgehalten werden, dass sich niemand auf seine Religionsfreiheit berufen kann, wenn eine allgemeine staatliche Regelung anzuwenden ist, die sich an einen größeren Personenkreis richtet. Es kann beispielsweise niemand die Leistung von Steuern und Abgaben oder das Zahlen von Zinsen mit der Begründung, dass dies religiös nicht zulässig wäre, verweigern. Die beiden derzeit in Österreich bestehenden islamischen Religionsgesellschaften haben in ihre Verfassungen jeweils ein klares Bekenntnis zum österreichischen Rechtsstaat aufgenommen. So lautet § 4 Abs. 4 der Verfassung der Islamischen Alevitischen Glaubensgemeinschaft in Österreich: „Die ALEVI achtet die Demokratie, den Rechtsstaat sowie die österreichische Verfassung und führt ihre Aufgaben und Handlungen im Rahmen der in Österreich gültigen Gesetze durch." und die Verfassung der Islamischen Glaubensgemeinschaft in Österreich wird mit der Präambel „Die Mitglieder der Islamischen Glaubensgemeinschaft in Österreich (…) einig darin, die Bundesverfassung der Republik Österreich und die österreichischen Gesetze zu achten (…) geben sich (…) folgende Verfassung: „eingeleitet. Diese Bestimmung gilt insbesondere im Zusammenhang mit dem Schulwesen und dem von den Religionsgesellschaften zu erteilenden Religionsunterricht. Dabei handelt es sich nicht nur um ein Recht, sondern auch um eine Pflicht. Dies ergibt sich aus Art. 14 Abs. 5a B-VG, die dem Schulwesen unter anderem den Auftrag der Befähigung der Kinder und Jugendlichen zur Orientierung an religiösen Werten erteilt. Da die Lehre und deren Vermittlung in den durch Art. 15 StGG, geschützten inneren Bereich der Religionen fallen, kann dieser Auftrag nur durch die gesetzlich anerkannten Kirchen und Religionsgesellschaften erfüllt werden. Der Inhalt darf nicht im Widerspruch zu den Zielen der staatsbürgerlichen Erziehung stehen. Die Ziele der staatsbürgerlichen Erziehung ergeben sich aus den Baugesetzen der Bundesverfassung, Staatszielbestimmungen, den Grund- und Freiheitsrechten des Staatsgrundgesetzes von 1867, der Europäischen Menschenrechtskonvention (EMRK), Art. 14 Abs. 5a B-VG sowie den Aufgaben der österreichischen Schule in § 2 SchOG. Sie sind daher demokratisches, republikanisches, bundesstaatliches, gewaltentrennendes, liberales und rechtsstaatliches Prinzip, Gleichheit vor dem Gesetz allgemein (Art. 7 Abs. 1), Gleichbehandlung von

Behinderten (Art. 7 Abs. 1), Gleichheit von Mann und Frau (Art. 7 Abs. 2 und 3), Staatssprache (Art. 8 Abs. 1), Schutz und Förderung der autochthonen Volksgruppen (Art. 8 Abs. 2), umfassende Landesverteidigung (Art. 9a B-VG) und gesamtwirtschaftliches Gleichgewicht (Art. 13 Abs. 2 B-VG). Staatsziele in einzelnen Verfassungsgesetzen sind insbesondere das Verbot nationalsozialistischer Wiederbetätigung (BVG BGBl. Nr. 152/1955), die immerwährende Neutralität (BVG, BGBl. Nr. 211/1955), die Nachhaltigkeit, der Tierschutz, der umfassende Umweltschutz, die Sicherstellung der Wasser- und Lebensmittelversorgung und die Forschung (BVG, BGBl. I Nr. 111/2013). Grundwerte der österreichischen Schule sind gemäß Art. 14 Abs. 5a B-VG Demokratie, Humanität, Solidarität, Friede, Gerechtigkeit, Offenheit, Toleranz und partnerschaftliches Zusammenwirken von Schülern, Lehrkräften und Eltern. Ziele der Erziehung gemäß. Art. 14 Abs. 5a B-VG sind: Bestmögliche geistige, seelische und körperliche Entwicklung, Gesundheit, Selbstbewusstsein, Glück, Leistungsorientierung, Pflichterfüllung, musisch-kreative Bildung, Friedens- und Freiheitsliebe, **Fähigkeit zur Orientierung an sozialen, religiösen und moralischen Werten**, Verantwortungsbewusstsein für sich selbst, Mitmenschen, Umwelt und nachfolgende Generationen, Befähigung der Schüler zu selbstständigem Urteilen und sozialem Verständnis Aufgeschlossenheit gegenüber dem politischen, weltanschaulichen und religiösen Denken anderer, Teilnahme am Kultur- und Wirtschaftsleben Österreichs, Teilnahme am Kultur- und Wirtschaftsleben Europas, Teilnahme am Kultur- und Wirtschaftsleben der Welt allgemein, Mitwirkung an den gemeinsamen Aufgaben der Menschen, Aufgaben der Schule und Ziele der Erziehung nach § 2 SchOG (sofern nicht durch Art. 14 Abs. 5a umfasst): Entwicklung der Jugend nach den Werten des Wahren, Guten und Schönen, Erziehung zu Mitgliedern von Gesellschaft und Staat Österreich und zu Arbeitsfleiß Die Formulierung nimmt auf die Besonderheiten des Islam Rücksicht. Daraus folgt eine von § 1 Abs. 2 Art. II „Bundesgesetz vom 6. Juli 1961 über äußere Rechtsverhältnisse der evangelischen Kirche", BGBl. Nr. 182/1961 (ProtestantenG) abweichende Formulierung. Verkündigung und Seelsorge sind beispielsweise keine Begriffe des Islam und wurden daher auch nicht übernommen. Ein Unterschied in der Rechtsstellung soll sich daraus nicht ergeben.

Zu §§ 3 bis 5: Das Erkenntnis VfGH B 1214/09 hält fest, dass es in Österreich mehr als eine islamische Glaubensgemeinschaft geben kann. Dies steht im Einklang mit der Judikatur des EGMR zu Fragen der Organisation von Religionsgesellschaften und der Religionsfreiheit. Daher soll die Möglichkeit geschaffen werden, dass mehrere islamische Religionsgesellschaften auf der Grundlage des Islamgesetzes errichtet werden können, so dass der bisher mögliche Weg einer Rechtspersönlichkeit nach dem Bundesgesetz über die Rechtspersönlichkeit von religiösen Bekenntnisgemeinschaften und einem anschließenden Antrag auf Anerkennung nach dem Anerkennungsgesetz 1874 durch ein vergleichbares Verfahren im Islamgesetz ergänzt wird. Die Regelung orientiert sich dabei an der für die gesetzliche Anerkennung im Bundesgesetz über die Rechtspersönlichkeit religiöser Bekenntnisgemeinschaften. Die Verordnung hat insbesondere festzuhalten, welche der Regelungen des 3. bzw. 4 Abschnittes dieses Bundesgesetzes Anwendung finden sollen. Während die anderen Abschnitte für alle Religionsgesellschaften nach diesem Bundesgesetz anzuwenden sind, enthalten die 3. bzw. 4. Abschnitte besondere, auf die Spezifika der derzeit bestehenden Religionsgesellschaften eingehende, Regelungen. Im Falle der Anerkennung einer weiteren Religionsgesellschaft nach diesem Bundesgesetz ist daher festzuhalten, welche dieser besonderen, die sachliche Unterschiede berücksichtigenden, Regelungen im Einzelnen anzuwenden sind. Während einige Regelungen jedenfalls anzuwenden sein werden, zB § 10 oder § 21, werden andere gar nicht oder nur teilweise anwendbar sein, zB § 13. Bei der Festlegung welche Regelungen anzuwenden sind, wird die vorgelegte Lehre eine wichtige Grundlage bilden. Die besondere Behandlung der gesetzlich anerkannten Kirchen und Religionsgesellschaften (zB Abgabenrecht, Privatschulsubventionierung, Bezahlung des Religionsunterrichtes in den Schulen) kann nur vertreten werden, wenn die in § 4 Abs. 2 umschriebenen Voraussetzungen vorliegen. Unter **„positiver Grundeinstellung gegenüber Gesellschaft und Staat"** wird die Akzeptanz des pluralistischen Rechtsstaates, die Bejahung der grundsätzlichen staatlichen Ordnung verstanden, wobei auf die Zielsetzung der Gemeinschaft als Ganzes abzustellen ist. Nicht ausreichend ist jedoch die punktuelle Ablehnung einzelner staatlicher Vorschriften aus Gewissensgründen. Die positive Grundeinstellung gegenüber Gesellschaft und Staat kommt bei den beiden in Österreich tätigen islamischen Religionsgesellschaften derzeit beispielsweise in ihren Verfassungen und durch die Abhaltung eines Religionsunterrichts im Einklang mit den Zielen der staatsbürgerlichen Erziehung, zum Ausdruck. Durch § 3 Abs. 4 soll vermieden werden, dass für ein und dieselbe religiöse **Bekenntnisgemeinschaft** zwei Rechtspersönlichkeiten bestehen. Nicht durch Abs. 4 sind sogenannte „**Hilfsvereine**" berührt, welche nur der Unterstützung von Zielsetzungen einer religiösen Bekenntnisgemeinschaft dienen (zB Moscheenbauvereine oder Vereine, die der religiösen Bekenntnisgemeinschaft Personal zur Verfügung stellen). Solche Hilfsvereine können sich jedoch anlässlich des Erwerbs der Rechtspersönlichkeit durch die betreffende religiöse Bekenntnisgemeinschaft freiwillig auflösen.

Zu § 6: Die Bestimmung soll in Abs. 1 die Erfordernisse, welchen eine Verfassung einer Religionsgesellschaft entsprechen muss, regeln. Amtssprache ist gemäß Art. 8 B-VG die deutsche Sprache.

Z 1 sieht nach dem Grundsatz, dass das Selbstverständnis von Religionsgenossen ein wesentlicher Maßstab bei allen Regelungen ist, vor, dass die Religionsgesellschaft ihren **Namen** und ihre Kurzbezeichnung selbst festlegen kann. Die Einschränkungen sind notwendig, um Verwechslungen mit anderen Gemeinschaften zu verhindern, wobei auch Verwechslungen mit anderen Rechtsformen, zB solchen des Wirtschaftsrechts, vermieden werden sollen. Eine allgemeine Bezeichnung als „islamische Religionsgesellschaft" oder „islamische Gemeinschaft" oä. wird dabei nicht ausreichend sein, da es sich um einen Überbegriff handelt. Einen allgemeinen allumfassenden Vertretungsanspruch für alle Anhänger des Islam gibt es seit dem Erkenntnis VfGH B 1214/09 nicht mehr.

Die Z 2 bis 4, und 8 bis 11 sieht **Erfordernisse** vor, die für das praktische Leben einer juristischen Person, unabhängig von Rechtsform und Aufgabengebiet, zweckmäßig und notwendig sind.

Z 5: **Die Lehre ist ein zentrales Element jeder Religion** und stellt im Zusammenhang mit dem Pflichtgegenstand Religion einen der wesentlichen Berührungspunkte mit dem Staat dar. Die Rechte der verschiedenen Traditionen wären auch hier zu berücksichtigen, zB durch einen modulartigen Lehrplan. Weiters ist die Lehre gegenüber Neuanträgen zur Feststellung, ob die Lehre bereits besteht, ebenso erforderlich wie beim Bezug des Namens zur Lehre. Dies umfasst aufgrund der Natur der Glaubensquelle, der Koran ist in arabischer Sprache, auch eine Übertragung in die deutsche Sprache. Diese Übertragung oder Übertragungen stellen für künftige Verfahren eine wichtige Quelle dar, um zu klären, ob eine Lehre, die sich von einer bestehenden unterscheidet, vorliegt. Als Bestandteil der Verfassung unterliegen allfällige Änderungen der Lehre den in der Verfassung gemäß § 6 Abs. 1 Z. 12 durch die Religionsgesellschaft zu treffenden Regelungen über Erzeugung und Änderung der Verfassung.

In Z 6 soll vorgegeben werden, dass eine **„innere Organisation"** vorzusehen ist. Die Art und Weise ist grundsätzlich der Religionsgesellschaft freigestellt, zur Wahrung der rechtlichen Kontinuität soll die im Anerkennungsgesetz von 1874 als Grundtypus vorgesehene Kultusgemeinde, die mit derzeit bestehenden Teilen von Religionsgesellschaften ident sein kann, aber nicht zwingend sein muss, jedenfalls vorgesehen werden.

Z 7 sieht vor, dass **hinsichtlich aller bestehenden Traditionen,** seien sie in der Position einer Mehrheit oder der einer Minderheit, Regelungen vorzusehen sind, die es diesen Minderheiten ermöglichen, im Gesamtverband der Religionsgesellschaft ein religiöses Leben nach ihren eigenen Kultusbedürfnissen zu entfalten. Dabei kommen alle Traditionen, auch als Richtungen oder Schulen bezeichnet, in Betracht, die im Islam, gleich ob in Österreich oder einem anderen Land, bestehen, sofern nicht eine eigene Religionsgesellschaft besteht oder Untersagungsgründe vorliegen. Im Zweifelsfall wird diese Frage auf der Grundlage eines Fachgutachtens zu entscheiden sein. Bei der Beurteilung der Angemessenheit ist darauf Bedacht zu nehmen, dass einerseits Minderheiten eines erhöhten Schutzes für ihren Bestand bedürfen, und andererseits keine sachlich nicht gerechtfertigten Privilegien zu Lasten der Mehrheit begründet werden. Regelungen, die einer Minderheit besondere

Rechte einräumen, müssen daher für den Bestand der Minderheit und deren freie Religionsausübung notwendig sein. Abs. 2 konkretisiert den Grundsatz der Selbsterhaltungsfähigkeit einer Religionsgesellschaft, wie in § 4 angeführt. Dieser Grundsatz ist dem österreichischen Religionsrecht schon seit 1874 innewohnend und zeigt sich unter anderem in der Regelung des § 5 AnerkennungsG oder § 2 OrthodoxenG. Der Begriff des Bestandes hat auch in das Bundesgesetz über die Rechtspersönlichkeit religiöser Bekenntnisgemeinschaften Eingang gefunden und soll zur Verbesserung der Rechtsklarheit durch diese Bestimmung ergänzt werden. Zuwendungen aus dem Ausland sind dabei nicht grundsätzlich unzulässig, solange es sich um keine laufenden Finanzierungen, unabhängig davon, ob Geld oder Sachleistungen (einschließlich lebender Subventionen) vorliegen, handelt. Eine einmalige Schenkung wäre mit diesem Wortlaut vereinbar. Wenn daraus ein laufender Ertrag, beispielweise zu einer Finanzierung von bestehenden Personalkosten, erzielt werden soll, so wäre eine Schaffung einer inländischen Stiftung, entweder nach dem Privatstiftungsrecht oder allenfalls einer religiösen Stiftung auf der Grundlage der Verfassung der Religionsgesellschaft nach § 6 iVm § 23 Abs. 4 möglich. Entscheidend für die Frage, ob es sich um eine zulässige inländische Finanzierung handelt, wären dann der Sitz der Stiftung und der Wohnsitz der Stiftungsorgane. Der Einsatz öffentlicher Bediensteter in Ausübung eines Dienstverhältnisses, unabhängig davon in wessen Diensten sie stehen, als Mitarbeiter, Geistliche, Seelsorger, Funktionsträger uä. wäre jedenfalls unzulässig. Zur Frage der Reichweite der inneren Angelegenheiten hat die Rechtsprechung festgehalten, dass diese naturgemäß nicht erschöpfend aufgezählt werden könnten und nur unter Bedachtnahme auf das Wesen der Religionsgesellschaft nach deren Selbstverständnis erfassbar wären (VfSlg. 11.574/1987; VfSlg. 16.395/2001). Dem folgend weist die Literatur darauf hin, dass eine taxative Aufzählung sämtlicher innerer Angelegenheiten nicht möglich ist und führt dabei die „Vermögensverwaltung und Sammlungen" sowie „Kirchenbeitrag und Abgaben", nicht aber die Mittelaufbringung an. Aufgrund der unterschiedlichen Sachlagen bei einzelnen Religionen, die schon grundsätzlich die Vergleichbarkeit einschränken, ergeben sich rechtspolitische Gestaltungsfreiräume. Diese Räume sind zu nutzen um auf die Möglichkeiten und bestimmte

Aspekte unterschiedlicher Religionen Bedacht zu nehmen. Es soll daher die Finanzierung der gewöhnlichen Tätigkeiten, wie bei allen anderen Kirchen und Religionsgesellschaften, zur Wahrung der Selbstständigkeit und Unabhängigkeit von ausländischen Einrichtungen ausschließlich durch finanzielle Mittel aus dem Inland erfolgen. Die Wahrung der Selbstständigkeit von Kirchen und Religionsgesellschaften ist nicht nur ein legitimes Ziel sondern stellt darüber hinaus eine Aufgabe des Staates zur Wahrung der Unabhängigkeit der Religionen, zB von staatlichem Einfluss, dar. Die Notwendigkeit dazu ergibt sich einerseits aus Art. 15 StGG und andererseits daraus, dass die Kirchen und Religionsgesellschaften mit der Durchführung des Religionsunterrichts gemäß Art. 14 Abs. 5a BVG staatliche Zielsetzungen umsetzen.

Zu § 7: Dieser soll die Aufgaben einer Religionsgesellschaft normieren und stellt dadurch klar, welche **Aufgaben in der Außenvertretung** zumindest von der Religionsgesellschaft wahrzunehmen sind. Es soll in diesen Belangen Klarheit für die Vertretungsbefugnis nach außen geschaffen werden. Abs. 3 entspricht der vergleichbaren Regelung des § 4 Abs. 1 im „Bundesgesetz vom 6. Juli 1961 über äußere Rechtsverhältnisse der evangelischen Kirche" (ProtestantenG).

Zu § 8: Abs. 1 und 2 entspricht der **Rechtslage für andere Kirchen und Religionsgesellschaften.** Er hebt die bisher an die Verfassung der Religionsgesellschaft delegierte Einrichtung von Kultusgemeinden für die Außenvertretung auf eine anderen Gemeinschaften entsprechende rechtliche Ebene. Es ist eine offene Formulierung gewählt, da Fragen der religiösen Bedürfnisse im Detail innere Angelegenheiten sind. Die Nutzung von Einrichtungen einer anderen Kultusgemeinde wurde als Möglichkeit zu einer sparsamen Vollziehung vorgesehen, ebenso wie die Möglichkeit eine bestehende Einrichtung als für die Befriedigung der religiösen Bedürfnisse geeignet zu erklären. Allfällige zivilrechtliche Fragen bleiben davon unberührt. Es soll lediglich die Umsetzung des gesetzlichen Auftrages an die Kultusgemeinden erleichtert werden. Abs. 3 legt die Selbsterhaltungsfähigkeit und den Bestand als Voraussetzung für die Gründung einer Kultusgemeinde fest, wobei auch hier § 6 Abs. 2 gilt, da es sich bei einer Kultusgemeinde um einen Teil der Religionsgesellschaft handelt. Abs. 4 legt die Erfordernisse an die Statuten fest. Im Rahmen der Mittelaufbringung (Z 7) wären insbesondere allfällige Mitgliedsbeiträge und deren Einhebung zu regeln. Abs. 6 soll die Vermögensverwaltung im Falle der Auflösung regeln.

Zu § 9: Da der Name und die mit der Religion verbundenen **Begriffe** einen wesentlichen Bestandteil einer Religion bilden, bedarf deren Verwendung im Interesse der Wahrung des Religionsfriedens eines besonderen Schutzes durch die Rechtsordnung. Die Vergangenheit hat leider gezeigt, dass sich Personen durch die Verwendung religiöser Begriffe oder Selbstbezeichnungen eine religiöse Autorität angemaßt und den Anschein einer Vertretungsbefugnis nach außen erweckt haben, die ihnen nicht zukam. Um einen raschen und effizienten Schutz der Religionsgesellschaft sicher zu stellen, sind eine verkürzte Entscheidungsfrist und Mittel zu deren Durchsetzung vorgesehen. Begriffe und Bezeichnungen nach Abs. 3 müssen konkret in Verbindung mit den dort genannten Einrichtungen stehen. Allgemeine Begriffe wie „islamisch", „muslimisch", „Moslem", „Koran", „halal" uä. sind ebenso wie „christlich", „buddhistisch", „orthodox" oder „evangelisch" nicht umfasst. Speziellere Begriffe wie „islamische Stiftung", „sunnitischer Verein", „muslimischer Radiosender" usw. die geeignet sind, bei durchschnittlich informierten Bürgern den Eindruck zu erwecken, es handle sich um eine in Verbindung zu einer anerkannten islamischen Religionsgesellschaft stehenden Zusammenschluss mehrerer Personen, sind umfasst und dürfen nur mit Zustimmung der jeweiligen Religionsgesellschaft oder Kultusgemeinde geführt werden. Gleichzeitig soll zum Schutz der Religion vorgesehen werden, dass die Behörde nur auf Antrag einer Körperschaft nach diesem Bundesgesetz tätig werden kann.

Zu § 10: Das Begutachtungsrecht ergibt sich aus der Grundlage dieses Rechtes für die **Katholische Kirche** im Vertrag zwischen dem Heiligen Stuhl und der Republik Österreich und dem Grundsatz der Parität. Die Parität als allgemeines Sachlichkeitsgebot gebietet eine Gleichbehandlung gleicher Sachverhalte und eine differenzierte Behandlung auf der Grundlage objektiver Kriterien bei sachlich unterschiedlichen Tatsachen.

Da bei der Betroffenheit von staatlichen Regelungen im Allgemeinen kein Unterschied zwischen Religionsgesellschaft und Kirchen besteht, ist diese Regelung zwingend vorzusehen.

Zu § 11: Die **„Betreuung in religiöser Hinsicht" oder auch „religiöse Betreuung"** entspricht dem Begriff der Seelsorge, auf die sich zB das AuslBG und einige andere Gesetze beziehen. Der Begriff umfasst daher nur jene Personen, die der vom Verwaltungsgerichtshof erarbeiteten Umschreibung des Begriffes Seelsorger, „eine Person, die Lehrer der Religion und Berater in religiösen Angelegenheiten ist, die den Gottesdienst und die ritualen Institutionen beaufsichtigen, der das Predigtamt, die Leitung des Gottesdienstes und die Entscheidung in Ritualfragen obliegt" hinsichtlich ihrer fachlichen und persönlichen Eignung entsprechen. Diese liegt nur dann vor, wenn eine entsprechende Ausbildung sowie ausreichende Lebenserfahrung und Sprachkenntnisse gegeben sind. Die Feststellung, ob eine mit § 15 gleichwertige Ausbildung gegeben ist, richtet sich nach den anzuwendenden Regelungen im tertiären Bildungsbereich. Die religionsgesellschaftliche Befähigung kann nur durch die dazu berufenen Organe islamischer Religionsgesellschaften erteilt werden. Die in Abs. 2 vorgesehene Regelung soll klarstellen, dass die konfessionellen Fragen ausschließlich innere Angelegenheiten der Religionsgesellschaft sind. Die Unterstellung unter die Leitung der Einrichtung bezieht sich auf alle Anordnungen, die im Rahmen der Einrichtung durch die Leitung getroffen werden, wobei auf die besonderen religiösen Erfordernisse Rücksicht zu nehmen ist, beispielsweise bei der Zutrittsregelung. Im Zusammenwirken der Abs. 2 und 3 ergibt sich zwingend, dass für Personen, für die der Aufwand vom Bund getragen wird trotz der Fachaufsicht durch die Religionsgesellschaft, die Dienstaufsicht dem Bund zukommt. Es steht dem Bund dabei frei auf welche Art und Weise er die Verpflichtung erfüllt, insbesondere im Personalbereich muss er sich nicht Bundesbediensteter bedienen, sondern kann auch Einrichtungen von Religionsgesellschaften oder Kultusgemeinden damit beauftragen. Im Bereich der Landesverteidigung wird auf die Neutralität Österreichs, insbesondere im Zusammenhang mit Auslandseinsätzen, besonders Bedacht zu nehmen sein. Abs. 4 kann seine Wirkung nur insofern entfalten als er nicht mit staatlichen Regelungen in Widerspruch steht. Der Begriff „traditionell" stellt dabei klar, dass es sich um einen Bestandteil einer religiösen Tradition im Sinne dieses Gesetzes, auch als Richtung, Strömung oder Schule bezeichnet, handeln und somit in der religiösen Lehre begründet sein muss. Eine bloße langjährige Übung wäre nicht ausreichend. Er umfasst auch die männliche Beschneidung. Eine weibliche Genitalverstümmelung, die von einigen fälschlich als Beschneidung bezeichnet wird, steht im Widerspruch zu den Menschenrechten, insbesondere zum am 1. August 2014 in Kraft getretenen „Übereinkommen des Europarats zur Verhütung und Bekämpfung von Gewalt gegen Frauen und häusliche Gewalt" (Istanbul Konvention), BGBl. III Nr. 164/2014.

Zu § 12: Diese Bestimmung regelt auf einfachgesetzlicher Ebene als Umsetzung der Garantien der **Religionsfreiheit** (Art. 9 EMRK), dass Nahrungsmittel entsprechend den innerreligionsgesellschaftlichen Vorschriften in Österreich hergestellt werden dürfen. Die Regelung soll eine Ermächtigung an die Religionsgesellschaft darstellen. Sie soll keine Durchbrechung allgemeiner staatlicher Rechtsnormen, beispielsweise im Bereich des Gewerbe-, Betriebsanlagen-, Tierschutz- oder Steuerrechtes sein. Diese finden auf die Nahrungsmittelproduktion nach innerkonfessionellen Regelungen uneingeschränkt Anwendung, sofern diese allgemeinen staatlichen Normen die Produktion nicht gänzlich unmöglich machten und dadurch indirekt diskriminierend wirkten. Verwaltung und Gesetzgebung sollen dies in ihrem jeweiligen Handeln zu berücksichtigen haben. Dies ist bereits im geltenden Recht der Fall (zB „Schächtung" in § 32 TSchG). Bei der Verpflegung sollte auch in Kinderbetreuungseinrichtungen, auch wenn die Dispositionsfreiheit der Personen in diesen Einrichtungen nicht so eingeschränkt ist wie in verpflichtend zu besuchenden Schulen, nach den jeweiligen Möglichkeiten Rücksicht auf Speisengebote genommen werden. Das Ziel sollte dabei sein die Sorgen von Eltern, dass Kinder mit religiös verbotenen Speisen verpflegt werden könnten, zu entkräften und damit ein mögliches Hindernis für die bildungs- und integrationspolitisch wichtige Zielsetzung eines frühzeitigen Besuches von Kinderbetreuungseinrichtungen zu beseitigen. Der Begriff „Rücksicht zu nehmen" ist dabei so zu verstehen, dass nach Maßgabe der Möglichkeiten in der Vollziehung Alternativen zu Speisen, die aufgrund religiöser Bestimmungen nicht konsumiert werden dürfen, zu ermöglich sind. Daraus kann keine Verpflichtung abgeleitet werden, dass die angebotene oder bereitgestellte Verpflegung den religiösen Speisegeboten entsprechen muss. Als Alternative wäre zB ausreichend, dass Speisen selbst mit- oder beigebracht werden können.

Zu § 13: Durch diese Regelung sollen **islamische Feiertage** und die **freitägliche Gebetszeit** gesetzlich geschützt und eine aufgrund der religiösen Lehre abweichende Berechnung eines Tages, der hier nicht von 0.00 Uhr bis 24.00 Uhr sondern von Sonnenuntergang bis Sonnenuntergang dauert, festgelegt werden. Zwecks Klarstellung enthält die Abs. 2 eine taxative Aufzählung einschließlich der innerkonfessionellen Bezeichnungen. Abs. 3 fasst die Bestimmung des Art. 13 des „Gesetzes vom 25. Mai 1868, wodurch die interkonfessionellen Verhältnisse der Staatsbürger in den darin angegebenen Beziehungen geregelt werden", RGBl Nr. 49/1868 (InterkonfessionellenG) entsprechend den Bedürfnissen einer islamischen Religionsgesellschaft. Arbeitsrechtliche Normen, insbesondere § 7 ArbeitsruheG, werden dadurch nicht berührt. Der Schutz verhindert die Durchführung von Veranstaltungen nicht, es ist aber darauf zu achten, dass es zu keiner Störung der religiösen Feier kommt. Es können daher Veranstaltungen auch gleichzeitig stattfinden, wenn dies sichergestellt ist. Es werden aufgrund der jeweiligen örtlichen Gegebenheiten im Einzelfall sachadäquate Lösungen zu finden sein.

Zu § 14: Dies entspricht der derzeitigen Rechtslage, es sollen **die Formulierungen modernisiert** und den gegenüber 1912 geänderten Begriffen angepasst werden. Sie sollen an die Regelung über den Verlust des aktiven Wahlrechtes nach der Nationalratswahlordnung einerseits und an die Regelung des Art. 9 (2) EMRK anderseits angelehnt werden. Die dazu ergangenen Entscheidungen wären daher auch für diese Regelung eine Interpretationsgrundlage.

Zu § 15: Die Regelung soll den besonderen Glaubensauffassungen im Bereich der letzten Ruhe Rechnung tragen. Um den Charakter des Muslimischen zu wahren, ist es erforderlich, dass die Kultusgemeinde über die **Bestattungen** entscheiden kann, da aufgrund unterschiedlicher

Traditionen (Richtungen, Schulen oä.), unterschiedliche Auffassungen über die Zugehörigkeit einer Konfession zur Religion bestehen könnten. Eigentumsrechtliche Verhältnisse bleibend davon unberührt. Die Verwaltung wird bei der Umsetzung die Grenze zwischen religionsrechtlicher Regelung und verfassungsrechtlicher Kompetenzverteilung gemäß Art. 10 Abs. 1 Z 12 BVG zu beachten haben, wobei bei verfassungskonformer Auslegung im Zweifel Art. 10 Abs. 1 Z 12 BVG die höherrangige Rechtsnorm wäre.

Zu § 16: Da der Name und die mit der Religion verbundenen **Begriffe** einen wesentlichen Bestandteil einer Religion bilden, bedarf deren Verwendung im Interesse der Wahrung des Religionsfriedens eines besonderen Schutzes durch die Rechtsordnung. Die Vergangenheit hat leider gezeigt, dass sich Personen durch die Verwendung religiöser Begriffe oder Selbstbezeichnungen eine religiöse Autorität angemaßt und den Anschein einer Vertretungsbefugnis nach außen erweckt haben, die ihnen nicht zukam. Um einen raschen und effizienten Schutz der Religionsgesellschaft sicher zu stellen, sind eine verkürzte Entscheidungsfrist und Mittel zu deren Durchsetzung vorgesehen. Begriffe und Bezeichnungen nach Abs. 3 müssen konkret in Verbindung mit den dort genannten Einrichtungen stehen. Allgemeine Begriffe wie „islamisch", „muslimisch", „Moslem", „Koran", „halal" uä. sind ebenso wie „christlich", „buddhistisch", „orthodox" oder „evangelisch" nicht umfasst. Speziellere Begriffe wie „islamisch-alevitischer Club", „Cem-Gemeinschaft", „Haci Bektas-Gemeinde", „islamisch-alevitische Stiftung", „islamisch-alevitischer Radiosender" usw. die geeignet sind, bei durchschnittlich informierten Bürgern den Eindruck zu erwecken, es handle sich um eine in Verbindung zu einer anerkannten Religionsgesellschaft stehenden Zusammenschluss mehrerer Personen, sind umfasst und dürfen nur mit Zustimmung der jeweiligen Religionsgesellschaft oder Kultusgemeinde geführt werden. Gleichzeitig soll zum Schutz der Religion vorgesehen werden, dass die Behörde nur auf Antrag einer Körperschaft nach diesem Bundesgesetz tätig werden kann.

Zu § 17: Das Begutachtungsrecht ergibt sich aus der Grundlage dieses Rechtes für die **Katholische Kirche** im Vertrag zwischen dem Heiligen Stuhl und der Republik Österreich und dem Grundsatz der Parität.

Zu § 18: Es wird die derzeit bestehende Sach- und Rechtslage wiedergegeben. Die „Betreuung in religiöser Hinsicht" oder auch „religiöse Betreuung" entspricht dem Begriff der **Seelsorge**, auf die sich zB das AuslBG und einige andere Gesetze beziehen. Der Begriff umfasst daher nur jene Personen, die der vom Verwaltungsgerichtshof erarbeiteten Umschreibung des Begriffes Seelsorger, „eine Person, die Lehrer der Religion und Berater in religiösen Angelegenheiten ist, die den Gottesdienst und die ritualen Institutionen beaufsichtigen, der das Predigtamt, die Leitung des Gottesdienstes und die Entscheidung in Ritualfragen obliegt" hinsichtlich ihrer fachlichen und persönlichen Eignung entsprechen. Diese liegt nur dann vor, wenn eine entsprechende Ausbildung sowie ausreichende Lebenserfahrung und Sprachkenntnisse gegeben sind. Die Feststellung, ob eine mit § 23 gleichwertige Qualifikation gegeben ist, richtet sich nach den anzuwendenden Regelungen im tertiären Bildungsbereich, innerreligiösen Bildungssystemen und den besonderen alevitischen Reglungen über die Weitergabe religiösen Wissens. Es soll durch den Hinweis auf Dedes und Anas zum Ausdruck gebracht werden, dass diese vorrangig eingesetzt werden sollten. Die religionsgesellschaftliche Befähigung kann nur durch die dazu berufenen Organe der Religionsgesellschaft erteilt werden. Die in Abs. 2 vorgesehene Regelung soll klarstellen, dass die konfessionellen Fragen ausschließlich innere Angelegenheiten der Religionsgesellschaft sind. Die Unterstellung unter die Leitung der Einrichtung bezieht sich auf alle Anordnungen, die im Rahmen der Einrichtung durch die Leitung getroffen werden, wobei auf die besonderen religiösen Erfordernisse Rücksicht zu nehmen ist, beispielsweise bei der Zutrittsregelung. Im Zusammenwirken der Abs. 2 und 3 ergibt sich zwingend, dass für Personen, für die der Aufwand vom Bund getragen wird trotz der Fachaufsicht durch die Religionsgesellschaft, die Dienstaufsicht dem Bund zukommt. Es steht dem Bund dabei frei auf welche Art und Weise er die Verpflichtung erfüllt, insbesondere im Personalbereich muss er sich nicht Bundesbediensteter bedienen, sondern kann auch Einrichtungen von Religionsgesellschaften oder Kultusgemeinden damit beauftragen. Im Bereich der Landesverteidigung wird auf die Neutralität Österreichs, insbesondere im Zusammenhang mit Auslandseinsätzen, besonders Bedacht zu nehmen sein. Abs. 4 kann seine Wirkung nur insofern entfalten als er nicht mit staatlichen Regelungen in Widerspruch steht. Der Begriff „traditionell" stellt dabei klar, dass es sich um einen Bestandteil einer religiösen Tradition im Sinne dieses Gesetzes, auch als Richtung, Strömung oder Schule bezeichnet, handeln und somit in der religiösen Lehre begründet sein muss. Eine bloße langjährige Übung wäre nicht ausreichend. Er umfasst auch die männliche Beschneidung. Eine weibliche Genitalverstümmelung, die von einigen fälschlich als Beschneidung bezeichnet wird, steht im Widerspruch zu den Menschenrechten, insbesondere zum am 1. August 2014 in Kraft getretenen „Übereinkommen des Europarats zur Verhütung und Bekämpfung von Gewalt gegen Frauen und häusliche Gewalt" (Istanbul Konvention), BGBl. III Nr. 164/2014.

Zu § 19: Diese Bestimmung regelt auf einfachgesetzlicher Ebene als Umsetzung der Garantien der **Religionsfreiheit** (Art. 9 EMRK), dass Nahrungsmittel entsprechend den innerreligionsgesellschaftlichen Vorschriften in Österreich hergestellt werden dürfen. Die Regelung soll eine Ermächtigung an die Religionsgesellschaft darstellen. Sie soll keine Durchbrechung allgemeiner staatlicher Rechtsnormen, beispielsweise im Bereich des Gewerbe-, Betriebsanlagen-, Tierschutz- oder Steuerrechtes sein. Diese finden auf die Nahrungsmittelproduktion nach innerkonfessionellen Regelungen uneingeschränkt Anwendung, sofern diese allgemeinen staatlichen Normen die Produktion nicht gänzlich unmöglich machten und dadurch indirekt diskriminierend wirkten. Verwaltung und Gesetzgebung sollen dies in ihrem jeweiligen Handeln zu berücksichtigen haben. Dies ist bereits im geltenden Recht der Fall (zB „Schächtung" in § 32 TSchG). Bei der Verpflegung sollte auch in Kinderbetreuungseinrichtungen, auch wenn die Dispositionsfreiheit der Personen in diesen Einrichtungen nicht so eingeschränkt ist wie in verpflichtend zu besuchenden Schulen, nach den jeweiligen Möglichkeiten Rücksicht auf Speisengebote genommen werden. Das Ziel sollte dabei sein die Sorgen von Eltern, dass Kinder mit religiös verbotenen Speisen verpflegt werden könnten, zu entkräften und damit ein mögliches Hindernis für die bildungs- und integrationspolitisch wichtige Zielsetzung eines frühzeitigen Besuches von Kinderbetreuungseinrichtungen zu beseitigen. Der Begriff „Rücksicht zu nehmen" ist dabei so zu verstehen, dass nach Maßgabe der Möglichkeiten in der Vollziehung Alternativen zu Speisen, die aufgrund religiöser Bestimmungen nicht konsumiert werden dürfen, zu ermöglich sind. Daraus kann keine Verpflichtung abgeleitet werden, dass die angebotene oder bereitgestellte Verpflegung den religiösen Speisegeboten entsprechen muss. Als Alternative wäre zB ausreichend, dass Speisen selbst mit- oder beigebracht werden können.

Zu § 20: Durch diese Regelung **sollen alevitische Feiertage** und die Abhaltung von Gottesdiensten gesetzlich geschützt und eine aufgrund der religiösen Lehre abweichende Berechnung eines Tages, der hier nicht von 0.00 Uhr bis 24.00 Uhr, sondern von Sonnenuntergang bis Sonnenuntergang dauert, festgelegt werden. Bei den Aleviten findet der Gottesdienst prinzipiell an Donnerstagen und an Feiertagen statt.

Daneben gibt es kultische Handlungen bzw. **religiöse Zeremonien** an bestimmten, anlassbezogenen Tagen, sogenannte Lokma-Tage. Dies sind beispielsweise Verabschiedung der Seele (Gedenktag am 40. Tag des Ablebens), Hochzeit, Ausrufungstag des Beschneidungspaten (Kivra) oder der Ausrufungstag des religiösen Weggefährten (Müsahip). Zwecks Klarstellung enthält Abs. 2 eine taxative Aufzählung einschließlich der innerkonfessionellen Bezeichnungen. Abs. 3 fasst die Bestimmung des Art. 13 des „Gesetzes vom 25. Mai 1868, wodurch die interkonfessionellen Verhältnisse der Staatsbürger in den darin angegebenen Beziehungen geregelt werden", RGBl Nr. 49/1868 (InterkonfessionellenG) entsprechend den Bedürfnissen der Islamischen Alevitischen Religionsgesellschaft. Arbeitsrechtliche Normen, insbesondere § 7 ArbeitsruheG, werden dadurch nicht berührt. Der Schutz verhindert die Durchführung von Veranstaltungen nicht, es ist aber darauf zu achten, dass es zu keiner Störung der religiösen Feier kommt. Es können daher Veranstaltungen auch gleichzeitig stattfinden, wenn dies sichergestellt ist. Es werden aufgrund der jeweiligen örtlichen Gegebenheiten im Einzelfall sachadäquate Lösungen zu finden sein.

Zu § 21: Dies entspricht der derzeitigen Rechtslage, es sollen **die Formulierungen modernisiert und den gegenüber 1912 geänderten Begriffen angepasst werden.** Sie sollen an die Regelung über den Verlust des aktiven Wahlrechtes nach der Nationalratswahlordnung einerseits und an die Regelung des Art. 9 (2) EMRK andererseits angelehnt werden. Die dazu ergangenen Entscheidungen wären daher auch für diese Regelung eine Interpretationsgrundlage.

Zu § 22: Die Regelung soll den besonderen Glaubensauffassungen im Bereich der letzten Ruhe Rechnung tragen. Eigentumsrechtliche Verhältnisse bleibend davon unberührt. Die Verwaltung wird bei der Umsetzung die Grenze zwischen religionsrechtlicher Regelung und verfassungsrechtlicher Kompetenzverteilung gemäß Art. 10 Abs. 1 Z 12 B-VG zu beachten haben, wobei bei **verfassungskonformer Auslegung** im Zweifel Art. 10 Abs. 1 Z 12 B-VG die höherrangige Rechtsnorm wäre.

Zu § 23: Diese Bestimmungen entsprechen der derzeitigen Rechtslage. Die **Kundmachungspflicht** durch die Verwaltung in moderner, insbesondere elektronischer, Form soll den Veränderungen seit 1912 Rechnung tragen. Die Umsetzung könnte durch einfache Bereitstellung von Genehmigungsbescheiden, Bestätigungen von Wahlanzeigen oder ähnlichem in öffentlich zugänglichen Bereichen erfolgen. Die Rechtspersönlichkeit von nach innerreligionsgesellschaftlichem Recht mit Rechtspersönlichkeit ausgestatteten Einrichtungen entspricht den Regelungen für andere Gemeinschaften, zB § 4 ProtestantenG. Für die Praxis, unter anderem bei der Umstellung im Zusammenhang mit der Aufgabe von religiöser Betreuung uä. als Vereinszweck, ergibt sich die Möglichkeit Gemeinschaften mit eigener Rechtspersönlichkeit auch für den staatlichen Bereich in religionsgesellschaftlichen Verfassungen vorzusehen. Diese sind dann berechtigt für sich selbst rechtswirksam zu handeln. Die Vereine können Einrichtungen, zB Moscheen mit dem Vereinszweck z. B. „Bau und Erhaltung von Moscheen", weiter betreiben, wenn diese von der Kultusgemeinde als Einrichtung einer Kultusgemeinde anerkannt werden. Auch eine Bereitstellung von Personal im Rahmen des Zweckes des Betriebs einer Moschee wäre im Einklang mit diesem Bundesgesetz, wenn eine Kultusgemeinde die Moschee als Einrichtung der Kultusgemeinde anerkennt.

Zu § 24: Die wissenschaftliche Heranbildung des theologischen Nachwuchses ist sowohl der katholischen Kirche in Österreich als auch den evangelischen Kirchen (siehe § 15 ProtestantenG) gesetzlich garantiert.

Die gesetzliche Festlegung der Heranbildung geistlichen Nachwuchses ist daher eine Umsetzung der Parität. Weiters kam das Dialogforum Islam zum Ergebnis, dass eine solche Bildung in Österreich im gemeinsamen Interesse des Staates und der islamischen Gemeinschaften liegt, da die Tätigkeit vom im Ausland gebildeten oftmals zu einer Divergenz der Lebensrealitäten der Gläubigen und der Theologen führt. Diese Divergenz kann bestmöglich durch eine Bildung in Österreich überwunden werden. Abs. 1 soll aufgrund einer mit der evangelischen Kirche vergleichbaren Zahl an Anhängern das Höchstausmaß für das Lehrpersonal festlegen, wobei aufgrund der Änderungen im Universitätsrecht der Begriff „Lehrkanzel" ersetzt werden soll. Abs. 4 entspricht § 15 Abs. 4 ProtestantenG. In der Umsetzung gilt es sicher zu stellen, dass der Zweck dieser Regelung, theologische Heranbildung des wissenschaftlichen Nachwuchses islamischer Religionsgesellschaften, durch ihre Akzeptanz durch die Religionsgesellschaften erreicht wird. Daher ist bei der Fühlungnahme darauf Bedacht zu nehmen, dass es sich bei Universitätsprofessorinnen und Universitätsprofessoren im theologischen Kernbereich um Anhänger einer islamischen Konfession handelt. **Das Studium an der Universität** sollte eine wissenschaftlich-theologische Grundausbildung bieten, die für Frauen und Männer gleichermaßen zugänglich ist und die Absolvent/innen als Religionsgelehrte qualifiziert, die in verschiedenen Berufsfeldern tätig werden können (z. B. als Imame oder Frauenbeauftragte bzw. Dede, Baba oder Ana in einer Moschee bzw. Cem-Gemeinde, als religiöse Betreuer/innen in einer staatlichen Einrichtung, als Gelehrte in Wissenschaft und Forschung). Der Zugang zu den Studien soll allen Interessierten offen stehen. **Eine pädagogische Zusatzqualifikation** sollte erworben werden können, damit die Absolvent/innen auch an Schulen tätig werden können. Die Studienzweige sollten Kenntnisse vermitteln, die auch Bestandteil der Ausbildung in anerkannten islamischen Institutionen sind (Arabisch, Koran und allenfalls Hadithwissenschaft, Prophetenbiographie, Ethik, innerreligionsgesellschaftliches Recht, islamische Geschichte und Philosophie), damit die Ausbildung sowohl in der islamischen Welt als auch in den Gemeinden Anerkennung findet. Darüber hinaus sollte bei der Studien-Gestaltung ein Schwerpunkt darauf gelegt werden, dass auch pädagogische, interreligiöse und interkulturelle, soziale und administrative

Fähigkeiten vermitteln werden, die für eine Berufstätigkeit in Österreich von besonderer Bedeutung sind. Auf die Anschlussfähigkeit des Studiums im europäischen und internationalen Kontext sollte geachtet werden Für die Abdeckung der speziellen islamwissenschaftlichen Fächer sind mehrere Professuren mit ausreichender Ausstattung notwendig, um die Qualität in Forschung und Lehre sicherzustellen. Daneben sollte sich das Studium durch intensive interdisziplinäre Zusammenarbeit auszeichnen. Während eine wissenschaftlich-theologische Grundausbildung an der Universität erfolgen sollte, muss der praktische Teil für eine Berufsfeldvorbereitung und die Einführung in die konkreten Berufe im jeweiligen Kontext erfolgen. Die Vorbereitung für die Praxis der verschiedenen Berufsfelder sollte von den Religionsgesellschaften konzipiert und im jeweiligen Kontext durchgeführt werden. Die gesetzlichen Festlegungen beziehen sich auf die zu setzenden Schritte, um eine qualitätsvolle Basis in Forschung und Lehre für den Bestand einer islamisch-theologischen Ausbildung an der Universität Wien zu schaffen, und schließen darüber hinausgehende Entwicklungen an anderen österreichischen öffentlichen Universitäten nicht aus. Im Gegenteil: in der Berücksichtigung existierender Vorleistungen auch anderer Universitätsstandorte sowie von Kooperationsmöglichkeiten liegt ein wichtiges Momentum für die nachhaltige Entwicklung des österreichischen Hochschul- und Forschungsraumes. Auf der Grundlage der bisherigen Erfahrungen im Bereich der islamischen Religionspädagogik wird von Synergieeffekten von rund 70 Prozent des Lehrangebotes ausgegangen.

Zu § 27: Die Regelung dient zur Abwehr von Gefahren, die von der Veranstaltung selbst ausgehen könnten. Denkbar wären beispielsweise Ansteckungsgefahren im Zuge des Auftretens sich rasch ausbreitender Krankheiten oder auch Gewaltaufrufe im Rahmen, sohin von Veranstaltern oder Teilnehmern, der Veranstaltung. Die Möglichkeit, dass Störungen von außen (zB durch Demonstrationen gegen die Veranstaltung) auftreten könnten, ist darunter nicht zu verstehen. **Die Religionsfreiheit als Gruppenrecht** einerseits und das Recht auf öffentliche Ausübung der Religion andererseits gebieten dem Staat sogar eine Durchführung zur Durchsetzung der Rechtsordnung, insbesondere der positiven Religionsfreiheit, gegen Bedrohungen von außen zu schützen.

Zu § 28: Im Interesse der Rechtssicherheit aller Beteiligter, der Religionsgenossen, der der Gemeinschaft nicht angehörenden Partner im rechtsgeschäftlichen Verkehr und des Staates, sollen Unklarheiten über die Vertretungsbefugnis nach außen weitestgehend verhindert werden. Bei Konfessionen, die ihre Organe durch Wahlen bestimmen, soll sichergestellt werden, dass das innerkonfessionelle Verfahren insoweit überprüfbar ist, als es für die Beurteilung, ob eine Vertretungsbefugnis nach außen besteht, erforderlich ist. Wie Verwaltungsverfahren und Beschwerden bei Höchstgerichten in der Vergangenheit zeigen, waren die Wahlen immer wieder Anlass von Beschwerden. Die Regelung des Abs. 1 stellt daher darauf ab, dass **Wahlregelungen** so getroffen werden sollen, dass eine spätere Überprüfbarkeit möglich ist. Nur dadurch kann Vorsorge getroffen werden, dass im Fall von Behauptungen mangelnder Vertretungsbefugnis eine Überprüfbarkeit gegeben ist. Regelungen, die beispielsweise die sofortige Vernichtung von Stimmzetteln vorsehen oder bei welchen jede Aussage über Niederschriften fehlt, wären unzulässig. Die Möglichkeit einer Wahlaufsichtsbeschwerde an die staatliche Verwaltung soll dazu dienen, die derzeit im Wege der Beschwerden bei Gerichten bestehenden Möglichkeiten einem Verwaltungsverfahren zuzuführen um den Sachverhalt bereits in diesem, mit Bescheid zu beendenden, Verfahren einer Klärung zuzuführen. Auf das Verfahren sind ist das Allgemeine Verwaltungsverfahrensgesetz (AVG) anzuwenden. Da Abs. 3 eine 14-tägige Frist für die Bestätigung über die Wahlanzeige vorsieht, ergibt sich daraus, dass eine danach eingehende Beschwerde wegen Fristversäumnisses zurückzuweisen wäre. Dadurch soll die Prüfungsbefugnis der Behörde begrenzt, das Verfahren beschleunigt und möglichst rasch Rechtssicherheit geschaffen werden. Die Bestätigung über die Wahlanzeige stellt eine Information **über die der Behörde angezeigten nach Außen vertretungsbefugten Personen, die Organwalter der Organe der Körperschaft öffentlichen Rechts, dar. Der Behörde kommt eine Prüfung dieser Information nur zu, wenn der begründete Verdacht besteht, dass diese nicht den Tatsachen entspricht oder eine Wahlaufsichtsbeschwerde vorliegt.**

Zu § 29: Zweck der Regelung soll **die Sicherstellung der Handlungsfähigkeit der Religionsgesellschaft** und der Kultusgemeinden sein.

Für den Fall der Handlungsunfähigkeit oder der Überschreitung von Funktionsperioden wird ein abgestuftes Verfahren vorgesehen. Zunächst soll die Religionsgesellschaft berufen sein die Handlungsfähigkeit wieder herzustellen oder die Durchführung der Wahlen einzuleiten. Der Behörde kommt bei der Aufforderung dazu kein Ermessen zu, lediglich im Bereich der Fristen besteht ein Gestaltungsspielraum. Dabei wird auf die faktische Machbarkeit abzustellen sein. Abs. 2 sieht für den Fall, dass die Aufforderung der Behörde nicht zum Ziel führt, d. h. der Durchführung der Wahlen und Anzeige von vertretungsbefugten Organen oder der Herstellung der Handlungsfähigkeit in anderen Fällen, zB von Nachwahlen oder Nachnominierungen im Fall des Ausscheidens von Organwaltern, vor, dass ein Kurator zu beantragen ist. Zur Frage des Kurators allgemein darf auf die im Zusammenhang mit der Regelung im OrthodoxenG ergangenen Entscheidungen und wissenschaftlichen Schriften hingewiesen werden. Zur Wahrung der Selbstverwaltung soll vorgesehen werden, dass die Bestellung des Kurators durch ein Gericht erfolgt und zunächst von den Kultusgemeinden oder der Religionsgesellschaft selbst beantragt werden kann. Dies soll Kultusgemeinden oder Religionsgesellschaften auch ermöglichen, im Fall, dass die Handlungsunfähigkeit vorhersehbar ist, zB wenn sich abzeichnet, dass niemand bereit ist Funktionen zu übernehmen, einen Antrag zu stellen und so ein gewisses Maß an Vorsorge zu treffen. Erst wenn dies nicht erfolgt ist, hat die Behörde dies zu veranlassen, um die Handlungsfähigkeit sicher zu stellen. Der Behörde kommt kein Ermessen zu, sondern sie hat bei Vorliegen der Tatbestandsmerkmale einen Antrag zu stellen, fehlen diese, wäre ein Antrag unzulässig.

Zu § 30: Um Entscheidungen der Behörde durchsetzen zu können, ist eine rechtliche Grundlage erforderlich. Diese Bestimmung soll diese bieten. Bei Gesetzwidrigkeiten von Beschlüssen ist zunächst an das vorliegende Bundesgesetz zu denken, sie können auch gegenüber anderer Bundes- oder Landesgesetzen bestehen. Verfassungswidrigkeiten beziehen sich auf die Verfassung der Religionsgesellschaft. **Trifft die Religionsgesellschaft daher Beschlüsse mit Außenwirkung, die im Widerspruch zur Verfassung stehen, so sind diese von der Behörde aufzuheben.** Nicht umfasst sind Beschlüsse ohne Außenwirkungen.

Ein Beschluss, dass der Portier für finanzielle Belange zeichnungsberechtigt sein soll, wäre daher aufzuheben, nicht aber einer über zB die Zulässigkeit der Einnahme von Speisen und Getränken während Sitzungen, der von einem nicht beschlussfähigen Kollegialorgan getroffen worden wäre. Geldbußen und andere gesetzlich vorgesehene Mittel sind insbesondere zur Umsetzung von Bescheiden nach §§ 9 Abs. 4 bzw. 16 Abs. 4 erforderlich.

Zu § 31: Er soll sicherstellen, dass der Aufwand für die Anpassung an die neue Rechtslage möglichst gering gehalten wird. Abs. 1 dient der Rechtssicherheit und –klarheit. Es wird dazu ein der Feststellung der Anerkennung der armenisch-apostolischen Kirchen vergleichbarer Weg gewählt. Abs. 3 nimmt darauf Rücksicht, dass die Änderung der Strukturen sowohl für die Glaubensgemeinschaften als auch die Behörden mit erheblichem Aufwand verbunden sein kann. **Es soll sichergestellt werden, dass ausreichend Zeit für die Anpassungen zur Verfügung steht. Abs. 4 sieht eine Übergangsregelung für in Österreich tätige religiöse Funktionsträger die zugleich in einem Dienstverhältnis zu einem Staaten stehen.** Diese Übergangsregelung ist zweckmäßig um eine Kontinuität und einen geregelten Übergang in der religiösen Betreuung sicher zu stellen. Weiters ist die Übergangsregelung zur Erleichterung der persönlichen Dispositionen Betroffener angezeigt.

Zu § 32: Durch das in Kraft treten mit dem Ablauf des Tages der Kundmachung soll ermöglicht werden, dass bereits vor der in § 24 genannten Frist rechtswirksam Entscheidungen und Regelungen für **islamisch theologische Studien** getroffen und allenfalls erforderliche Anpassungen in den Satzungen, Statuten oder Verfassungen islamischer Religionsgesellschaften rechtzeitig vor allfälligen internen Wahlen beschlossen werden könnten.

Zu § 33: Die Zuständigkeit von Bundesministern bzw. Bundesministerinnen besteht insbesondere im Bereich der Kategorieseelsorge und islamisch-theologischer Studien. (www.parlament.gv.at)

V.3 ISLAMGESETZ 2015 – ZUSAMMENFASSUNG

Ausgangslage
- Die staatliche Anerkennung des Islam in Österreich hat eine lange Tradition. Vor nunmehr 103 Jahren (1912) wurde noch zur Zeit der Habsburger-Monarchie ein Islamgesetz erlassen.
- Im Zuge einer starken Zuwanderung von Muslimen (v. a. aus der Türkei und aus dem ehem. Jugoslawien) beginnend in den 1960er Jahren stieg der Anteil von Muslimen in Österreich kontinuierlich.
- Derzeit wird geschätzt, dass ca. 570 000 Muslime in Österreich leben.
  - Dies entspricht ca. 7 % der Gesamtbevölkerung.
  - Muslime stellen nach den Christen die größte Religionsgruppe.

Religionsrecht in Österreich konkret
- Das Staatsgrundgesetz von 1867, welches auch Glaubens- und Gewissensfreiheit gewährte, sowie das Anerkennungsgesetz für Religionsgesellschaften aus dem Jahr 1874 bilden die Rechtsgrundlage für die Anerkennung von Religionen bzw. Religionsgesellschaften
- Die Religionsfreiheit ist in der österreichischen Verfassung geschützt – individuell, kollektiv und kooperativ.
- In Österreich gibt es 16 anerkannte Religionsgesellschaften.
  - Diese Anerkennung beruht mit Ausnahme der Katholischen Kirche (gilt als historisch anerkannt) entweder auf einem speziellen Gesetz oder auf einer Verordnung nach dem Anerkennungsgesetz.

Es gibt ein Gesetz:
- für die Israelitische Religionsgesellschaft.
- für die Griechisch-Orientalische Kirche.
- für die Evangelische Kirche.
- und ein Gesetz für die islamischen Religionsgesellschaften.
- Darüber hinaus gibt es staatlich anerkannte Bekenntnisgemeinschaften.

Unterschied:
Bekenntnisgemeinschaften haben die Möglichkeit, das Glaubensbekenntnis in Dokumente eintragen zu lassen (z. B. Schulzeugnis – Kinder sind damit nicht „ohne Bekenntnis").

- **Religionsgesellschaften** haben u. a. das Recht, Religionsunterricht in den Schulen zu erteilen. Weiters ist der „Kirchenbeitrag" von der Steuer absetzbar und die Kultstätten sind von der Grundsteuer befreit.

Islamische Religions- und Bekenntnisgemeinschaften – Zwei Islamische Religionsgesellschaften in Österreich:
a. Islamische Glaubensgemeinschaft in Österreich (IGGiÖ – Anerkennung erfolgte 1979)
b. Islamische Alevitische Glaubensgemeinschaft in Österreich (ALEVI – Anerkennung erfolgte 2013)

Eine Islamische Bekenntnisgemeinschaft in Österreich:
Islamisch-schiitische Glaubensgemeinschaft (SCHIA – Anerkennung erfolgte 2013)

Ziele des Gesetzes
- Ziel ist es, dass es kein Widerspruch sein soll, sich zugleich als gläubiger Muslim und stolzer Österreicher zu fühlen.
- Österreich schützt und ermöglicht durch dieses Gesetz die Religionsfreiheit der Muslime in Österreich. Die Neufassung des Islamgesetzes steht in diesem Sinne ganz klar im Interesse der muslimischen Gemeinschaft und der Mehrheitsbevölkerung.
- In dieser Neufassung werden Rechte und Pflichten für die islamischen Religionsgesellschaften definiert – ebenso wie für alle anderen 14 (insg. somit 16) Religionsgesellschaften in Österreich.

Warum ein neues Islamgesetz?
- Das Islamgesetz aus dem Jahr 1912 stammt noch aus der Zeit vor der Entstehung der österreichischen Bundesverfassung und der heutigen allgemeinen religionsrechtlichen Regelungen (siehe unten).
- Nach dem Zerfall der Habsburgermonarchie im Jahr 1918 blieb dieses Gesetz nach der Gründung der Republik Österreich in Kraft, obwohl innerhalb der neuen Grenzen praktisch keine Muslime mehr lebten. Erst mit der Anwerbung von ausländischen Arbeitskräften in den 1960er-Jahren stieg die Zahl der Muslime in Österreich bis zum Jahr 2015 kontinuierlich auf ca. 570 000 Personen an.

- Aufgrund dieser Entwicklung ergab sich die Notwendigkeit viele Bereiche des Zusammenlebens rechtlich zu regeln. Das „alte" Islamgesetz bestand lediglich aus zwei Seiten und wurde den heutigen rechtlichen und gesellschaftlichen Anforderungen nicht mehr gerecht.
- Es war der ausdrückliche Wunsch der Islamischen Glaubensgemeinschaft in Österreich eine neue gesetzliche Basis zu schaffen.

Prozess der Erarbeitung:
- Vorarbeiten und Eckpunkte für die Neufassung wurden im Dialogforum Islam (2012) durch das Staatssekretariat für Integration geleistet.
- Das Islamgesetz wurde somit über einen Zeitraum von drei Jahren ausgearbeitet.
- Alle islamischen Religionsgesellschaften wurden in alle Phasen der Erarbeitung eingebunden.
- Darüber hinaus wurden Vertreter der Zivilgesellschaft sowie islamische Wissenschaftler und Rechtsexperten eingebunden.
- Die Islamische Alevitische Glaubensgemeinschaft unterstützte den Gesetzesentwurf von Beginn an vollinhaltlich, die Islamische Glaubensgemeinschaft (IGGiÖ) stimmte dem Gesetz nach zahlreichen Verhandlungsrunden zu.
- Der Beschluss des Nationalrats zum Islamgesetz folgte am 25.02.2015.

Die Eckpunkte des Islamgesetzes 2015
1. Begutachtungsrecht.
Die Religionsgesellschaft ist berechtigt, den Organen der Gesetzgebung und Verwaltung Gutachten und Vorschläge über Angelegenheiten, die gesetzlich anerkannte Religionsgesellschaften betreffen, zu übermitteln. Gesetze und Verordnungen, die die äußeren Rechtsverhältnisse der Religionsgesellschaft betreffen, sind unter Gewährung einer angemessenen Frist sogar zwingend zur Stellungnahme zu übermitteln.

2. Schutz der religiösen Bezeichnungen der Religionsgesellschaften
Bezeichnungen (etwa von Vereinen), die einen Bezug zu einer Religionsgesellschaft herstellen, dürfen nur mehr mit Genehmigung der Religionsgesellschaft geführt werden – der Name der Religion kann so vor Missbrauch geschützt werden.

3. Regelung der „Seelsorge" in staatlichen Einrichtungen (Krankenhäuser, Militär, Justizanstalten)

Der jeweilige „religiöse Betreuer" muss über eine akademische Ausbildung sowie eine ausreichende Berufserfahrung verfügen und von einer islamischen Religionsgesellschaft die Erlaubnis (Ermächtigung) erhalten.

4. Vorrang des staatlichen Rechts

Dies gilt für alle Religionsgesellschaften. Lehre, Einrichtungen und Gebräuche dürfen nicht im Widerspruch zu den gesetzlichen Regelungen stehen. Die Religionsgesellschaft muss eine positive Grundeinstellung gegenüber Gesellschaft und Staat haben. Die Anerkennung kann auch entzogen werden, insbesondere wenn die Religionsgesellschaft keine positive Grundeinstellung (mehr) gegenüber dem Staat und der Gesellschaft hat bzw. die öffentliche Ordnung oder Sicherheit gefährdet würde.

5. Islamisch-theologische Studien

Österreich verpflichtet sich eine wissenschaftliche Ausbildung für den geistlichen Nachwuchs sicherzustellen. Somit können Muslime, die den Beruf eines Imams anstreben, ihr theologisches Wissen an der Universität Wien erlangen. Der praktische Teil der Ausbildung erfolgt in Kooperation mit den Religionsgesellschaften.

6. Islamische Friedhöfe

Das Gesetz schafft Rechtssicherheit für bestehende (derzeit 2) und künftige islamische Friedhöfe.

7. Schutz der religiösen Feiertage

Feiertage sind religionsrechtlich (nicht arbeitsrechtlich) zu schützen, so dass gottesdienstliche Veranstaltungen nicht gestört werden. Während eines Gottesdienstes in der Moschee darf in der Nähe z. B. kein Rock-Konzert erlaubt werden.

8. Regelung zur Untersagung der Finanzierung aus dem Ausland

Der „laufende Betrieb" einer Religionsgesellschaft muss aus dem Inland finanziert werden (eine einmalige Zuwendung aus dem Ausland wie etwa eine Erbschaft ist grundsätzlich nicht ausgeschlossen, die Verwaltung dieses Vermögens muss aber im Inland erfolgen).

9. Speisevorschriften
Die islamischen Religionsgesellschaften dürfen Nahrungsmittel nach ihren Glaubensregeln erzeugen lassen. Bei der Verpflegung von Muslimen beim Bundesheer, in Haftanstalten, Krankenhäusern, Pflegeanstalten und öffentlichen Schulen ist auf die religiösen Speisegebote Rücksicht zu nehmen.

10. Anzeige- und Meldepflicht bezugnehmend auf alle Ereignisse, die dieses Bundesgesetz betreffen
Die Religionsgesellschaft muss das Kultusamt über die wichtigsten Vorgänge informieren (Neuwahlen, Änderung der Satzungen, Abweichung der Lehre).

11. Darstellung der Lehre und Glaubensquellen in deutscher Sprache
Alle neuen Religionsgemeinschaften müssen sich in ihrer Lehre von bestehenden unterscheiden. Um dies prüfen zu können muss von allen Gemeinschaften auch eine Lehre vorliegen. Für eine Eintragung als Bekenntnisgemeinschaft müssen die Religionen eine Darstellung der Lehre und der wesentlichen Glaubensquellen (Koran) in deutscher Sprache vorlegen.[115]

V.4 EINE BEWERTUNG ÜBER DAS ISLAMGESETZ 2015

In keinem anderen europäischen Land wurde der Islam, wie in Österreich, mit einem eigenen „Islamgesetz" anerkannt? Österreich wird daher berechtigterweise international als eine Art „**Modellland**" genannt, wenn es um das Verhältnis zwischen der islamischen Glaubensgemeinschaft und dem Staat geht. Seit 1912 (nach der Anerkennung) hat die

---

[115] **Vgl.** https://www.bmeia.gv.at/fileadmin/user_upload/Zentrale/Integration/Islamgesetz/Islamgesetz_2015_-_Zusammenfassung.pdf

Gemeinschaft der Muslime ihren rechtlich definierten Platz im einen säkularen Rechtsstaat. Die bestehende reiche muslimische Infrastruktur und das religiöse Leben bedurften jedoch einer rechtlichen Grundlage, weil nur staatlich anerkannte Kirchen und Religionsgesellschaften ihre Religion öffentlich und frei praktizieren konnten.

Die rechtliche Anerkennung bewirkt eine Gleichstellung mit anderen anerkannten Religionsgesellschaften, neben denen Muslime den gleichen Schutz in ihrer Religionsausübung genießen. Eine Einmischung in die inneren Angelegenheiten einer anerkannten Religionsgesellschaft ist staatlichen Organen dabei nicht gestattet. Das fördert nicht nur Rechtssicherheit, sondern vor allem auch eine emotionale Bindung an den Staat Österreich. Wer sich anerkannt weiß, wird seinerseits jenen Anerkennung entgegenbringen, die ihn in der eigenen Mitte aufnehmen, was leider von Menschen des muslimischen Bekenntnisses, selbst in Österreich, manchmal wegen Unkenntnis nicht geschätzt werden kann.

Die klare Trennung der Machtbereiche „Staat und Religion" beinhaltet in Österreich gleichzeitig ein Kooperationsverhältnis, weil der Staat sich vor allem im Bereich der Bildung z. B. Ethik- und Religionsunterricht, karitativen Aufgaben und der Seelsorge durch die Religionsgesellschaften Unterstützung erwartet. Diese Wechselwirkung ist im Falle der Muslime/innen in Österreich von besonderer Bedeutung, weil darin die Chance liegt, Negativzuschreibungen zu überwinden und sich als selbstverständlicher Teil der Gesellschaft sowohl in der Innensicht wie der Außenwahrnehmung zu begreifen.

Mehr als das treffen MuslimInnen mit der Erwartung an den Staat zusammen, beim Abbau von ungerechtfertigten Ängsten gegen die muslimische Minderheit mitzuwirken und somit ein Klima zu fördern, in dem die Religionsfreiheit für Muslime von der Mehrheitsgesellschaft auch als selbstverständlich betrachtet wird.

MuslimInnen in Österreich sehen sich als lebendiger Teil der Gesellschaft. Die dahinterstehende prinzipielle Annahme, dass sich die anerkannten Religionsgesellschaften und der Staat auf einer gemeinsamen Wertebasis bewegen, die es gesamtgesellschaftlich gemeinsam zu stärken gelte, kommt den Muslimen, die gerade in diesem Punkt häufig mit Misstrauen konfrontiert sind, besonders entgegen.

Die Imame-Konferenzen 2003, 2006 und 2010 fanden eine positive Aufnahme und wurden durch das Außenministerium auch international verbreitet. Sie stärkten das Vertrauensverhältnis, zumindest in Richtung der Politik. In diese Zeit fällt die Einführung von inzwischen vielfach zur Tradition gewordenen Einladungen zum gemeinsamen Fastenbrechen im Ramadan wie durch Herrn Bundespräsident Dr. **H. Fischer**, den damaligen Nationalratspräsidenten, Dr. A. **Khol**, Vizekanzler Dr. M. **Spindelegger**, Staatssekretär S. **Kurz**, BM Frau Dr. C. **Schmied** sowie den Bürgermeister der Stadt Wien Dr. **M. Häupl**. Das Fest zur Feier des hundertjährigen Bestehens des Islamgesetzes (100jähriges Jubiläum) wurde in Anwesenheit höchster Vertretern/innen des Staates begangen. Über solche nach außen wirkenden Zeichen des Zusammenwirkens hinaus wurde die IGGÖ immer wieder zur Kooperation eingeladen. Diese Kooperationen entwickelten sich auch bei diversen Fortbildungsprogrammen, so etwa bei den „Frauenbeauftragten-Schulungen", die muslimische Multiplikatorinnen besser für ihre Aufgabe trainieren. Dagegen stießen Projekte wie die von der IGGÖ organisierte Seelsorge in Spitälern, beim Militär oder in Gefängnissen immer wieder an ihre Grenzen, die mit Ehrenamtlichkeit verbunden sind.

Oft hieß es bei Gesprächen zu einer weiteren Institutionalisierung, dass es an der gesetzlichen Grundlage fehle. Schon im Jahre 2005 hatte der damalige Präsident der IGGiÖ Anas **Schakfeh** bei der zuständigen **Ministerin E. Gehrer** einen Entwurf für eine Novellierung des Islamgesetzes vorgelegt aber dieser Entwurf geriet mit dem Regierungswechsel und anderen politischen Beziehungen aus dem Blickwinkel.

Erst ab Mitte 2011 wurde das Projekt „Seelsorger" von der IGGÖ weiter initiiert und ein „**Dialogforum Islam**" wurde 2012 eingerichtet, das in verschiedenen Arbeitsgruppen Weichenstellungen auch in Richtung Islamgesetzes traf.

An der muslimischen Basis fand das Dialogforum zuerst eine skeptische Zustimmung. Man stieß sich daran, dass diese Einrichtung gewisse Parallelen zur Islamkonferenz in Deutschland aufweise, die darum ringe, das Verhältnis des Staates zu den Muslimen zu ordnen, während es in Österreich längst eine gelungene Zusammenarbeit und Institutionalisierung gebe.

Als der zweite **Entwurf für das Islamgesetz im Herbst 2014** von den zuständigen Ministern Dr. Josef **Ostermayer** und Sebastian **Kurz** präsentiert wurde, war dies der Beginn einer Zeit intensiver und teilweise sehr emotionaler, auch öffentlicher Debatten. Denn während bei der Gesetzgebung für eine Religionsgesellschaft in der Regel ein solches Einvernehmen hergestellt wird, dass der Entwurf die völlige Zustimmung der betroffenen Religionsgesellschaft genießt, so wurde sehr schnell deutlich, dass die Muslime/innen in wesentlichen Punkten unzufrieden mit dem Entwurf waren. Man sah sich einer Art Generalverdacht ausgesetzt und den Gleichheitsgrundsatz verletzt. Eine Phase der Nachverhandlungen begann, in der mehrere Punkte noch geändert wurden.

Einen ungünstigeren Zeitpunkt für das Finalisieren der Novellierung zum Islamgesetz hätte es kaum geben können. Denn die Schlagzeilen wurden bestimmt vom Terrorismus des so genannten „**IS/ Daesh**" und der menschenverachtenden Attentate in Paris. So missfiel den Muslime/innen auch, dass im Gesetz der Vorrang des staatlichen vor dem religiösen Recht eigens festgehalten wurde. Angesichts virulenter Ängste in der Mehrheitsbevölkerung schien dies vor allem eine Botschaft zu sein, die signalisierte, man werde die Muslime seitens der Politik schon disziplinieren. Dass die Muslime selbst in der Verfassung ihrer Glaubensgemeinschaft dies längst in der Präambel festgehalten hatten, fiel dagegen ebenso wenig ins Gewicht, wie die Tatsache, dass damit eine Selbstverständlichkeit formuliert wird, die im StGG bereits zum Ausdruck kommt und daher bei keinem der anderen Religionsgesetze zu finden ist.

Hat der Gesetzgeber mit dem Islamgesetz die Stärkung eines Islams „**europäischer Prägung**" zu fördern gesucht, so ist bei der Neustrukturierung zunächst von einer Fokussierung auf den ethnischen Hintergrund auszugehen. Freilich liegt es auch in der Verantwortung der muslimischen Gemeinschaft selbst, die Struktur der IGGÖ als ihr gemeinsames Dach zu betrachten.

Die Errichtung der IGGÖ im Jahre 1979 schuf den offiziellen Ansprechpartner, der das Islamgesetz 1912 und dann 2015 erst wieder mit Leben füllte. **Das Islamgesetz von 2015 stärkt die IGGÖ**, weil sie tatsächlich eine übergeordnete Instanz ist. Hier wurde auch schon von einer „**Kirchenstruktur**" gesprochen. Angewiesen ist sie freilich auf den inhaltlichen Gestaltungswillen in den Gremien, dessen Funktionäre dann das Gesamtinteresse den Partikularinteressen ihrer Kultusgemeinde voranstellen müssten. Dies wird vor allem dann eine Rolle spielen, wenn es um die Stärkung der vielen vorhandenen, derzeit auf Ehrenamtlichkeit basierenden Einrichtungen der IGGÖ geht. Hier braucht es die Einsicht, dass es im langfristigen Interesse der MuslimInnen liegt, eine wirkungsvolle Infrastruktur vor allem in der Seelsorge und im karitativen Bereich aufzubauen, anstatt diese Aufgaben verstreut im jeweiligen eigenen Herkunftsverein anzusiedeln.

Eine andere Neuerung im Islamgesetz von 2015 die Gründung der Kultusgemeinden:
In Zukunft sind laut § 6 „**Kultusgemeinden**" vorzusehen. Dies ist eine große Veränderung gegenüber der früheren Struktur der IGGÖ mit ihren mehr oder weniger großen Trägervereinen von Moscheen und größeren Dachverbänden. Allerdings lag es bei den MuslimInnen selbst, wie sie diese Kultusgemeinden definieren.

Im Bereich der **Militärseelsorge** wurden endlich zwei Imame bestellt. Am Nationalfeiertag 2015 hielt der **Militär-Imam** eine viel beachtete Ansprache anlässlich der Angelobung von Rekruten am Heldenplatz. Dass nach und nach auch eine Verbesserung in anderen Bereichen der religiösen Betreuung wie in Haftanstalten oder Krankenhäusern eintritt, schließt daran an. Gerade das Feld der Gefangenenseelsorge hat eine aktuelle Brisanz erhalten, weil hier auch Präventionsarbeit vor Radikalisierung notwendig ist.

An den Status einer staatlich anerkannten Religionsgesellschaft ist auch die Erwartung verknüpft, dass damit die gesellschaftliche Akzeptanz gesteigert werden kann. Gradmesser dafür ist der Abbau von Ungleichbehandlung. In erster Linie merkt man das am Arbeitsmarkt und bei der Wohnungssuche; hier wäre eine Ausweitung des Diskriminierungsschutzes sinnvoll, zumal immer mehr Muslime längst die österreichische Staatsangehörigkeit besitzen. Diskriminierend erleben Muslime auch eine Gesetzgebung, die mittels Bauordnung in Kärnten und Vorarlberg über die „Pflege des Ortsbildes" den Bau von **Minaretten** zu verhindern sucht.

Mit der Anerkennung des „**Islam-Gesetz 2015**" hat die Republik Österreich eine wichtige Grundlage dafür geschaffen und mit der Inklusion auch Handlungsoptionen zur Implementierung eines gemeinsamen Wertebewusstseins gelegt, dass das „**Wir-Gefühl**" in der Bevölkerung gesteigert hat. Zusammenarbeit fördert gegenseitiges Vertrauen und zeigt auf, dass Muslime/innen einen Teil Österreichs bilden.

Durch dieses Gesetz wurden große Verbände mit dem „**Kultusgemeinde**"**-System** neu organisiert, die unabhängigen, kleinen Vereine haben durch „**Beirat**"**-System** zum ersten Mal eine Möglichkeit gehabt, im Schurarat und sogar im Obersten Rat vertreten zu sein. Dadurch wurde auch verhindert, dass einige radikale Personen ohne Bestätigung der IGGÖ einen Moscheeverein gründen können.[116]

Durch dieses Gesetz wurde das **Wahlsystem** vereinfacht und die finanzielle Sicherung der IGGÖ garantiert; bis zum Islamgesetz 2015 und der Anpassung der Verfassung der IGGÖ zahlten nur die, die bei der Wahl freiwillig teilnehmen wollten, deren Anzahl lag bei der Wahl am 26.06.2011 um 32 000 Personen. Die Wahlen wurden jedes Mal nach 11 Jahren durchgeführt, danach haben die Mitglieder nicht mehr bezahlt.

---

116 **Vgl**. auch: ÖIF-FORSCHUNGSBERICHT, DIE ROLLE DER MOSCHEE IM INTEGRATIONSPROZESS. Herausgeber Österreichischer Integrationsfonds von: Heiko Heinisch, Imet Mehmedi et al./Österreichischer Integrationsfonds September 2017.

Diese Mitgliedsbeiträge wurden nicht an die IGGÖ, sondern an die jeweiligen Islamischen Religionsgemeinden (IRG) bezahlt. Für die IGGÖ blieben die Solidarbeiträge der Lehrerschaft und freiwillige Spenden übrig. Als ich die Präsidentschaft am 26.06.2011 übernahm, hatte die IGGÖ € 250 auf dem Konto. Bei der Übergabe meines Amtes an meinen Nachfolger betrug der Habensaldo auf dem Konto der IGGÖ über € 450 000. **Diese finanzielle Sicherung** verdanken wir der Änderung der Verfassung der IGGÖ, wodurch jeder Moschee- und Fachverein jährlich um € 1 000 direkt auf das Konto der IGGÖ bezahlen muss.

Finanzbericht der IGGÖ für das Jahr 2019

Nach neuer Verfassung wurde vom Schurarat auch beschlossen, das Gehalt für den Präsidenten mit monatlich € 4 500 netto zu fixieren, damit er sich ausschließlich um die IGGÖ kümmern kann.[117] Der jetzige Präsident Herr **Vural** hat jetzt mehrere Angestellten allein in seinem

---

117 **Anm.** Wie schon erwähnt wurde, haben drei ersten Präsidenten ehrenamtlich gearbeitet. Es war jedoch notwendig, weil die Aufgaben des Präsidenten immer mehr geworden sind, dass der Präsident von der IGGÖ honoriert werden sollte. Er sollte aber keine anderen Beschäftigungen mehr haben. Meine beiden Nachfolger wurden aber nicht nur von der IGGÖ honoriert, sie haben auch andere Beschäftigungen gehabt.

Büro (Dank der neuen Strukturierung und Änderung der Verfassung der IGGÖ in meiner Amtszeit). – Ich hatte nur eine Sekretärin; meine Vorgänger hatten eine Halbtagssekretärin; wir dienten der Gemeinde ehrenamtlich, ohne Gehalt.

Wichtig ist auch zu erwähnen, dass durch dieses Gesetz die Gründung einer konfessionellen **Stiftung** im Vergleich zu früher sehr vereinfacht wurde (zur Kenntnisnahme).

Resümee:
Voraussetzung für eine staatliche Anerkennung einer religiösen Gemeinschaft ist (schon seit 1874)[118] „dass ihre Religionslehre, ihr Gottesdienst, ihre Verfassung, sowie die gewählte Benennung nichts Gesetzwidriges oder sittlich Anstößiges enthält." – (§ 1 Z. 1 Anerkennungsgesetz).

Außerdem fordert das Bekenntnisgemeinschafts-Gesetz von 1998: *„Es muss eine positive Grundeinstellung gegenüber Gesellschaft und Staat bestehen."* (§ 11 Z. 3). – Das Bekenntnisgemeinschafts-Gesetz schreibt für eine zukünftige Anerkennung als Kirche oder Religionsgesellschaft auch vor, dass die betreffende Religionsgemeinschaft eine Mitgliederzahl von 2 % der österreichischen Bevölkerung aufweist (§ 11. Z. 1 lit. d; nach der letzten Volkszählung, bei etwa 8,5 Millionen 2011 ungefähr 17 000 Mitglieder; festgelegt wurde 16 000). Einen solchen Mitgliederstand hat aber nur ungefähr die Hälfte der schon vorher anerkannten Kirchen, die anderen liegen großenteils weit darunter. Das Anerkennungsgesetz

---

118 **Anm**. Das Gesetz vom 20. Mai 1874, betreffend die gesetzliche Anerkennung von Religionsgesellschaften; die gesetzliche Anerkennung geht auf das Staatsgrundgesetz vom 21. Dez. 1867 zurück, in dem unter anderem jeder anerkannten Kirche oder Religionsgemeinschaft bestimmte Grundrechte eingeräumt werden. Wie die Anerkennung erreicht werden kann, wurde allerdings erst 1874 im Anerkennungsgesetz festgelegt. Die erste Anerkennung nach diesem Gesetz erfolgte für die „Altkatholische Kirche".

hingegen fordert dann nur mehr den „Bestand wenigstens einer [...] eingerichteten Kultusgemeinde." (§ 1 Z. 2).

Eine weitere Voraussetzung ist (Bekenntnisgemeinschafts-Gesetz § 11. Z. 1 lit. a–c):
Bestandszeit in Österreich von 20 Jahren allgemein und 10 Jahren in organisierter Form, davon mindestens 5 Jahre als religiöse Bekenntnisgemeinschaft, oder zumindest 100jährigen Bestand der Konfession allgemein und 10 Jahre Tätigkeit in Österreich in organisierter Form anstatt der Rechtsform als religiöse Bekenntnisgemeinschaft, oder allgemeiner Bestand von zumindest 200 Jahren anstatt der 10jährigen Tätigkeit in Österreich.

Mit der Anerkennung der Religionsgemeinschaften sind einige besondere Rechte verbunden:
- Ausschließlichkeitsrecht (Namensschutz, Anspruch auf exklusive religiöse Betreuung der eigenen Mitglieder).
- Selbstständige Ordnung und Verwaltung der inneren Angelegenheiten.
- Schutz der Anstalten, Stiftungen und Fonds gegenüber Säkularisation.
- Recht auf Errichtung konfessioneller Privatschulen.
- Erteilung des Religionsunterrichts an öffentlichen Schulen.
- Religiöser Beistand in Krankenhäusern.

Alle diese Religionsgemeinschaften genießen einen erhöhten Schutz, wobei die Herabwürdigung religiöser Lehren oder Störung in der Religionsausübung als strafbar gilt (§ 188 StGB). Auch die Kirchen oder dem Gottesdienst gewidmete Räumlichkeiten oder Dinge stehen bei Beschädigung unter einem erhöhten strafrechtlichen Schutz.

Wir dürfen einige Paragraphen im „Islamgesetz-1015" kritisieren und auch darauf bestehen, dass die genannten Paragraphen geändert werden müssen. Diese Änderungen wären möglich und notwendig. Wir müssen jedoch das gesamte Bild sehen: ohne Islamgesetz gibt es im österreichischen „Religionsgesellschafts-System" keine Glaubensgemeinschaft und ohne Glaubensgemeinschaft gibt es keine religiösen Rechte. Die Republik Österreich garantiert uns durch das Islamgesetz 2015 die Religionsfreiheit mit weiteren Rechten. Das ist „die Krone der Menschenrechte"; das nenne ich wiederum „das Österreichisches Modell" und danke allen, die uns in dieser schwierigen Zeit unterstützt haben.

V.4-1 ISLAMGESETZ IM JAHR 2020/21

Maßnahmenpaket gegen Terror (!?):
Ganz am Anfang kann ich sagen, dass die Rechte, die wir nach jahrelangen Verhandlungen durch das Islamgesetz 2015 gewonnen hatten, stückweise nach und nach zurückgenommen werden:

Eine Woche nach dem **islamistischen Terroranschlag** in Wien (02.11.2020) schnürt die Bundesregierung nun ein umfassendes Anti-Terror-Paket, das auf Gefährder und den **politischen Islam** abzielt. Im Ministerrat am Mittwoch wurde eine Punktation beschlossen. Geplant ist eine vorbeugende elektronische Überwachung entlassener Gefährder sowie die Unterbringung terroristischer Straftäter im Maßnahmenvollzug, von der ÖVP als „Präventivhaft" bezeichnet.

Weitere Punkte umfassen die Möglichkeit zur Aberkennung der österreichischen Staatsbürgerschaft nach einer Terror-Verurteilung, Führerscheinentzug und strengere Waffengesetze sowie eine „Ergänzung der Straftatbestände zur effektiven Bekämpfung des religiös motivierten politischen Extremismus (**politischer Islam**)". Extremistische Vereine und Kultusstätten will man bei Terrorismuspropaganda leichter schließen können, es soll dafür ein Verzeichnis für Imame geben. Zudem soll die Zuständigkeit von Staatsanwaltschaften und Gerichten für Terrorismusstrafsachen gebündelt werden. Ein erstes Gesetzespaket soll Anfang Dezember in Begutachtung gehen. (Vgl. APA/BUNDESKANZLERAMT/ANDY WENZEL; Die Presse: 11.11.2020 um 11:32)

Neben der europäischen Ebene sei es auch wichtig, in Österreich selbst gegen Terrorismus vorzugehen. „Daher haben wir im Ministerrat ein sehr umfassendes Paket verabschiedet, das zwei große Ziele hat: zum Ersten ein konsequentes Vorgehen gegen Terroristen und Gefährder und zum Zweiten ein entschiedenes Vorgehen gegen die Ideologie des **politischen Islam**, der die Grundlage für den Terror bildet", erklärte der Kanzler.

„Im Kampf gegen **den politischen Islam** und die ideologische Grundlage dahinter, werden wir einen Straftatbestand ‚**Politscher Islam**' schaffen, um gegen jene vorgehen zu können, die keine Terroristen sind, die aber den Nährboden dafür schaffen", betonte Bundeskanzler Sebastian Kurz. Es werde auch weitere Möglichkeiten zur Schließung von Kultusstätten geben. So werde ein Imame-Register eingeführt, das Symbole- und Vereinsgesetz werde verschärft und man setze Maßnahmen, um Finanzströme zur Terrorismusfinanzierung trockenzulegen.

Kultusministerin Susanne **Raab** sprach von einer antiwestlichen Ideologie, die sich gegen „unsere Werte" richte und die „unsere Gesellschaft spalten" wolle. „Die hasserfüllte Ideologie der Täter wird über unterschiedliche Kanäle verbreitet. Diesen Nährboden des **politischen Islam** müssen wir aufs Schärfste bekämpfen", so die Bundesministerin. Man setze daher Maßnahmen rechtlicher und faktischer Natur. Es gehe nicht um den Angriff gegen eine Religion, sondern um den gemeinsamen Kampf gegen den Extremismus: „Diese klare Trennung zwischen dem extremistischen Islamismus und der Religion ist mir ein wichtiges Anliegen."

Im Kampf gegen den **politischen Islam** habe man sich auf ein Gesetzes- und Maßnahmenpaket verständigt. „Es werden neue Straftatbestände gegen den **politischen Islam** eingeführt. Für solche Taten werden wir einen Erschwerungsgrund einführen. Damit wollen wir sicherstellen, dass die Täter mit der vollen Härte des Gesetzes getroffen werden und dass dabei das höchstmögliche Strafausmaß verhängt wird", betonte Susanne **Raab**.

Auch bei islamistischen Vereinen und Hasspredigern wolle man ansetzen. Das Symbole-Gesetz werde entsprechend nachgeschärft, indem solche Vereine darin aufzunehmen seien. Rechtliche Grundlagen zur rascheren Auflösung extremistischer Vereine sollen geschaffen werden. „**Islamistische Vereine** sollen sich beim Verbreiten extremistischen

Gedankengutes nicht auf den Schutz durch unsere Grundrechte berufen können. Es kommt also zum konsequenten **Schließen von Vereinen und Moscheen**, wie wir das zuletzt in Wien getan haben. Denn hier wird das Grundrecht auf Religionsfreiheit für extremistische Zwecke ausgenützt." Auch gegen **Hassprediger** aus dem Ausland möchte man durch zu schaffende rechtliche Möglichkeiten vermehrt vorgehen. Die Registrierung ausländischer **Imame** werde eingeführt. „Es soll auch eine Meldestelle für gewaltverherrlichende Online-Inhalte, den Cyber-Jihadismus, geschaffen werden", erklärte die Integrationsministerin am Ende ihrer Ausführungen.[119]

V.4.2 Medien: IGGÖ – Maßnahmenpaket gegen Terror: Keine Einbindung, keine Details bekannt

Wien (OTS/IGGÖ) – Die Islamische Glaubensgemeinschaft in Österreich (IGGÖ) war in die Verhandlungen bezüglich der Verschärfungen des **Islamgesetzes** nicht eingebunden und das trotz gegenteiliger Zusicherungen des zuständigen Ministeriums, wie Präsident Ümit **Vural** in einer ersten Reaktion festhält. (…)

Die Einführung eines Straftatbestands gegen religiös motivierten Extremismus, den Ministerin **Raab** explizit auf den sogenannten „**politischen Islam**" verstanden wissen möchte, stellt aus Sicht der IGGÖ einen Verstoß gegen die Verfassung dar. *„Wie auch schon im Fall des* **Kopftuchverbots** *haben wir immer lautstark betont, dass die Grundrechte muslimischer Bürgerinnen und Bürger nicht verhandelbar sind. Als Strafrechtsjurist bin und bleibe ich besonders skeptisch, wenn hier ein neuer, womöglich nicht scharf genug umrissener Straftatbestand eingeführt werden soll. Gesinnungsjustiz – auch über die Hintertür – lehnen wir strikt ab",* so **Vural** abschließend. (Vgl. APA (IGGÖ) www.ots.at)

---

[119] **Vgl.** https://www.bundeskanzleramt.gv.at/bundeskanzleramt/nachrichten-der-bundesregierung/2020/bundeskanzler-kurz-terrorismus-und-politischen-islam-mit-allen-mitteln bekaempfen.html) – 11. November 2020.

Demokratie oder eine populistische Propaganda?
Das **Kopftuchverbot** für muslimische Mädchen in der Schule aufzuheben, hat mir das Vertrauen zurückgegeben, dass das Gesetz im österreichischen Rechtsstaat über den Interessen einzelner Parteien und PolitikerInnen steht. „Wir leben schließlich in einem Rechtsstaat." Doch kaum ist die gute Nachricht von der Wiederherstellung des Gleichheitsgrundsatzes im Gebrauch religiöser Symbole verklungen, erfolgt ein neuer populistischer Akt der türkis-grünen Regierungsfraktion.

Der **Terroranschlag** in Wien (02.11.2020), der nach Meinung von ExpertInnen hätte verhindert werden können, wenn die Behörden die derzeitige Rechtslage in der Terrorismusbekämpfung ausreichend genützt hätten, wird populistisch genützt:
In mehreren Interviews der letzten Tage ist erschreckend anzusehen, wie sich die Integrationsministerin windet, gegen alle überzeugenden Rechtsargumente, doch noch irgendeine fadenscheinige Begründung für den Mehrwert dieser Gesetzesvorlage zu finden. Es gibt keinen einzigen Grund, so eine Bestimmung zu normieren, die sich auf den ersten Blick gegen alle Religionen richtet, aber in Wahrheit halt nur auf den Islam. Man hat in Österreich erlebt, wie mit solchen „Organisationsdelikten" verschiedene Gruppierungen, wie Tierrechtsaktivisten, die Muslimbrüder und linke Gruppen verfolgt werden.

Gegen den sogenannten „**politischen Islam**" kämpft man nicht mit solchen Methoden oder Bestimmungen, sondern indem man einen starken Nachrichtendienst aufbaut und die überwiegende Masse der gemäßigten Muslime ins Boot holt. Der Gesprächspartner und anerkannte Organisation ist die IGGÖ. Durch die Ignorierung der IGGÖ kann man kein Erfolg haben. Aber die kurzsichtige Führung der IGGÖ in letzter Zeit und populistische Politik der Regierung verhindert diese Zusammenarbeit. – Im Aufstieg des Populismus in vielen Ländern, auch in Österreich sehen wir leider eine drohende Entwicklung, die uns am Ende ins Elend führen kann. Dagegen müssen wir alle entschieden kämpfen. Populismus gebraucht zwar bei uns bis jetzt noch keine gewaltvollen Mittel, um dasselbe Ziel zur erreichen. Wir sollten aber aus der Geschichte lernen, dass die Grenzen zur Gewalt schnell aufgeweicht sind und großes

Unheil für ein Land geschehen kann, wenn sich der Populismus auch des Rechts bemächtigt. – Obwohl der Begriff „Populismus" (ursprünglich von lateinisch populus „Volk") eine mit politischen Absichten verbundene, auf Volksstimmungen gerichtete Themenwahl und Rhetorik ist, zeigt er sich aber auch in einem spezifischen Politikstil und dient als Strategie zum Machterwerb. Man spricht dann auch von einem politischen Schlagwort „Kampfbegriff" und gibt sich an als „Stimme des Volkes" sei. In der politischen Auseinandersetzung, wie wir auch leider in Österreich erleben, setzen Populisten oft auf Polarisierung, Personalisierung und Moralisierung, was die Gesellschaft spaltet.

V.4.3 Medien: Neues Islamgesetz: Mehr Kontrolle und harte Strafen

Die Regierung will mit einem verschärften Islamgesetz mehr Kontrolle über muslimische Gemeinden erlangen. Die Islamische Glaubensgemeinschaft ist gegen die, wie sie kritisiert, „verfassungsrechtlich heikle" Novelle. Der Religionsrechtler Andreas **Kowatsch** ortet „überschießende Strafen".

Die Regierung legte im Dezember im Rahmen eines Anti-Terror-Pakets ein novelliertes Islamgesetz vor, es ist bis 2. Februar in Begutachtung. Wenn das Gesetz so vom Nationalrat beschlossen wird, erhält das Kultusamt umfassende Kontrollmöglichkeiten über die Islamische Glaubensgemeinschaft (IGGÖ) sowie ihre Kultus- und Moscheegemeinden. Konkret geht es vor allem darum, dass das Kultusamt das Verbot der Finanzierung durch einen ausländischen Staat besser kontrollieren, Moscheen und Kultusgemeinden leichter schließen kann und genaue Informationen darüber erhält, welcher Imam in welcher Moschee predigt.

„Konsensorientierte Gespräche" und eine Abkoppelung der Novellierung des Islamgesetzes vom Anti-Terror-Paket fordert indes die IGGÖ in einer Stellungnahme. Man sieht den Bedarf für eine Novellierung des Islamgesetzes, doch eine solche im Kontext von Terrorbekämpfung durchzuführen, sei „verstörend". Religionsrechtexperte **Kowatsch** vom

Institut für Kirchenrecht und Religionsrecht an der Uni Wien sieht nach Jahrzehnten, in denen der Staat ein liberales Miteinander mit den Religionsgemeinschaften pflegte, eine Tendenz des Staates, „die Zügel wieder mehr in die Hand zu nehmen", wie er im Gespräch mit religion.ORF.at sagte.

Gläserne Kassen
Die Regierung sichert sich mit dem neuen Islamgesetz jedenfalls Einsicht in die Finanzen der muslimischen Gemeinden. Die Religionsgesellschaft, also die Islamische Glaubensgemeinschaft, aber auch die Alevitische Glaubensgemeinschaft in Österreich müssen in Zukunft jährlich ein Vermögensregister der ihnen zugeordneten Kultus- und Moscheegemeinden offenlegen. Das soll es dem Kultusamt ermöglichen, zu kontrollieren, ob das 2015 mit dem Islamgesetz eingeführte Verbot der Auslandsfinanzierung eingehalten wird.

Die Regierung will das Islamgesetz im Zuge eines Anti-Terror-Pakets novellieren
Mit dem Verbot wollte man dem Einfluss des türkischen Staates und konkret von Präsident Recep Tayyip **Erdogan** einen Riegel vorschieben. Schließlich wurden die Gehälter der Imame der Kultusgemeinde **ATIB** (Türkisch Islamische Union für kulturelle und soziale Zusammenarbeit in Österreich) lange Zeit von der türkischen Religionsbehörde **Diyanet** bezahlt. Wie sich später herausstellte, verstieß ATIB gegen das Verbot, das aber 2019 vom Verfassungsgerichtshof (VfGH) bestätigt wurde. Private Gelder aus dem Ausland seien vom Verbot aber nicht umfasst, so das Urteil.

Verhältnismäßigkeit fraglich
Mit dem neuen Gesetz sollen bei Verstößen gegen das Gebot der Inlandsfinanzierung nun Geldstrafen „bis zum doppelten Geldwert jener Mittel", die „gesetzwidrig im Ausland aufgebracht wurden", fällig werden. Für Religionsrechtsexperten **Kowatsch** sind das „drastische Maßnahmen".

Es handle sich um „sehr hohe Strafen", die die Existenzfähigkeit der betroffenen Gemeinden in Frage stellen können. Die Verhältnismäßigkeit komme im momentanen Gesetz „wenig zum Ausdruck". Für gewisse Übertretungen drohen etwa Strafen bis zu 72 000 Euro.

Wissen, wer predigt
Verpflichtend wird für die IGGÖ auch eine Aufstellung aller Einrichtungen, die ihr zugehörig sind, und aller religiösen Funktionsträger, die die religiöse Lehre verbreiten. Das sogenannte Imame-Verzeichnis muss dem Kultusamt vorgelegt werden. Auch Gastprediger aus dem Ausland müssen darin erfasst werden. Klar ist, der Staat will genau wissen, wer wo predigt.

Man wolle „gegen Hassprediger aus dem Ausland" vorgehen können, hatte Kultusministerin Susanne **Raab** (ÖVP) im Dezember erklärt. Es sei aber kein Gesetz gegen den Islam. Die Änderungen im Islamgesetz sind Teil eines Anti-Terror-Pakets, das als Reaktion auf den Terroranschlag im November in Wien präsentiert wurde. Welcher Imam predigt und wo – das soll den Behörden künftig vorgelegt werden müssen.

Schließung von Moscheen leichter
In der Gesetzesvorlage findet sich letztlich auch eine Regelung, die es dem Kultusamt ermöglicht, Moscheegemeinden leichter aufzulösen – und zwar auch ohne die Religionsgemeinschaft vorher die Möglichkeit zu geben, die beanstandeten Missstände zu beseitigen. Das gilt jedenfalls, wenn es dem „Schutz der öffentlichen Sicherheit, der öffentlichen Ordnung, Gesundheit und Moral oder zum Schutz der Rechte und Freiheiten anderer" dient. Der Entzug der rechtlichen Existenz einer religiösen Gemeinschaft sei allerdings eine „sehr scharfe Waffe", sagte **Kowatsch**.

Weiter geht die Rechtsanwältin und frühere SPÖ-Staatssekretärin im Kanzleramt Muna **Duzdar** in ihrer Analyse. In einer parlamentarischen Stellungnahme bezeichnete sie die Schließung von Moscheegemeinden unter diesen Umständen als „verfassungsrechtlich und rechtsstaatlich höchst problematisch." Es handle sich um einen „beispiellosen Eingriff in die rechtsstaatlichen Grundsätze gerade in einem grundrechtlich hoch sensiblen Bereich." Es sei wichtig, rechtswidrig handelnde Organisationen rasch zu sanktionieren, dabei seien aber Verfahrensrechte zu achten.

Verfassungsrechtliche Bedenken
Keinen Einwand gibt es bezüglich der Regelungen bezüglich der Auslandsfinanzierung. **Duzdar** war in der SPÖ-ÖVP-Regierung unter Bundeskanzler Christian **Kern** (SPÖ) für die Kultusagenden zuständig und hatte selbst eine Stärkung des Kultusamtes initiiert, um das Inlandsfinanzierunggebot im Islamgesetz überprüfen zu können. Laut der Juristin sei allerdings auch das **Imame-Verzeichnis** „verfassungsrechtlich nicht haltbar", da es innere Angelegenheiten der Religionsgemeinschaft betreffe und andere Religionsgemeinschaften dieser gesetzlichen Pflicht nicht unterworfen sind.

Der Staat darf sich zwar nicht in die inneren Angelegenheiten von Religionsgesellschaften einmischen, aber er habe ein „legitimes Interesse" und die Kompetenz dort gesetzlich einzugreifen, wo die Religion „nach außen" wirkt, sagte **Kowatsch** zu religion.ORF.at. Ob der Staat seine Kompetenz überschritten und verfassungsmäßig garantierte Rechte von Musliminnen und Muslimen beschnitten hat oder nicht, darüber musste in der vergangenen Zeit immer wieder der Verfassungsgerichtshof entscheiden – mit unterschiedlichem Ausgang. Zuletzt erklärte der VfGH das **Kopftuchverbot** für Schülerinnen für verfassungswidrig. (Vgl. Clara Akinyosoye, religion.ORF.at – Neues Islamgesetz: Mehr Kontrolle und harte Strafen – 26.01.2021)

„Anti-Terror-Paket": IGGÖ kritisiert restriktivere Regeln
Neue Gesetze und Novellen sollen auf Terrorprävention abzielen. Die Islamische Glaubensgemeinschaft sieht darin eine Schlechterstellung gegenüber anderen Religionen (1. Februar 2021)

Künftig müssen Kultus- und Moscheengemeinden ihre Finanzen offenlegen, Imame sollen registriert werden.
Das nach dem Anschlag in Wien von der Regierung geplante **„Anti-Terror-Paket"** stößt in der Begutachtung, die am Dienstag endet, auf Lob und Kritik. Neben Verschärfungen im Strafvollzug und neuen Straftatbeständen wie jenem des religiösen Extremismus sind auch restriktivere Regeln für Moscheen Betreiber geplant. Kritik daran kommt von der Islamischen Glaubensgemeinschaft (IGGÖ), die dadurch eine Schlechterstellung gegenüber anderen Religionsgemeinschaften ortet.

Zwei Gesetze hat die Regierung in die Begutachtung geschickt. Zum einen handelt es sich um das Terrorbekämpfungsgesetz, das den Justizbereich betrifft. Vorgesehen ist darin die elektronische Überwachung von Extremisten auch nach deren bedingter Entlassung. Zudem wird ein eigener Straftatbestand zu religiösem Extremismus geschaffen. Die Staatsanwaltschaften werden künftig schon vom Anfangsverdacht einer terroristischen Straftat informiert.

Imame-Register stößt auf viel Kritik
Weiters betroffen von Änderungen ist das Islamgesetz. Die auf den Weg gebrachte Novelle sieht vor, dass das Kultusamt jährlich Einblick in die Finanzen der Kultus- und der Moscheegemeinden erhalten muss. Sollten die Einrichtungen diese nicht vorlegen, drohen Geldbußen bis zu 72 000 Euro. Außerdem will die Regierung ein Imame-Register schaffen, dass die Tätigkeit muslimischer Geistlicher in Österreich überwachen soll. Verfassungsrechtler haben diese Vorhaben bereits kritisiert.

Widerstand kommt auch von der IGGÖ, die in ihrer Stellungnahme *„gravierende und nicht akzeptable Eingriffe in das Grundrecht auf Religionsfreiheit und in die inneren Angelegenheiten"* der Glaubensvertretung sieht. *„Das Islamgesetz muss dringend von allen diskriminierenden und sicherheitsrechtlichen Aspekten befreit werden, damit es endlich funktionieren kann"*, befand IGGÖ-Präsident Ümit **Vural**. Er fordert eine konsequente und strikte Trennung zwischen sicherheitspolizeilichen und religionsrechtlichen Regelungen. Kritik an mehreren Punkten kommt auch von der Muslimischen Jugend und der Initiative muslimischer ÖsterreicherInnen.

Amnesty International warnt vor Diskriminierung
Für Amnesty International ist es wichtig, *„dass die Regierung der Terrorismusgefahr ganzheitlich und umfassend begegnet anstatt nur mit Verboten, Strafen und Einschränkungen von Freiheiten."* Die Aufhebung der Rechtspersönlichkeit und Schließung von Kultusgemeinden und Moscheevereinen zähle zu den schwersten Eingriffen in die Religions- und Vereinigungsfreiheit und dürfe daher nur unter strenger Beachtung des

Verhältnismäßigkeitsprinzips erfolgen. Beim Imame-Register warnt die NGO vor möglicher Diskriminierung.

Unsachlichkeit ortet die Stadt Wien in den Strafandrohungen gegen Vereine, sollten diese keinen Einblick in ihre Finanzen gewähren. In der Stellungnahme werden Bedenken im Hinblick auf den Gleichheitsgrundsatz geäußert. Zudem wird die Höhe der Geldbuße von bis zu 72 000 Euro infrage gestellt.

Der **Bewährungshilfeverein Neustart**[120] begrüßt wiederum die Ausweitung sogenannter Entlassungskonferenzen sowie die Einrichtung einer Koordinationsstelle für Extremismusprävention und Deradikalisierung im Straf- und Maßnahmenvollzug. Im Fall der elektronischen Überwachung sieht die Organisation aber *„keine wesentliche präventiv wirksame Funktion"*, die so ein „eingriffsintensives und aufwendiges Instrument rechtfertigen würde." (APA, red, 1.2.2021)[121]

---

120 **Verein NEUSTART**: Resozialisierungshilfe für Straffällige, Unterstützung von Opfern und Prävention: Das sind seine Angebote, mit denen Kriminalität in der Gesellschaft verringert wird. Der Verein arbeitet seit 1957 im Bereich der justiznahen Sozialarbeit, der Straffälligenhilfe (Bewährungshilfe, Haftentlassenenhilfe), Opferhilfe und Prävention. Von Anfang an war die Organisation als Verein organisiert und trug bis 2001 den Namen „Verein für Bewährungshilfe und Soziale Arbeit". 2001 wurde der Vereinsname auf „NEUSTART – Bewährungshilfe, Konfliktregelung, Soziale Arbeit" geändert.

121 **Vgl.** auch. https://www.derstandard.at/story/2000123773860/anti-terror-paket-iggoe-kritisiert-restriktivere-regeln – 01.02.2021.

V.4.4 MINISTERIALENTWURFGESETZ ÜBER ISLAMGESETZ

Bundesgesetz über die Rechtspersönlichkeit von religiösen Bekenntnisgemeinschaften, Bundesgesetz über die äußeren Rechtsverhältnisse islamischer Religionsgesellschaften, Änderung (85/ME)

Ministerialentwurf Gesetz
Ministerialentwurf betreffend Bundesgesetz, mit dem das Bundesgesetz über die Rechtspersönlichkeit von religiösen Bekenntnisgemeinschaften und das Bundesgesetz über die äußeren Rechtsverhältnisse islamischer Religionsgesellschaften geändert werden

Kurzinformation – Ziel
- Um den effektiven Vollzug des Bundesgesetzes über die äußeren Rechtsverhältnisse islamischer Religionsgesellschaften sicherzustellen, sollen rechtliche Anpassungen im Gesetz vorgenommen werden.

Hauptgesichtspunkte des Entwurfs
In einigen Bereichen hat die Erfahrung aus den letzten Jahren gezeigt, dass im islamischen Bereich die bisherigen Rechtsgrundlagen einen effektiven Vollzug der Bestimmungen nicht immer hinreichend ermöglicht haben. Der Entzug der staatlichen Rechtspersönlichkeit einer innerreligiösen Einrichtung, die beim Kultusamt hinterlegt wurde und dadurch den Status als öffentlich-rechtliche Rechtsperson erlangt hat, ist nach den geltenden Bestimmungen auch bei Vorliegen eines Versagungsgrundes nicht möglich. Auch diese Einrichtungen müssen aber die Grundvoraussetzungen im Sinn des Islamgesetzes (IslamG) gewährleisten. Bei Einrichtungen und Funktionsträgern war nicht immer hinreichend klar, ob diese Teil einer islamischen Religionsgesellschaft waren oder davon unabhängige Rechtspersonen. Ebenso war die Überprüfung des Inlandsfinanzierungsgebots (§ 6 Abs. 2 Gebot zur Aufbringung der Mittel für die gewöhnliche Tätigkeit zur Befriedigung religiöser Bedürfnisse – sog. „Auslandsfinanzierungsverbot") bisher nur anhand der allgemeinen Kooperationsbestimmung des § 25 Islamgesetzes möglich.

Um eine klare gesetzliche Grundlage zu schaffen, sollen die Bestimmungen dahingehend konkretisiert werden.[122]

V.4.5 STELLUNGNAHME DER IGGÖ ÜBER DIE VERSCHÄRFUNG

Wenige Wochen nach dem Terroranschlag in der Wiener Innenstadt befindet sich Österreich noch immer in einem Zustand der Fassungslosigkeit und des Schmerzes. In den Tagen nach der schrecklichen Tat ist die gesamte Bevölkerung in Trauer zusammengerückt, die Spitzen der Kirchen und Religionsgemeinschaften haben ihre Verbundenheit demonstriert und auch die Bundesregierung hat mit ihren besonnenen Worten ihren Beitrag dazu geleistet, die Gesellschaft vor einer Spaltung zu bewahren.

Anstatt sich jedoch ausreichend Zeit einzuräumen, die Geschehnisse umfassend aufzuarbeiten und schon lang geforderte sinnvolle Strategien vor allem in den Bereichen der Bildungspolitik sowie der Extremismus Prävention und Deradikalisierung zu formulieren, präsentierte die österreichische Bundesregierung am 16. Dezember 2020 ein sogenanntes Anti-Terror-Paket, das auch Verschärfungen im Islamgesetz von 2015 vorsieht.

Eine Novellierung eines Religionsgesetzes im Kontext von Terrorbekämpfung wirkt dabei verstörend. Der brutale Anschlag war ein Angriff auf unsere Gesellschaft als Ganzes, gegen unser Land, gegen unsere gemeinsamen Werte, unsere Freiheit, unsere Demokratie und unsere liberale Rechtsordnung. Der Täter hat dabei wahllos auf Menschen

---

122 **Vgl.** MINISTERIALENTWURF GESETZ ÜBER ISLAMGESETZ: oesterreich.gv.at – Stand: 22.12.2020; Bundesrecht konsolidiert: Gesamte Rechtsvorschrift für Islamgesetz 2015, Fassung vom 07.09.2022 – https://www.ris.bka.gv.at/GeltendeFassung.wxe?Abfrage=Bundesnormen&Gesetzesnummer=20009124.

geschossen, ohne zu differenzieren. Die Ideologie, die ihn dabei geleitet hat, ist eine gewaltverherrlichende, eine entmenschlichende, die dem moralischen und religiösen Verständnis des Islam diametral entgegensteht. Eine ganze Religionsgemeinschaft und ihre AnhängerInnen in Sippenhaft für die Straftat eines Einzelnen zu nehmen, konterkariert die Anstrengungen jener Menschen, die sich tagtäglich um eine friedliches und solidarisches Miteinander in Österreich einsetzen.

Die Bemühungen radikale Tendenzen einzudämmen müssen als eine gesamtgesellschaftliche Bemühung verstärkt werden. Die IGGÖ steht mit all ihren Ressourcen und ihrer Expertise zur Verfügung und hält als Teil der österreichischen Gesellschaft ihre Hand ausgestreckt für all diejenigen, die mit ihr Seite an Seite im gemeinsamen Kampf zum Schutz unserer Freiheit und Demokratie stehen möchten.

IGGÖ fordert Abkoppelung des IslamG vom Anti-Terror-Paket
Obgleich die Relevanz einer Einbindung der IGGÖ in gesellschaftspolitische Fragen und im Speziellen in die Bekämpfung von Extremismus und Terrorismus in den vergangenen Monaten von Seiten der Bundesregierung in ihren öffentlichen Stellungnahmen immer wieder betont wurde, wurde der IGGÖ in der aktuellen Frage der Novellierung des Islamgesetzes von 2015 weder die Möglichkeit ergebnisoffener Gespräche, noch der gemeinsamen Suche nach inhaltlichen Lösungen für bestehende Herausforderungen eingeräumt. Trotz gegenteiliger Zusicherungen des zuständigen Ministeriums, war die IGGÖ in die Verhandlungen nicht eingebunden, sondern wurde lediglich vor vollendete Tatsachen gestellt und das obwohl die angekündigten Verschärfungen des Islamgesetzes die Autonomie einer Religionsgesellschaft tangieren und auch verfassungsrechtlich heikel sind. Eine tatsächliche Einbindung der IGGÖ wäre daher unabdingbar gewesen. Nichtsdestotrotz wurde der Gesetzesentwurf dennoch einseitig und unverzüglich nach der Präsentation der zuständigen Bundesministerin am 22. Dezember 2020 in die Begutachtungsphase geschickt.

Die IGGÖ selbst konstatiert einen dringenden Reformbedarf des Islamgesetzes, vor allem was die Gleichstellung zu anderen Religionsgesetzen, aber auch die Ermöglichung des Anstoßes wichtiger innermuslimischer Modernisierungsprozesse betrifft. Auch wenn der erhebliche politische Druck, unter dem die Bundesregierung nach dem Terroranschlag vom 2. November 2020 und den in Folge offenkundig gewordenen Versäumnissen der Sicherheitsbehörden in diesem Zusammenhang manifest ist, ist die Novellierung eines Gesetzes über die Konstituierung einer anerkannten Religionsgesellschaft im direkten Kontext der präsentierten Maßnahmen zur Terrorbekämpfung und als gemeinsame Gesetzgebung mit dem neu geschaffenen Straftatbestand gegen „religiös motivierte extremistische Verbindungen" unsachgemäß.

Das Vorhaben konterkariert grundsätzlich den Ursprungsgedanken des Islamgesetzes, die Beheimatung der Musliminnen und Muslime in Österreich sowie deren gesellschaftliche Akzeptanz zu fördern und zeigt, dass das Islamgesetz mittlerweile nicht mehr als reines Religionsgesetz, sondern vielmehr als Sicherheitsgesetz gesehen wird.

Die Vorgehensweise lässt eine auffallende Ungleichbehandlung im Vergleich zu anderen Kirchen und Religionsgemeinschaften in Österreich erkennen und widerspricht dem Kooperationsmodell zwischen ebendiesen und dem österreichischen Staat. Ein Verzicht auf das gute Verhältnis, das den positiven Beitrag der Religionen für Staat und Gesellschaft anerkennt, ist allerdings weder aus gesellschaftlichen noch aus legistischen Gründen sinnvoll.

Die IGGÖ fordert daher eine zeitliche und kontextuale Abkopplung der Novellierung des Islamgesetzes vom Anti-Terror-Paket sowie konsensorientierte Gespräche hinsichtlich einer Novellierung und hält in aller Deutlichkeit fest, dass die Novellierung des Islamgesetzes in dieser Form ausdrücklich gegen den Willen der IGGÖ durchgeführt würde. Die IGGÖ behält sich vor, ihre Sicht auf den Inhalt der Gesetzesnovelle in einer Stellungnahme an das österreichische Parlament zu übermitteln. (Vgl: Homepage der IGGÖ: Novellierung des Islamgesetzes-heruntergeladen am 26.01.2021)

Die Regelung ist eigentlich einzigartig, da sie nur die österreichischen Muslime/innen betrifft. Wenn man den Terrorismus bekämpfen will, kann man ein allgemeines Gesetz beschließen, das für alle gültig ist; in Österreich werden die Religionsgesetze normalerweise nach hundert Jahren novelliert oder geändert, aber das Islamgesetz wird nach sechs Jahren wieder geändert!

IGGÖ ad Islamgesetz: Klares Nein zu Regierungsplänen
Wien (OTS/IGGÖ) – „Reformieren, aber richtig!" – mit dieser Begründung lehnt Ümit Vural, Präsident der Islamischen Glaubensgemeinschaft in Österreich (IGGÖ), den von der Bundesregierung vorgelegten Entwurf zur Änderung des IslamG ab. Die bereits seit der Novellierung 2015 bestehen Probleme würden nur weiter verschärft, sinnvolle Verbesserungen fehlen im Gesetzestext hingegen komplett: „Es wäre aus unserer Sicht verantwortungslos, einem solch unausgegorenen Vorschlag zuzustimmen", resümiert **Vural**.

Der vorgelegte Gesetzesentwurf enthält eine bedeutende Schlechterstellung im Vergleich zu religionsrechtlichen Spezialgesetzen anderer staatlich anerkannter Kirchen und Religionsgesellschaften sowie gravierende und nicht akzeptable Eingriffe in das Grundrecht auf Religionsfreiheit und in die inneren Angelegenheiten der IGGÖ. *„Das Islamgesetz muss dringend von allen diskriminierenden und sicherheitsrechtlichen Aspekten befreit werden, damit es endlich funktionieren kann"*, ist **Vural** überzeugt. Er fordert eine konsequente und strikte Trennung zwischen sicherheitspolizeilichen und religionsrechtlichen Regelungen.

Die IGGÖ ruft die Bundesregierung daher in ihrer dem Parlament übermittelten Stellungnahme dringend dazu auf, die vorgeschlagenen Gesetzesänderungen in ihrer Gesamtheit zu verwerfen und zu einer gemeinsamen und konsensorientierten Novellierung des IslamG mit der IGGÖ zurückzukehren.

„Ich möchte explizit festhalten, dass der Kampf gegen Terror und Extremismus nur gemeinsam bewältigt werden kann. Die Novellierung eines Religionsgesetzes im Kontext von Terrorbekämpfung konterkariert indes

alle Bemühungen in diese Richtung und erfolgt ausdrücklich gegen den Willen der Islamischen Glaubensgemeinschaft", so **Vural** abschließend.[123]

V.4.6 Medien: Novelle des Islamgesetzes angenommen

Novelle des Islamgesetzes passierte Verfassungsausschuss
Die für Kultusfragen zuständige Ministerin Susanne Raab (ÖVP) sprach von einer sinnvollen Weiterentwicklung.

Innerislamische Einrichtungen wie Moscheegemeinden sollen im Falle von Gesetzesverstößen künftig einfacher geschlossen werden können. Zudem will die Regierung mehr (finanzielle und organisatorische) Transparenz der Religionsgesellschaften und Kultusgemeinden. Eine entsprechende Novelle zum Islamgesetz als Teil des **„Anti-Terror-Pakets" der Regierung wurde am Donnerstag vom Verfassungsausschuss des Nationalrats mit den Stimmen von ÖVP, SPÖ, Grünen und NEOS angenommen.**

Die für Kultusfragen zuständige Ministerin Susanne Raab (ÖVP) sprach im Ausschuss laut Parlamentskorrespondenz von einer sinnvollen Weiterentwicklung. Abgelehnt wurde der Gesetzentwurf hingegen von der FPÖ: Sie hält die gesetzlichen Bestimmungen insgesamt für unzureichend. (KURIER: 10.06.2021)

Anm. Mit der Novelle des Islamgesetzes werden unter anderem die Bestimmungen des Auslandsfinanzierungsverbots von Moscheen erweitert. In Zukunft müssen nicht nur Moscheen, sondern auch Vereine oder Stiftungen, die hinter den Moscheen stehen, ihre Finanzunterlagen vorlegen.

---

[123] **Vgl.** IGGÖ ad Islamgesetz: Klares Nein zu Regierungsplänen | Islamische Glaubensgemeinschaft in Österreich (IGGÖ), 01.02.2021 (ots.at); Live: So ist der Politische Islam in Österreich | kurier.at; https://epub.jku.at/obvulihs/download/pdf/3766329?originalFilename=true.

Ein weiteres Kernelement der Novelle ist die Einführung eines einheitlichen Imameverzeichnisses: Das bedeutet, dass bekanntzugeben ist, wer in Moscheen predigt – das gilt vor allem auch für Imame, die aus dem Ausland nach Österreich kommen.

V.4.7 ÖSTERREICH HAT ISLAM-LANDKARTE

600 muslimische Einrichtungen gibt es österreichweit – ab sofort soll über diese unter islam-landkarte.at informiert werden. Die Dokumentationsstelle „Politischer Islam" will zum Dialog einladen.

Im Juli 2020 nahm die Dokumentationsstelle „**Politischer Islam**" die Arbeit auf. Die Stelle soll sich „unabhängig und wissenschaftlich mit der gefährlichen Ideologie des politischen Islam auseinandersetzen", Einblicke in Netzwerke liefern, Ursachen erforschen und präventiv tätig werden, sagt die zuständige Integrationsministerin **Susanne Raab**.

© Bild: APA/GEORG HOCHMUTH

Aktuell gibt es laut Dokumentationsstelle 600 muslimische Einrichtungen in Österreich. Das Gros der Vereine ist in Wien (230), gefolgt von Niederösterreich (86) und Oberösterreich (78). Um einen Überblick über die Einrichtungen zu bekommen, selbigen zu wahren und Transparenz zu schaffen, dient das Projekt der Universität Wien unter der wissenschaftlichen Leitung von Ednan Aslan. Die Islamlandkarte, ab sofort, online unter **islam-landkarte.at** abrufbar, diene dazu, die Vielfalt abzubilden, aber auch den „Auslandseinfluss" zu beobachten.

„Wir wollen Transparenz schaffen", betont **Raab** die politische Relevanz der Informationen und: „Es gibt keinen Generalverdacht gegenüber muslimischen Organisationen."

Es gehe um einen „Kampf gegen politische Ideologien, nicht gegen eine Religion", betont die ÖVP-Integrationsministerin mehrfach und auf Nachfrage, dass durch die Karte die muslimische Gemeinschaft nicht unter „Generalverdacht" gestellt werden soll.

Zu den größten Dachverbänden islamischer Vereine zählen ATIB, Vereine der Millî Görüş/Islamische Föderation und der zu den Grauen Wölfen zählenden Türkischen Föderation.

Warum die Dokumentationsstelle „Politischer Islam" so stark polarisiert
Der wissenschaftliche Beirat der Dokumentationsstelle, **Mouhanad Khorchide**, erklärt, „Qualität vor Quantität" sei das Credo der Arbeit. Es gehe um „Differenzierung statt Pauschalisierung." Die Forschung sei ein offener Prozess, „ohne Anspruch auf Wahrheiten." „Es handelt sich um Untersuchungen zu den drei großen Dachverbänden", die selbst einem Wandel unterworfen seien.

In der muslimischen Gemeinde sieht man das nicht so. Durch die Islam-Landkarte würden Muslime sehr wohl unter Generalverdacht gestellt, lautet die vorherrschende Meinung. (…) (Kurier – von Johanna Hager, Bernhard Ichner – 27.05.2021)

Uni Wien will mit „Islam-Landkarte" nichts zu tun haben

Auch der Rektor der Universität Wien, **Heinz Engel**, hat Probleme mit der Islamlandkarte. Er distanzierte sich „insbesondere vom ‚Impressum', in dem zur Meldung von ‚Informationen zu einzelnen Vereinen oder Moscheen' aufgefordert wird". Und weiter: „Da dort auch darauf hingewiesen wird, dass die Berichte und Informationen nicht für inhaltliche Positionen der Universität Wien stehen, habe ich die Verwendung des Logos der Universität Wien untersagt." (vienna.at – 28.05.2021)

V.4.9 STELLUNGNAHME DER IGGÖ

IGGÖ ad „Dokumentationsstelle Politischer Islam": Verknüpfung mit „Islamlandkarte" bedenklich!

Nach dem vor Kurzem beschlossenen **Anti-Terror-Paket** zeugt die heute medienwirksam präsentierte „Islamlandkarte" der Universität Wien gemeinsam mit VertreterInnen der „**Dokumentationsstelle Politischer Islam**" und Integrationsministerin Susanne Raab erneut von der evidenten Absicht der Bundesregierung, pauschal alle in Österreich lebenden MuslimInnen als potenzielle Gefahr für die Gesellschaft und demokratische Rechtsordnung im Land zu stigmatisieren.

„Die seit Gründung der Dokumentationsstelle bestehende Befürchtung der Islamischen Glaubensgemeinschaft in Österreich einer politischen Einflussnahme und Instrumentalisierung der Wissenschaft hat sich heute bestätigt.", erklärt IGGÖ-Präsident **Ümit Vural**.

Die als Durchbruch unterbreitete „**Islamlandkarte**" ist ein seit 2012 bestehendes Projekt, in das die IGGÖ zu keinem Zeitpunkt eingebunden war. Die sich aktuell darauf befindlichen Information sind teilweise stark veraltet und unrichtig. Fatalerweise wurden auch die vom Projektleiter wohl mit dem Ziel der Legitimation eingeholten Stellungnahmen der aufgelisteten Kultusgemeinden der IGGÖ nicht berücksichtigt oder eingearbeitet. Eine tatsächliche Dialogbereitschaft darf daher angezweifelt werden.

Auch bei der Erstellung der drei Grundlagenpapiere der „Dokumentationsstelle Politischer Islam" fand keinerlei Austausch mit der IGGÖ statt.

Die Dossiers wurden ihr lediglich eine Stunde vor der Pressekonferenz übermittelt. Zu einer heutigen Podiumsdiskussion wurde die IGGÖ zwar eingeladen, ein Raum für einen eigenen Redebeitrag wird ihr dabei jedoch nicht eingeräumt.

„Das ist nicht mein Verständnis von Dialogbereitschaft und Austausch auf Augenhöhe. Die seit der Novellierung des Islamgesetzes im Jahr 2015 innerhalb unserer Glaubensgemeinschaft angestoßenen Reformprozesse werden von den politischen AkteurInnen konsequent negiert. Ich kann beim besten Willen nicht erkennen, inwiefern diese Art der Politik zu einer Versachlichung der Debatte oder auch zur Förderung der sozialen Kohäsion beitragen soll. Das vermeintliche Ziel, MuslimInnen dabei zu unterstützen, als Teil der österreichischen Gesellschaft wahrgenommen zu werden, wird durch das Projekt vollkommen konterkariert", so **Vural**.

Tatsächlich befeuert die Kampagne nicht nur den kontinuierlich wachsenden Rassismus gegenüber MuslimInnen und als muslimisch gelesene Menschen, sondern setzt muslimische BürgerInnen einem massiven Sicherheitsrisiko aus. In den vergangenen Stunden haben sich zahlreiche besorgte FunktionärInnen, Vereinsvorstände, aber auch einfache Mitglieder der unterschiedlichen muslimischen Communities an die IGGÖ gewandt, deren Namen auf der „**Islamlandkarte**" aufscheinen.[124]

V.4.10 Medien: Kirche kritisiert Landkarte

Am Dienstag (01.06.2021) äußerte sich auch erstmals die katholische Kirche kritisch zur Landkarte. Es erscheine „fragwürdig, warum staatliche Behörden nun einseitig eine Landkarte mit flächendeckenden Informationen und Bewertungen zu allen Institutionen einer einzelnen

---

124 **Vgl.** IGGÖ ad „Dokumentationsstelle Politischer Islam": Verknüpfung mit „Islamlandkarte" bedenklich! | Islamische Glaubensgemeinschaft in Österreich (IGGÖ), 27.05.2021 (ots.at).

Religionsgemeinschaft erstellen", sagte der geschäftsführende Vorsitzende der Kommission Weltreligionen der Österreichischen Bischofskonferenz, Markus **Ladstätter**. Der Religionswissenschaftler an der Kirchlich Pädagogischer Hochschule (**KPH**) Graz kritisierte im Gespräch mit Kathpress mögliche „Bespitzelung" und hinterfragte den von der Regierung behaupteten „Service"-Charakter. (…) Durch die gemeinsame Präsentation von „Islam" und „Islamismus" bzw. „politischem Islam" entstehe – „ungewollt oder gewollt" – eine Vermischung dieser beiden Inhalte. Dies werde zur Belastung für alle friedlichen, gläubigen Muslime. Aus diesem Grund sollte die plakative Formulierung „politischer Islam" überhaupt endlich aufgegeben werden, so sein Rat.

Auch von anderen Seiten war bereits zuvor Kritik an der „Islam-Landkarte" gekommen, darunter etwa von **Grünen**, **NEOS** und **SPÖ** sowie dem evangelisch-lutherischen Bischof Michael **Chalupka** und einem Beauftragten des Europarats. Die **Universität Wien** verbot die Verwendung ihres Logos. Bundeskanzler Sebastian **Kurz** (ÖVP) hatte sich hinter die Karte gestellt, die **FPÖ** sah sich in ihren Warnungen zur Migration aus muslimischen Ländern bestätigt. (APA, 1.6.2021)

An einigen Stellen in der Wiener Innenstadt tauchten am Mittwoch (2.6.2021) „Warnschilder" mit Verweis auf die Islam-Landkarte auf: Nun facht eine Aktion in mehreren Wiener Bezirken den Streit um die Islamlandkarte erneut an. Unbekannte brachten über Nacht „Warnschilder" unter verschiedenen Verkehrsschildern der Stadt Wien an. Die Schilder sind offensichtlich von Hand aus Karton gebastelt und laminiert, es dürfte sich hier nicht um offizielle Hinweistafeln der Stadt handeln. Die Aufschrift „Achtung! Politischer Islam in deiner Nähe" ist gefolgt von einem Hinweis auf die Islamlandkarte. (Heute, 02.06.2021)

Resultat: Eine antiislamische Aktion einer Gruppe, die sich „Patriotenin-Bewegung"/„Widerstand in Bewegung" („Identitären Bewegung") nennt, die Befürchtungen in Tat gesetzt:

Am Blog „Widerstand in Bewegung" schreiben die Aktivisten über die Beweggründe zu dieser Aktion: Die Islamlandkarte zeigte uns das Ausmaß der Islamisierung in Österreich. Wir klären nun auch die Menschen vor Ort über politischen Islam in ihrer Nachbarschaft auf. Vor 5 der radikalsten Moscheen in Wien wurden Warnschilder mit dem Hinweis: „Achtung! Politischer Islam in deiner Nähe" angebracht. Damit wollen wir die Österreicher, die in der Umgebung dieser Einrichtungen leben, auf die Gefahr hinweisen, in der sie und ihre Familien sich befinden.[125]

Schönborn: „Religionsatlas" statt „Islam-Landkarte":
Kardinal Christoph **Schönborn** mahnt in der Debatte über die umstrittene „Islam-Landkarte" einen „ehrlichen, transparenten Dialog zwischen Politik und Religionen" ein und schlägt einen Atlas aller anerkannten Religionen in Österreich vor.

Kardinal Schönborn

Gleichzeitig warnt der Wiener Erzbischof in seiner Kolumne in der „Heute"-Zeitung am Freitag davor, wenn – wie mit der „Islam-Landkarte" – eine Religion „herausgepickt" werde. „Ich halte es für gefährlich, wenn der Eindruck entsteht, eine der Religionsgemeinschaften wird unter Generalverdacht gestellt. Das ist wohl auch nicht die Absicht der Politik", schreibt der Kardinal und verweist darauf, dass es strafrechtliche Möglichkeiten gibt, um „staatsfeindliche, terroristische Tendenzen" zu verfolgen.

---

125 **Vgl**. https://patrioten-in-bewegung.info/wp/portfolio/achtung-islamisten-islam-kartenaktion/;https://www.info direkt.eu/2021/06/02/islam-landkarte-als-ideen-geber-fuer-identitaere-aktivisten/; https://www.heute.at/s/islam-warnschilder-bei-wiener-moscheen-montiert-100145245.

„Strafrecht klar genug"

Das Strafrecht sei klar genug, um gegen gefährliche Aktivitäten in radikalen Kreisen – ob in der Politik oder in der Religion – vorzugehen. „Dass es solche Radikale gibt, ist kein Grund, die Politik oder die Religion als Brutstätten des Radikalismus zu betrachten", hält der Kardinal fest und verweist gleichzeitig darauf, dass Österreich ein „ausgezeichnetes Religionsrecht" habe.[126]

Zusammenfassend: Die „Islamlandkarte" ist eine Verdachtspolitik und ein gefährlicher Schritt für die Zukunft: Diese Verdachtspolitik senkt das bisher ohnehin niedrige Niveau auf ein neues Tief. Insbesondere die „Islamlandkarte" schürt massiv Vorurteile und stellt alle Muslime/innen unter Generalverdacht. Die Regierung ist dringend aufgefordert, ihre diesbezügliche Politik auf den Prüfstand zu stellen und sich dabei an den verfassungsrechtlichen Grundsätzen zu orientieren.

---

126 **Vgl.** ORF: ZIB 18, 4.6.2021 – https://religion.orf.at/stories/3206925/; https://www.ots.at/presseaussendung/OTS_20210604_OTS0006/schoenborn-fuer-religionsatlas-statt-islam-landkarte

KAPITEL VI

VI EREIGNISSE ZWISCHEN 26.6.2011–19.6.2016

VI.1 ERKLÄRUNG

Alle Ereignisse und Projekte hier detailliert zu erwähnen, würde den Rahmen sprengen. Als Präsident habe ich in meiner Amtsperiode (26.6.2011–19.6.2016) hunderten großen und wichtigen Veranstaltungen im In-und Ausland beigewohnt. 2011 waren die Wahlen der IRG in den Bundesländern. Die Wahlvorbereitungen haben schon im Jahr 2010 begonnen. Ich werde die Ereignisse der Wahl des Ausschusses der „IRG-Wien" möglichst ohne Kommentar präsentieren:
Da waren zunächst die Wahlvorbereitungen der Islamischen Religionsgemeinden in den Bundesländern. Das damalige Wahlsystem war mühsam und dauerte sehr lang, weswegen wir später dieses System geändert haben. Die Wahlen wurden in acht Bundesländern durchgeführt. Da wir im Burgenland keine IRG hatten, aber die dort lebenden 1 500 Muslime vertreten wollten, haben wir vier Personen zum Schurarat herangezogen.

VI.2 SCHURARATS- UND OBERSTENRATSMITGLIEDER der IGGÖ

von 15.01.2000 bis 26.6. 2011

1.	ABID	Hussain	Salzburg
2.	AMMICHT	Gernot	Wien
3.	ATA	Kemal	Salzburg
4.	BAGHAJATI	Amina	Wien
5.	BAZAN	Hasan	Dornbirn
6.	BEGIC	Husein	Bludenz
7.	BUZAR	Irfan	Wien
8.	COSIC	Omer	Graz
9.	EL DEMERDASH	Ibrahim M.	Wien
10.	ERASLAN	Ali	Wien
11.	HAMIDI	Ahmet Dr.	Wien
12.	HUSIC	Husnija	Linz
13.	KARIC	Edin Dr.	Graz
14.	KIZILER	Cemal	Graz
15.	KURTGÖZ	Ali	Graz
16.	MAHMOUD	Kamel G. Dr.	Graz
17.	MEMIC	Esad Fl.	Villach
18.	MORAD	M. Jamal Mag.	Wien
19.	ÖZÜYER	Maria	Bregenz
20.	PODOJAK	Senad Fl	Wels
21.	REDZEPOVIC	Samir	Hall in Tirol
22.	SAHIN	Mehmet C.	Wien
23.	SALEH	Andrea	Wien
24.	SALEH	Ghassan Dl.	Wien
25.	SAMMAN	Nazir Dr.	Bludenz
26.	SANAC	Fuat Dr.	Wien Vorsitzender
27.	SCHAKFEH	Anas Prä.	Wien
28.	TARIM	Ekrem	Bregenz
29..	TASDÖGEN	Abdi	Feldkirch-Tosters
30.	YARAT	Yavuz	Salzburg
31.	ZEKIRI	Adem	Hallein

MITGLIEDER DES OBERSTENRATES DER IGGÖ
von 15.01.2000 bis 26.6. 2011

1.	BAGHAJATI Amina	Wien
2.	BUZAR Irfan	Wien
3.	ERASLAN Ali	Wien
4.	HAMIDI Ahmet Dr.,	Wien
5.	MEMIC Esad, Fl.	Villach
6.	MORAD M. Jamal, Mag.	Wien
7.	PODOJAK Senad, Fl	Wels
8.	SALEH Andrea	Wien
9.	SAMMAN Nazir, Dr.	Bludenz
10.	SANAC Fuat, Dr.	Wien
11.	SCHAKFEH Anas	Wien- Präsident
12.	TASDÖGEN Abdi	Feldkirch

VI.3 DIE WAHLEN DER IGGiÖ FÜR 2011

1. Termine für Delegiertenwahl 2011
für die Islamischen Religionsgemeinden (IRG)

Graz:	08.05.2010
Wien:	15. 05.2010
Klagenfurt:	21.11.2010
Salzburg:	28.11.2010
St. Pölten:	05.12.2010
Linz+Innsb:	12.12.2010
Bregenz:	19.12.2010

2. Endergebnis der Wahlen der IGGiÖ 2011

Bundesland	Wahlberechtigte Insgesamt	Abgegebene Stimmen-2011
Bregenz	3 208	2 813
Innsbruck	3 400	3 004
Klagenfurt	938	790
Linz	2 806	2 351
Salzburg	1 698	1 363
St. Pölten	2805	2 419
Graz	1 090	725
Wien	10 845	7 062
Total	26 790	20 527

3. Delegiertenanzahl 2011

BEGENZ:	58
INNSBRUCK:	63
SALZBURG:	33
ST. PÖLTEN:	52
LINZ:	51
KLAGENFURT:	17
GRAZ:	20
WIEN:	208
TOTAL:	502 (46 Frauen)

4. Gesamtzahl der Wahlberechtigten 2011

Gesamtzahl der Wahlberechtigten:	26 790
Gesamtzahl der abgegebenen Stimmen:	20 527
Wahlbeteiligung:	75,6 %
Beteiligte Moscheen bzw. Fachvereinigungen:	227
Zahl der gewählten Delegierten:	502 (46 Frauen)
Gesamtzahl der bisher registrierten Mitglieder:	134 465
Gesamtzahl der registrierten Moscheen und Fachvereinigungen:	240

5. Dia Ausschusswahlen der IRG –TERMINE

1. St. Pölten: SA: 26. März 2011
2. Klagenfurt: SO: 27. März 2011
3. Bregenz: SA: 02. April 2011
4. Innsbruck: SA: 03. April 2011
5. Linz: SA: 09. April 2011
6. Salzburg: SO: 10. April 2011
7. Graz: SO: 08. Mai 2011
8. Wien: SO: 15. Mai 2011

VI.3.1 DIE WAHLERGEBNISSE DER RELIGIONSGEMEINDEN

1 VORARLBERG

Protokoll der ersten Sitzung des Gemeindeausschusses der „IRG-Bregenz"

Die von der konstituierenden ordentlichen Gemeindeversammlung der IRGBregenz gemäß Artikel 20 Verf. IGGiÖ in Verbindung mit Artikel 4 Wahlordnung IGGiÖ gewählten Mitglieder des Gemeindeausschusses der IRGBregenz traten am 02.04.2011 um 17:00 Uhr zu ihrer ersten Gemeindeausschusssitzung zusammen.

Ausschuss der IRG-BREGENZ – 02.04.2011

Funktion	Name
1 Vorsitzender der IRG	TASDÖGEN Abdi
2 Stellvertretender Vorsitzender	HOROZ Abdullah
3 Generalsekretär	ERDEM Kasim
4 Stellvertretender Generalsekretär	CEHAJIC Fadil
5 Kassier	GAYE Kenan
6 Stellvertretender Kassier	DERSVISEVIC Jasmin
7 Sozialreferent	ALKIN Seref
8 Medienreferent	EL GAZZALI Mohamed*
9 Frauenreferent	ALHEALE Aseel
10 Jugendreferent	SAMMAN Nazir, Dr.
11 Kulturreferent	NESIMOVIC Cazim

*Zurückgetreten

Nach der Ausschuss-Wahl mit den Funktionär/innen der IRGBregenz – 02.04.2011

2 KÄRNTEN

Ausschuss der IRGKLAGENFURT – 27.03.2011

Name	Funktion	Herkunft
1. Esad MEMIC	Vorsitzender	BOS
2. Ferhat CEKIC	Stellvertreter	ATIB
3. Nasudin ATANOVIC	Generalsekr.	BOS
4. Feyyaz KANDEMIR	Stellvert.	UNION
5. Nedzad CAVCIK	Kassier	BOS
6. Ali GÜLLÜ	Stellvert.	ATIB
7. Osman SINANOVIC	Sozialref.	BOS
8. Melih Ahmet SALMAN	Jugendref.	UNION
9. Adem PEHLIC	Medienref.	BOS
10. Merjam C. STRAßER	Frauenref.	ÖSTERR.
11. Mabrouk ABDULHASSAN	Kulturref.	ÄGY

3 SALZBURG

Ausschuss der IRGSALZBURG – 10.04-2011

Funktion	Name
1 Vorsitzender der IRG	ERDEMIR Erkan
2 Stellvertretender Vorsitzender	YILMAZ Ahmet
3 Generalsekretär	DEMIRCI Turgut
4 Stellvertretender Generalsekretär	TOSUN Ünal
5 Kassier	GASTOUNE Najat
6 Stellvertretender Kassier	BAJRAMI Fazli
7 Sozialreferent	HODZIC Amel
8 Medienreferent	SHAHID Seyed
9 Frauenreferentin	DEMIRCI Beyhan
10 Jugendreferent	IZERI Habib
11 Kulturreferent	BENSMAIN Mohamed

4 NIEDERÖSTERREICH

Ausschuss der IRGST.PÖLTEN – 26.03.2011

	Funktion	Name	Herkunft
1	Obmann	Mehmet Isik	Türkei
2	Obmann Stv.	Aydin Akyüz	Türkei
3	Generalsekretär	Süleyman Yeşilova	Türkei
4	Kassier	Ekrem Yakin	Türkei
5	Generalsekretär Stv.	Nagihan Hajdar	Albanien
6	Kassier Stv.	Mehmed Fejzic	Bosnier
7	Jugendreferent	Nedim Arikan	Türkei
8	Frauenreferent	Nadire Mustafi	Mazedonien
9	Medienreferent	Zadin Mustafi	Mazedonien
10	Kulturreferent	Galip Stanfel	Österreicher
11	Sozialreferent	Husseyin Malcok	Bosnier

Nach der Ausschuss-Wahl mit den Funktionär/innen der IRGSt. Pölten 26.03.2011

5 OBERÖSTERREICH

Ausschuss der IRGLINZ – 09.04.2014

Funktion	Name
1 Vorsitzender der IRG	BASER Murat
2 Stellvertretender Vorsitzender	ARSLAN Adem
3 Generalsekretär	PODOJAK Senad
4 Stellvertretender Generalsekretär	ARIKAN Levent
5 Kassier	DOGAN Hasret
6 Stellvertretender Kassier	EKSI Ercan
7 Sozialreferent	EDIN Kaminic
8 Medienreferent	DIAW Moussa
9 Frauenreferentin	TROSCHL Mariam
10 Jugendreferent	IBRAIMI Asim
11 Kulturreferent	AHMETI Muhidin

6 TIROL

Ausschuss der IRGINNSBRUCK – 03.04.2011

Funktion	Name
1 Vorsitzender der IRG	TÜRKMEN Burhan
2 Stellvertretender Vorsitzender	AKARTUNA Emrah*
3 Generalsekretär	DEMIR Mustafa
4 Stellvertretender Generalsekretär	REDZEPOVIC Samir
5 Kassier	KESKIN Hasan
6 Stellvertretender Kassier	HALABIEH Mohamed
7 Sozialreferent	OMERCIC Mehmed
8 Medienreferent	MUZAFEROVIC Salih
9 Frauenreferentin	EKINCI Hülya
10 Jugendreferent	SMAJLOVIC Amer
11 Kulturreferent	MOHAMED Ebtesam

*Zurückgetreten

7 STEIERMARK

Ausschuss der IRGGRAZ – 28.05.2011

Funktion	Name
1 Vorsitzender der IRG	Kurtgöz Ali
2 Stellvertretender Vorsitzender	Cosic Ömer
3 Generalsekretär	Dogan Veli
4 Stellvertretender Generalsekretär	Caliskan Fuat
5 Kassier	Felic Edvad
6 Stellvertretender Kassier	Ibraimi Nagib
7 Sozialreferent	Yaliniz Mahmut
8 Medienreferent	Elleisy Magdy, Mag. Dr.
9 Frauenreferentin	Amila Mujagic
10 Jugendreferent	Zekan Sakib
11 Kulturreferent	Mohamed Gowayed, Med.Dr.

8 WIEN

Ausschuss der IRGWIEN – 15.05.2011

Name	Funktion
1. Dr. Nihat Koca	Vorsitzender
2. Dr. Fuat Sanac	Vorsitzender Stv.
3. Avni Özalp B.A.	Generalsekretär
4. Halit Temiz	Generalsekretär Stv.
5. Mag. Mustafa Yildiz	Kassier
6. Somaia Abou Elmagd	Kassier Stv.
7. Azra Dobraca Ekter	Frauenreferent*
8. Abdulmecid Sijamhodzic	Jugendreferent
9. DI. Mohammad Hassan	Sozialreferent
10. Mag. Zekirija Sejdini	Medienreferent*
11. DI. Tarafa Baghajati	Kulturreferent

*Zurückgetreten

Ausschussmitglieder der neugewählten Mitglieder/innen
(Anas Schakfeh und Irfan Buzar gehören nicht zum Ausschuss) 15.05.2011

VI.3.2 DIE OBERSTENRATSMITGLIEDER der IGGÖ 26.06.2011–19.06.2016

1. SANAC Fuat, Dr.	Vorsitzender des Obersten Rates und Präsident der IGGiÖ
2. UYSAL Nebi, Dipl. Ing.	Stellvertretender Vorsitzender
3. DOYMAZ Murat, DI	Generalsekretär
4. SIJAMHODZIC Abdulmedzid, Mag.	Stellvertretender Generalsekretär
5. YALCIN Satilmis	Kassier
6. ABU ZAHRA Amani, Mag.	Stellvertretende Kassierin
7. BAGHAJATI Carla Amina	Frauenreferentin
8. TASDÖGEN Abdi, MBA	Jugendreferent
9. KOCA Nihat, Dr.	Sozialreferent
10. SEJDINI Zekirija, Mag.	Medienreferent
11. MORAD Muhammad Jamal	Kulturreferent
12. TANKIR Cevdet, Dipl. Päd.	Vereinekoordinator
13. MEMIC Esad, Dipl. Päd.	Mitglied
14. IMARA M. Hassan	Mitglied
15. KHAWAJA Abdul Hafeez, Mag.	Mitglied

Vom Burgenland (BGLD) wurden vier Personen zum Schurarat herangezogen:

Frau Aisha KHAN	Indisch – BGLD
Shoaib KHAN	Indisch – BGLD (gestorben)
Frau Sahar ABDUL-WAHAB	AGY – BGLD
Abdulkarim MESLAT	SYR – BGLD

PS: Der **Oberste** Rat ist das oberste Verwaltungsorgan der Islamischen Glaubensgemeinschaft in Österreich. Er fasst in allen Angelegenheiten des Wirkungsbereiches der Islamischen Glaubensgemeinschaft in Österreich, die nicht ausdrücklich einem anderen Organ zugewiesen sind, die erforderlichen Beschlüsse, kontrolliert deren ordnungsgemäße

Umsetzung und überwacht die Geschäftsführung in allen Zweigen der Islamischen Glaubensgemeinschaft in Österreich.

Die IGGÖ wird nach außen durch den Vorsitzenden des Obersten Rates, dh. vom Präsident vertreten (dieser Paragraph wurde nach meiner Amtszeit geändert; zwei Stellvertreter des Präsidenten müssen die Dokumente mitunterschreiben).

VI.3.3 DIE SCHURARATSMITGLIEDER DER IGGÖ 26.06.2011–19.06.2016

ATANOVIC Hasudin	BOSNISCH – KLAGENFURT
MEMIC Esad	BOS – KLF
CAVKIC Nedzad	BOS – KLF
Ferhat CEKIC	TR – KLF
PODAJAK Senad	BOS – OÖ
Murat BASER	TR – OÖ
Adem ASLAN	TR – OÖ
Hasret DOGAN	TR – OÖ
Al Hassan Diaw Moussa	ÄGY – OÖ
Nebi UYSAL	TR – OÖ
KOSIC Ömer	BOS – STM
Edvad FELIC	BOS – STM
Ali KURTGÖZ	TR – STM
Veli DOGAN	TR – STM
Mag. Abdi TASDÖGEN	TR – VRL
Abdullah HOROZ	TR – VRL
Kasim ERDEM	TR – VRL
Kenan GAYE	TR – VRL Stellvertr. Generalsekretär
DI. Mohamed ELGHAZZALI	ÄGY – VRL nach der Wahl zurückgetreten
Fadil CEHAJIC	BOS – VRL
DI. Husein BEGIC	BOS – VRL
Burhan TÜRKMEN	TR – TROL
Dr. Emrah AKTUNA	TR – TROL
Hasan KESKIN	TR – TROL
Mustafa DEMIR	TR – TROL
BSc Samir REDZEPOVIC	BOS – TIROL
Ing. Mehmed OMERCIC	BOS – TIROL
BSc Mohamed HALABIEH	ÄGY – TIROL
Mehmet ISIK	TR – NÖ
Aydin AKYÜZ	TR – NÖ
Süleyman YESILOVA	TR – NÖ gestorben

Yakup GECGEL	TR – NÖ
Frau Dipl. Päd. Nadire MUSTAFI	MAK – NÖ-Generalsekretärin
Ekrem YAKIN	TR–NÖ Stellvertr. Vorsitzender und nachher Vorsitzender
Erkan ERDEMIR	TR – S
Turgut DEMIRCI	TR – S
Frau GASTOUNE Najat	MAR – S
Ahmet YILMAZ	TR – S
Fr. Aisha KHAN	Indisch – BGLD
Shoaib KHAN	Indisch – BGLD gestorben
Frau Sahar ABDUL-WAHAB	AGY – BGLD
Abdulkarim MESLAT	SYR – BGLD
Dr. Fuat SANAC	TR -W-
Dr. Nihat KOCA	TR -W-
Avni ÖZALP	TR -W-
Satilmis YALCIN	TR -W-
DI. Murat DOYMAZ	TR -W-
Cevdet TANKIR	TR -W-
Mag. Zekirija SEJDINI	MAK -W- Vorsitzender – zurückgetreten
Dr. Mustafa YILDIZ	TR -W-
Mag. Erich WALDMANN	A -W-
Frau Amani ABOU ZAHRA	PAL -W-
Frau C. Amina BAGHAJATI	A -W-
Ing. Samir ABOU AL LABAN	SYR -W-
Dr. Hassan MOUSA	ÄGY -W-
Mag. Hafiz Abdul Hafeez KHAWAJA	PAK -W-
Mag. Abdulmedzid SIJAMHODZIC	BOS -W-
Mag. M. Hassan IMARA	ÄGY -W-
Mag. Samir SAFOUR	SYR -W-
M. Jamal MORAD	SYR -W-
DI. Mouddar KHOUJA	SYR -W-
Mufti: Mag. Mustafa MULLAOGLU	

PS: Der **Schurarat** ist das Legislativorgan der Islamischen Glaubensgemeinschaft in Österreich. Er legt die Grundsätze und Leitlinien für die Wahrnehmung sämtlicher Aufgaben der Islamischen Glaubensgemeinschaft in Österreich fest. Er ist unter anderem für die Festlegung und nähere Ausgestaltung der Aufgaben der Islamischen Glaubensgemeinschaft in Österreich (Vgl. Artikel 2 Abs. 3) zuständig.

Die Mitglieder des Schurarates werden in den jeweiligen Kultusgemeinden und im Beirat zum Schurarat intern gewählt und entsprechend ihrer Größe in den Schurarat entsendet, wobei am Tag der Entsendung das 18. Lebensjahr vollendet sein muss. Der Schurarat wählt aus seiner Mitte seinen Vorsitzenden, dessen Stellvertreter sowie den Generalsekretär. Scheidet ein Mitglied aus dem Schurarat aus, hat die jeweilige Kultusgemeinde oder der Beirat zum Schurarat, dem das ausscheidende Mitglied angehörte, ein Ersatzmitglied zu entsenden.

Die genaue Anzahl der zu entsendenden Mitglieder in den Schurarat hängt von der Mitgliederanzahl und der Anzahl an seit mindestens drei Jahren betriebenen – Moscheeeinrichtungen ab. Kultusgemeinden entsenden kraft ihrer Eigenschaft als Kultusgemeinde 4 Mitglieder. Zusätzlich entsenden sie bei Vorliegen von 10 Moscheeeinrichtungen und 500 Mitgliedern je 1 weiteres Mitglied.

VI.4 EINIGE MEDIENBERICHTE NACH DER WAHL – 26.06.2011

1 Islamische Glaubensgemeinschaft – neuer Präsident

Fuat Sanac ist am Sonntag zum neuen Präsidenten der Islamischen Glaubensgemeinschaft in Österreich (IGGiÖ) gewählt worden. Der 57jährige gebürtige Türke folgt Anas **Schakfeh**, der dieses Amt zwölf Jahre lang bekleidete. Der Kür vorangegangen waren Wahlgänge in den Bundesländern, bei denen die heimischen Muslime erstmals im großen Stil ihre Vertretung in ihren Religionsgemeinden wählen konnten. © APA (Archiv/TECHT)

Sanac wurde bei der Sitzung des Schura-Rates Sonntagnachmittag von 52 Mitgliedern gewählt, es gab acht Gegenstimmen. Auch der gesamte 15köpfige Oberste Rat der IGGiÖ wurde bestimmt, an dessen Spitze der neue Präsident steht. Neuer Vorsitzender des Schura-Rates selbst – und damit Nachfolger von **Sanac** in dieser Funktion – ist Zekirija **Sejdini**.

Neuer Vizepräsident der Glaubensgemeinschaft ist Nebi **Uysal**. Er folgt in dieser Funktion dem Mediziner Ahmet Hamidi, der am Freitag seine Funktionen in der Glaubensgemeinschaft zurückgelegt hatte. Grund war eine angebliche Aussage bei einer öffentlichen Diskussion, wonach er zu viel Sport bei Frauen als ungesund bezeichnet haben soll. Hamidi bestreitet, dies gesagt zu haben.

Seine konkreten Pläne für die Islamische Glaubensgemeinschaft will **Sanac** noch in dieser Woche im Rahmen einer Pressekonferenz bekanntgeben. (APA – 26.06.2011)[127]

---

127 Vgl. https://www.derstandard.at/story/1308679707911/fuat-sanac-neuer-praesident-der-islamischen-glaubensgemeinschaft – 26.06.2011; https://peoplepill.com/people/fuat-sanac – 07.09.2021.

2 Fuat Sanac ist neuer Präsident der Muslime

Fuat Sanac ist der neue Präsident der Islamischen Glaubensgemeinschaft in Österreich (IGGiÖ). Der gebürtige Türke wurde vom Schurarat, dem legislativen Organ der IGGiÖ, mit 86,7 Prozent gewählt.

Sanac – Die Presse (Clemens Fabry) – 26.06.2011 um 18:25

Wien/Eko/APA. Fuat Sanac, geboren 1954 in der Türkei, galt schon lange vor der Wahl als logischer Nachfolger des bisherigen Präsidenten Anas Schakfeh. Vor seiner religiösen Karriere war er türkischer Meister im Boxen. Inzwischen ist er seit 30 Jahren in Österreich aktiv. Der ehemalige Religionslehrer und derzeitige Fachinspektor für islamischen Religionsunterricht will seine Pläne zu einer Neugestaltung und Modernisierung der IGGiÖ in den kommenden Tagen bei einer Pressekonferenz vorstellen.

Integrationsstaatssekretär Sebastian **Kurz** hat Fuat **Sanac** zur Wahl zum neuen IGGiÖ-Präsidenten gratuliert. „Religion soll nicht Teil des Problems, sondern Teil der Lösung der Integrationsfrage sein", betonte Kurz, der sich auf eine „gute Zusammenarbeit" freute.[128]

---

128 **Vgl.** https://www.diepresse.com/672927/fuat-sanac-ist-neuer-praesident-der-muslime.

3 Spindelegger: „Beziehungen mit Islamischer Glaubensgemeinschaft intensivieren"

Außenminister und Vizekanzler Michael **Spindelegger** gratuliert dem neuen Präsidenten der Islamischen Glaubensgemeinschaft in Österreich (IGGiÖ).

Wien, 27. Juni 2011 – „Für die Islamische Glaubensgemeinschaft in Österreich beginnt eine neue Ära und ich wünsche dem neu gewählten Präsidenten, Fuat **Sanac**, für die bevorstehenden Aufgaben viel Erfolg und Unterstützung", gratulierte Außenminister Spindelegger und würdigte dabei auch seinen Vorgänger, den aus Syrien stammenden Dolmetscher Anas **Schakfeh**, der seit 1987 geschäftsführender Präsident und seit 2004 Präsident der IGGiÖ war.

„Die Islamische Glaubensgemeinschaft in Österreich hat Anas Schakfeh außerordentlich viel zu verdanken", so der Außenminister über den scheidenden Präsidenten, der 2008 das Große Goldene Ehrenzeichen mit dem Stern für Verdienste um die Republik Österreich und 2010 das Goldene Ehrenzeichen für Verdienste um das Land Wien erhalten hat. Spindelegger unterstrich insbesondere Schakfeh bedeutende Rolle bei der Institutionalisierung der Islamischen Glaubensgemeinschaft sowie dessen intensive Bemühungen um Kommunikation und Dialog. Angesichts globaler Herausforderungen, wie etwa anlässlich des so genannten Karikaturenstreits um die Mohammed-Karikaturen in dänischen und anderen europäischen Zeitungen 2006, habe sich Schakfeh immer als „besonnener Sprecher der MuslimInnen und Dialogpartner erwiesen, dessen Stimme weit über Österreichs Grenzen hinaus gehört wurde." Schakfeh ist auch einer der Initiatoren der Konferenz der europäischen Imame und SeelsorgerInnen, die 2003, 2006 und 2010 erfolgreich in Österreich stattfanden und vom Außenministerium unterstützt wurden. „Die dort verabschiedeten Schlussdokumente sind eine gute Grundlage für die Positionierung des Islams in Europa", so Spindelegger.

„Mit der Wahl des neuen Präsidenten der IGGiÖ, dem aus der Türkei stammenden Fuat **Sanac**, seien auch große Erwartungen zur konkreten

Ausgestaltung des Islams in Europa und seiner Alltagstauglichkeit und Vereinbarkeit mit dem europäischen Lebensmodell verbunden", verwies der Außenminister auf das im Jahr 2012 bevorstehende 100jährige Jubiläum zur rechtlichen Anerkennung des Islams in Österreich. „Wir alle sollten diesen Festakt zum Anlass nehmen, die Erwartung zu erfüllen, die uns als österreichische StaatsbürgerInnen, gleich welcher Religionszugehörigkeit, verbindet: Die Gestaltung eines demokratischen, säkularen, den Menschenrechten und Grundfreiheiten verpflichteten, wirtschaftlich erfolgreichen und sozialen Österreichs und Europas. Kirchen und Religionsgemeinschaften sind gefordert im fruchtbaren Dialog untereinander einen konstruktiven Beitrag für die Gesamtgesellschaft zu leisten. Die Islamische Glaubensgemeinschaft und die muslimischen Gemeinden sind hier gefordert, die Bemühungen um Modernisierung, Dialog und Integration auf allen Ebenen zu intensivieren."

Österreich kann auf eine lange Dialogtradition zurückblicken, die sich auch im Dialogschwerpunkt des Außenministeriums widerspiegelt. „Wir wollen unsere Aktivitäten im Dialog der Kulturen und Religionen auch in Zukunft weiter intensivieren und Kooperationen mit der Islamischen Glaubensgemeinschaft und anderen Dialogpartnern ausbauen", so der Außenminister abschließend und nannte etwa vom Außenministerium initiierte bzw. unterstützte Projekte wie die Fortbildung der Imame und SeelsorgerInnen zu „Integrationslotsen", die Umsetzung der Schlussfolgerungen der europäischen Imamekonferenzen, die Stärkung der Partizipation von islamischen Vereinen durch Dialog- und Frauenbeauftragte sowie den Ausbau der universitären Aus- und Weiterbildung zu Fragen des Islams und der Muslime in Europa als Beispiele.

Dr. F. Sanac mit Dr. M. Spindelegger – Bundesministerium für europäische und internationale Angelegenheiten – Presseabteilung.

4 Staatssekretär Kurz gratuliert Fuat Sanac zur Wahl zum Präsidenten der IGGiÖ

Wien, 26. Juni 2011 (ÖVP-PD) Integrationsstaatssekretär Sebastian **Kurz** gratuliert Fuat **Sanac** zur Wahl zum Präsidenten der Islamischen Glaubensgemeinschaft. „Religion soll nicht Teil des Problems, sondern Teil der Lösung der Integrationsfrage sein", betont Kurz, der Sanac bereits mehrmals persönlich zu einem Gespräch getroffen hat. „Ich habe Fuat Sanac persönlich als umsichtigen und vorausschauenden Mann kennen gelernt, der engagiert seine Glaubensgemeinschaft vertritt. Ich freue mich auf eine gute Zusammenarbeit", so Kurz. (http://www.oevp.at) – Utl.: Religion nicht als Teil des Problems, sondern als Teil der Lösung zur Integrationsfrage

5 Ramadan-Fest: Sanac ruft Muslime zu Loyalität und Verantwortung auf

Der Präsident der Islamischen Glaubensgemeinschaft in Österreich, Fuat Sanac, zeigt sich in seiner Botschaft zum Ende des Fastenmonats Ramadan dankbar für die Situation der Muslime in Österreich und ruft zu Spenden für Menschen in Krisenregionen auf. Er hoffe, „dass das Ramadanfest nicht nur den Muslimen, sondern allen Menschen unabhängig von ihrer religiösen Zugehörigkeit, Rasse, Farbe und Lebenseinstellung mehr Frieden und Wohlstand bringt", schreibt **Sanac** in seiner Grußbotschaft auf der Homepage der Islamischen Glaubensgemeinschaft in Österreich (IGGiÖ). Besonders hebt er in diesem Zusammenhang die Krisenregionen Libyen und Syrien sowie die Hungergebiete in Ostafrika hervor. Durch die seelische Sensibilisierung des Fastens seien Muslime aufgerufen, mehr Mitgefühl für die Betroffenen zu entwickeln und sie mit ihren Spenden, zu denen für alle Gläubigen eine „moralische und religiöse Verpflichtung bestehe", zu unterstützen.

„Allen Menschen freundschaftlich die Hand reichen"

„In den aufrührenden Tagen des arabischen Frühlings ist uns europäischen Muslimen ganz besonders bewusst, was es bedeutet in einem demokratisch sicheren Land zu leben und diesen sozialen und gesellschaftlichen Frieden genießen zu können", schreibt **Sanac** über die Situation der österreichischen Musliminnen und Muslime. „Für das, was wir hier ganz alltäglich als gutes Recht selbstverständlich leben dürfen, wird in diesen Tagen in manch muslimischen Ländern hart mit dem Leben gekämpft."[129]

Dankbar zeigte sich der IGGiÖ-Präsident für das „tolerante und respektvolle Entgegenkommen mancher Politiker und Personen der Öffentlichkeit, die uns durch ihre löblichen Aufmerksamkeiten das Gefühl geben, Teil der Gesellschaft zu sein." Muslime seien zur Loyalität und Verantwortung aufgerufen, „weil man an uns glaubt und mit uns eine Zukunft sieht." Das Ramadan-Fest solle auch dazu auffordern, „allen Menschen freundschaftlich die Hand zu reichen." (…) (dpa, Religion. ORF.at)-News 30.08.2011[130]

Bundespräsident Dr. Heinz Fischer mit Dr. Fuat Sanac beim Ramadanfest – nach dem Fest – 04.09.2011 (Bild: apa)

---

129 **Vgl**. http://religionv1.orf.at/projekt03/news/1108/ne110830_sanac_fr.htm – 30. 08. 2011
130 **Vgl**. https://www.vienna.at/fischer-betonte-gleichberechtigung-der-muslime-in-sterreich/; https://www.vienna.at/fischer-betonte-gleichberechtigung-der-muslime-in-sterreich/2831825 – 04.09.2011.

6 Fischer betonte Gleichberechtigung der Muslime

Bundespräsident **Fischer** hat anlässlich des zu Ende gegangenen Fastenmonats Ramadan die Gleichberechtigung der Muslime in Österreich betont. „Der Islam ist in Österreich jedenfalls eine bedeutsame und immer bedeutsamer werdende Religionsgemeinschaft", sagte er in seiner Rede beim Ramadan-Fest der Islamischen Glaubensgemeinschaft in Österreich am Sonntag im Islamischen Zentrum in Wien-Floridsdorf.

Abermals betonte der Bundespräsident den Grundsatz der Trennung von Kirche und Staat. Das heiße aber nicht, dass es nicht zahlreiche Berührungspunkte gebe. Im kommenden Jahr werde der Islam seine 100jährige Anerkennung in Österreich feiern. Dies will Fischer gemeinsam mit den Muslimen machen.

Bundespräsident Fischer mit Fuat Sanac beim Ramadanfest – 04.09.2011

Aus diesem Grund erwartet sich der Bundespräsident auch die Respektierung der österreichischen Rechtsordnung, wie er abermals betonte. „Gleichzeitig haben Muslime darauf zu vertrauen, dass man ihnen mit Hochachtung begegnet."

Auch IGGiÖ-Präsident **Sanac** hatte in seiner Rede zuvor den gegenseitigen Respekt betont. Auch der Fastenmonat Ramadan sei eine gute Gelegenheit gewesen, sich solidarisch zu zeigen. Im Hinblick auf die katastrophale Lage in Ostafrika meinte **Sanac**: „In diesen Tagen wird es österreichischen Muslimen ganz besonders bewusst, was es bedeutet, in einem demokratischen Land leben zu können."

Er rief die Glaubensgemeinschaft zu Loyalität und Verantwortung auf, „weil man an uns glaubt und auch eine Zukunft gibt." Und weiter: „Es sollte sich jeder bemühen, Feindschaften zu beenden und Freundschaft zu schließen."

Das Ramadan-Fest im Islamischen Zentrum, das auch die größte Moschee Österreichs beherbergt, fand in dieser Dimension zum ersten Mal statt. Rund 5 000 Besucher kamen am Sonntag nach Wien-Floridsdorf. Für Fischer gab es ein Geschenk: **Sanac** überreichte ihm einen Kommentar des Koran in mehreren Bändern sowie einen Atlas von Mekka und Medina. (austria.com News Politik – 04.09.2011 16:56)

INDEX

A

A. Ahmed Abdelrahimsai	155
Abdarrahman ZAKERI	76, 97
Abdelrahimsai	75, 97, 99, 157
ABDELRAHIMSAI	76, 84, 96
Abdi Tasdögen	155
Abdi TASDÖGEN	393
Abdullah-Cem Say	233
Abdullatif ELKOBANI	76, 84
Abdulmedzid Sijamhodzic	234, 267
Abdulmedzid SIJAMHODZIC	232, 394
Abdul Rahman ZAKERI	84, 86
Adel Firdaous	156, 157
Ägypten	32
Ahmad ABDELRAHIMSAI	85, 86
Ahmed A. Abdelrahimsai	74, 157
Ahmet Cerit	77
Ahmet Hamidi	157, 396
Ahmet HAMIDI	84, 86
Ahmet OVACIN	20
Aiman Mourad	267
Akıncı	49
A. Kurtgöz	160
Alberto CARNERO FERNANDEZ	228
Aleviten	82, 192, 260, 336
Alexander Wojda	216
Alic Ziya	85
Ali Kurtgöz	156
Ali Tacettin (Sogukoglu)	77
Ali Tacettin SOGUKOGLU	97
Allah	11, 18

Aloisia WÖRGETTER	172
Al Samman Tarif	85
Altach	132, 136
Altkatholische Kirche	63, 354
al-Waqidi	23
Ambros Kindel	233
Amena SHAKIR	20, 105
Amina Baghajati	267
Anas Schakfeh	97, 122, 135, 155, 157, 168, 189, 204, 217, 349, 390, 397, 398
Anas SCHAKFEH	76, 86, 95, 97, 98, 186, 187, 190
Andrea Pinz	120, 121, 122
Andreas Kowatsch	360
Andreas Stupka	233
Anti-Terror-Paket	356, 360, 363, 367, 368, 369, 374
Ashraf ABDELSAMAD	20
Aslan	373
ATIB	101, 175, 178, 195, 283, 386
at-Tabari (gest. 922)	23
Aufklärung	29, 32
Avni Özalp	210, 390
Avni ÖZALP	20
A. Wesner	223
Ayşe Gülsüm YOKUŞ	20
Ayşe Sezgin	229
Aziz Rifat	216

B

Badr M. Al-Hinai	226
Bagdad	23
Baghajati	149, 156, 160, 167, 168, 233, 266, 390
Barbara Gartner	233

Barbara PRAMMER	220
Bekir Bozdağ	130
Bernadette Wurm	233
BGLD	86, 96, 391, 394
Brigitte Schinkele	294, 302
Bruno KREISKY	52
Bundesheer	197, 310, 313
Buzar Irfan	85

C

Carla Amina	156, 167, 168, 193, 233, 391
Cesur Abdullah	85
Christian Kern	363
Christian Stadler	232, 233
Christina Kraker	233
Christine Mann	216, 217
Christine Marek	214
christlichen Chroniken	23
Christof Berger	124
Christoph Berger	120, 121
Christoph Matyssek	167
Christoph Schönborn	378
Claudia SCHMIED	192
Claus Reitan	232, 234

D

Damaskus	24, 25
das Islamische Zentrum	53, 173
DDr. Ahmed A. ABDELRAHIMSAI	86, 95
Dialog	31, 45, 71, 120, 170, 178, 208, 209, 214, 219, 230, 231, 232, 233, 234, 237, 301, 399

Dietmar Halper	214
Dip. Päd. Ibrahim OLGUN	95
Diyanet	100, 104, 361
Dokumentationsstelle Politischer Islam	374
Doris Appel	183
DOYMAZ Murat	266, 391
Dr. A. Ahmad Abdelrahimsai	77
Dr. Abdullah-Karl Hammerschmidt	20, 125
Dr. Fuat SANAC	18, 21, 300, 301, 394
Dr. Hassan TAJIK	224
Dr JONAK	84
Dr. Smail BALIĆ	97
Duzdar	363

E

Edith Schlaffer	233
Edith Vasilyev	233
Ednan Aslan	157, 234
Elisabeth Gehrer	155, 190
Elkobani Abdellatif	85
E. Memic	160
Ergün	149, 156, 157, 160
Ernst Fürlinger	233, 302
Esad Memic	267
Eser Zekeriya	85, 86
Europa	22
Eva Grabherr	232, 233

F

Fahad Al RAWI	20
Faisal ibn Abd al-Aziz	53
Fatma Akyildiz	267

Faymann	211
FAYMANN	210
Fest Mariä Namen	28
Filmindustrie	37
Firdaous	160
Fischer	22, 205, 206, 260, 261, 262, 401, 402, 403
Fleischprodukten	310, 313
FPÖ	93, 255, 319
Franz Küberl	183
Franz von Werner	50
F. Sanac	160, 167, 399
Fuat Sanac	121, 122, 124, 128, 130, 157, 179, 205, 207, 208, 210, 212, 230, 237, 260, 263, 268, 275, 291, 390, 396, 397, 398, 400, 401, 402
Fuat SANAC	47, 86, 95, 99, 187, 193, 220, 254
Fuat Sanaç	113, 115, 237, 238

G

Gabriele Votava	216
Galib ISRAFILOV	225
Gaye Kenan	85
Gerhard Klein	183
Gerhard Luf	233
Gotthold Ephraim Lessing	29
Gotthold Ephraim Lessing (1729–1781)	29
Gowayed Mohammed	85
Griechischen Plan	49
Günther Luksch	84, 86

H

Habib Magdy	216
Hafiz Khawaja	267
Haftanstalten	197, 310, 313, 351
Hagar	25
Halal	251, 255
Hamid FAROUGHI	97
Hanel Michael Muhammed	85, 86
Hans-Dieter Klein	302
Hans Winkler	233
Harald Haas	233
Hartberg	148
Hassan MOUSA	20, 394
Heinz Engel	373
Heinz FISCHER	21
Herakleios	24
Hidjra	15
Holzinger Alfred	85
Hülya POLAT-PINARBAŞI	20, 185
Hussam A. G. Al Husseini	226
Hussein Salah	77

I

Ibn Hischam (gest. 833)	23
Ibn Ishaq (gest. 767)	23
Ibn Ruschd	29
Ibrahim OLGUN	103
Ibrahim USTAALIOGLU	98
IFS	97, 108
IFW	102, 103
IGGiÖ	11
IHL	123, 124
IMARA	391, 394

Innsbruck	40, 54, 56, 132, 302, 383, 384
Irfan BUZAR	52, 86, 97
IRG	11, 96, 126, 380, 382, 384, 385, 386, 387, 388, 389, 390
IRPA	110, 111, 115, 116, 117, 118, 119, 120, 122, 123, 129
Ishaq	23
Islam	22, 24, 25, 26, 29, 31
Islamgesetz	39, 40, 41, 42, 44, 47, 51, 55, 56, 57, 59, 63, 73, 81, 82, 87, 187, 188, 189, 191, 194, 211, 212, 217, 218, 236, 239, 240, 241, 251, 254, 256, 260, 261, 262, 275, 281, 284, 286, 288, 290, 291, 299, 300, 301, 303, 352, 355
Islamgesetz 1912	40, 41, 42, 54, 57, 59, 82, 87, 186, 187, 188, 189, 239, 241, 251, 288
Islamgesetz 2015	59, 194, 299, 300, 303, 352, 355
ISLAMGESETZ 2015	303
Islamische Gemeinschaft zu Wien	52
Islamische Kulturbund	52
Islamlandkarte	373, 374, 375, 376, 379
Israelitengesetz	62, 251

J

Jakob Unrest	48, 49
Jamal Abdul Rahman	84, 86
Jerusalem	24
Jesus (a.s.)	31
JIGGiÖ	162, 164, 165
Johannes bar Penkaye	23
Johannes von Damaskus	24
Johann Hisch	124

Jonak	87
Josef Ostermayer	255, 260, 263, 299, 350
Josef OSTERMAYER	193
jüdischen Glaubensgemeinschaft	62

K

Ka'aba	15
Kabbani	149
Kadri Ecvet Tezcan	229
Kairat Abdrakhmanov	228
Kaiser Franz Josef	39, 40
Kaiser Franz Joseph	39, 44, 56
Kaiser Josephs II.	62
Kamel G. MAHMOUD	98
Kardinal Christoph Schönborn	93
Kardinal Dr. Franz KÖNIG	52
Karin Zauner	233
Katharina Körner	233
Katja Pistauer-Fischer	122
Kenan GAYE	87, 393
Kenan Güngör	233
Keziban KARADAL	20
Khalid KHALIL	97
Khorchide	190, 373
Klaus Wölfer	221
Koca Nihat	266
Kolonialismus	32
Kommunismus	33
Konzil	30, 31
Koran	12, 13, 33, 41, 306, 403
Kowatsch	360, 361, 362, 363
KPH	110, 115, 116, 117, 118, 120, 121
Krankenanstalten	244, 310, 313
Kreuzzüge	32

Kübra YOKUŞ-TOP	20
Kultusamt	191, 210, 211, 219, 252, 304, 306, 315
Kuru Ismail	85
Kurz	39, 93, 136, 137, 200, 201, 202, 203, 204, 219, 231, 260, 266, 349, 397, 400

L

Lee Anthony Brudvig	223
Ludwig Eminger	77
Ludwig EMINGER	97

M

Mag. Dr. Ramazan YILDIZ	96
maghazi	23
Mag. Mustafa MULLAOGLU	394
Mag. Ümit VURAL	95, 106
Mahmut Sahinol	267
Mahmut SAHINOL	20
Mahsum AYDIN	76, 96
Manfred Juracka	216, 217
Marcus Bergmann	233
Markus Ladstätter	376
Markus Rohrhofer	69
Martin Jäggle	302
Martin Kienl	233
Mathias Rohe	232
Max Nemec	217
Medien	202, 232, 234, 236, 299
Medina	23
Mehmet Cemil SAHIN	86

Mehmet Isik	387
Meister Eckhart (1260–1328)	29
Mekka	15, 132, 134, 135, 403
Meryem AYDOĞAN	20, 185
Metin AKPINAR	196
Metin Akyürek	267
Metropoliten	69
M. Hasan Göğüş	229
M. Hasan GÖĞÜŞ	225
M. Hassan Imara	267
Michael Chalupka	376
Michael Girardi	233
Michael HÄUPL	213
Michael Lugger	210
Michael LUGGER	20, 232, 233
Michael Spindelegger	207, 208, 214, 215, 398
Mihaloğlu	49
Ministerin Gehrer	190, 349
Ministerin Raab	358
Mitterlehner	162
Mohamed Bassam KABBANI	107
Mohammad Yusuf MATUSKA	98
Mohammed AL SALLOUM	222
Mohammed Ezzat GOWAYED	98
Morad Mohamed Jamal	85, 266
Moslemischer Sozialdienst	52
Mufti	51, 76, 394
Muhammed	15
Muhammed BENHOCINE	228
Muhammed bin Sa'd	23
Muhammed Sanac	163
Muhammed (s.a.v.)	24
Muna Duzdar	362
Murat Doymaz	267
Murat DOYMAZ	394
Murat Düzel	232, 233

Musa bin 'Uqba (gest. 758)	23
Mustafa Yildiz	156, 157, 390

N

Nahrungsmitteln	310, 313
Najmuddin Chamdawala	77
Nalan Gündüz	233
Necaattin GENC	87
NEOS 371, 376	
Nihat Koca	390
Nihat KOCA	193, 196, 266, 394
Niraj Nathwani	233
NÖ	96, 126, 128, 393, 394
Nora Kienzer	233
Numan Genc	267
Numan Kurtulmuş	101

O

Olaf Farschid	233
Olgun	103, 104, 105, 149, 157
Oliver HENHAPEL	233
orientalischen Kirchen	69
Orthodoxen	62, 69
Osmanen	49
Ostkirche	69
ÖVP	93, 202, 214, 255, 400

P

Pascal Teixeira da Silva	224
Pekka Metso	227

Peter Filzmaier	65, 67
Peter Schipka	217
Peter Stephan Zurbriggen	227
Peter Webinger	233
Peter W i t t m a n n	257
Petrus Venerabilis	26
PILGRIM	124
Plattform der Kirchen	71
Podojak	148, 149, 155, 160
Politischer Islam	372, 373
Präsident Heinz Fischer	205
Präsident Sanac	205, 210, 220, 403
Privatschule	107, 126, 249
Privatschulen	107, 108, 130, 249, 355
Projekt WIREL	65

Q

Qur'an	32
Qur'an	12, 13, 14

R

Raab 362, 372, 373	
Rachmat BUDIMAN	227
Rayachi	149, 156, 160
Reinhard HUNDSMÜLLER	185
Reisu-l-ulema Husein Kavazović	176
Richard Lugner	53
Richard Potz	40, 41, 54, 56, 232, 233, 294, 302
Richard POTZ	186, 266
Robert Frasl	233
Roland Burkart	233

Roman A. Siebenrock	302
Rüdiger Lohlker	40, 54, 56, 233, 302

S

Sabri KAJA	20
Safour	148, 149, 155, 160
Sahin Mehmet Cemil	85
Saint Germain-en-Laye	45
Salem Ahmed	85
Salime COŞKUN	20
Salim HADZIC	74
Sami Pajalic	267
Samir Redzepovic	155
Samuel P. Huntington	34, 36
Sanac	169, 205, 208, 210, 211, 214, 220, 229, 239, 258, 259, 260, 261, 262, 275, 276, 396, 400, 401, 403
Sanac Fuat	85, 86
Sanat al-Fil	15
Sarazenen	25
Sarikaya	190, 349
Satilmis YALCIN	122, 394
Savas Ali Ibrahim	85
Schakfeh	85, 86, 97, 111, 148, 398
Schakfeh Anas	85, 86
SCHIA	260
Schiiten	15
Sead Spahi	77
Sebastian Kurz	93, 191, 193, 199, 214, 215, 219, 230, 236, 237, 255, 260, 263, 265, 299, 350, 357, 376, 397, 400
Sebastian KURZ	193

Sebeos	23
Şerife HÖKE-ARSLANER	20
Siegfried Haas	233
Sijamhodzic Abdulmedzid	266
Smail Balić	74
Speisegebote	310, 313
Spindelegger	207, 208, 209, 214, 398
SPÖ1	196, 255
Statutschulen	108
Stefan Beig	233
Stefan Hammer	233, 268, 275
Stephan GOMPERTZ	222
Susanne Heine	40, 54, 56
Susanne HEINE	172
Susanne Knasmüller	233
Susanne Raab	357

T

Tarafa BAGHAJATI	233
Tasdögen	160, 266
Tasdögen Abdi	266
Tayyar Kağan Atay	229
Tayyip Erdogan	361
Teufik Velagic	77
Teufik VELAGIC	97
T. Eydelnant	223
Theo Öhlinger	302
Thomas Schmidinger	233
Tilmann Schaible	157
Türkei	49, 50, 55, 63, 67, 76, 89, 101, 104, 173, 196, 202, 204, 387, 397, 398
Türkmenoğlu	149

U

Ulrike Bechmann	302
Ümit Vural	193, 196, 267, 291, 358, 364, 370, 374
Ümit VURAL	20, 95, 196
Universität Graz	302
Ursula Struppe	234
Ursula Zahalka	122
Urwa ibn az-Zubayr ibn al-Awwam (gest. gegen 712)	23
Uyar Yurdakul	85
Uysal Nebi	266

V

Verein der Muslims Österreichs	52
Vural	267, 354, 358, 370, 371, 375

W

Werner Faymann	210
Westeuropa	37, 43, 48
Wien	12, 20, 33, 39, 45, 49, 50, 52, 53, 55, 56, 65, 73, 74, 75, 84, 87, 88, 97, 98, 99, 101, 102, 104, 105, 108, 110, 111, 116, 117, 118, 120, 121, 122, 124, 125, 126, 128, 131, 132, 133, 134, 144, 170, 173, 181, 189, 190, 192, 198, 204, 207, 210, 212, 213, 214, 231, 232, 235, 238, 255, 257, 261, 268, 274, 283, 294, 299, 300, 302, 315, 339, 349, 380, 381, 382, 383, 384, 397, 398, 402, 403

Wolfgang Müller	216
Wolfgang Palaver	302
Wolfgang Steinhardt	216, 217
Wolfram Reiss	232, 233

Y

Yalcin Satilmis	266
Yasar Sarikaya	111
Yetis Ismail	85, 86
Yılmaz PEÇE	20
Yurdakul UYAR	87

Z

Zekerija Sejdini	390
Zekirija Sejdini	156, 157
Zekirija SEJDINI	232, 233, 394

Der Autor

Fuat Sanaç wurde 1954 geboren. Nach der Volksschule absolvierte er die Theologische Schule und das Handelsgymnasium in Elâzığ/Türkei. Es folgten Studien an der Uni für Wirtschaftswissenschaften in Ankara und an der Fachhochschule für Wirtschaftswissenschaften in Köln und an der Pädagogischen Akademie des Bundes in Wien. Von 1983 bis 1992 absolvierte er ein Studium an der Uni Wien (Turkologie und Islamkunde, Arabistik und Islamwissenschaft, Philosophie und Südostforschung) und schloss dieses erfolgreich mit der Promotion ab (Dr. phil.).

Von 1982 bis 2005 war er als Islamischer Religionslehrer tätig. Von 2005 bis 2020 war er Fachinspektor für islamischen Religionsunterricht. Er unterrichtete die Islamische Geschichte an der IRPA von 2007 bis 2016.

Von 2011 bis 2016 war er Vorsitzender des Obersten Rates, Präsident der IGGÖ und Leiter des Schulamtes. Der Autor ist Verfasser zahlreicher Publikationen zu den Themen „Islam", „Geschichte des Islams" und zu den Themen Erziehung, Bildung, Philosophie und Mystik im Islam.

novum VERLAG FÜR NEUAUTOREN

Der Verlag

*Wer aufhört
besser zu werden,
hat aufgehört
gut zu sein!*

Basierend auf diesem Motto ist es dem novum Verlag ein Anliegen, neue Manuskripte aufzuspüren, zu veröffentlichen und deren Autoren langfristig zu fördern. Mittlerweile gilt der 1997 gegründete und mehrfach prämierte Verlag als Spezialist für Neuautoren in Deutschland, Österreich und der Schweiz.

Für jedes neue Manuskript wird innerhalb weniger Wochen eine kostenfreie, unverbindliche Lektorats-Prüfung erstellt.

Weitere Informationen zum Verlag und seinen Büchern finden Sie im Internet unter:

w w w . n o v u m v e r l a g . c o m

Bewerten Sie dieses Buch auf unserer Homepage!

www.novumverlag.com

Dr. Fuat Sanaç

Muslime und Islamgesetz in Österreich

Band II – Das Gemeinsame steht im Vordergrund

ISBN 978-3-99131-711-1
444 Seiten

Im zweiten Band zur Geschichte des Islam in Österreich werden Widersprüche sichtbar. Auch wenn der Islam seit mehr als 100 Jahren anerkannte Staatsreligion ist, werden immer wieder politische Interessen mit dem Thema „Islam" verknüpft.